JN274011

松本博之・出口雅久　編

民事訴訟法の継受と伝播

信山社

はしがき

　2006年9月20日より22日まで京都・立命館大学衣笠キャンパスにおいて，国際訴訟法学会（International Association of Procedural Law）京都大会が開催された。本書は，この会議の国別報告を纏めたものである。私は，かつて立命館大学に客員教授として招聘され京都に滞在されていた，国際訴訟法学会マルセル・シュトルメ理事長（ゲント大学）とペーター・ゴットバルト事務局長（レーゲンスブルグ大学）のお二人に研究会の折にお会いし，国際訴訟法学会の日本開催についてお話を伺ったことがある。とくに東南アジアから多くの参加者を得たいという希望が述べられていたことを思い出す。その計画が当初の予定より早まり，実現したのであった。これは本書の共編者である出口雅久教授の奮闘のお陰である。中国および韓国からも多数の研究者が参加された。伝統ある国際訴訟法学会を古都，京都において開催できたことは，日本民事訴訟法学会にとっても，この上ない喜びであり，大変名誉なことである。この京都大会までの紆余曲折については，出口雅久教授の「あとがき」に譲ることにしたい。

　さて，今回の京都大会は，国内外から130名もの訴訟法学者が参加した素晴らしい会議であった。また国際訴訟法学会のマルセル・シュトルメ理事長，ドイツ国際手続法学会のペーター・ゴットバルト理事長，ドイツ民事訴訟法学会のハンス・プリュッティング理事長（ケルン大学），韓国訴訟法学会のムン・ヒュック・ホー理事長（ソウル大学），日本民事訴訟法学会元理事長・谷口安平教授，同・小島武司教授など錚々たるメンバーが参加された。私も日本民事訴訟法学会理事長（当時）として参加させていただいた。自由な学術的な雰囲気の中で世界各国の「民事訴訟法の継受と伝播」について充実した講演と自由闊達な討論が行われたことは，特筆に価する。

　本書の第一部には，本国際訴訟法学会のメインセッションのテーマである「民事訴訟法の継受と伝播」について，日本，中国，韓国，オランダ，フィンランド，ブラジル，インド，ドイツ，フランス，ハンガリー，イギリス，ロシア，アメリカなど，世界各国からのすぐれた講演およびコメントが収められる。「民事訴訟法の継受と伝播」というテーマは政治性のあるアジェン

i

はしがき

ダであり，会議を企画された出口雅久教授から学術テーマについて相談を受けた時は，若干躊躇した覚えがある。しかし，本国際訴訟法学会の会員をはじめ，参加された多くの諸外国からの訴訟法学者が3日間朝から晩まで真剣に討議に加わった姿を拝見して，本国際訴訟法学会の学問に対する真摯な姿勢に大きな感銘を受けた。

　第二部には，会議のプリセッションとして開催された「グローバル社会における新しい法学教育の方法に関する国際フォーラム」における，日本，ドイツ，中国，インド，オーストラリア，イタリアなどからの講演が収録されている。世界の法曹養成制度の現状と課題を示し，有益である。「民事訴訟法の継受と伝播」は，必然的に，法曹養成の課題を伴うものである。大陸法的な法曹養成，英米法的な法曹養成，その中間的なアジア法的な法曹養成，それともトランスナショナルな法曹養成の可能性など，法学教育と法曹養成に関する比較法的な研究は今後重要性を増すであろう。

　国際訴訟法学会京都大会は，日本の民事訴訟法学が今後国際交流を進める上でも，大きな意義を有するものであった。この意味で，本国際訴訟法学会の京都大会の開催にあたり，マルセル・シュトルメ理事長（当時）をはじめ，国際訴訟法学会の理事会メンバー，および開催責任者である出口教授の並々ならぬ熱意に対し感謝申し上げる。立命館大学，日本民事訴訟法学会，社会科学国際交流江草基金，民事紛争処理研究基金，学術振興野村基金をはじめ，関係団体・企業などから受けた物心両面の暖かいご援助に，この機会をお借りしてお礼申し上げたい。

　最後に，本書を刊行するについては，内外の中堅・若手研究者の皆様方に翻訳等で多大のご協力を得ることができた。心より感謝申し上げる。本書の製作・出版を快く引き受けていただいた信山社の渡辺左近さん，校正を担当された同社編集部の木村太紀さんにも厚く御礼申し上げる次第である。

　　　平成19年10月22日

　　　　　　　　　　　　　　　　　　　　　　　　　　松　本　博　之

目　次

はしがき
はじめに……………………………マルセル・シュトルメ〔出口雅久訳〕…1

第1部　民事訴訟法の継受と伝播

日本における民事訴訟法の継受と伝播──日本の経験から──
　…………………………………………………………松本博之…5

中国民事訴訟の多様なルーツとグローバル時代における外国法の影響………………………………………………王亜新…17

民事訴訟法の継受と伝播──韓国の経験と重要課題──
　………………………………………胡文赫〔金春訳〕…41

国際的状況下におけるオランダ民事訴訟法
　……………………………レー・ヴァン・レムコ〔福本知行訳〕…57

外国法がフィンランド民事訴訟法の発展に及ぼした影響
　………………………………サカリ・ラウカネン〔芳賀雅顯訳〕…83

グローバル社会における法の継受と伝播
　……アダ・ペレグリーニ・グリノーベル／カズオ・ワタナベ〔橋本聡訳〕…95

インドにおける民事訴訟法の継受と伝播
　…………………………………K.B. アグラバール〔笠井正俊訳〕…107

ドイツ民事訴訟法の国際的源流
　………………ハンス・プリュッティング〔出口雅久／本間学共訳〕…121

フランス民事訴訟法の国際的法源
　………………ロイック・カディエ〔出口雅久／生田美弥子共訳〕…133

目　次

ハンガリー民事訴訟法に対する外国の影響
　　　　……………………イシュトヴァン・ヴァルガ〔垣内秀介訳〕…151
イギリス民事司法とそれを取り巻く世界
　　　　………………………………ニール・アンドリュース〔橋本聡訳〕…167
ロシアの民事訴訟法体系……ドミトリー・マレシン〔芳賀雅顯訳〕…193
アメリカにおける手続法の受容と伝播：双方向的となり得るか？
　　　　………………………………ピーター・L・マレイ〔工藤敏隆訳〕…205
ドイツに学び，イングランドで応用する
　　　　………………………………ジョン・ピースナー〔芳賀雅顯訳〕…227
コメント………………………………………………三木浩一…237
コメント──イギリス・ロシア・アメリカ報告に触発されて──（抜粋）
　　　　………………………………………………………小島武司…241
コメント………………………ディーター・ライポルト〔出口雅久訳〕…247

第2部　法学教育・法曹養成

グローバル社会における地球市民法曹のための法学教育
　　　　……………………………………………………出口雅久…253
民事訴訟の領域における法と法学教育の欧州化
　　　　…………ヴォルフガング・リュケ〔中野俊一郎／王欽彦共訳〕…269
中国における新しい法教育の方法の模索
　　　　………………………………ツァオ・ハイフェン〔堀田秀吾訳〕…289
法学教育：民事訴訟法　継受と伝播
　　　　……………………K．B．アグラバール〔笠井正俊訳〕…305
国境を越える世界提携に向けての国際仲裁教育と商取引法教育
　　　　………………………………ルーク・ノッテジ〔那須仁訳〕…315
伝統と改革の間で：イタリアの法曹養成
　　　　………………………………ミケーレ・ルポイ〔入稲福智訳〕…339
中国の大学における民事訴訟法学教育……………劉栄軍…373

目　次

おわりに……………………………マルセル・シュトルメ〔出口雅久訳〕…379
あとがき

〈執筆者・訳者一覧〉

出口　雅久	立命館大学法学部教授
松本　博之	大阪市立大学大学院法学研究科教授
金　　　春	京都大学大学院法学研究科COE研究員
福本　知行	金沢大学法学部准教授
芳賀　雅顯	明治大学法学部准教授
橋本　　聡	東海大学法学部教授
笠井　正俊	京都大学大学院法学研究科教授
本間　　学	朝日大学法学部准教授
生田美弥子	外国法事務弁護士（フランス・ニューヨーク州）
垣内　秀介	東京大学法学部准教授
工藤　敏隆	法務省大臣官房民事訟務課付
三木　浩一	慶應義塾大学大学院法務研究科・法学部教授
小島　武司	桐蔭横浜大学法学部教授
中野俊一郎	神戸大学大学院法学研究科教授
王　　欽彦	静宜大学法学部助理教授
堀田　秀吾	立命館大学法学部准教授
那須　　仁	オーストラリア国立大学法学部講師
入稲福　智	平成国際大学法学部准教授
マルセル・シュトルメ	ゲント大学法学部名誉教授
王　　亜新	清華大学法学院教授
胡　　文赫	ソウル国立大学法学部教授
レー・ヴァン・レムコ	マーストリヒト大学法学部教授
サカリ・ラウカネン	フィンランド司法省　開発・司法行政部長
アダ・ペレグリーニ・グリノーベル	サンパウロ大学法学部教授
カズオ・ワタナベ	サンパウロ大学法学部教授
K. B. アグラバール	ラヤスタン大学法学部教授
ハンス・プリュッティング	ケルン大学法学部教授
ロイック・カディエ	パリ第一（パンテオン・ソルボンヌ）大学法学部教授
イシュトヴァン・ヴァルガ	ブタペスト大学法学部教授
ニール・アンドリュース	ケンブリッジ大学法学部教授

執筆者・訳者一覧

ドミトリー・マレシン	モスクワ国立大学法学部教授
ピーター・L・マレイ	ハーバード大学ロースクール教授
ジョン・ピースナー	リンカン大学法学部教授
ディーター・ライポルト	フライブルク大学法学部教授
ヴォルフガング・リュケ	ドレスデン工科大学法学部教授
ツァオ・ハイフェン	ハルピン工科大学法学部教授
ルーク・ノッテジ	シドニー大学法学部准教授
ミケーレ・ルポイ	ボローニャ大学法学部教授
劉　栄　軍	北京師範大学法学院教授

（掲載順）

はじめに

マルセル・シュトルメ〔出口雅久訳〕

2006年9月21日，京都にて。

　このたび，我々国際訴訟法学会は，訴訟法に関心のある，日本，中国，パキスタン，韓国，スリランカ，インドなど多数のアジア諸国からの法律家をもお迎えすることができ大変幸甚に存じます。
　親愛なる日本民事訴訟法学会理事長・松本博之教授，親愛なる立命館大学の大会担当者・出口雅久教授，紳士・淑女の皆様方，
　国際訴訟法学会理事長として，私にとって「訴訟法の輸出と輸入」について本学会においてシンポジュウムを開催できることは，以下の二つの理由から，大変名誉であるとともに，大きな喜びであります。
　第一に，本学会はすでに56年の歴史を有しておりますが，今回が日本における学術会議としては初めての開催であります。ヨーロッパから始まり，アメリカ合衆国，ラテン・アメリカ（メキシコ，そして2007年にはブラジル），そして，今回は日本へ参りまして，アジアの訴訟文化の世界に浸っています。勿論，私は二つの重要な点を付け加えなければなりません。1970年代より，日本は，良好な日独の伝統の中で，いわゆる「VIPS」，とても重要な訴訟法学者の素晴らしいチームを提供してきました。
　現在では，本学会のキーパーソンのひとりになっています，谷口安平教授は，本学会の最も卓越した副理事長であるとともに，本大会の後援者でもあります。
　そして，日本民事訴訟法（1891年1月1日施行）の100周年を記念して，「グロバリゼーション時代における民事司法」というテーマで大規模な国際シンポジュウムが1992年8月に東京において開催されました。
　本シンポジュウムは，恐らくアジア諸国の民事司法制度に対する驚くべき

はじめに

発見であったと思います。事実，驚くべき発見以上でありました。なぜならば，日本民事訴訟法学会（当時は竹下守夫理事長）が組織した本シンポジュウムには，21世紀の500名以上の訴訟法学者が参集したからです。

我々が歓喜する第二の理由は以下のようなものであります。丁度200年前，フランス民事訴訟法典が公布されました（1806年4月）。我々は今年の11月にパリで，10月にゲントで記念式典を予定しております。

しかし，19世紀中頃のナポレオン民事訴訟法に関するフランスの注釈者は「民事訴訟制度は輸出できない」と記しております。親愛なる出口雅久教授は，本会議においてその反証を試みようとしております。勿論，今日，民事訴訟法よりも世界中でより共通となる目的を有した法分野はあり得ないでしょう。我々はすべてより低廉，迅速，スムーズな訴訟を必要としています。

ここで最後に，我々の偉大な友人であり，卓越したメキシコの同僚であるProf. Cipriano Gomez Laraを追悼することは私にとってとても心苦しい義務であります。我々は，丁度3年前のメキシコにおける美しく，かつ，有益な第12回世界訴訟法会議を良く覚えています。彼の著書"Teoria General del Proceso"は，メキシコの多くの法学部においてハンドブックとなっています。しかし，もしメキシコの大会が成功であるとすれば，これは，ひとえに本世界大会の責任者であるProf. Cipriano Gomez Laraによる並はずれた努力の賜物であります。我々が2005年11月に彼の突然の死を知らされた時は，とても悲しいメッセージでした。我々の学会は，とてもアクティブな学会員であるとともに，傑出した民事訴訟法学者，そして良き友を失いました。

また本年の初めには，我々の良きハンガリーの同僚であるProf. Laszlo Gaspardyを失いました。両名のために黙祷を捧げることをお許しください。我々の学会を創設し，促進した両会員のご冥福をお祈りします。

本大会を開催するにあたり，私は日本の偉大な俳句のひとつを引用したいと思います。

「起きよ起きよわが友にせん寝る胡蝶」

Masters Basho (XVII): Wake butterfly, it's morning, we've miles to go together.

第 1 部

民事訴訟法の継受と伝播

日本における民事訴訟法の継受と伝播
―― 日本の経験から ――

松本博之

I　はじめに

　日本は，今から100年以上も前の明治期に，近代的な意味での法制度の全く存在しないところに当時最新の外国の法制度を導入した。それは外国人法律家を招き，日本人法律家との共同作業によって行われた，膨大なエネルギーを要する一大プロジェクトであった。
　以下では，明治期における1877年のドイツ民事訴訟法の継受，大正期における民事訴訟法の改正，および第二次世界大戦終了後の改正の概略について述べる。その際，本報告は判決手続に限定する。ただちに指摘することができるのは，日本の民事訴訟法は今日でもなおドイツ民事訴訟法との共通性を有するが，少なくない事項においてかなりの差異が生じており，混合法の様相を示していることである。

II　日本における民事訴訟法の継受

1　ドイツ民事訴訟法の継受

　明治初期の日本においては，明治政府の最重要課題の1つは，幕末に江戸幕府が西洋列強と締結しなければならなかった，いわゆる不平等条約を改正することであった。条約の改定のために，泰西法（western law）の原則による（近代的な）法制度の整備がその前提として諸外国から要求されたため，明治政府は日本を西洋化しようとした（いわゆる欧化政策）。これらの事情が逆に法典整備の原動力となったことは言うまでもない。もっとも，それにと

どまらず日本の近代化のために西洋の制度や思想を取り入れようとする潮流がそれ以前から存在し，西洋文化の理解がかなり進んでいたという事情があり，これが法典の整備に有利に作用したことも事実である。

　民事訴訟法典編纂の過程ではドイツ人法律家ヘルマン・テヒョー（Hermann Techow）の提案を，日本人実務家をメンバーとする委員会（複数）において検討した結果1886年に完成し司法大臣山田顕義に提出された，いわゆるテヒョー草案が重要である。テヒョー草案は1877年のドイツ民事訴訟法一辺倒ではなく，むしろ当時の法令や実務慣行[1]をも合理化して取り入れたものであった。しかし，テヒョーの奮闘にもかかわらず，テヒョー草案はそのまま法律にはならなかった。テヒョー草案の提出後，明治政府は改めて法律取調委員会を設置した。この委員会の設置は，治外法権の撤廃を目的とした不平等条約改定（裁判権条約）交渉のなかで，明治政府が刑法，民法，商法，民事訴訟法のような法律が泰西法の原則に合致しているかどうかについて，外国人委員を含む委員会に調査させる旨約束をしたことに起因する[2]。草案が出来上がっていた民事訴訟法についても，（司法省移管後の）法律取調委員会の調査を受けることになった。民事訴訟法の調査の責任者はドイツ人法律家アルベルト・モッセ（Albert Mosse）であり，委員会の審議は明治20年12月16日に始まった。モッセは「委員会略則」に反し，新たな草案を起草し始めた。しかも，彼は，理由は不明であるが，明治21年3月頃にはこの作業を止めてしまった。その結果として，当然，作業の大混乱が生じた。結局，日本人起案グループ（「裁判所構成法・訴訟法組合」）に完全な草案の作成が依頼されたが，その結果は1877年のドイツ民事訴訟法の翻訳色の強い草案であった。テヒョー草案がもっていた特徴は，一部を除き殆ど失われた。この草案は当時の立法手続を経て1890（明治23）年に（すなわち，帝国議会開設の直前に）法律として成立した。これが明治23年民事訴訟法であり，日本で初めての近代的民事訴訟法典である。

---

[1] もちろん，当時の法令や実務慣行が欧米の影響を受けたものであることは，容易に推測される。

[2] 鈴木正裕『近代民事訴訟法史・日本』（2004年・有斐閣）121頁以下；H. Matsumoto, Die Rezeption des deutschen Zivilprozessrechts in der Meiji–Zeit und die weitere Entwicklung des japanischen Zivilprozessrechts bis zum Zweiten Weltkrieg, ZZP 120 (2007), 3, 10ff. 参照。

2 明治23年の民事訴訟法
(1) 特 徴

判決手続に関し，この法律の特徴として，弁護士強制の欠缺（第一審のみならず上訴審においても弁護士強制がないこと），弁護士報酬が訴訟費用に算入されないこと，訴えの提起は訴状を裁判所に提出して行い（明治23年法190条1項），相手方への訴状の送達は裁判所が職権で行い（同136条1項），訴状送達時点で訴訟係属が生じること（同195条1項），したがって訴え提起時点と訴訟係属発生時点は異なること，被告の反対債権による相殺は原則として答弁書提出期間内に反訴の提起によってすべきものとされ（同201条2項），反訴は本訴との関連性がなくても提起できるとされたこと（200条1項），当事者宣誓ではなく当事者尋問が採用されたこと（同360条），詐害再審の規定があること（同483条1項）などを挙げることができる。上訴については，裁判所構成法により大審院のみならず，区裁判所を第一審裁判所とする事件では控訴院も上告裁判所となることができる旨定められたので（裁判所構成法37条），上告につき金額制限があり，そのため区裁判所事件については上告ができなかったドイツ法とは異なり，区裁判所事件も上告審（控訴院）の裁判を受けることができた。

婚姻訴訟など人事訴訟に関する規定は，民事訴訟法には定められなかった。人事訴訟に関しては民事訴訟法施行条例第10条が「婚姻離婚及養子ノ縁組離縁ニ関スル訴ニ付テハ特別ノ慣習アルモノハ当分ノ内其慣習ニ従フ」と規定したが，時をおかず，民法の附属法として「婚姻事件養子縁組事件及ヒ禁治産事件ニ関スル訴訟規則」（明治23年法律第104号）が制定され，施行された。

(2) 問題点としての民法との調整の欠如，その結果としての重要な規定の欠缺

民事訴訟法の制定作業と平行して民法および商法の制定作業が行われた。ところが，民法についてはフランス人法学者ボワソナード（*Gustave Emile Boisonade de Fontarabie*）の手になる草案が作成され，これを基礎に1890年にいわゆる旧民法が制定された。そのため民法が規定すべきものとされ，民事訴訟法に規定されない事項が生じた。たとえば，証拠に関する規定は，フランスではドイツと異なり民法にも定められている。旧民法は証拠法規定（いわゆる実体的証拠法）を含んでいた。そのため，民法との調整をする必要が生じた。民法に規定がある事項は民事訴訟法には改めて定めないことになっ

たが，制定された旧民法は法典論争のあおりを受けて結局施行されなかった。民事訴訟法は予定どおり明治24（1891）年1月1日に施行されが，旧民法を改正して成立した明治民法は明治32（1899）年に施行された。このようにして，民事訴訟にとって必要な規定が存在しないという事態が生じた。たとえば明治23年民事訴訟法には，裁判上の自白や法律上の推定，損害評価に関する規定は全く存在しなかった。大正15（1926）年改正民事訴訟法は，裁判所において自白された事実は証明を要しない旨定めたが，裁判上の自白の撤回に関する規定は定められず，今日でもこの状態が続いている[3]。

3 大正15年民事訴訟法改正——オーストリー民事訴訟法の影響

(1) 民事訴訟法改正を求める要望

明治23年民事訴訟法に対しては，その施行後すぐに改正を求める声が大きくなった。一方で，新しい民事訴訟法の運用に当たった法曹の間で「手続煩瑣ニ亘リ実際ノ運用上不備ノ点少カラ（ズ）」という不満の声が上がった[4]。他方で，運用の未熟さを指摘する声もあった[5]。

いずれにせよ，明治政府は改正要求を無視することはできず，1895（明治28）年末に民事訴訟法調査委員を任命して修正案作りの作業が始まった。同時に，法典論争によって施行延期になった旧民法の改正作業が行われており，民法との調整のためにも民事訴訟法の改正を必要とする事情も存した。改正作業は，途中，法典調査会の廃止，法律取調委員会の設置および廃止，それに伴う民事訴訟法改正調査委員会（司法省）の設置など組織変更が相次ぎ，順調には進行しなかったけれども，約30年の後の1925年，民事訴訟法改正案に漕ぎ着けた。これに基づき大正15（1926）年に民事訴訟法の改正が実現した。

(2) 改正の内容

大正15年改正民事訴訟法は，訴訟遅延の原因となる諸規定を改め，訴訟の円滑な進行と審理の適正を図ることを目的に判決手続の抜本的改正を目指し，

---

[3] 大判大正4年9月29日民録21輯1520頁は，ドイツ民事訴訟法290条を援用して，裁判上の自白が錯誤によりかつ真実に反するときに自白を撤回することができると判示した。

[4] 「民事訴訟法改正要目（修正改版ノ分）」松本博之ほか編『日本立法資料全集11・民事訴訟法〔大正改正編(2)〕』（1993年・信山社）559頁。

[5] 中野貞一郎「手続法の継受と実務の継受」同『民事手続の現在問題』（1989年・判例タイムズ社）57頁以下，61頁参照。

種々の新工夫を施した。審議の際，とりわけオーストリー民事訴訟法が参照された。主要な改正点は，①地方裁判所の管轄事件についての準備手続の原則化，②欠席判決，証書訴訟・為替訴訟の制度の廃止，③当事者の合意による口頭弁論期日の変更の制限，④専属管轄を除く，管轄違いの訴えの職権による管轄裁判所への移送，管轄裁判所に提起された訴えについても，裁判所は「著キ損害又ハ遅滞ヲ避クル為必要アリト認ムルトキハ」職権によっても訴訟の全部または一部を他の管轄裁判所に移送できるようにしたこと，⑤不適法な訴えまたは上訴の，口頭弁論を経ない却下，⑥書面による上告棄却を認めることによる書面審理主義の拡張，⑦時機に後れた攻撃防御方法の職権による却下，⑧文書提出義務の範囲の拡張，⑨補充的な職権証拠調べの許容，⑩詐害再審の制度の廃止などである。

またドイツ法にない種々の新たな制度を新設した。代表者または管理人の定めのある非法人社団・財団の当事者能力の承認，選定当事者制度の導入，独立当事者参加制度の採用，訴訟係属中の権利承継人の訴訟参加および債務承継人の訴訟引受の制度（訴訟承継主義）の採用，などを挙げることができる。なお，改正草案は軽微な訴訟について上訴制限を導入しようとしたが，帝国議会の審議の際反対にあって，結局のところ控訴制限は実現しなかった。

大正15年改正の特徴は職権主義の強化による訴訟の促進に焦点が当てられたこと，また，新たな制度も訴訟の促進のためと説明されたことである。本報告との関係で大正15年改正に関して注目されるのは，上に述べたようなドイツ法にない制度の導入が，新たに規定された制度・条文を正しく解釈する課題を民事訴訟法学にもたらし，ドイツ法を参考にして解釈論を展開しておればよいというような状況を一変させた。事実，大正15年改正を経て，民事訴訟法の関係文献の出版が質量ともに充実するようになった。

4　第二次世界大戦後の改正――英米法の影響

(1)　第二次世界大戦の敗戦は，日本の法制度の抜本的変革を促した。民事訴訟法の分野においても，日本の民主化の目標に向けて制度の改革に対する要求がGHQから寄せられた。これは，大正15年改正民事訴訟法が職権主義の拡張を目指したものを，民主主義の理念と相容れないとして民事訴訟を当事者主義化へと方向転換することを意味した。GHQの指摘に従って多数の規定が改正された。もっとも重要なものは，交互尋問制の採用，補充的職権証拠調べ規定の削除，公示送達の場合の擬制自白の排除，変更判決，第一審

判決前の不控訴の合意を飛越上告の合意の場合を除き無効とすべきこと，および濫上訴の制裁であろう。通常の弁護士報酬を訴訟費用化すべきであるとの提言や，裁判上の和解について，裁判官の意見で無理に和解をさせたときは不服申立の方法を認め，または和解に関する手続を整備すべきであるとの指摘に対しては，「趣旨には賛成するが，元来訴訟費用法の問題であり，又何をもって通常の報酬とするか等更に研究の上決すべき問題である」とか，「手続等について特に定めず自由に任せて差支えない。和解勧告の際における裁判官の行き過ぎ等は，別に行政監督，弾劾等によって処置せらるべきである」として退けられた[6]。

(a) 交互尋問制の採用　昭和23年改正民事訴訟法は，証人尋問について交互尋問制を採用した。当事者が主導して証人尋問を進めることが真実の発見を容易にする。すでに大正15年改正の際に，当事者が証人を尋問することを認めるべきであるとの意見があり，これを容れて，裁判所の許可を得て当事者が証人を尋問することが許されるようになっていた。交互尋問は当事者が主体的に証人等を尋問する方法である。もちろん，部分的な当事者による証人への発問の許可と，交互尋問制は異なる。しかし，戦時中にアメリカ合衆国裁判所における当事者及び証人の証拠調べの研究や[7]，植民地経営との関係であろうが，印度証拠法，海峡植民地証拠法の研究が行われていたため[8]，交互尋問制の採用に抵抗感は少なかったであろう。

(b) 補充的職権証拠調べ規定の削除　大正15年改正民事訴訟法が導入した補充的職権証拠調べ規定が，職権探知主義の排除のため削除された。

(c) 公示送達の場合の擬制自白の排除　公示送達によって送達を受けた被告が口頭弁論期日に欠席した場合，原告の主張した事実についての擬制自白は成立せず，被告が争った場合と同様に，原告が証明すべきものとされた（昭和23（1948）年改正による140条3項の追加）。

(d) 変更判決　裁判所が判決を言い渡した後も判決の誤りを是正する手段として，変更判決の制度が導入された。判決は成立すると覊束力を有し，判決裁判所自身これに拘束されるのが原則であるが，この原則の例外として，

---

[6] 最高裁判所民事部「民事訴訟法の改正について総司令部担当官の述べた意見に対する見解」（昭23，2，7最民印）。

[7] 『米国裁判所の組織及び訴訟手続』司法資料130号；最高裁判所事務局民事部「米国裁判所における当事者及び証人の証拠調」

[8] 司法大臣官房秘書課『印度及海峡植民地証拠法』（司法資料284号，1943年）。

判決をした裁判所が判決に法令違背があることを発見した場合，判決言渡後1週間内に限り職権で変更判決をすることを許すものである。ただし判決言渡後1週間内であっても判決が確定している場合，および，判決の変更のために新たに口頭弁論期日を開かなければならない場合には，変更判決は許されない（昭和23年改正による193条の2の追加）。これは判決の法令違反による上訴を防止し，上訴裁判所の負担を軽減しようとするものである。

5　新民事訴訟法の制定

現代社会の生活のテンポは速く，旧来の民事訴訟はこれに著しく対応できない状態になっていた。日本の民事訴訟は多数の事件を平行して審理するため口頭弁論間の間隔が長く，また当事者が口頭弁論期日までに提出しておくべき準備書面をその口頭弁論期日に提出し，準備書面の内容を陳述し，それに対する相手方の反論のための次回期日を決めその期日を終了し，かなりの間隔を経て開かれる次回期日も同じように進行し，その間に必ずしも十分争点が整理されないままに証拠調べを行い，その後また口頭弁論期日が開かれるというような悠長な審理が行われるのが普通であった。このような状況を改めるために，平成8（1996）年に新しい民事訴訟法が制定され，平成10（1998）年1月1日に施行された。これに伴い旧民事訴訟法は廃止された。

新民事訴訟法の重点は，①争点と証拠を的確に整理し，証拠調べ（証人尋問と当事者本人尋問）を集中的に実施すること，②当事者が相手方および第三者から訴訟に必要な情報を取得するための手続の整備・充実を図ること。③最高裁判所への上告を制限するため上告受理申立ての制度を採用すること。④少額の金銭債権を簡易迅速に実現するために少額裁判制度を新設すること，であった。

新民事訴訟法の施行後も，訴え提起前の証拠収集処分，専門委員制度および計画審理の手続の導入などを行う改正が行われているが，ここでは立ち入らない。

以上のように，日本の民事訴訟法はドイツ法をモデルに制定されたが，時の経過とともにオーストリー法，英米法の影響を受けた改正および独自の考え方に基づく改正が施された結果，今日では種々の要素をもった民事訴訟法であり，混合法の趣をもつと言うことができる。

第1部　民事訴訟法の継受と伝播

6　日本における民事訴訟法の継受の意味
(1)　継受の媒介作業

以上の説明から明らかなように，日本における民事訴訟法の継受は，泰西法（Western Law）の原則に合致した法典を整備するという政治的課題の中で，現実には同時代の外国法を全面的に輸入するものであった。ここで重要なことは，土着または既存の法と外来の法を架橋する媒介の作業であるとされる[9]。テヒョー草案の場合には，テヒョーが外国法の継受に消極的な考え方をもち[10]，その国の歴史や慣行を重視したので，民事訴訟法の基本原則に反しない限り，当時の日本の法令や裁判所慣行を尊重する態度であったから[11]，媒介作業はかなり行われたと言える。しかし，明治23年民事訴訟法は決してそうではなかった。ドイツ民事訴訟法の翻訳が，前記の事情により前面に出た。この媒介作業が充分に行われないところでは，軋轢が生じる。それは，直ぐ後に述べるように，実務からの法律批判という形で現れた。

外国法の継受がその翻訳的輸入であれ，既存の法の修正の形をとるのであれ，困難な問題は，全く近代的な訴訟制度を知らない国が初めて外国の法制度を受け入れ，自国語で法典化する際に現れる。多数の重要な法概念が全くないところに法典を作る場合，適切な訳語を見つけ出し，または初めから造語することは想像を絶する困難を伴う。当時の知識人・森有礼がその著 Education in Japan（『日本の教育』）の序文中で，「日本語は到底支那語を待つに非ざれば其用を為す能はず。国家の法令の如きはトテモ日本語にて言明すべきにあらず，故に日本の普通教育には英語を代用すべし」[12]と主張した時代である。明治期にこの翻訳作業に当たった人々の苦労が思いやられる。外国の法典の翻訳の作業に当たった人たちは，オランダ語および漢学に通じ

---

[9]　大久保泰甫「法の継受と言語」林大＝碧海純一編『法と日本語』（1981年・有斐閣）149頁，152頁。

[10]　テヒョーは，「外国法は常に不法（Un-Recht）である」。「外国法を承継することは，あたかも足に合わない一足のブーツを相続し，足を締め付けるにもかかわらず，誤った（死者に対する）畏敬の念（Pietät）からこれを履いている者と同じである」とその族譜において述べている（Familienchronik Techow, S. 150）。鈴木・前掲注(2)103頁注(83) 参照。

[11]　テヒョー自身，山田顕義司法大臣への法案の献辞の中で，このことを明らかにしているし，彼は法案作りを引き受けるに当たって有能な実務家から日本の裁判所実務についての情報を得ることを要求していた。

[12]　*Arinori Mori*, Education in Japan, Introduction, 1873, p.16（森有礼全集第3巻（付録）266頁）。

ており，適切な用語を漢籍から見つける工夫をしたとされる[13]。また，単にドイツ法の法律用語だけから訳語を決めたのではなく，他のヨーロッパ諸国の法律用語も参照された[14]。

(2) 実務の継受の困難性

明治期における1877年のドイツ民事訴訟法の継受の際に，法典の継受は行われたが，この法典に基づく実務の承継は行われず，このことが法律施行後の実務家の困惑をもたらした[15]。もっとも明治政府は実務の継受に全く無関心だったかといえば，必ずしもそう断定することはできないであろう。明治時代には，かなりの数の実務家をヨーロッパに派遣して訴訟書類の書式を調べるなど種々の調査をさせていたからである。しかし，一部の者が外国の訴訟実務の知識を持ち返っても，これを一般の法律家に適時かつ組織的に周知することが必要であるが，明治期の日本ではそのような余裕はなく，充分行われなかったようである。

法の継受に当たり土着の法と外来の法の媒介作業が不十分な場合には，種々の軋轢を生むであろう。民事訴訟法の場合には，これを日常的に使用する法曹実務家，とくに裁判官から，制定された法律が煩瑣で訴訟を遅延させるという非難が現れ，改正要求が強くなるという形で軋轢が生じた。

この軋轢は，明治23年民事訴訟法の改正という形で処理されなければならなかった。以後，日本法はドイツ法，オーストリー法あるいは英米法の基礎の上に，独自の法発展を行うことになった。

(3) 明治期日本における民事訴訟法の継受の意味

ともかく明治24（1891）年1月1日をもって民事訴訟法は施行された。懸案であった不平等条約の改定は，難航を極め，挫折を繰り返しながらも，陸

---

[13] 大久保・前掲注(9)158頁。権利や義務の用語を日本で初めて用いた箕作麟祥の例は，有名である。大槻文彦編『箕作麟祥君伝』（1907年）89頁。
[14] たとえば，Rechtshängigkeitは明治23年民事訴訟法では「権利拘束」というように直訳されたが，同じ内容の用語としてオーストリーではStreitanhängigkeitの語が用いられている。訴訟係属の語はむしろ，このStreitanhängigkeitの翻訳からきているように思われる。非訟事件を示すドイツの用語はfreiwillige Gerichtsbarkeitであるが，オーストリーではAußerstreitverfahren，Außerstreitsachenと呼ばれる。日本の非訟事件の用語は後者を参照して決められたのであろう。
[15] 中野貞一郎教授は実務の承継の重要性を指摘される。中野・前掲注(5)57頁以下。

奥宗光外務大臣時代に，まずイギリスとの間で日英通商航海条約が成立し（明治27（1894）年7月16日），これを突破口に次々と各国との条約改定が実現した。このようにして，日本は不平等条約の改定に成功した。裁判所法および民事訴訟法の施行による日本の裁判手続の充実が条約改定の条件づくりの一翼を担ったことは疑いのないことであろう。テヒョーが明治17（1884）年5月2日付の伊藤博文への書簡のなかで，たとえ完全なものでないにせよ民事訴訟法の制定は国家の一大急務であり，外国人の日本の裁判手続への信頼を醸成する上でも一刻も猶予できないことは論を待たないこと，そして，完全な民法があっても民事訴訟法がなければ意味がないことを強調したが[16]，実際に，民事訴訟の原則に則った訴訟の実施が外国人の日本の法律制度への信用を高めていった。民事訴訟法の継受は，日本が幾多の困難を乗り越えて粘り強い交渉によって不平等条約の改定に成功する礎になった。

Ⅲ　日本による外国に対する法整備支援活動

1　法整備支援活動

(1)　法整備支援の意義・理念

最近では国際協力の課題の1つとして法整備支援の重要性が認識されている。もっともその意義・理念をどこに求めるかという点については，必ずしも一致があるわけではない。一般には法整備支援とは「開発途上国の行う法令およびこれを運用する体制の整備を支援する活動」と定義され，途上国が市場経済社会に移行するに当たり必要な法制度の整備に協力することに重点が置かれているが，途上国が「民主的法治国家」となるような法の整備および人材の養成を支援することに目的を見出す見解[17]もある。

(2)　法整備支援の方針

日本では，現在，カンボディア王国，ベトナム等アジア諸国に対する民法および民事訴訟法の起草援助が，日本の国際協力事業団と当該外国の政府機関が実施機関となって行われている。外務省の外郭団体である国際協力事業

---

[16] 松本博之＝徳田和幸編『日本立法資料全集191・民事訴訟法〔明治編〕(1)テヒョー草案Ⅰ』（2008年・信山社）41頁参照。

[17] 上原敏夫ほか「座談会・法整備支援の現状と課題」ジュリスト1243号（2003年）64頁，65頁における竹下発言。

団が前面に出ているように，日本政府の公式の援助プログラムではない。法案作成に当たる専門家も，大学の法学部教授や弁護士などの実務家である[18]。

援助の方針としては，日本の法律を外国に押し付けるのではなく，人材の養成に意を用いながら息長く信頼関係を醸成しつつ，当該外国の実情に即した法案作成の援助を行っているとされる。

(3) カンボディア民事訴訟法案

カンボディアについては，民事訴訟法の判決手続の部分について，すでに約3年の歳月をかけた「カンボディア王国への民事訴訟法案」(2003年3月)が日本語とクメール語によって作成され，公表されている[19]。この法案の内容的な特徴は，裁判所の公正迅速配慮義務・当事者の信義誠実義務（4条），必要的共同訴訟の規律（41条），訴状提出による訴えの提起（75条1項），本人訴訟の許容・弁護士強制の不採用（52条1項），弁論準備手続の採用（103条以下），本案の終局判決後の訴えの取下げの再訴禁止効（218条2項），請求の放棄・認諾の場合に放棄判決や認諾判決をせずに放棄調書・認諾調書に確定判決と同一の効力を与えることによる訴訟の終了（222条），上訴制限の不採用（284条），再審制度（307条以下）など日本民事訴訟法の当該規定を基礎にしている。その上で，カンボディア側の要望を組み込む形で体系化が図られている。たとえば，通常の民事訴訟への検察官の立会いを可能とする6条，商人間または法人間でなされたものに限り管轄合意の効力を認める13条1項，職権証拠調べを適法とする16条などである。

(4) 日本法との相違

我々の眼から見て，日本で実現できなかった工夫がいくつかの事項で行われていることも注目すべき点である。たとえば，審問請求権や対審の原則を定める3条，管轄の合意は日本法では誰でも自由にできるが，これとは異なり商人間または法人間でなされたものに限り効力を承認する13条1項，欠席判決制度の採用（200条）など，日本法とは異なる制度の採用など大いに注目されるところである。

18　この点については，上原敏夫「カンボディア王国への民事訴訟法起草支援事業について」『変動期における法と国際関係』（2001年・有斐閣）317頁以下に問題の提起がある。
19　日本語法案はICDNEWS（法務省法務総合研究所国際協力部報）2号（2003年）11頁以下に掲載されている。

(5) 継受の問題点

　もっとも，日本法として問題が意識されているにもかかわらず，あるいは日本における問題意識が不十分であるため，日本の規定がそのまま法案に採用されているように思われる箇所もある。たとえば，必要的共同訴訟の場合に共同で訴えを提起することに応じない関係人の問題の解決，終局判決後の訴えの取下げの再訴禁止効や有罪確定判決等を再審に要求することの合理性の検討，判決確定後に，それだけでまたは前手続で取り調べられた証拠と相俟って異なる裁判をもたらし得た新たな鑑定が得られた場合に再審を許すべきか否かの検討などが行われていないように見えることである。また，条文ごとの簡単なコメントはあるものの，日本の民事訴訟法の立法の場合と同様，詳しい草案理由書が作成されていないことも問題であろう。

2　法学教育

　新しい法の実施には，これに携る人材の養成が重要である。日本の経験では，すでに述べたように実務家の外来の法に対する不満が早くから生じ，改正への道を進んだ。カンボディアへの法整備支援においては，もちろん，このことには留意され，法案立案の段階で司法省職員とのコミュニケーションを図るとともに，法曹養成の計画も示されている。人材養成への支援は，日本の法整備支援の1つの重点とされている。

中国民事訴訟の多様なルーツと
グローバル時代における外国法の影響

王 亜 新*

一 はじめに

　中国は，グローバリゼーションの波に洗われている現在の世界の中で，ますます存在感を増している国の一つである。前世紀の80年代以来，中国は，一方では相当長い期間にわたって膨大な外国投資を吸収し高率の経済成長を誇り，また産業化・都市化の進展や生活レベルの向上などの急速な社会変貌を見せつつも，他方では地域間の発展の著しい不均衡，環境の破壊・道徳の荒廃といった難しい問題も数多く抱え込んでいる。こうした状況は，グローバル時代の光と影の象徴であり，それは中国の民事訴訟にも反映されずに措かない。即ち民事訴訟制度も，一方では経済成長や都市化に伴う訴訟事件の急速な増加や変容などを背景に，外国から裁判・司法に関する多くの新しい理念・学説や手続様式などを受け入れることにより，以前と比べてその性格を大きく変え，先進諸国の訴訟制度に接近し国際社会に通用する裁判の枠組みへとますます収斂しつつあるように見える。しかし他方では，その変容を遂げつつある民事訴訟は，グローバリゼーションの時代背景とも関連して，中国に特有な数々の難問にも直面しており，しばしばアンビバレントな状況におかれている。本報告は，この二十数年の間に中国民事訴訟が受けた外国

---

* 中国清華大学法学院教授。
　本稿の作成に当たって，初稿の段階で京都大学法学博士金春氏に，最終の段階で京都大学大学院法学研究科寺田浩明教授に若干の日本語表現を訂正していただいた。ここに記して謝意を表したい。
　本稿テーマの関係で参考となりうる文献のほとんどは中国語のものであるため，以下の注を最小限に抑える。

法の影響の有り様の紹介を中心とし，それに加えて最近の制度・学説および実務に関する外国法の影響状況とその問題点を指摘するものである。

　以下では，まずグローバル時代以前の状況に触れ，中国民事訴訟のルーツやその基本枠組みを形作る歴史的要素を簡略に取り上げる。次に，昨今の翻訳ブームや比較法研究の繁栄などの諸現象を紹介し，中国民事訴訟がグローバリゼーションの進行という背景の中でこれまで受けてきた外国法の影響を考察する。続いて，20世紀80年代後半から実務サイドの人民法院により始められた「民事審判方式の改革」との関連で，外国法の影響・浸透のダイナミックスやその内的ロジックなどについて，やや掘り下げた検討を試みる。その上で，外国法からの大きな影響により変容しつつある民事訴訟が，今度は沿海部と内陸部，都市部と農村部といった異なる空間の中で，集団的紛争などの様々なタイプの事件を解決するに際してどのような難題にぶつかっているかの現状を描写し，民事訴訟の諸領域毎に幾らか異なる外国法の微妙で曲折した影響やその度合いを測ってみたい。そして最後に，外国法からの影響との関連で，中国民事訴訟法学界にとっての今後の課題は何かを指摘し，本報告の締めくくりとする。

二　中国民事訴訟の多様なルーツ

　中国の民事訴訟が近年どれほど大きく外国法からの影響を受けてきたかを見積もる前に，訴訟制度の基本的枠組みを形作っているいくつかのルーツを取り上げて検討しておく必要がある。こうした作業は単に中国民事訴訟の沿革を紹介する為だけではなく，現在の制度や実務の中でなお生きている歴史的要素を見つけ出し，今日の状況をよりよく理解するための背景を提供する為にも欠かせない。グローバリゼーションに巻き込まれる前の中国でも，民事訴訟は単純に固有の古い伝統を維持し独自の発展を遂げてきたという訳ではなく，またかといって特定の国だけから制度や学説を移植・継受したというものでもなかった。中国の民事訴訟は，近代の激動期を経験する中できわめて多種多様で複雑なルーツを有するところにその特徴の一つがあるといえる。

　西欧列強と衝突しその影響を強く蒙り始める19世紀中頃より以前の長い時期が，中国のいわゆる固有法期に当たる。この時期においては，今日の訴訟や審判に相当する民事紛争処理の代表的な制度は，県あるいは州という官僚

システムの末端に位置する地方官の行う「聴訟」(hearing civil case）であった。今日の中国民事訴訟との関連性から見た場合，「聴訟」の主な特徴は二つある。まず，紛争当事者双方の言い分を聞いたうえで地方官が下した判断は，必ず両当事者からの承諾や同意の表示を経て，はじめて事件の終結をもたらす。逆に言えば，どちらかの当事者がなかなか官の判断に同意してくれないと事件が永遠に終結できないことも理論的にはありうる。またもう一つの特徴として，上訴や再審などの制度がない代わりに，両当事者が地方官による判断の受け入れをすでに表明し一件落着であるかに見えた事件についても，どちらの当事者もいつでも各レベルの官僚に繰り返し苦情を申し出て，蒸し返しの審理を求めることができる。官僚の側はこのような求めへの応答を自らの職務ないし義務とみなしており，現実的にも当時は裁判の終局性という観念がなく，事件の蒸し返しが日常茶飯事となっていた。この二つの特徴を合わせ考えれば，聴訟とは，裁判者という官の介入と判断にもかかわらず，当事者が承諾を表示し，しかも現実的にも争いの行動をそれ以上とらないことによってはじめて紛争が終息するような仕組みであった。その点に着目して，日本の著名な東洋法制史学者である滋賀秀三教授は，聴訟に「教諭的な調停」(didactic conciliation) という性格付けを与えている[1]。後に再び言及するように，こうした性質は現在の中国民事訴訟にも大きな影響を残している。

　19世紀に西洋列強の侵入を蒙ると，中国は固有の法律制度を徐々に維持できなくなり，今から約100年前の清朝末期に，法典化を目指す立法作業という形で本格的に西欧近代法の継受を試みた。民事訴訟制度については日本人学者を立法顧問として招聘し，ドイツ法を青写真に草案が作られたものの，清王朝の滅亡のため法律成立にまで至らず廃案となった。しかし中華民国初期の北京政府や，その後をうけた南京政府が公布した民事訴訟関係法規のほとんどは，清朝末期の民事訴訟法草案を踏襲しドイツ法の基本的なスタイルを受け継いだものである。特に南京の国民党政府により作られた民事訴訟法は，1949年以後，台湾において効力をそのまま保持し続け，1977年に抜本的な法改正を経た後も基本的にドイツ法の流れを汲んでいる。また後に触れるように，今日の中国民事訴訟にもドイツ・日本法の流れに沿う訴訟制度の基本的な枠組みが実ははっきりと見て取れる。

　その他方では，中日戦争時期に共産党が支配した「根拠地」といわれる地

---

[1] 滋賀秀三，清代中国の法と裁判，東京：創文社，1984年，231-257頁参照。

域において，革命のイデオロギーや戦争遂行の目的などに適う形での民事訴訟の新しいスタイルが案出された。それは，当事者が訴えを提起すると党の幹部でもある裁判官が紛争の現地に赴き，証拠を集め事実関係を明らかにしたうえで当事者双方や周りの一般民衆に解決案を示しその受け入れを説得する，といった構造と内容を持つものであり，「真相究明」・「調停中心」ないし「大衆動員」といったスローガンがその特徴をよく表している。こうした紛争処理は，一応は「訴訟・裁判」の枠内で行われてはいるものの，一面では固有法における「教諭的な調停」の伝統とつながり，他面では共産党革命の新しいイデオロギーや民衆の動員・組織の様式とも緊密に関連しているので，ある学者は，現代中国の法律制度における「新伝統」の一つだと位置付けている[2]。このような審判方式は，後の人民法院による紛争処理の実務的なベースをなしており，今日の中国民事訴訟を観察する際にもきわめて重要なルーツの一つとして無視できない要素をなしている。

中華人民共和国の成立により民事訴訟法を含めた国民党政府の法律がすべて廃棄された為に，1949年から1982年までの三十数年の間に，中国には民事訴訟関係の立法が存在しなかった。しかし50年代には，旧ソ連からいわゆる社会主義的な民事訴訟法学の基本概念や原理，その学説体系を熱心に勉強し紹介した時期があり，人民法院による民事紛争処理の裁判実務もほとんど中断することなく行われていた。旧ソ連から学んだ時期は短く，その影響も概念や学説の導入に限られていたとはいえ，「国家の職権介入」や「訴訟の三面関係」などの原理や概念は，部分的にせよ，ドイツ流の民事訴訟法学が否定された後の空白を埋め，学説などがほとんど欠如した当時の民事訴訟に一応の理論的な基礎付けを与えた。その意味では現代中国の民事訴訟は，社会主義法としての旧ソ連法にもう一つのルーツを持つといえる。

しかしこの時期の民事裁判実務に限って言えば，それはなお法文や学説の適用という形をとらず，しばしば党のイデオロギーや政策ないし政治的キャンペーンに左右されながら，基本的に戦時中の「根拠地」で形成された「調停中心」的な審判方式を維持していた。つまり，「大衆路線」を標榜するイデオロギーの下，法廷での審理を否定し，事件を受け付けると裁判官に相当する審判要員が自ら紛争の現地へ入り，事実関係を徹底的に調べた上で解決

---

[2] 強世功「権力的組織網絡与法律的治理化――馬錫五審判方式与中国法律的新伝統」，強世功編，調解，法制与現代性：中国調解制度研究，北京：中国法制出版社，2001年，204頁以下参照。

案をまとめ，説得や教育を通して当事者にそれを受け入れさせるという調停的なやり方が，当時の模範的な「裁判」スタイルとされていた。計画経済体制の樹立により市場を通じた商品交換が極力排斥されたため，経済活動にかかわる紛争自体が少なくなったばかりか，その紛争のほとんどが人民法院の管轄から取り除かれたため，当時の人民法院が取り扱えた民事紛争の典型的な類型は，離婚や相隣関係のトラブル，少額の消費貸借をめぐる争いなどに過ぎなかった。政治システムや国家権力の中ですでに周辺化した裁判所がこうした種類の事件ばかりを扱っていたとすれば，上記のような審判方式もそれなりに合理性を持つものだと容易に理解できよう。また「文化革命」などの動乱を経験して鎖国状態に置かれた当時の中国民事訴訟は，外国法の影響とはほとんど無縁の存在だった，ということも同時に指摘すべきであろう。

三　改革開放期における外国法の影響

　外国法の影響が顕著に現れ始めるのは，80年代の改革開放期に入って以降，とくに1982年に中華人民共和国建国後最初の民事訴訟法が制定された時である。この法律は，裁判官による証拠収集や事実調査を強調し，「調停を重んずる」原則を規定する点などから見れば，基本的にはなお共産党革命の「根拠地」時代に由来する「新伝統」と呼ばれる審判方式に立脚するものだといえる。しかし，総則と分則という構成からはドイツ民事訴訟法の枠組みを採用していることが明白に見て取れ，また同時に，弁論期日に相当する「開廷」の手続きや訴訟参加に類似する「第三人」制度などについては旧ソ連の民事訴訟法やその法学理論から学んだ部分も看取されうる[3]。もっとも当時はこうした外国法からの影響は，立法機関の関係者や一般の学者によってほとんど言及されなかった。たとえば80年代後半に出版された二冊の代表的な民事訴訟法教科書をひもといてみると，その一つは「ブルジョアジー社会の民事訴訟法」という節で外国法を取り上げ，「ブルジョアジーの利益を擁護し，その奉仕に務める」ものだと批判するだけであり[4]，もう一冊は「外国の成

---

[3] これらの領域における旧ソ連の民事訴訟制度との関連について，より詳しくは，王亜新「中国民事訴訟の審判構造についての一考察」，谷口安平先生古稀祝賀　現代民事司法の諸相，東京：成文堂，2005年，264-265頁；蒲一葦，民事訴訟第三人制度研究，清華大学法学博士学位論文，117-121頁などを参照。

[4] 柴発邦編，民事訴訟法学，北京大学出版社，1988年，11-12頁。

功した立法技術や有益なやり方を参考すべきだ」と明言するものの，その具体例として挙げるのは，「渉外民事，経済事件の管轄や司法共助の領域」のみであった[5]。今から振り返って見れば，80年代全体を通じて中国民事訴訟法学界の雰囲気の中には，外国法との関連を明言することに対する政治的あるいはイデオロギー上の障害がまた存在していたようであり，比較法資料の紹介や研究も一部なされたもののあまり活発的ではなかった。諸外国の民事訴訟法やその学説の翻訳の作業は，立法機関や大学などの部内の参考に資するための「内部資料」の提供という形で断続的に行われたとはいえ，市販の翻訳書などは少なく，概ね低調な状態にとどまっていた。

ところが90年代，とくに市場経済化が加速した1992年以降，こうした雰囲気は一変した。立法やその解釈ないし教育研究の際に外国の民事訴訟制度を引き合いに出すことは一般的なこととなり，イデオロギー的な障害も感じられなくなった。民事訴訟の比較研究が盛んに行われ，また他のあらゆる分野と同様に，民事訴訟関係についても空前の翻訳ブームを迎えた。こうした状況を背景に，外国法の影響もかつてないほどの勢いで中国民事訴訟法学界の中に広がり，また浸透するようになってきた。いうまでもなく，中国の社会や経済がより本格的でより深くグローバリゼーションに巻き込まれたのも，まさしく90年代以降のこの時期であった。

外国の民事訴訟制度や学説を肯定的に捉え，積極的にそれに学ぼうとする一般的な態度を促した一つの重要なきっかけは，1991年に民事訴訟法が全面的に改正され，現行の民事訴訟法が成立したことにある。新しくできたこの法律は，大陸法ないし英米法の民事訴訟制度から数多くの要素を取り入れた。たとえば，そこでもドイツ法に由来する「総則・分則」の基本的構成が引き継がれており，さらに督促手続や公示催告手続の新設などのように明らかに大陸法圏の民事訴訟から導入されたものも含まれている。また，アメリカ法を参考に作られた条文もこの法律の中には見出される。多数当事者あるいは集団の訴訟について「当事者人数不確定の訴訟代表人」を新たに規定する第55条がその代表格である。この条文の趣旨は，訴えを起こすときに多数当事者の範囲が確定されなくても，公告や登記などの手続を経て代表者を選任し訴訟の遂行を任せ得，またそこで得た判決は，同じ紛争の潜在的な当事者によって後に起こされた他の訴訟においてもその効力を援用しうるようにする点にある。こうしたところから見れば，「人数不確定の代表訴訟」という制

---

[5] 王懐安編，中国民事訴訟法教程，人民法院出版社，1988年，18頁。

度は，多数当事者訴訟に関する大陸法の一般的な枠組みをはみ出るものであり，むしろそこにはアメリカ法における class action との類似性を明白に看取しうる[6]。

また90年代には，諸外国の民事訴訟理論や学説の紹介が盛んに行われ，それは「挙証責任」や「弁論主義」等のいくつかの重要な概念をめぐる熱烈な議論に見られるように，民事訴訟法学界に新しい気風の発生を促した。たとえば挙証責任については，80年代を通じて一般的に「主観的」・「行為的」証明責任あるいは「証拠提出責任」に相当するレベルでしかこの概念が理解されなかった。このような状況に対し，90年代の初頭に一部の学者がローゼンベーグ（Leo Rosenberg）の学説に依拠して「客観的」あるいは「結果的」な挙証責任の概念を積極的に紹介し，ノンリケットの問題を解決できるこうしたレベルでの意味こそ「挙証責任」という概念のもっとも肝心なところだと，力説し始めた[7]。その結果，「主観的」と「客観的」といった二つのレベルを合わせて「挙証責任」を理解することが民事訴訟法学界でコンセンサスを得，一般的な考えや通念となった。そしてこのような学問的なコンセンサスは，やがては「真偽不明」の場合に挙証責任を負う当事者が敗訴のリスクを甘受せざるをえないという，当事者主義の基礎的な理念へと人々を導き，訴訟制度自体や裁判実務の運営にも大きな影響を及ぼすことになる。また次節でも触れるように，外国からの学説によるインパクトとしては，「挙証責任」についてのこうした理解が，「絶対的な実体的真実」に代わって「法律的な真実」（手続限りの真実）といった概念を普及させたことも挙げることができ，それもやがては「挙証時限」（時機に後れた攻撃防御方法の提出に関する失権効）の制度の立ち上げにもつながることになる。

大陸法の民事訴訟理論から重要な概念や原理を借りたことで中国の民事訴訟法学界および裁判実務に大きな影響がもたらされた例をさらにもう一つ挙げると，それは弁論主義の紹介である。従来の中国民事裁判では長い間，職権探知の慣行がなされており，学界においても職権探知主義的な発想が支配

---

[6] この条文を規定する前後に，class action について多くの紹介があり，立法機関もその影響を受けたと説明している文献として，範愉編著，集団訴訟問題研究，北京大学出版社，2005年，274-276頁参照。

[7] 代表的な著作として，李浩，民事挙証責任研究，北京：中国政法大学出版社，1993年，が挙げられる。李浩教授によるこの研究は主として台湾学者の論文やその他の翻訳資料に基づき，ローゼンベーグ説など，ドイツ法，日本法における挙証責任理論を検討するものである。

的で，弁論主義の中味や趣旨を十分に理解せぬままイデオロギー上の理由でそれを否定してきたという経緯がある。弁論主義に代えて「弁論の原則」という用語が教科書などで使われていたとはいえ，その意味するところは，いかなる場合にも当事者の双方に主張や弁論を認めるべきだというに止まり，それらには裁判官を拘束する効力はなく，またそれを聞きいれるかどうかも裁判官の判断に任せるというものであった。80年代後半には既に人民法院が職権探知の慣行を改めようとする訴訟手続の改革に乗り出してはいたものの[8]，当時の訴訟法学界はまだ改革の動向に敏感に反応しえず，実務のこうした動きを弁論主義の視点から捉えそれに基礎付けを与えるといったことはできなかった。ドイツや日本の民事訴訟における弁論主義の概念や内容を詳しく紹介した上で中国の法学界で言われる「弁論の原則」を「拘束力なき原則」と位置づけ，弁論主義をもってそれに代わるべきだとする主張は，90年代中頃になってから公表されはじめ，次第に有力説になってゆく[9]。そして最近ようやく最高人民法院による訴訟規則の制定・公布を通して，弁論主義に近い内容を有する法原則が中国民事訴訟の制度に受け入れられ，実務で採用されるに至った[10]。

　90年代を通じて広がり強くなった外国法の影響は，立法上の制度の導入，学説や法原則などの紹介にとどまらず，訴訟や手続に対する一般的な見方ないし基礎的な理念のレベルにも及んでいる。このことは「手続の正義」や「デュー・プロセス」などの言葉や概念が，中国民事訴訟法学界において「公民権」を得たのみならず，まるでスローガンのようになり流行りはじめさえした，といった現象からも窺える。80年代末までは，民事訴訟法は手続についてのルールであり，基本的には実体的な正義を実現するための手段的な存在であるという認識が一般的であり，民事訴訟法学自身もこうした認識を共有し，法学界の片隅に自らの位置を見つけてそれに甘んずるかの様子が見えた。しかし英米法の「デュー・プロセス」や日本法学界における「手続の正義」をめぐる議論などの紹介を通じて[11]，法のプロセスや裁判手続こそが西洋の法体系や法思想において中心的な位置を占めるものだ，ということ

---

[8] 王亜新，中国民事裁判研究，東京：日本評論社，1995年，12-56頁参照。

[9] こうした研究成果の中で代表的な論考として挙げられるのが，張衛平，「我国民事訴訟弁論原則重述」，法学研究1996年第六号である。

[10] この新しい動向について，王亜新「中国民事訴訟の新しい展開——最高人民法院の証拠に関する最新の訴訟規則を中心として」，北大法学論集第54巻第6号，2004年，227頁以下参照。

が徐々に広く理解されるようになり，90年代後半から熱を帯びてきていた司法体制改革の展開ともあいまって，手続の重要性は訴訟法学者だけでなく法哲学や実体法学などのさまざまな領域の研究者によってもしきりに言及されるようになった。現在では，「デュー・プロセス」や「手続の正義」が法体系や法学の全体にとって一つの基礎的なキーワードだという観念は，すでに法学界に広く共有されているといっても過言ではないであろう。これも外国法の影響の最も顕著な一つの現われであり，また結果だといえる。

上述したさまざまな動きの背景としては，中華人民共和国の成立以来（あるいは中国数千年の歴史上）最大の規模を誇る翻訳ブームの存在が指摘されなければならない。あらゆる分野を巻き込んだこのブームは，改革開放期に入ってから現在までなお続いており，民事訴訟の領域もその例外ではない。とくに90年代後半以来の成果には目を見張るものがある。以下に，網羅的ではないとはいえ，主な翻訳書を訴訟法典あるいは訴訟規則—教科書—研究著書ないし論文集という順で一応列挙しておく[12]。

まず日本との地理的な近接，また日本へ短期長期で留学する民事訴訟法学研究者の多さ，中国と日本の民事訴訟法学界の比較的に頻繁な交流などの事情によって，日本語の文献が，翻訳され始めた時期もやや早く，その成果も量的におそらく最も多いランクに属する。日本の民事訴訟に関する主な翻訳書は次のとおりである。

白緑玄訳，日本新民事訴訟法，中国法制出版社，2000年；

兼子一，竹下守夫著，白緑玄訳，民事訴訟法（新版），法律出版社，1995年；

羽鳥高秋，ヘンダソン著，朱興有訳，日本民事審判程序，陝西人民出版社，1991年；

---

[11] デュー・プロセスの紹介について，季衛東「論法律程序」，中国社会科学1993年第1号；日本法学界における議論の中国への紹介について，谷口安平著，程序的正義与訴訟（王亜新，劉栄軍訳）北京：中国政法大学出版社，1995年参照（なお，この翻訳書は2002年に増補版を出版された）。

[12] そのほか，中国人学者の手による諸外国の民事訴訟制度と学説などを紹介・研究する書物や論文も，枚挙しきれないほど数多く存在しているが，ここではそれらに触れないことにする。

なお，以下の列挙には，原本のタイトル，出版社や出版期日などを知っている場合にそれも併記する。ただし，翻訳者の編集を経た論文集や翻訳書に明記されないことによってわからないときに，原本についての記載を省略せざるを得ないことになる。

第1部　民事訴訟法の継受と伝播

中村英郎著，陳剛ほか訳，新民事訴訟法講義，法律出版社，2001年；
谷口安平著，王亜新，劉栄軍訳，程序的正義与訴訟，中国政法大学出版社，
　　　初版1995年（増補版，2004年）；
高橋宏志著，林剣峰訳，民事訴訟法：制度与理論的深層分析，法律出版社，
　　　2003年；（重点講義・民事訴訟法，有斐閣，1998年）
松岡義正著，張知本訳，民事証拠論，中国政法大学出版社，2004年；
小島武司ほか著，汪祖興訳，司法制度的歴史与未来，法律出版社，2000年；
小島武司著，陳剛ほか訳，訴訟制度改革的法理与実証，法律出版社，2001
　　　年；（民事訴訟の基礎法理，有斐閣，1988年）
棚瀬孝雄著，王亜新訳，糾紛的解決与審判制度，中国政法大学出版社，初
　　　版1994年（新版2005年）；
染野義信著，林剣峰訳，転変時期的民事裁判制度，中国政法大学出版社，
　　　2004年；
小島武司，伊藤眞編，丁捷訳，訴訟外糾紛解決法，中国政法大学出版社，
　　　2005年；
竹下守夫著，張衛平，劉栄軍訳，強制執行法，重慶出版社，1991年；

　他方では近年，日本民事訴訟法の母法ともいえるドイツ法への関心が高まり，直接ドイツへ留学する学生や研究者も年々増えていることにより，ドイツ民事訴訟に関する翻訳書も多数，世に問われ始めた。以下はその主要なものである。

謝懐栻訳，徳意志連邦共和国民事訴訟法，中国法制出版社，2001年；
Dieter Knoringer 著，劉漢富訳，徳国民事訴訟法律与実務，法律出版社，
　　　2000年；
Othmar Jauemig 著，周翠訳，民事訴訟法（第27版），法律出版社，2003年；
　　　（Zivilprozessrecht, 27th edition, Verlag C. H. Beck OHG, München, 2002）
Hans-Joachim Musielak 著，周翠訳，徳国民事訴訟法基礎教程（第6版），
　　　中国政法大学出版社，2005年；（Grundkurs ZPO, Verlag C. H. Beck
　　　OHG, München, 2002）
Hans Pruetting 著，呉越訳，現代証明責任問題，法律出版社，2000年；
Leo Rosenberg 著，荘敬華訳，証明責任論：以徳国民法典和徳国民事訴訟
　　　法典為基礎，中国法制出版社，2002年；　（Die Beweislast, 4, Aufl.
　　　1956, C. H. Beck'sche Verlagsbuchhandlung, München）

M Stürner編，趙秀挙訳，徳国民事訴訟法学文粋，中国政法大学出版社，
　　2005年；

　それと同時にアメリカの民事訴訟についても，英米法の代表的な領域として従来から学問的な関心があり，80年代にすでに一部の大学内部で比較法の教材として用いるためにアメリカ民事訴訟の資料が翻訳されていた。90年代に入るとさらに多くの分厚い教科書が翻訳され，また英語の堪能な研究者や学生の勉強に便利を図るため英文原文と漢文による訳文の両方を対訳形で並記する，やや風変わりな教科書までが出版されている。

白緑玄，卞建林訳，美国連邦民事訴訟規則，中国法制出版社，2000年；
Green. M. D. 著，上海大学文学院法律学系訳，美国民事訴訟程序概論，
　　法律出版社，1988年；
Geoffrey. C. Hazard, Michele Taroffo 著，張茂訳，美国民事訴訟法導論，
　　中国政法大学出版社，1998年；(American Civil Procedure: An Introduction, Yale University Press, 1993)
湯維健ほか訳，美国連邦地区法院民事訴訟流程，法律出版社，2001年；
　　(Introduction the Federal Courts, Federal Judicial Center Series, Program Three, 1998)
Stephen N Subrin, Margaret Y. K. Woo 著，蔡彦敏，徐卉訳，美国民事訴訟的真諦，法律出版社，2003年；(The Nature of American Civil Procedure: In Historical, Cultural and Practical Perspectives)
Stephen N Subrin, Martha L. Minow, Mark S. Brodin, Thomas O. Main 著，付郁林ほか訳，民事訴訟法：原理，実務与運作環境，中国政法大学出版社，2004年；(Civil Procedure: doctrine, practice, and context, Aspen Law & Business, 2000)
Jack H Friedenthal, Mary Kay Kane and Arthur R Miller 著，夏登峻ほか訳，民事訴訟法，中国政法大学出版社，2005年；(Civil Procedure)
Stephen C. Yeazell, Civil Procedure, Casebook Series, 5th edition,中信出版社2003年

　なお，特定の国に限らず，欧米の民事訴訟一般やその国際的比較に関して英文で書かれた研究書についても，次のような翻訳書が出ている。
宋氷編訳，読本：美国与徳国的司法制度与司法程序，中国政法大学出版社，

1998年；
Mauro Cappelletti 編，劉俊祥ほか訳，福利国家与接近正義，法律出版社，2000年；
Mauro Cappelletti ほか著，徐昕訳，当事人基本程序保障権与未来的民事訴訟，法律出版社，2000年；
Mirjan R. Damaška 著，鄭戈訳，司法和国家権力的多種面孔，中国政法大学出版社，2004年；(The Faces of Justice and State Authority: A Comparative Approach to the Legal Process, Yale University Press, 1986)
Adrian A S Zuckerman 編，付郁林ほか訳，危機中的民事司法：民事訴訟程序的比較視角，中国政法大学出版社，2005年；(Civil Justice in Crisis: Comparative Perspectives of Civil Procedure, Oxford University Press, 1999)

さらには上記の国以外のいくつかの国についても，民事訴訟法関係の法典や規則が中国語に翻訳され出版された。たとえば代表的な法律条文の訳として下記のものがある。

羅結珍訳，法国新民事訴訟法典，中国法制出版社，1999年；
Jean Vincent, Serge Guinchard 著，羅結珍訳，法国民事訴訟法要義（上，下），中国法制出版社，2001年；(Procédure Civile, 25th édition, Dalloz, 1999)
Jean Vincent, Jacque Prévault 著，羅結珍訳，法国民事執行程序法要義（上，下），中国法制出版社，2002年；(Voies D'Execution et Procédure De Distrubution, 19th édition, Dalloz, 2002)
徐昕訳，英国民事訴訟規則，中国法制出版社，2001年；
黄道秀訳，俄羅斯連邦民事訴訟法典，中国人民公安大学出版社，2003年。

四　外国法の影響と中国民事訴訟との間のダイナミックス

歴史的に見れば中国は長きにわたる独自の法伝統を誇っており，また民事訴訟に相当する紛争処理の制度についても，調停に長けあるいは向いた手続ないし技法を発達させてきた。その意味では中国法は本来外国法の影響をそう簡単には受け入れられない性格を持つといえよう。実際その性格は，現代の共産党革命が欧米の法制度を拒否し，その流れを汲む民事訴訟法との徹底

的な断絶を宣言したといった現象の中にも反映されている。しかし他方では近代以来，中国の民事訴訟は異なる時期において幾つかの外国から制度や学説を積極的に学び，その影響を受けたという経緯もあり，そのこともある種の歴史的な「path-dependence」として，後のグローバル時代に大きな作用を発揮している。前世紀の80年代以降の民事訴訟分野における外国法の影響の増大の背景には中国社会の改革開放があり，それは中国が世界規模のグローバリゼーションへ参入し始めたことを意味する。しかし外国法の影響増大は，では具体的にはどのような社会条件の下で，またいかなるダイナミックスを通じて成立したのだろうか。以下では，このプロセスの問題を考えてみよう。

　前節でも触れたように，民事訴訟分野で外国法の影響が増大してきたプロセスやそのメカニズムは，実は80年代後半より始まった人民法院の「審判方式改革」に深く関わっている。もっとも，訴訟実務ないし手続の具体的なあり方に関するこの改革は，意外にも外国の民事訴訟制度から何らかの影響を受けて発生したものでなく，ほとんど人民法院内部の事情によって「内生的」に動き出したものである。改革の発端は，人民法院が従来の職権探知的な手続慣行を改め当事者の「挙証責任」を強化すること，すなわち証拠収集の負担や責任を裁判官から当事者へ転嫁しようとしたところにある。こうした動きの背後にあったのは，改革開放という大きな歴史的転換期において生じてきたさまざまな社会条件の変化であり，民事訴訟と直接関連する現象としては，ヒト・モノ・カネの大規模な移動に伴い経済的な紛争や財産に関わるトラブルが多発したこと，その多くが法院に押し寄せたことなどが挙げられる。たとえば民事一審事件の受理件数は1979年にはまだ三十数万件に過ぎなかったが，1989年には約250万件前後までに膨らみあがっており，10年間で8倍ほどの増加ぶりを見せている。これは個々の事案において人民法院が事実調査・証拠収集に投入しうる人的・物的な資源の限界を意味する。そのために，裁判の資源を節約し限られた時間内でより多くの事件を受理・処理するという，法院側のいわゆる「能率向上」に関するきわめて現実的な考慮が改革の動機付けとなり，それが当事者の「挙証責任強化」というスローガンに結び付けられた。

　このような結び付きを可能にした理由は二つある。その一つはまさしく外国法理論の援用であり，もう一つのより根本的な理由は商品＝市場経済の論理の社会への浸透である。まず「挙証責任」概念に関する大陸法理論の紹介

といった学問的な動きは，民事訴訟法学界においては既に80年代初頭から一部見られてはいたものの，実務界による反応をさほど引き起こすことはできず，そのような概念や学説をめぐる議論はおおむね低調な状態にとどまっていた。ところが上記の事情で人民法院が証拠収集の負担を当事者へ転嫁しようとする審判方式改革をスタートさせると，挙証責任の概念は，それについての外国法理論とともに，にわかに脚光を浴びるようになった。法院内部の手続規則や報告などに「挙証責任」という言葉が頻繁に登場し始め，外国法から学んだ学説もさっそく審判方式改革に正当性を与えるための根拠として利用されるようになる。実務界のこうした態度は逆に訴訟法学界での議論を大いに刺激し，大陸法に限らず，英米法における"burden of producing evidence"や"burden of persuasion"の概念など，関連する外国民事訴訟制度の熱心な紹介も盛んに行われた。しかし，こうした外国から借りてきた概念や理論が中国の裁判実務にとって正当化の根拠になりうるようになったより根本的な背景は，やはり改革開放の進展に伴い，商品＝市場経済における私的自治や自己責任といった論理が社会に浸透し始めたところにあるといえよう。法院による職権探知の裁判慣行を改めて，当事者に証拠の収集・提出の負担や責任を引き受けてもらおうとする「挙証責任の強化」というスローガンや標語は，市場経済における主体の自律性や自己責任の行動パターンと親和的である。こうした原理を趣旨とする審判方式改革のスタートは，いわゆる計画経済の体制に市場経済の原理が導入されてから一定の時間を経た時点であり，このタイミングも決して偶然的なものではないといえよう。そのことはまた，市場経済が発達している諸外国の民事訴訟制度やその学説を積極的に導入する動きの一般的な背景ともなった。

ただ上記のような背景や社会条件の変化は，外国から法概念や法理論を学ぶ際のイデオロギー的な障害を取り除き，外国法の影響を受け入れる社会的な下地を用意したに過ぎない。民事訴訟の領域が外国法を学びその影響を受け入れたプロセスは，その領域なりのある種の内的ロジックに沿った独自の道程を経た筈である。実際，中国民事訴訟法学界への外国法の影響は，当初は断片的で「役に立ちそうな」分野や概念に限られていたが，やがて実務レベルでの改革のさらなる展開や学界における比較法研究の進展に伴いより原理的あるいは体系的な影響を及ぼし始め，最後には手続の基本構造や基礎理念ないし訴訟制度全般にまでに及んでいった。具体的に見れば，「挙証責任の強化」で始まった審判方式の改革は，もっぱら「能率向上」を目指す実用

主義か機会主義的な動機付けを有したものであり，またその刺激を受けて活況を呈した学界の比較法研究や外国法紹介も，体系的なものでなく，むしろ「つまみ食い」の感さえあった。「挙証責任」の言葉自体も，当事者側へ証拠収集の負担を転嫁しようという実務の思惑に対応して，当初は不利益や敗訴のリスクを伴わない証拠提出責任という意味しか持たなかった。すなわち，「絶対的な実体的真実」という観念を維持しつつ，なおかつ訴訟遂行の負担を当事者に引き受けてもらうためには，当時の一般的発想としては，証拠の収集・提出に関する人民法院と当事者の役割分担は，両者の間での平面的な責任分配でなく，むしろ異なる次元でそれぞれの役目を演じつくすといういわば重層的な構造を持つものにならざるを得なかったのである。しかし現実には当事者に訴訟資料の収集・提出を強制させる法的な手段がなかったため，実務の中では，事実調査や証拠収集の負担は結局のところ人民法院の側に押し付けられがちとなり，改革の目的の達成はきわめて困難な状況にあった。こうした状況下にあって，「客観的」あるいは「結果的」な挙証責任の概念やそれについての学説を外国から導入することは，実務サイドに上記の困難な局面を打開するための貴重なきっかけを提供することになった。証拠提出のない，あるいは不十分な当事者は真偽不明の場合に敗訴のリスクを背負うべきだ，という発想が徐々に学界と実務の両方に浸透してゆくにつれ，最後には「絶対的な実体的真実」や「主観的認識と過去に生起した客観的事実との完全な合致」などのような観念が捨てられ，それに代わって「法律的真実」や「手続的な真実」などの言葉が一般的に主張され始めた。またその過程においては，外国から借りてきた「手続の正義」というスローガンも大きな役割を果たし，それは一時的には民事訴訟法学界での流行語になり，現在も中国法に定着した基礎的な法理念の一つに数えられている。

　同じく「挙証責任の強化」についての改革から始まったもう一つのダイナミックなプロセスは，訴訟構造へのインパクトである。裁判官が訴えを受理するとすぐに紛争の現場へ赴き幅広い聞き取りなどの方法で事実関係を調査し証拠を集めるという従来の審理過程では，証拠収集と証拠の審査・心証の形成とが一体と化した単一の審理構造になりがちである。それに対して，当事者に証拠収集の責任を負わせ，彼らが手元にある証拠を提出してから人民法院がはじめて審査を行うという仕組みでは，その役割分担自体の中に訴訟審理の段階区分が内包されているとも言える。実際，裁判官が事実調査・証拠収集に従事すると同時に，その集めた資料をもって常に当事者に働きかけ

説得を重ねるという調停中心的な実務では，法廷を開く必要はもとより少なく，しかも実質的な「弁論」はそれ以前にすでに十分になされてしまうため，「開廷」のセッションはあったとしても通常単なる儀式に過ぎないものとなる。これに対して「挙証責任」が当事者にあるとされると，論理的に彼らの側が証拠や主張をもって裁判官に働きかけなければならず，判決率の上昇で法廷を開く必要もますます多くなる。その傾向に伴って，こうした働きかけのより適切な「場」として「開廷」が一つの独立した訴訟段階になる可能性も出てくる。事実，「挙証責任の強化」でスタートした審判方式改革はまもなく「公開の法廷での審理を中心とする」というスローガンに結び付き，また能率の向上に立脚した改革の動機付けも「開廷」の実質化という新しい正当性の獲得へと変容していった。この過程においても，外国から伝わってきた「公開主義」や「口頭主義」ないし「対席，直接」の諸原則，また「デュー・プロセス」の観念などが大きな影響を発揮し，法廷での公開審理に対して当事者の手続保障という新しい視角から正当化の基礎を提供した。

　そして最近では，英米法の審理構造やドイツ・日本などにおける民事訴訟における準備手続についての近年の動きからの刺激を受けて，中国民事訴訟法学界でも，準備手続を整えそれをより充実した開廷と組み合わせることによって，いわゆる「二段階」的な審理構造の実現を目指そうというコンセンサスが形成されつつあるように見える。制度面においては，2001年12月に最高人民法院が「民事訴訟証拠に関する若干の規定」という訴訟規則を公布し翌年4月1日から規定の内容を公式に実施すると伝達した[13]。この規則は上述したように原則として職権探知を禁ずることや，「絶対的実体的真実」に代わって「法律の真実」を樹立させることなどの内容を有するほかに，審理構造についても，法廷を開く前の手続の大幅な充実を図り，失権効の発動を意味する「挙証時限」の制度を打ち出し，それらを通じて「開廷」と「開廷前」といった審理プロセスの段階区分を実質化ないし拡充し，制度的に固めようとしている。法廷を開く準備としての手続およびその効果に関して，上記の訴訟規則はおおむね次のようなルールを定めた。すなわち同規則の33条は，法院が事件を受理して訴状やその他の書面を送達する際，両当事者に対して30日を下らない証拠提出の期限を含んだ「挙証通知書」を送付すべしとし，当事者の双方は協議によってその期限を決めることができると規定している。以下の各条文においては，期限が過ぎてから提出された証拠が時機に

13　中華人民共和国最高人民法院公報2005年第1号参照。

後れた攻撃防御方法として斥けられる失権の効果や、請求の変更および反訴の提起もこの期限内になされるべきだとする原則、当事者による挙証期限の延期申請およびその為の条件、法廷を開く前に両当事者が集まって行う「証拠交換」というセッションおよび「挙証時限」との関係などの事項や手続が定められている（第34～40条）。「証拠交換」とは、アメリカ民事訴訟の開示手続からヒントを得て、一部の法院ですでに行われてきた審判方式改革の試みである。それは正式の開廷ではないが、当事者の双方が法廷やその他の場所に集まり裁判官や書記官の面前でそれぞれ手持ちの証拠を出し合うセッションのことをいい、こうした試みは当事者の証拠収集を手助けし和解を促進する作用を持つほか、法廷を開く前の準備手続として争点を固定し証拠を整理するという機能を発揮できるのではないかと期待されてきた。今回の訴訟規則は、この試みを制度化・明文化し、証拠交換は当事者の申請か法院の職権によって行われること、法院がこうしたセッションをアレンジする場合にはその日を証拠提出の期限とすること、証拠交換のセッションは原則として二回を限度とすることなどを規定している。これらの内容から窺えるように、そこから浮かび上がってくる訴訟審理過程の構図は、当事者が主張と証拠を事前に出し尽くし、正式の法廷を開いた後は基本的に新たな主張や証拠の提出は失権効によって遮断され、一回の開廷セッションによって大半の事件を結審させようというものである。こうした構図は明らかにアメリカの、あるいは近時のドイツや日本の民事訴訟において基本とされる二段階の審理構造によく似ている。いうまでもなく、人民法院がこのような構造を模索してきた改革の試みも、今回の訴訟規則を立案した過程も、米国や日本などの外国から伝わってきた民事訴訟の比較法的な情報に終始さらされ、その影響を受け続ける中で行われたものである。

　中国民事訴訟の審理構造をめぐるこうした制度的枠組みの変動は、単に英米法での「trial」と「pretrial」や、ドイツ法や日本法での「争点整理手続」と「主要な口頭弁論期日」といった段階区分への接近という点で意味を持つだけではない。より重要なことは、それが訴訟・裁判の根本的な理念や価値志向の転換と深くかかわっている点にある。中国の民事訴訟は従来「法院対両当事者」の構図を基本とし、裁判官の職権探知や当事者に対する説得・教育など、どれも法院の主導権によって動かされてきた。しかし「審判方式改革」を通じて訴訟遂行の重点は当事者間の攻撃防御の展開に移り、手続進行の基本的な構図も「原告対被告」に変わってきた。それに伴い当事者双方の

訴訟行為に対する手続規範の調整が徐々に実務の関心事になってきた。今回の最高法院の訴訟規則に見られる「挙証時限」や「証拠交換」に関する規定も，当事者に積極的で早期の証拠提出を強力に促し充実した攻撃防御を実現しようとすることを目的とすることは明らかであり，まさに当事者間における攻防の調整を具体化するためのルールである。人民法院が敢えてそうしたルールを敷いたことは，当事者の主体性の樹立を前提に厳しい自己責任の貫徹を要求する徹底した当事者主義的な発想の存在を示しているように思われる。ことここに至れば，中国民事訴訟の手続ルールも，ついに西欧流の民事訴訟の背後にある根本的な理念や基礎としての発想をトータルに受け入れるに至ったといえよう[14]。

五　外国法影響の複雑な位相

以上に見たように，中国民事訴訟における外国法の影響は，比較法的な知識が学問的紹介を通じて直ちに実務へ広がるという単純な展開の仕方ではなく，むしろ社会の一般的条件という制約下，その時その場の実務の需要に応じて外国法が選択的に受け入れられ，ある種の内的ロジックに沿って徐々に浸透して行くという展開過程をとってきた。この過程は，実務レベルにおける当事者主義を志向する改革の推進，学界における比較法研究の展開，および市場経済化の進展などの一般的な社会条件の変化といった多種多様な要素が互いに作用しあった複雑でダイナミックな様相を呈している。現状は確かに一面では，欧米流の民事訴訟に共通する根本的な理念や発想のみならず，基本的概念や学説ないし一部の技術的な手続構成までもが中国民事訴訟の中に定着し，その影響を安定的に発揮するようになった段階と評価できる。しかし同時に，民事訴訟に関する外国の原則・制度や学説などがまったく異なる環境に「輸入」された場合，当然，それらがもともとの姿や形を維持しうるわけもなく，母国で果たしたと同じ役割をそのまま発揮できるとは限らないことも自明である。とりわけ，きわめて広大な地理空間，とてつもない規模の人口という中国に特有の事情や，都会と農村，経済が相対的に発達した

---

[14] こうした根本的な理念や発想は，大陸法と英米法に共通するものと考えられる。当事者間の対立やその自己選択・自己責任などの要素に着眼して，欧米の民事訴訟に通底する一つの理論的なモデルを構成する試みとしては，王亜新「関於民事訴訟基本構造的一個理論模型」，台北：月旦民商法雑誌（Cross-Strait Law Review）2003年第3号，参照。

東部沿海と立ち遅れた中西部との地域間で目立つ発展の不均衡や格差といった諸要素を考えてみれば，中国において民事訴訟法学界が未だ一つのまとまった「法共同体」をなしておらず，また人民法院の訴訟実務や手続改革の試みなども各地によって効果がまちまちになる理由も容易に理解できよう。こうした状況の下では，外国法の影響は中国民事訴訟の中に決して単純な形で遍在する訳もなく，むしろその有様はきわめて複雑な様相を呈しているといわざるを得ない。

まず指摘しなければならないのは，外国法の影響を受けて手続法の中に導入された制度の一部が，実務の場では必ずしも活用されているわけではないという事実である。その一例としては，前にも触れた，アメリカの「class action」を学んで1991年の民事訴訟法に新設された「当事者人数の不確定の代表訴訟」がまず挙げられる。現行法の55条がこの制度を規定してからすでに十数年以上の時間が経ったにもかかわらず，この条文を適用したと伝えられる事例やケースはなお乏しく，実務サイドではこの規定の適用が可能な限り避けられているのではないかという印象すら受ける[15]。この状況を左右ないし規定する要素は非常に複雑であり，これまでもいろいろ指摘されているものの，おそらく最も根本的なファクターは次のような事情にあると思える。即ち，アメリカ民事訴訟における「class action」の手続は，分散した多数の当事者に対して彼らがグループや組織となる為の制度的な手段やその動員に関するインセンティブを与えようとする制度である。しかし現段階の中国では社会の安定が非常に強調され重んぜられているため，訴訟実務においてはしばしば，範囲や人数が確定されていない多数当事者を法的に動員ないし組織することは必ずしも得策ではないと判断されているように見える。その結果として，本来当事者人数の不確定の代表訴訟に関する条文が適用可能な事案に対しても，多くの場合，個々の訴えに分けてそれらを別々に受理し，審理の段階だけを合併させるといったような取り扱いや運用が実務の常態になっている。

また大陸法の民事訴訟制度から導入された手続についても，十分に活用されているとはいいがたいものが幾つかある。たとえば督促手続は，ドイツ・

15　制度運用の実情やその原因を体系的，実証的に調査する研究成果がまだ行われていないが，このような状況に触れる文献が多数存在している。たとえば，ある作者は，「当事者人数の不確定の代表訴訟に関する条文がほとんど空文になっているのではないか」と指摘している。前掲，範愉編著，集団訴訟問題研究，361頁。

フランスや日本などの諸国では民事訴訟の通常手続以上によく利用されている制度であるが，これとは対照的に，中国では，1991年に現行民事訴訟法がこうした略式手続を導入して以来も，督促手続が適用される事件数は毎年受理する通常手続事件の件数と比べてごく少数に止まっている[16]。その原因について体系的な調査研究は未だなされていないが，一般的に指摘される要素として二つの説がよく主張されている[17]。一つは，それを制度設計上の問題と考える説である。すなわち，督促手続を利用する当事者が支払命令を申請した場合，相手の当事者は通常直ちに異議申し立てをするが，その異議に対して法院は実質的に審査をなしえず手続を打ち切るしかないので，申請者は結局改めて正規の訴えを起こさざるを得ないことになる。これでは手間が掛かるだけで実効性が乏しい制度となるため，その結果あまり利用されなくなるのだという説である。もう一つの説は，法院の財政的インセンティブに着眼する説である。即ち，通常事件として受理されると訴訟額に比例する形で訴訟費が法院に入るが，督促事件では納入費用が一律の低額に抑えられているため，財政面で訴訟費用に頼っている法院にとっては督促手続にはあまりメリットがなく，その利用を奨励や促進する動機付けが欠如しているのだという説である。これらの説に裏づけを与える実証的研究は未だ存在しないが，いずれの説にも傾聴すべきものが含まれていると考える。こうした実態は，外国から借りてきた制度や手続の活用の成否が，現実には法の内外をまたぐ数多くの社会的条件や環境に関わっていることを示唆する。

そして外国法から伝わってきた基本的な発想や概念についても，確かに既に中国民事訴訟手続の中において定着し制度や学説の一部にさえなっているものの，必要な前提やセットになる要素・条件などが不十分あるいは未熟であるため，それが効果的に作用するにはなおしばらく時間が掛かると思われる。本稿で何度も取り上げた「挙証責任」概念を例にとって説明しよう。民事訴訟制度の中に挙証責任の概念やその基本的な考えを受け入れた場合，当該概念の果たすべき最も重要な役割の一つは，当事者の双方に主張・立証の負担やリスクを公平に分配するところにある。前節でも触れたとおり，中国

[16] 中国の司法統計には督促手続の項目が含まれておらず，体系的なデータが存在しない。断片的な報道によれば，一部の人民法院では，年間の処理された督促手続事件が通常手続事件の数パーセントしかないそうである。章武生，民事簡易程序研究，北京：中国人民大学出版社，2002年，172頁参照。

[17] たとえば，劉学在・胡振玲「督促程序的適用現状及其立法完善」，律師世界2001年第7号，45-46頁参照。

の民事訴訟における挙証責任の概念やその基礎になる考えは大陸法に由来する。大陸法の民事訴訟では，基本的には実体法における個々の条文の構成要件に従って，こうした負担やリスクは配分されており，学説面でも「規範説」や「法律要件分類説」などがあり，学問的な論争も実務での扱いも，実体法およびこれらの学説をめぐって展開されている。要するに挙証責任の分配は実体法の内容に深く関わっており，その意味で実体法についての理論構成や学説を前提としている。しかし中国においては，民法典や一般的商法などがまだ存在しないことに象徴されるように，民商事関係の実体法はなお整備の途上にある。現状においては，実体法と手続法との両方に精通する人材があまりないという事情も加わって，中国の民事訴訟法学界は挙証責任の概念を非常に重視しているにもかかわらず，実体法における個々の法律関係やその構成要件に従って詳しく挙証責任の分配を検討するような研究はほとんどなされていない。そのために，いち早く外国法から受け入れられ定着したこの法概念も，現在の中国民事訴訟においては十分にその機能を発揮しているとは言いがたい。

　また他方では外国法の影響を受けて成立した制度や手続が，一部の地域では訴訟実務によく使われているのに対して，ほかの地域や一部の法院においてはほとんど活用されない，という現象の存在も指摘できよう。その例としては，時機に後れた攻撃防御方法の失権効に関する「挙証時限」の制度が挙げられる。この制度は「実体的真実」に反しても訴訟の勝負をつけられ，しかも勝敗の結果を当事者の主体性や自己責任の原理に基づいてしか正当化できず，いわば「手続的正義」をもって「実体的正義」に置き換えてしまう意味を有するものである。中国の伝統的な社会通念と大きな距離や落差があるこうした理念やそれを具体化する手続も，産業化・都市化などの近代化が進んだ，見知らぬ人たちからなる大都会という社会環境の中で，当事者が通常，法的専門家の弁護士を代理人として雇うような民事訴訟にとっては，それほど異質なものとは見られてはいないようである。しかし紛争の当事者が，広大な農村地域で基本的に昔ながらの生活を維持しており，往々にして弁護士を雇う資力もなく，よそから伝わってきた専門的技術的な手続や理念をもよく理解できないような場合についてまで，法院が「挙証時限」の規定を厳しく適用し，主張や証拠の提出が遅い時に直ちに失権の制裁を発動させるといったことは，やはり考えにくいことであろう。

　さらに，外国法からある種の発想を受け入れた特定の制度や手続を樹立す

ることについて学界と実務との両方がコンセンサスを形成しつつあるにもかかわらず，中国に特有の歴史伝統や現段階の社会状況などといった様々な問題や障碍が原因となって，こうしたコンセンサスがなかなか民事訴訟の制度として実現できない例も存在する。たとえば，既判力や判決の終局性などといった西欧型の民事訴訟にとってきわめて大切で，かつ裁判の根幹となっている概念や発想は，近年の比較法的な研究や紹介を通して，中国民事訴訟法学界や実務に広く知られている。その影響の下で，すでに確定した判決をわりあい簡単に覆すことができ，法的に解決済みの事案であってもそれを蒸し返せる現行法上の「民事審判監督制度」に対してはすでに多数の批判がなされており，また判決の終局性を重んじ，既判力理論や大陸法の再審制度に基づいて中国の再審手続を再編成しようとする説も多くの学者や実務家によって強く主張されている。また実務レベルでの現実的な問題として，裁判の終局性を否定するような「民事審判監督制度」が一つの障害となって，中国大陸とイギリス法を基本とする香港特別行政区との間で相互に判決を執行する法的なアレンジがなかなか達成できていない，という歯がゆい状況も存在している。しかしながら現在のところ，社会や政治に関わるきわめて複雑な事情によって，さまざまな改革の提案がまだ立法の日程に載せられず，近い将来の展望としても欧米流の「再審手続」や「review」を範にとって現行民事訴訟法の「審判監督制度」を根本から変えることは，決してそう簡単なことではないように思われる。

　ある意味では，上述したような外国法からの影響をめぐるさまざまな様相は，大きな転換期に差し掛かっている中国の社会およびその法制度全般が直面する複雑な状況や問題の所産であり，その一側面が中国民事訴訟の現在のあり方に現れているのだともいえよう。今後，中国がますますグローバリゼーションの中に深く巻き込まれるにつれ，諸外国との交流はより緊密でより頻繁なものとなり，民事訴訟の面においても外からさまざまな影響を受け続けることは必至である。しかし中国民事訴訟法学の学問的な「空間」の側を見れば，研究機関たる大学の所在地や研究者の知識構造などの多様性からも窺えるように，研究者間での学問的な連携や交流は必ずしも緊密ではなく，「学界」そのものが重層的で，あるいはごくゆるやかな形でしか構成されていない。そのために外国法や比較法についての研究成果が上がっても，それがそのまま直ちに学界の全体に伝播ないし浸透していくわけでもない。知識の共有や累積に関するメカニズムやプロセスは中国では一体どのような形で

あるべきものなのかという問題も，これから研究すべき課題の一つになる。また実務の側についても，多数の人民法院がきわめて広大で発展も著しく不均衡な地域に分散しているため，その民事訴訟・裁判実務については共通性よりも互いに異なる部分の方が大きい。こうした状況の中では，外国から影響を受けてできた制度や手続も必ずしも一律あるいは一般的に適用されるわけでなく，むしろ各地の法院において，それぞれが慣れてきたやり方や取り扱いによって規定・左右されながら選別的に利用されるために，現象としては異なる地域の裁判実務にいろいろ微妙な違いが生起することになる。こうした現象は今後もなお存在しつづけるであろう。

中国民事訴訟における外国法の影響という問題は，グローバル時代に世界的規模で起こっている手続法およびそれをめぐる学問的営為の一体化と多様化という現象・背景の下で理解されるべき問題である。現代では中国の民事訴訟法学者も，日本・韓国や台湾の学界で見られる状況と同様に，ますます「総比較法学者の観を呈する」[18]ようになりつつある。国際の学問的なサークルおよびそこでの議論へ本格的に参加することが，これからの重要な課題の一つになろう。

---

18 谷口安平「比較民事訴訟法の課題・序説」，京都大学法学部創立百周年記念論文集第三巻・民事法，東京：有斐閣，1999年，523頁参照。

民事訴訟法の継受と伝播
──韓国の経験と重要課題──

胡文赫〔金春訳〕

I　序　論

　韓国においては，西暦250年に初めて法律が制定されて以来，その法体系は中国法から影響を受け続けてきた。とりわけ朝鮮王朝の時代においては，国家の思想が儒教であったため，儒教の思想と調和が取れる中国明朝の法体系がそのまま継受された。

　もっとも韓国では，19世紀末に至るまでに訴訟法が制定されることはなかった。刑事訴訟法，民事訴訟法ともに明文の法規定は見当たらず，訴訟は基本的に慣習法と条理に従って処理されていた。無論，当時は三権分立が確立されておらず，裁判を担当するのは，今日のような職業裁判官ではなく行政官僚である官吏であった。しかし，訴訟手続の進行の面では，今日の制度に劣らないほど合理的なものであった。

　韓国の近代的な民事訴訟法は，一言で日本法を通じたドイツ民事訴訟法の継受といえよう。19世紀末の大韓帝国時代に至って，韓国は，国家の近代化を実現するために西洋の法体系を導入することとした。しかし，この時期に，日本は既にソウルに総監府を設置し，本格的な内政干渉に乗り出した。そして，まず，民事訴訟に関する法律の制定に着手した。その後，1910年に日本の韓国に対する植民地支配が本格化するとともに，日本の法律は若干の修正を経ながらそのまま韓国で適用されることとなった。1945年に第二次世界大戦で日本が敗北したことによって，韓国の植民地時代は終了し，韓国は独自の法典の編纂作業に着手した。しかし，編纂作業には時間がかかり，1960年に至ってようやく民法，民事訴訟法等を中心とする法体系が完成した。もっ

ともその基本的な枠組みは，従来の日本法から大きく外れることなく，依然としてドイツ法の影響が色濃く反映されていた。

II 朝鮮時代の民事訴訟

1 概　要

朝鮮時代の訴訟制度では，民事訴訟と刑事訴訟とが厳密に区別されていない。しかし，事件の内容からおおむね民事の性質を有する事件を区別することはできる。裁判機関は国王が任命した行政官僚であり，国王は最高の裁判機関でもあった。

2 管　轄

土地管轄は行政区域と一致している。朝鮮社会は身分社会であったため，一定の身分を有する者にかかわる事件の場合は，国王に上奏して国王の意見に沿って裁判が行われていた。

裁判に対する不服申立ては，地方の守令が下した裁判については観察使に，観察使や韓城府が下した裁判については司憲府に，司憲府が下した裁判については国王に対して，申し立てる仕組みとなっている。上訴には期限の制限がない。上訴中に裁判担当の官僚が変われば，改めて訴えを提起することができる。

3 代　理

一般的には当事者自らが出席して弁論しなければならない。代理はごく例外的な場合にしか認められていない。

4 訴えの提起

必ず訴状を提出しなければならず，訴えの提起についても期限が設けられていた。畑や家屋にかかわる事件は，5年以内に訴えを提起しないと訴権を喪失する。これに対して，破廉恥な行為をした者に対する訴えの提起には，期限の制限が設けられていない。

5 審　理

審理は，原告と被告双方が出席し，署名してから弁論を行う当事者審理主

義である。そして，訴訟遅延を防ぐために，訴えを提起した後正当な理由なしに数十日間も訴訟活動をしなければ相手方に勝訴判決を下す仕組みが取られている。農作業が多忙な春分から秋分までの間は，事件に対する審理は行われない。法廷は，官府の前庭で開かれる。判事は床に座って弁論を聞き，書吏がその要旨を記録する。

6　裁　判

弁論終結後，職権または申立てによって判決書を作成し，判決を言い渡す。ソウルの刑曹や漢城府で行われる裁判は合議体によるものであり，守令の裁判は単独体によるものである。

初期の段階では，判決の確定という概念がなかったため，同一の事件を繰り返して再訴することができていた。その後，再訴を許す弊害にかんがみ，「三度訴え可能」という制度を設けた。すなわち，三度訴えを提起する機会を当事者に与え，三度のうち二回敗訴または勝訴すれば，そのとおりに判決が確定される。

Ⅲ　近代的民事訴訟法の立法的継受過程

1　朝鮮王朝の立法

朝鮮王朝時代において初めて制定された近代的な訴訟法は，1895年の民刑訴訟規定である。これは，その名称からも分かるように民事訴訟と刑事訴訟を一つの法律に規定したものである。しかし，その手続については，民事訴訟と刑事訴訟に分けて別個に定められており，両訴訟を制度的に分離させた最初の法律であるという点で大きな意味を有する。無論，民事訴訟については25ヵ条，刑事訴訟については19ヵ条の条文しか規定しておらず，あくまでも簡単な法律に過ぎないものであった。

1897年，朝鮮の国王である高宗が朝鮮は自主独立国であることを宣言したことをきっかけに大韓帝国が成立した。そして，その後の1908年7月13日に，法律第13号によって民刑訴訟規則が制定された。この規則は，通則に関する条文62ヵ条，民事訴訟に関する条文79ヵ条，刑事訴訟に関する条文29ヵ条からなっている。言うまでもなく今日の訴訟法典と比べれば簡略すぎる規則である。しかし，この規則は，近代的な訴訟法が有すべき基本的な要素を既に具備している。日本の総監府が成立した1906年に制定されたことを考慮する

と，この規則は，当時の日本の民事訴訟法をモデルとして立法されたことと推測される。当時の日本の民事訴訟法は，ドイツ民事訴訟法をそのまま翻訳して制定したものである。そして，日本の民事訴訟法はその後改正され，ドイツ民事訴訟法に明文の定めがある訴訟の中止制度（第82条）等が削除された。しかし，大韓帝国の民刑訴訟規則にはこれらの規定が明文で定められている。このことからも，民刑訴訟規則は，改正前の日本の民事訴訟法をモデルとして立法されたと推測できる。

なお，民刑訴訟規則が制定された同じ年に，大韓帝国政府の法律顧問を担当していた日本人梅謙次郎は，全577条からなる民事訴訟法案を作成し，同年4月に総監府に提出した。この草案は，同年7月1日に公布される予定であったが，「なお検討すべき必要がある」ということを理由に，公布されることはなかった。

2　1912年民事訴訟法

1906年，日本は韓国に総監府を設立し，本格的な内政干渉に乗り出した。1909年には韓国の司法権を支配するために，総監府裁判所を設立した。そして，1910年に日本が韓国を強制的に合併した後は，日本のあらゆる法律が朝鮮全土でその効力を及ぼすようになった。もっとも，急激な制度変革による民心の動揺と反発を防ぐために，当時の朝鮮で適用されていた法律が当分の間はそのまま効力を維持するとした。しかし，まもなく1912年に，朝鮮民事令を始めとする多数の法律が相次いで制定，公布された。朝鮮民事令のうち，民事訴訟は基本的に日本の民事訴訟法をモデルとして制定された。ただし，朝鮮の特殊な事情を考慮して，手続の簡略化を図る手段として，以下に述べる多数の例外が認められた。

①日本では第一審裁判所として地方裁判所と区裁判所との二種類があった。これに対して，朝鮮には地方裁判所だけが設置されており，地方裁判所の中で合議部と単独部を別個に設置する仕組みが採用されていた。このような仕組みは，今日そのまま維持されている。

②朝鮮では，民事事件についても必要があると認めるときは，検察官が裁判所に意見を陳述することができるとされていた。

③ドイツにおける欠席判決制度は，日本では法改正によって廃止されたが，朝鮮ではそのまま維持されていた。

④朝鮮では，裁判所は補充的に職権で証拠を取り調べることができるとさ

れていた。この規定も今日そのまま維持されている。
⑤朝鮮では，控訴をするに当たって，控訴状は原審裁判所に提出しなければならないとされていた。この規定も今日そのまま維持されている。
⑥日本では強制執行の機関として執達吏がいたが，朝鮮では裁判所書記官や警察官その他の者が執行することができるとされていた。そして，執行裁判所の職務は郡守が執行するとされていた。

3　韓国民事訴訟法の制定
(1)　制定の経緯
　第二次世界大戦後の1948年に成立した韓国政府は，成立後まもなく，法典編纂委員会を設立し，法典の編纂作業に着手した。当初は，1949年末までに法案を作成する予定であった。しかし，朝鮮戦争や政治的不安定の影響で，法案は1959年にようやく国会で可決され，1960年7月から施行された。法案が可決，施行されるまでは，植民地時代の1912年民事訴訟法がそのまま適用されていた（以下では，1912年民事訴訟法を「旧民事訴訟法」という）。

(2)　1959年韓国民事訴訟法の制定の意義
　1959年韓国民事訴訟法は，新しい法律の制定という形式を採用したものの，実質上は旧民事訴訟法の改正であった。日本による長期の植民地支配のため，大学で法律を学んだ学者や実務家はほとんどいなかった。また，当時では司法制度の整備が急務であったため，まったく新しい法律を制定する余裕もなかった。そこで，民事訴訟法案の作成に当たっては，綿密で慎重にではなく拙速ひいては翻訳でもかまわないという方針がとられることとなった。結局，この韓国民事訴訟法は，日本の民事訴訟法をモデルにしてそれに若干の改正を加えたものとなった。すなわち，1877年ドイツ民事訴訟法をモデルとした日本の旧民事訴訟法に一定の改正を加えて立法されたものである。したがって，1959年韓国民事訴訟法は，ドイツ民事訴訟法を間接的に継受したものといえる。

(3)　1959年韓国民事訴訟法の特徴
　1959年韓国民事訴訟法と韓国の旧民事訴訟法とは，主に以下の点において差異を有する。
①旧民事訴訟法では，事件が合議体によって審理されるか単独体によって

審理されるかは純粋な事務処理の問題として扱われていた。これに対して，1959年韓国民事訴訟法では，これが事物管轄の問題として扱われることとなった。そのため，合議体と単独体の裁判部の間における事件の送付は，移部ではなく移送として処理されることとなった。
②旧民事訴訟法では，妻の能力に制限が設けられ，妻は応訴行為以外に訴えの提起や上訴するに当たって夫の同意を得なければならないとされていた。そして，訴えの取下げ，請求の放棄・認諾及び訴訟脱退をするにも特別の授権が必要であるとされていた。これに対して，1959年韓国民事訴訟法では，男女平等違反を理由として，これらの規定がすべて削除された。
③旧民事訴訟法では欠席判決の制度が設けられていたが，1959年韓国民事訴訟法では激しい議論を経た結果この制度は廃止されることとなった。その理由は，二つある。一つは，当事者が申立てを濫用して訴訟遅延を招くおそれがあることである。もう一つは，戦前の日本でこの制度が廃止されたにもかかわらず，韓国では旧民事訴訟法でこの制度を存続させたのは，この制度が日本の侵略主義政策に合致したからであると考えらたためである。そこで，1959年韓国民事訴訟法では，欠席判決の制度が廃止される一方，陳述擬制や擬制自白の範囲が拡大された。
④旧民事訴訟法では，自白は絶対的に拘束力を有するとされていた。これに対して，1959年韓国民事訴訟法では，錯誤によって真実に反する自白をしたことが証明されれば，自白は取り消されるとされた。
⑤旧民事訴訟法では，当初は当事者が証人に対して直接に質問をすることができるとされていた。しかしその後，この条文は朝鮮民事令によって改正され，当事者は裁判長に証人尋問の申立てをすることができるに過ぎないとされていた。これに対して，1959年韓国民事訴訟法では，朝鮮民事令のような取扱いは韓国の民度が低いため当事者は証人に直接質問する能力はないと判断した結果に基づくものであることが指摘され，当事者の質問権が認められるようになった。
⑥旧民事訴訟法では，控訴裁判所が第一審判決を取り消す場合は必ず事件を第一審裁判所に差戻ししなければならないとされていた。これに対して，1959年韓国民事訴訟法では，訴訟の迅速化を図るために控訴裁判所は自判することができるとされた。
⑦旧民事訴訟法では，仲裁手続についても定められていた。しかし，1959

年韓国民事訴訟法では，仲裁手続がほとんど利用されていない実情を考慮してそれが削除された。もっとも，その後1966年に仲裁手続はやはり必要であることが指摘され，仲裁法が制定されて，仲裁制度は復活した。

Ⅳ　韓国民事訴訟法の独自の発展と外国の影響

1　概　要

1959年民事訴訟法については，制定されてから1990年にいたるまでに根本的な変化はみられていない。1961年に交互尋問制度の導入，判決書の作成の簡易化等を始めとするわずかな改正があっただけである。1990年以前において民事訴訟に大きな影響を及ぼしたのは，むしろ以下に述べる特別法の制定である。そして，1990年に当事者の便宜とともに判決手続の迅速化・簡易化を図り，執行手続の効率化を実現するための大幅な改正が行われた。さらに，1994年には上告審手続を整備するための特別法が制定され，2002年には民事訴訟法に関する二度目の大幅な改正とともに執行手続を分離して民事執行法という単行法が制定された。

2　訴訟の迅速化を図るための特別法の制定

まず，1961年に訴訟の迅速化を図るために，民事訴訟に関する臨時措置法が制定された。そこでは，期日延長に対する制限，職権による仮執行宣言及び法定期間内に判決言渡しができないとき裁判長による理由書を付すべきであること等に関する規定が設けられた。

次に，1981年に訴訟促進等に関する特例法が制定された。そこでは，上記1961年の民事訴訟に関する臨時措置法における規定の一部が吸収されるとともに，上告審の負担を大幅に軽減させるための許可上告制度が新設された。さらに，訴状の送達後における高率の法定利子の適用，弁護士費用の一部の訴訟費用化等に関する規定が設けられた。

上記の法律とは別個に，1973年に小額事件審判法が制定された。これによって，小額の民事事件については，より迅速かつ経済的な審判が実現される特別手続が適用されることとなった。具体的に，この特別手続では，口頭による訴えの提起及び任意出席等により手続の任意化が図られたとともに，職権証拠取調べの容認，交互尋問の排除，上訴，再抗告に対する大幅な制限について規定が設けられた。

これらの特別法の立法経緯およびその内容は、極めて大胆なものであったと評価できる。とりわけ1961年の民事訴訟に関する臨時措置法は5・16軍事クーデター以後に構成された国家再建最高会議において、1981年の訴訟促進等に関する特別措置法は5・18光州事件以後政権を取った軍部勢力で構成された国家保衛立法会議において、それぞれ制定されたため、通常の立法過程を経たものとみることができない。さらに、1973年の少額事件審判法も国会で可決された法律ではあるもの、当時の維新体制の下でできあがったものである。無論、このような大胆な立法過程では法律専門家も参加してきたが、十分な検討を行う機会を与えられていたとはいえない。全体的にみれば、少額事件審判法は比較的にできがよかったと評価できるが、少額事件として取り扱われる事件の範囲が広すぎるという問題点が残されている。

3 上告制度の変遷
(1) 許可上告制度

1981年に制定された訴訟促進等に関する特例法によれば、原審判決に、①憲法違反や憲法の解釈の誤りがあるとき、②命令、規則および処分の法令違反の有無に関する判断に不当があるとき、③法律、命令、規則または処分に対する解釈が最高裁判所判例に相反する場合に限って上告する権利が認められる（権利上告）。この他の法令の解釈に関する重要な事項があるときは、最高裁判所の許可を得て上告しなければならない（許可上告）。許可上告制度は、アメリカ刑事訴訟法上の「writ of certiorari」からアイディアを得たものである。この制度が施行された後、上告事件の大半が許可上告の対象になり、しかも上告事件総数の10%の事件しか上告が許可されなかったため、最高裁判所の事務負担が大きく軽減されたとされる。

許可上告制度をめぐっては、当時、賛成派と反対派の意見が激しく対立していた。裁判所サイドではこの制度に満足していたが、弁護士サイドでは国民の裁判を受ける権利を侵害する違憲的である制度であると激しく批判した。しかし、このような批判にもかかわらず、1990年の民事訴訟法の改正時に、改正委員会では、民事訴訟にのみならず民事訴訟法を準用するすべての訴訟制度に許可上告制度を適用させることが望ましいとして、1981年の訴訟促進等に関する特例法の許可上告制度を民事訴訟法の中に取り入れることを決めた。しかし国会の採決過程では、最終的に取り入れられなかった。

(2) 審理不続行制度

　許可上告制度が廃止された後，最高裁判所は，再び膨大な事件処理の負担に苦しむようになった。そこで，1994年に「上告審手続に関する特例法」が制定され，いわゆる審理不続行制度が新設された。これは，許可上告制度に対する批判を取り入れて，一旦上告を受理した後，上告理由の中に法律審としての上告審に適合する事由が主張されていなければ審理を続行せず上告を棄却する，という制度であった。

　この制度は，外国の制度を参照したものではなく，学者および実務家の独創的なアイディアによるものである。その理論的な背景は，次のとおりである。民事訴訟法上認められている上告審の裁判形式は二つある。すなわち，形式的手続要件が具備されていないことを理由とする上告却下と本案判断に関する上告棄却又は認容である。しかし，上告は，その形式と内容によって，①形式的要件を具備していない不適法な上告，②形式的要件を具備しているが実質的には法が定めた上告理由を具備していない上告，③形式的要件と上告理由の主張ともに具備している上告，の三つに分かれる。従来は，②の場合と③の場合を区別することなく，③の場合に対して裁判するのと同じく，記録の検討，判決理由の記載等がすべて要求されたため，最高裁判所の負担が過重であった。というのであれば，今後は，②の場合と③の場合を分けて，②の場合については，審理を打ち切る。その際には，判決理由の記載なしで上告棄却をし，かつこれを言渡すことなく送達で済ませることによって事務負担の軽減を図ればよい，ということであった。

　審理不続行制度は，最高裁判所の事務負担を軽減させる上で一定の役割を果たしてきたが，許可上告制度ほど明白な効果をもたらすことはできなかった。そこで，現在では，新しい上告制度をめぐる議論が始まっている。

4　証券関係集団訴訟法

　韓国では，従来，集団的紛争に関する訴訟手続を規律する制度として，選定当事者制度があった。これは，日本の制度をそのまま受け入れたもので，アメリカのclass action制度をドイツ式の法体系につなぎ合わせたものと評価されている。近年，集団的紛争が増えるにつれて，選定当事者制度では十分でないことが指摘されるようになった。そこで，1990年代からアメリカのclass action制度やドイツのVerbandsklage制度を導入すべきであるという見解がみられた。そして，この見解に基づいて法案まで作成されたが，90年

代末に金融危機が到来したことによって，それ以上の進展はみられなかった。

しかし，韓国が金融危機から脱却すると，再び議論が復活した。そして，証券関連の被害者救済が急務であることが指摘され，まず2004年に証券関連集団訴訟法が制定された。この法律は，アメリカの class action 制度をモデルとして一定の修正を加えて作られたものである。2005年1月から既に施行されているが，この法律が適用された裁判例は未だに現われていないようである。

V 民事訴訟法の変遷に対する評価

1 法体系における継受の問題点

韓国において，三権分立を知らない朝鮮時代の訴訟制度を廃止し，近代的な民事訴訟制度を導入し，かつ定着させることは，決して容易な作業ではなかった。近代的な司法制度の確立は，韓国の固有の訴訟制度を継承，発展させるものではなく，なじみのない外国法を継受することであっただけに，それを韓国で定着させるのは極めて困難なことであった。その上，近代的な司法制度の確立が日本の植民統治の下で進められていたため，それに対する反発の心理が法に対する嫌悪，法治主義に対する不信につながることとなった。

ドイツを始めとするヨーロッパで発達した訴訟制度においては，当事者の自由と責任が強調される反面，社会的弱者のための制度も用意されている。適正と公平を保つ制度を基本としながら，迅速性と経済性をも図れるよう多くの制度が用意されている。その結果，訴訟制度の内容は複雑になっている。外国法の継受というときに，これほど発達した法文化を有する国の法律を継受しなければならない点にそのジレンマがある。継受を考えている国は，「輸出」する国に比べて社会的・文化的条件が整っていないため，たとえ法を継受したとしてもそのほとんどは飾りになってしまうのである。だからといって，一部の制度のみを導入すれば，他の制度とうまくかみ合わないだけでなく，導入した制度自体が不完全なものであるために適切に機能することができなくなる。韓国の民事訴訟法においてもこのような例は少なくない。以下では，弁論主義を例にして若干の考察を行う。

弁論主義は，本来，自由主義思想を土台とする原則である。しかし，現実的には，あらゆる人間が弁論主義が保障する自由を享受し，責任を履行することはできない。そこで，弁護士強制が必要となり，弁護士強制の短所を補

完するためにさらに訴訟救助制度も必要とされるのである。したがって，この三つの制度が完備されて初めて，相互補完の作用により，各手続はそれぞれ適切に機能することができる。しかし，外国法を継受する国の場合，この三つの制度すべてを完備することは不可能な場合がむしろ多い。

韓国でも弁論主義を採用しながらも，本人訴訟を許容する仕組みを取らざるを得なかった。そして，訴訟救助制度も完備されていない。その結果，民事訴訟法における弁論主義の原則は，裁判官が裁判をするに当たって極めて不便な原則になってしまった。実務では，事実上裁判官の職権が極めて強化されており，釈明権の限界がよく守られない現象が生じた。少額事件審判法上の手続のほうがむしろ使いやすいと感じている裁判官が多いようである。もっとも，この点，近時では，弁護士強制制度を採用する条件が整いつつあり，訴訟救助制度の必要性に対する認識も深まっているので，まもなく改善されると思われる。

2　個別的な制度の導入における問題点

外国の個別的な法制度や法規定を導入するに当たっては，自国の既存の制度や法体系と互換性があるものを導入するか互換性があるように修正を加えて導入するなどの細心の注意を払う必要がある。導入した制度が既存の法体系と互換性がなければ，その制度は最終的には異質のものとなって，副作用を生ずるおそれがある。以下では，韓国の経験を例として，若干の考察を行う。

(1)　交互尋問制度

交互尋問制度は，民事訴訟法が制定されてから1年半後法改正を行い，証人尋問に英米法の当事者主義を導入して作られた制度である。これに対しては，当初から，交互尋問方式は陪審制を基本とする英米法の手続上必要なものであって，大陸式の手続には必要でないという批判があった。

確かに，交互尋問方式には，偽証を防止し，当事者が訴訟で主導権を持つことで訴訟当事者としての地位が確保されるという長所がある。しかし，交互尋問がうまくいくためには，まず，弁護士や当事者が主尋問と反対尋問に関して相当な訓練を受ける必要がある。そして，誘導尋問禁止等の多くの原則も確立されなければならない。これらの条件が整っていない状態で交互尋問を採用するのでは，偽証を増加させるだけである。韓国の法廷では，実際，

このような現象が生じたため，最近誘導尋問禁止等を民事訴訟規則で定めるに至った。しかし，弁護士の尋問技術はなお未熟である。陪審裁判とは異なって，韓国を含んだ大陸法系の裁判では，心証を持つ主体は裁判官である。当事者に証拠申立てのほかに証人尋問をする権限を与える根拠は必ずしもない。以上の点からすると，交互尋問制度は，韓国の法体系の中では異質の役割しか果たせないと評価することができよう。

(2) 集団的訴訟関係

前述したように，韓国民事訴訟には，集団的訴訟関係を規律する制度として選定当事者制度がある。この制度は，1980年代まではほとんど利用されることなく人々に忘れられかけていた。しかし，最近，証券関連集団訴訟法が制定された。この法律は，今後，韓国の訴訟制度の運用上，多くの問題を引き起こすことと考えられる。

第一に，集団訴訟法の制定に先立って，既存の選定当事者制度に対する綿密な分析，検討は行われなかった。集団的訴訟関係を規律するに当たって，選定当事者制度がいかなる点で不十分であるかに関して実証的な検討が行われることなく，漠然とアメリカにもドイツにも同様の制度があるから導入すべきである，という見解が採用されたのである。

第二に，ドイツのVerbandsklageを導入した方が，韓国の訴訟法体系や実体法体系と大きく食い違うことがなかったと思われる。アメリカのclass action制度に修正を加えて導入したことで，法体系上，深刻な問題を引き起こすおそれがあると思われる。株の取引過程で，会社の誤った開示等により損害を被った多数の少額被害者の賠償請求を可能にする，という名目は確かに良い。そして，アメリカにおいても同様であるが，この制度には加害者である会社に対する懲罰の意味合いが強い。しかし，法制度が完備されていない大陸法の法体系では，加害者に対する懲罰は民事法や民事訴訟法が規律すべきことでない。この点を無視して，集団訴訟制度を導入したため，今後，韓国の法体系に大きな混乱を引き起こすことと考える。むしろ賠償請求の意思がある人々を確定して，彼らが損害賠償を受けるようにする選定当事者制度が大陸法体系にふさわしいと思われる。

第三に，このような集団訴訟法を必ず制定しなければならいと判断された場合であっても，その内容は，既存の韓国法の体系に合致するよう工夫しなければならない。しかし，この集団訴訟法は，その内容から見ると，韓国法

の体系になじみにくいアメリカ法上の制度をそのまま取り入れたにすぎない。その結果，その法的性格がまったく不明のものになっている。例えば，原告が訴えを提起すれば，裁判所が訴訟要件を調査し，訴えの適法性について審理するのが韓国の訴訟制度である。しかし，この集団訴訟法では，原告になろうとする者が訴えの許可の申立てをし，裁判所がその要件を審査し，訴えを許可する否かを決める仕組みが取られている。このような規律は，現行の訴訟法体系に合致するように改正することができるにもかかわらずそれを怠った。アメリカ式の集団訴訟法を制定すべきであると主張した人々の大半が，韓国で訴訟法を専攻せずアメリカで法律を学んだ人であるため，このような注意を払うことができなかったと考えられる。

以上，この集団訴訟制度は，韓国の実体法および訴訟法とかけ離れた新しい法体系をつなぎ合わせたものであるといえる。したがって，実際に関連する裁判例があったときに，いかにそれを審理し判決すべきかは極めて困難であると思われる。

Ⅵ　比較法的制度研究の重要性

外国の法制度を導入するに当たっては，比較法的研究が当然必要となる。もっとも，比較法的研究といっても決して容易なことではなく，マクロ的な観点およびミクロ的な観点ならびに社会の実情に関する正確な把握等の条件が具備されなければ，過ちを犯す可能性がある。

その一例として，前に述べた，上告制度をめぐって韓国で起きた混乱を挙げることができる。この混乱は，多くの誤った認識が複雑に絡み合って起きたものと考えられる。

韓国人の多くは，憲法が保障した裁判を求める権利は，上告審の裁判を受ける権利をも含めると考えている。その具体的な根拠は明白でないが，外国との比較から見れば，それは裁判を受ける権利に対する誤解であるに違いない。しかし，韓国人のこのような考え方は相当根強い。したがって，韓国で上告審を純粋な法律審として構築するのは，きわめて困難な問題であることを忘れてはならない。

上告審は法律審である。では，上告審は，事実審としての機能をまったく有しないのか。この問題に関する答えは，上告制度の目的をどこに置くかにかかわる。上告審の目的をもっぱら法令解釈の統一にあると考える場合は，

上告審を純粋な法律審として維持するのが妥当である。これに対して，上告審の目的を法令解釈の統一のほかに権利救済にもあると考える場合は，上告審で事実問題についても審判することは可能になる。上告審を純粋な法律審として位置付ける代表的な例は，アメリカのSupreme Courtである。他方，権利救済をも上告審の目的としている代表的な例は，ドイツのBGHである。韓国の上告制度も，実際上は，権利救済をもその目的としている。それが望ましいことというより，下級審が充実していないという実際上の理由に基づくものである。権利救済をもその目的とするのであれば，ドイツのBGHのように，それに対応する制度を作り上げる必要がある。しかし，韓国の最高裁判所は13人の大法官で構成されている。仕事の内容はドイツに類似していながら，その組織はアメリカのSupreme Courtに照らしているところに，根本的な問題点を抱えている。これまではこの点を認識することができず，最高裁判所の負担を軽減するためにさまざまな工夫を凝らしてきた。当然，そのいずれも成果をあげることができなかった。立法者達の基本的な視点が誤っていたといえよう。このような認識を踏まえて，韓国では，最近，日本の例を参照して，高等裁判所に上告部を設置して上告審を拡大しようとする法案が作成された。しかし，韓国は，各地方に上告裁判所を設置するほど国が広くない。そして，このような制度は，官僚主義的な上下階層関係を本質とする上訴制度にも合致しない。さらに，高等裁判所上告部の裁判に関して最高裁判所へ上告しようとする要請が生じた結果，四審制につながるおそれが大きい。したがって，最高裁判所に大法官と判事を設置して，最高裁判所自体の組織を強化するほうが簡明な方法であると考える。

Ⅶ 制度の伝播に当たって注意すべき点

　今日では，旧共産主義圏の国も発展途上にあるアジア諸国も，ともに新しい法制度の整備に力を入れている。これに応じて，ドイツ，アメリカおよび日本等各国は，諸外国の法整備と現代化を支援し続けてきた。韓国も，このような支援作業に参加する準備はできているし，既に一部の支援を始めている。
　以下では，これまで法文化や法制度を導入してきた韓国の経験に照らして，法制度を他国に伝播するに当たって留意すべき点を指摘することで，本報告を締めくくりたい。

第一に，法律の制定ないし法制度の整備を支援することより，法律専門家の要請を支援することが重要である。この点は，日本の植民地支配から脱却してからも，法制度の整備にいたるまで何十年間もかかった韓国の経験からもわかる。

　第二に，法の伝播に当たっては，相手国側の利益を真に考慮しなければならない。国力を盾にして自国の法制度の継受を強要したり，自国の利益のみを追及したりすれば，相手国側の国民の反感を招かざるを得ず，逆効果となる。

　第三に，相手国側の法制度と伝播しようとする法制度との間に互換性があるかについて厳密に検討する必要がある。互換性がなければいかにして互換性があるようにできるかを研究しなければならない。

　第四に，相手国側の社会の実情をよく把握し，それにふさわしい法制度の導入を進める必要がある。ここでいう実情とは，現在の客観的な状況のみならず，歴史的背景，思考パターン等をも含む。社会の実情に対する把握がないまま，自己の判断で法制度の導入を進めるのは危険なことである。要するに適当な物差しを基準とすべきである。

　第五に，相手国側の状況によっては，制度改革のスピードを適度に調節する必要がある。制度の新設や改革は，ある程度先行すべき必要があることは否定できない。しかし，過度に先行することは失敗する可能性がある。したがって，綿密なプログラムが必要となる。民主主義の経験のない国で急激な民主化を進めるのは，社会の混乱ひいては独裁政権の登場を招いてしまうことがあることを考えればよく分かることである。

　以上，法律の伝播または輸出においては，物の輸出と異なって，つねに導入国の社会的適合性を考慮し，最適の効果をあげるように留意する必要がある。

国際的状況下におけるオランダ民事訴訟法

レー・ヴァン・レムコ[1] 〔福本知行訳〕

はじめに

　本稿はまず，オランダ民事訴訟法が他国の民事訴訟法にどのように影響を及ぼしてきたかに焦点を当てる。次第に明白になるであろうが，この外国への影響は限られたものであった。次に，オランダ民事訴訟法の現代化における外国のモデルの役割を取り扱う。1838年のオランダ民事訴訟法典の制定以来，オランダの法改革者たちは，他のヨーロッパの訴訟モデルに対してかなりの注目を払ってきた。

1. 他国におけるオランダ民事訴訟法の影響

　オランダ語が相対的に少数の人々によって話されるにすぎないという事実のために，オランダ民事訴訟法およびオランダにおける訴訟の考え方が一般には大きな影響を及ぼすものではなかったことが想像される[2]。このことはとりわけ，オランダの訴訟法が他の言語に翻訳されるのが極めて少なかったことによる。オランダ民事証拠法だけが，英語で利用することができる[3]。

---

[1] オランダ，マーストリヒト大学法学部（e-mail：remco.vanrhee@metajur.unimaas.nl）。著者の他の業績については，http://www.personeel.unimaas.nl/remco.vanrhee/ を参照。著者は，本稿草稿の英語の修正について，D. Lang, Barnsley 氏に感謝したい。加えて，インドネシアおよびスリナムの民事訴訟準則についての情報提供につき，ライデン（Leiden）大学の J. M. Otto, B. van Rooij, A. W. Bender および A. J. Dekker 各氏ならびにパラマリボ（Pramaribo）の Lim A Po 社会科学研究所の H. Lim A Po 氏にも感謝する。私の助手である George Driessen は，重要な文献の収集について助力してくれた。

しかしながら，オランダの専門家が新たな民事訴訟準則を起草するのに助力した国々（例としては，エリトリアとマケドニア）では，なにがしかの影響が注目される。ヨーロッパでは，ベルギーが，オランダの影響の証拠がある数少ない国であり，このことは——少なくとも部分的には——オランダ語が，ベルギーの人口の約半分の母語であるという事実による[4]。オランダの影響は例えば，略式手続（*kort geding*）[5]，間接強制[6]の領域において見られるし，ある程度までは，裁判所による事件管理の考え方の領域にも見られる[7]。

　前述の諸例だけでなく，オランダの影響は，1838年に，そしてその後もオランダの植民地であった諸国においても現存する。本稿で私は，インドネシア（かつてのオランダ領東インド），スリナム，キュラソーを含むオランダ領アンチル諸島を吟味したい。

1.1　インドネシア

　インドネシアでは，民事訴訟法規は今なお，大幅に2つの植民地法令に基づいている。すなわち，*Herzien Inlandsch (Indonesisch) Reglement* つまり HIR（S. 1848-16，その後改正されたもの）が，ジャワおよびマドゥラに適用され，*Rechtsreglement Buitengewesten* つまり RBg（S. 1927-227）が，インドネシアの他の地域に適用される。植民地時代には，これらの法令は，土着

---

[2]　他の理由は，オランダ民事訴訟法が長い間，世界中で最も現代的あるいは先進的な民事訴訟システムに分類されることができず，それゆえ外国の法改革者にとって興味あるモデルではなかったようである，という事実にあるのかもしれない。

[3]　J. M. Hebly, *The Netherlands Civil Evidence Act* 1988, Deventer : Kluwer, 1992.

[4]　とりわけ国際的な議論の中では，ベルギーにおけるオランダ語の話し手によって話される言語を「フラマン語」と呼ぶことが流行（*en vogue*）であるらしいとしても，このような言語が存在しないことに注意すべきである。オランダのほぼ全人口とベルギーのフラマン語地域のメンバーがオランダ語を話す。

[5]　とりわけ，I. Verougstraete, 'Het kort geding – Recente trends', *Tijdschrift voor Privaatrecht* 1980, 266-271; M. Storme, P. Taelman, 'Het kort geding: ontwikkelingen en perspectieven', in M. Storme, A. Beirlaen (eds.), *Procederen in nieuw België en komend Europa*, Antwerp: Kluwer, 1991, 29-33; M. Storme, 'Hondervijftig jaar Belgisch Procesrecht', in E. Sponoghe, R. Feenstra, *Honderdvijftig jaar rechtsleven in België en Nederland*, Leiden: Univertitaire Pers, 1981, 144 を参照。

[6]　M. Storme, 'Hondervijftig jaar Belgisch Procesrecht', in E. Sponoghe, R. Feenstra, *Honderdvijftig jaar rechtsleven in België en Nederland*, Leiden: Univertitaire Pers, 1981, 145-146; M. Storme, 'Een revolutionaire hervorming: de dwangsom', *Tijdschrift voor Privaatrecht* 1980, 222-240.

のインドネシア人にのみ適用され，他方，別の一連の準則（*Reglement on de Burgerlijke Rechtsvordering* つまり RBRv（S. 1847-52, S. 1849-63, その後改正されたもの））が，植民地のヨーロッパ人に適用された（後者の準則は，1838年のオランダ民事訴訟法から大きな影響を受けている）。しかしながら，2つの「土着の」法令は，一連の略式手続の準則を含むのみなので，追加的な準則が判例法によって導入された（される）。このような判例法はしばしば，「ヨーロッパの」法令に含まれる準則によって影響を受けていた（受けている）[8]が，この法令の参照は，例えば証拠を規律する準則のように，現在の立法にも見出されるであろう[9]。HIR/RBg は，裁判官が積極的な役割を演じる，かなり柔軟な手続を定める。裁判官の積極的な役割は，最高裁判所の判例から離れて，弁護士による義務的な代理はインドネシアの法廷には存在しないという事実の故に，必然である[10]。

インドネシア民事訴訟の観察者である，ヨーロッパ人，とりわけオランダ人には，裁判に対抗するのに頼みとすることのできる手段を考慮するときは，非常に明白である。例えば，欠席者は，欠席判決に対して異議を申し立てるであろうし（オランダにおける *perlawanan* または *verzet*），他方でオランダのモデルに由来する第三者の異議も利用可能である（オランダにおける *perlawanan pihak ketiga* または *derdenverzet*）。オランダ民事訴訟において以前に *request civiel* と呼ばれていたもの（現在では *herroeping*）は，インドネシアでは *rekes sipil* として知られている。これは，インドネシアの判例法により，ヨーロッパの法令から模倣されたものであった。加えて，仲裁法が，そのような法令から模倣された。その上，インドネシアの最高裁判所つまり *Mahkamah Agung* は，ちょうどオランダのその対応物（*Hoge Raad*）のように，破棄裁判所である（たとえインドネシアの最高裁判所が，事実の要点が明らかにされていないようであるとして，事件を下級裁判所に差し戻すのを躊躇するよう

---

7 著者はこの情報と前掲注(5)および(6)における参照のいくつかについて，P. Taelman 教授（ゲント（Ghent））に感謝したい。

8 D. J. Veegens, E. Korthals Atles, H. A. Groen, *Cassatie in burgerlijke zaken*, Deventer: Kluwer, 2005, Chapter 1.

9 とりわけ，1999年8月12日の，仲裁に関する法律第30号を参照。この法律の37条3項は，証拠調べは「ヨーロッパの」法令の条項と一致した形で実施されるべきことを定めている。

10 S. Pompe, *Indonesian Law 1949-1989: A bibliography of foreign-language materials with brief commentaries on the law*, Dordrecht: Nijhoff, 1992, 126, 165.

に見えるとしても，である。結果として，最高裁判所は一層，事実および法の双方の面で，最上級の上訴裁判所に発展している）[11]。

1.2 スリナム

スリナムでは，民事訴訟は，1868年の王令（17号）によって成文化され，後に1869年に発効した。その後，民事訴訟準則はオランダ領東インドのジャワおよびマドゥラの，いわゆる*residentiegerechten*の訴訟立法を模範として，現代化された[12]。これらはヨーロッパ人のための第1審裁判所であって，彼らの民事訴訟準則は，「ヨーロッパ人」法令あるいは，上述した*Reglement op de Burgerlijke Rechtsvordering*（RBRv）に，見出すことができた。上述のように，RBRvの準則は，1838年のオランダ民事訴訟法典から大きな影響を受けていた。

1935年に新しい民事訴訟法典が発効した（1935年5月17日の王令42号）。新法典は再び，当時現代化されていたオランダ領東インドの*residentiegerechten*の準則に依拠していた。オランダにおけるその対応物のように，この法典は3つの部分つまり「編」からなる。第1編は通常の民事訴訟準則に，第2編は執行に捧げられ，第3編は，様々な訴訟上の条項を含んでいた[13]。1935年の法典はスリナムにおいては今も通用している。

現在のオランダ民事訴訟とスリナムにおける民事訴訟との重要な違いは次のとおりである。

1．民事訴訟は，呼出状に代わる申立ての方法で開始され，相対的に略式の手続ということになる。
2．第1審の訴訟では法廷弁護士によって代理されることを義務づけられない。

---

[11] S. Pompe, *Indnesian Law*, o. c., 110, 165. 特に，T. Lindsey, *Indonesia: Law and Society*, Leichhardt NSW: The Federation Press, 1999, 27 ff; S. Pompe, *The Indonesian Supreme Court; A Study of Institutional Collapse*, Ithaca NY: Cornell Universitiy, 2005, 175 ff. も参照

[12] F. C. Hekmeyer, 'Het Koloniaal verband in de wetgevingen van Nederland en de Nederlandsche koloniën', *Indische Gids* 1909, 191 注(1)によれば，*residentiegerechten*の民事訴訟準則は，1898年のオーストリー民事訴訟法典に類似していた。*residentiegerechten*については，F. C. Hekmeyer, *Geschiedenis van de nieuwe regeling der residentiegerechten op Java en Madura*, The Hague: Belinfante, Batavia: Van Dorp & Co., 1905.

[13] スリナムの民事訴訟法についてのさらなる情報につき，F. E. M. Mitrasing, *Ons rechtsbestel. Inleiding tot het Surinaams recht*, Paramaribo: H. v. d. Boomen, 1981.

3．裁判官が非常に積極的である。
4．破棄裁判所がなく，上訴裁判所のみが利用しうる。

1.3 オランダ領アンチルおよびアルバ

現在のオランダ王国の海外領土，すなわちオランダ領アンチルおよびアルバ（1986年以来，独自の地位（*status aparte*）を享受）でも，我々はかなりのオランダの影響を見ることができる[14]。

1868年の，当時の「キュラソー植民地」（現在のオランダ領アンチルおよびキュラソー）民事訴訟法典は，1869年5月1日に発効した。新しい訴訟法典は，それまで施行されていた古いオランダの民事訴訟準則に取って代わった。この訴訟法典は，植民地の裁判組織と地方的な状況を考慮することが可能であったけれども，1838年のオランダ訴訟法典に大幅に従ったものであった。1919年には（1918年7月6日の王令72号），民事訴訟の準則が，オランダ領東インドのジャワおよびマドゥラにおける，ヨーロッパ人の *residentiegerechten* での訴訟のための準則を範として，導入された（S. 1901, 15）。しかしながら，1868年の法典は，新たな準則において規定されなかった事項については，効力を維持した。

1931年には，新しい民事訴訟法典が施行された（1931年4月16日の王令50号）。この法典は，現存の民事訴訟立法を大幅に範とするものであった。この法典は1932年に施行された。1838年のオランダ法典との関係は，やはり明確である[15]。

オランダ民事訴訟法典とオランダ領アンチルおよびキュラソーの民事訴訟との重要な違いは次のとおりである。

1．民事訴訟は，呼出状に代わる申立ての方法で開始され，相対的に略式の手続ということになる。
2．第1審の訴訟では法廷弁護士によって代理されることを義務づけられない。
3．裁判官が非常に積極的である。

---

14 オランダ領アンチルおよびアルバの現行民事訴訟については，A. I. M. van Mierlo, G. J. Meijer, F. M. Beijer, *Inleiding Nederlands–Antilliaans en Arubaans burgelijk procesrecht*, The Hague: Bju, 2000 を参照。C. E. Smith, M. A. Loth, H. Kloosterhuis, J. P. de Haan, *Inleiding tot de rechtswetenschap. Een encyclopedisch overzicht van het Antilliaans en Arubaans recht*, The Hague: Bju, 2005, esp. 75 ff も参照。

15 E. Monte, *Antilliaans procesrecht,* Schiedam: H. A. M. Roelants, 1954, Chapter 1．

法典は，口頭手続を目指しているけれども，実際には書面による訴答（主張の陳述）が非常に好まれるようになった。

近時，改正民事訴訟法典が施行された（2005年8月1日）。この改正は，オランダ領アンチルおよびキュラソーにおける新民法典の施行のために必要とされたものであった。改正された民事訴訟法は，様々な改良を含んでいる。そのうちのいくつかは，2002年1月1日にオランダで施行された準則（後述）の採用の結果である。改正法典は再び，3編からなる。第1編は，オランダの法典の第1編とはある程度異なっているが，それでも例えば証拠についての準則のように，多くの類似性もある。能率的で，迅速口頭による手続を志向しているのである。第2編は執行を扱い，第3編は様々な民事訴訟準則を含むが，オランダ民事訴訟法典と——条文番号に関しても——同一である。仲裁を扱う現行オランダ民事訴訟法典の第4編は採用しないことが決定された。その代わりに，UNCITRAL 国際商事仲裁模範法に従うこととなった[16]。

2. オランダにおける外国民事訴訟法の影響

オランダの訴訟モデルの外国での影響が限定的であるのに対し，逆にオランダにおける外国民事訴訟法の影響は間違いない。このことは，他の種々のヨーロッパのモデルと対比して，とりわけ2002年のオランダ民事訴訟法典一部改正（後述）の施行前における，オランダの民事訴訟モデルの弱点を考慮しても，驚くにはあたらないであろう。問題点は例えば，裁判官の限定的な事件管理権限，書面がより重要な役割を演じ，口頭による陳述の聴聞が結果として限定されていたことはもちろん，証人および当事者の尋問における直接性の欠如であった。2002年の改正後でさえ，現行のオランダ民事訴訟を例えば1898年以来オーストリーで施行されている進歩的なシステムと対比すると，21世紀にふさわしい民事訴訟法を生み出すために多くの仕事が残されている。

訴訟法の改正は現在のところ，重要な協議事項である。上述のように，いくつかの重要な改正は2002年1月に施行された[17]。2005年10月には，さらな

---

[16] R. W. J. van Veen, 'Nieuw burgerlijk procesrecht voor de Nederlandse Antillen en Aruba', *Tijdschrift voor Antilliaans Recht* 2003, 24 ff; J. de Boer, 'Burgerlijke rechtsvordering in de West', *Nederlands Juristenblad* 2005, 1980 ff; A. I. M. van Mierlo, 'Procederen in de West. Sinds 1 augustus 2005: veel nieuws onder de zon', *WPNR* 2005, 855 ff.

る改正が施行された[18]。後者の改正は2002年の改正の結果として必然的に現れたように見えるが，同時にそれは時として，2002年の改正によって惹起された単なる技術的な変更以上のものであった。加えて，オランダ民事訴訟法への根本的かつ新しいアプローチのための提案を述べることを任務とする，3人の大学教授（W. D. H. Asser, H. A. Groen および J. B. M. Vranken。I. N. Tzankova が補佐）からなる作業部会が2001年に設置された。この委員会は2003年に中間報告を公刊し[19]，最終報告が2006年の初頭に公刊された[20]。

　本章で私は，2003年の中間報告だけでなく，最近のオランダ民事訴訟法の改正を論じるつもりである。加えて，私は，最近の改正の試みに関する若干の所見を述べたい。そうすることで私は，中間報告においてだけでなく，これらの改正において，外国のモデルがどの程度まで役割を演じてきたかという問題に取り組みたい。本稿を最終報告が公刊されるのと時を同じくして提出しなければならないという事実のために，本章において最終報告の参照を含めることは不可能であることが明らかとなった。現在のところ，将来のオランダ民事訴訟の展望に対して最終報告がいかなる帰結になっているかは分からないことを，ここに付記しておこう。

2.1　オランダ民事訴訟法典と1838年から2005年までの時期における改正

　オランダ民事訴訟法典は，1838年に施行され，この時，フランスがオランダを占領したことによって1811年にこの地の法となっていた1806年のフランス民事訴訟法典に取って代わった。しかしながら，1838年のオランダ法典は大幅に，フランス法典の翻訳であったので，1838年以降も，フランスの訴訟法はオランダにおいて支配的であり続けた。加えて，1819年のジュネーブ訴訟法典[21]から，いくつかの要素が採用された。後者の法典も，フランス法典を基礎としていたが，19世紀のいくつかのヨーロッパ諸国における一般的な見解では，ジュネーブ法典は，そのフランスの対応物と対比すると重要な進

17　Dutch Official Journal 2001, 580.
18　Dutch Official Journal 2005, 455.
19　W. D. H. Asser, H. A. Groen, J. B. M. Vranken（I. N. Tzankova が補佐）, *Een nieuwe balans. Interimrapport fundamentele herbezinnig Nederlands burgerlijk procesrecht*, The Hague: BJu, 2003.
20　W. D. H. Asser, H. A. Groen, J. B. M. Vranken（I. N. Tzankova が補佐）, *Uitgebalanceerd. Eindrapport Fundamentele herbezinning Nederlands burgelijk procesrecht*, The Hague: Bju, 2006.

歩を含むものであった[22]。ジュネーブ法典からオランダ法典によって採用された最も重要な要素は、和解を試みるために裁判官が当事者本人に出頭を命じることができる旨を定めた、オランダ法典の19条であった。ジュネーブ法典がこのような準則を導入したのは、オランダ法典と同様に、訴訟上の和解 (*juge de paix*) に先立って試みられる強制的、予備的な調停を廃止したためである。

1838年の施行直後から、新たなオランダ法典は批判の的となった。すでに法典についての議会における議論の中で、多くの条項の源、つまり1806年のフランス法典は欠点が目立つことが指摘されていただけに、このことは驚くにあたらない。例えば、民事訴訟手続において直接性がないことは、法典の通常の手続が事件の進行についての主導権を大幅に当事者に委ねるとともに、裁判官が訴訟指揮において強力な役割をほとんど演じることがなかったことと同様に、不満の源になった。しかしながら、不満が述べられていたにもかかわらず、19世紀末に至るまでは、オランダ法典に重要な変更はなかった。重要な変更は、1896年7月7日のいわゆるHartogh法の結果として生じた。Hartogh法における法典の一部改正を準備するに際して、2つの意見が考慮された。第1の意見は、訴訟の運営に関する裁判官の権限を強化する、つまり現代の訴訟上の用語で表現するなら、裁判官の事件管理権限を強化する、というものであった。第2の意見は、当事者にある活動をするについての十分な理由なくしてその活動を引き延ばす機会を与えている、現行訴訟法の要素を除去する、というものであった。結局、後者の意見が選択された。

Hartogh法によってもたらされた変更は、Ton Jongbloedにより、近時刊行された民事訴訟におけるヨーロッパ的伝統についての書物において彼の執筆した、オランダについての章で表現されている[23]。Jongbloedは、Hartogh法の結果として、答弁書の送達の後、事件についての陳述のさらなる

---

[21] *Loi sur la procédure civile du canton de Genève avec l'exposé des motifs par feu P. –F. Bellot*, 4th edition, Geneva: A. Cherbuliez et Cie.; Paris: Sandoz et Fischbacher, 1877 (first edition 1821).

[22] C. H. van Rhee, 'Introduction', in C. H. van Rhee (ed.), *European Traditions in Civil Procedure*, Antwerp/Oxford: Intersentia, 2005, 9-10を参照。1838年から2005年までのオランダ民事訴訟法における発展の概観を含んだ、ヨーロッパの伝統の章におけるA. W. Jongbloedの寄稿も参照。

[23] A. W. Jongbloend, 'The Netherdands (1838-2005)', in C. H. van Rhee (ed.), *European Traditions in Civil Procedure*, Antwerp/Oxford: Intersentia, 2005, 69-95.

送達は，原則としてもはや許されなかった，と言う。さらにこの法は，法実務における1838年法典の濫用を阻止することを狙っていた。Jongbloed は，Hartogh 法の施行時点で行われた多くの所見が，未だ承認しうるものであると述べる。学識ある著者は，Hartogh および Cosman によって公刊された，Hartogh 法の解説書から，以下のような引用を提示する[24]。

「わが民事訴訟法典の運用に精通している者で，法典が，遭遇せざるを得ないもっともな要求への配慮に関し，多くの方法で損なわれていることを知らない者はない。我々は，この問題が当初の考え方の誤り（*vitium primae conceptionis*）として性質づけられうるのか，あるいは社会における一層の変化と，19世紀の後半を特徴づける紛争解決における速度に対するより大きな要求とによって，惹起されているのかを，考慮に入れないことにしたい。」(p. VII)

「現行法の構造内部にある，よく知られた過誤の改善を追求しようとして，我々は２つのシステムを考慮に入れた。第１のものは，訴訟手続の管理における裁判所の影響を増すことによって，解決が見出されることを示唆する。この解決は反対を惹起する。つまり，一方において，裁判所は訴訟手続を管理する間に，自らの権限を行使し，当事者に迅速を強く要求あるいはさらに命令するべきかどうかを判断することを可能にするための，必要な情報を持たないし，他方において，裁判所の影響力の増大は，当事者およびその弁護士の［…］，訴訟手続を自ら適切と考える方法で管理する自由を弱めることになるであろう。」(p. XV/XVI)

「これに加えて，1896年法が，中間の命令に関する限り，当事者が，最終の判断がなされる前に控訴裁判所または上告裁判所に上訴を提起することによって，相手方に勝訴することを不可能にするようなシステムを見出すのに成功していたことも重要である。新法は，裁判所がその判断の中で，中間の判断に対する上訴は最終の判断と同じ瞬間にだけあることを宣言するのを可能とする。その際に新法は，強力な命令を作り出し，かくて，事件が提出された裁判所により，ex aequo et bono つまり事件が価値を有すると感じられるときには，一定かつ中断のない事件の終了及び解決を保持する。」(p. XXII /XXIII)。

---

[24] A. F. K. Hartogh, C. A. Cosman, *De wet van 7 juli 1896 (Staatsblad No 103) tot wijziging van het Wetboek van Burgerlijke Regtsvordering, toegelicht door …*, The Hague: Gebroeders Belinfante, 1897.

「新法が十分に根本的なものかどうか，当事者の審問の管理はどうか，という問題は，イングランドにもあったが，単純化され，先送りされるべきものとされ，あるいは，次の改正がここに焦点を当てるべきかどうか，という問題は，我々の権限外のことである。」(p. XXIX)

Hartogh 法が，外国の事例によって影響を受けていたかどうか，受けていたとしてどの程度かを判断するためには，さらなる研究が必要とされる（上記の引用からは，イングランドがそのような役割を演じていたかもしれないことが明らかになる）。しかしながら，Hartogh 法のアプローチは，長期にわたってオランダの裁判官は，積極的に民事事件を管理する権限を持とうとしなかったことを意味していたことは，すでに明らかである。裁判官の地位は多かれ少なかれ，受動的な審判者のそれに止まった。このことは，1920年にいわゆる Gratama 委員会[25]（議長にちなんで命名）によって提出された新法典の草案が施行されていたならば，違っていたであろうが，しかしこの草案は，少なくともオランダの見地からは，時代のはるか先を行くことが明らかとなった。それは，フランツ・クラインによって起草された1898年のオーストリー民事訴訟法典に示唆を受けたものであったが，そこにおいて例えば，草案が，訴訟の冒頭の書面段階における事件の徹底した準備と，それに続く，事件の判断のための口頭による主要段階とを意図していたことが，明確になる[26]。

Gratama 草案の採用は明らかに，少なくとも訴訟上の意識において，オランダを極めて現代的な国にしたことであろう。なぜなら，私が他のところで述べたように[27]，その主たる着想の源たるオーストリー法典は，民事訴訟法に関して新時代を切り開いたからである。そもそもオーストリー法典は，受動的裁判官と当事者支配の拡張を伴った自由主義的なフランスの訴訟伝統を成功裏に打ち捨てた最初の法典であった。オーストリー法典は民事訴訟を，個々の当事者の観点からだけでなく，それが社会に対して果たす機能の観点

---

[25] The Hague: Algemeene Landsdrukkerij, 1920.

[26] この点についてのさらなる情報については，C. H. van Rhee, 'Ons tegenwoordig sukkelproces. Nederlandse opvattingen over de toekomst van het burgerlijk procesrecht rond 1920', *Tijdschrift voor Rechtsgeschiedenis*, 2000, 331-346; idem, 'Der Einfluss des Zivilprozessmodells von Franz Klein in den Niederlanden', in: Bundesminisuterium für Justiz (ed.), *Franz Klein Symposion*, Wien/Graz: NW Verlag, 2005 を参照。A. W. Jongbloend, o. c., 69-95 も参照。

[27] C. H. van Rhee, 'Introduction', in C. H. van Rhee (ed.), *European Traditions in Civil Procedure*, Antwerp/Oxford: Intersentia, 2005, 3-47.

を重視して(つまり,いわゆる民事訴訟の社会的機能(Sozialfunktion))考えた[28]。

オランダ民事訴訟法典は20世紀中に何度も改正された[29]。しかしながら,抜本的改正は,最近つまり,2002年1月1日まで待たなければならなかった。

2002年の改正は,議会における活発な議論によって始められた。オランダにおける民事訴訟の抜本的再考が必要であると主張された。議員は,この再考が基礎に置くことのできる情報は,外国でも発見されるべきことを強調した[30]。結局,1999年のイングランド民事訴訟の改正に大きな注目が払われた[31]。しかしながらこのことは,何名かの上院議員が,とりわけ,注目すべきデータが,例えばオランダ領アンチルおよびアルバのごとき,オランダ王国の海外領土のような,他の裁判管轄区でも見出されることを理由として,彼らの意見によれば,イングランドおよびウェールズに注目が払われすぎていることに気付く原因となった。彼らの意見によれば,とりわけ,第1審で効率的かつ迅速な手続がどの程度まで控訴事件数を増加させるかという問題は,これらの裁判管轄区を眺めることによって回答できるという。オランダ領アンチルおよびアルバでは,民事訴訟の第1審において厳格な時的限界が用いられており,上述した議員は,結果として控訴事件数が増加したと考えた[32]。しかしながら,オランダ司法省によれば,これは事実ではないということであった[33]。

かなりの注目を集めた他の民事訴訟上のトピックは,例えば,反訴の導入および,当初の請求原因の陳述を変更する可能性である。オランダ下院の数名の議員は,反訴および請求原因の陳述の変更がドイツにおいて,民事訴訟をかなり遅延させたものだったとの見解を政府が共有するかどうかを尋ねた。答弁において司法大臣は,私見によればこの分野におけるドイツの経験は,

---

[28] オーストリーの民事訴訟法につき,P. Oberhammer, 'Die Aufgabenverteilung zwischen Gericht und Parteien', in: P. Ingelse, *Commentaren op fundamentele herbezinning*, Nijmegen: Ars Aequi Libri, 2004, 81 ff; P. Oberhammer, T. Domej, 'Germany, Switzerland, Austria (ca. 1800-2005)', in C. H. van Rhee (ed.), *European Traditions in Civil Procedure*, Antwerp/Oxford: Intersentia, 2005, 103-128 を参照。

[29] C. J. J. C. van NIspen, *De terloopse hercodificatie van ons burgerlijk procesrecht*, Deventer: Kluwer, 1993.

[30] E. g. Parliamentary Papers, Lower House (TK) 1999-2000, 26 855, nr. 4.

[31] E. g. Parliamentary Paper, Lower House (TK) 1999-2000, 26 855, nr. 5, 2-3.

[32] Parliamentary Papers, Upper House (EK) 2000-2001, 26 855, nr. 250a, 5.

[33] Parliamentary Papers, Upper House (EK) 2001-2002, 26 855, nr. 16, 8.

オランダにとっては妥当しないと述べた。反訴を導入し，請求原因の陳述を変更する可能性は，司法大臣によれば，事件の事実関係が訴訟の開始時点で固定されていないので，オランダ民事訴訟法の必要な要素であった[34]。

最後に，かなりの注目を集めた事項の他のいくつかの例を挙げると，少額訴訟手続をオランダに導入すべきかどうかという問題についての議論において，イギリスが参照され，他方において，証人の証言を記録する方法に関する議論においては，アメリカ（速記）およびドイツ（テープレコーダー）が参照された[35]。さらに，EU 条約65条および Tampere ヨーロッパ議会協約も参照されている。新たな立法のための準備記録において，例えば証拠の収集や支払命令に関する準則のように，純粋に国内の事件を規律する民事訴訟の準則は，65条および Tampere 協約によって影響を受けるかもしれないことが述べられている。

上述の議論は結局，2002年1月1日にオランダ民事訴訟法のいくつかの改正の施行を惹起した。第1に，最下級の第1審裁判所（*kantongerechten*）と通常の第1審裁判所（*rechtbanken*）の手続準則の違いが撤廃された。2つの類型の裁判所のための一連の一般準則が明らかにされたが，少なくともある程度は，下級裁判所（county courts）と高等法院（High Court）とに関して，イングランド・ウェールズで起こったことと対比しうる発展である。同時に，組織上の観点からは，最下級の第1審裁判所は通常の第1審裁判所の一部となり，その結果，前者はもはや，別個独立の裁判所とは見られなくなった。明示的に説明されないことではあるが，フランスが着想の源であったと推定されるかもしれない。というのもフランスでは，小審裁判所（*Tribunaux d'instance*）と大審裁判所（*Tribunaux de grande instance*）の別個独立した存在が，議論の主題であるから[36]。

2002年に導入されたこの外の重要な改正は次の通りである。

・審議会の命令の方法によって手続準則を導入する可能性の創設（*algemene maatregel van bestuur*）[37]。この発展は，新たな手続法を導入するために，通常のそして，しばしばやっかいな議会の手続を回避するものなの

---

[34] Parliamentary Papers, Lower House (TK) 1999-2000, 26 855, nr. 5, 56-57.

[35] Parliamentary Papers, Upper House (EK) 2001-2002, 26 855, nr. 16a, 3-4, 7.

[36] L. Cadiet, 'Civil Justice Reform: Access, Cost, and Delay. The French Perspective', in: A. A. S. Zuckerman, S. Chiarloni, P. Gottwald (Eds.), *Civil Justice in Crisis. Comparative Perspectives of Civil Procedure*, Oxford University Press, 1999, 293.

[37] オランダ民事訴訟法典35条。

で，一層の柔軟性を生み出す。このアプローチは，例えばフランスにおける，1958年の第五共和政憲法の結果のように，外国で起こっていた発展と歩調を合わせている。この憲法は，政府の布告の方法による民事訴訟準則の発布を容易にした。議会から他の部門への，民事訴訟準則を作る権限の移動は，イングランド・ウェールズでも起こっていた。そこでは，多くの民事訴訟準則を作り出す権限は，すでに19世紀に，議会から特別の規則委員会に移っていた。現在では，この規則委員会はとりわけ，最高法院民事部長判事，副部長判事，裁判官，バリスタ，ソリシタによって構成されている。

・職権または当事者の申立てにより，不当な遅延を防ぎ，これを達成するための措置を講じる，裁判所の明確な義務の導入[38]。結果として，いかなる訴訟上の措置がとられるべきか，いかなる時点で取られるべきか，というような問題はもはや，当事者の独占的分野ではない。この点に関してオランダ民事訴訟法は，ドイツ民事訴訟法の方向に移動し，例えばイングランドやフランスのような他の裁判権においても観察されるであろう傾向を追いかけている[39]。

・手続準則違反は，違反された規範によって保護される利益が現実に侵害された場合における制裁のみに帰着するであろうという，立法府の想定[40]。同様の発展は例えば，ベルギーにおいて観察される[41]。

・土地管轄または事物管轄を有しない裁判所が管轄裁判所に訴訟を移送する義務の導入[42]（かつては，まさに管轄権を有しない裁判所が事件に応接する裁判権を有さないことを理由として，管轄権を有しない裁判所が管轄裁判所に事件を移送するべきではないということが支持されていた）。この発展も，他のヨーロッパ諸国における発展と歩調を同じくする。

・攻撃および防御の陳述それぞれにおいて十分な情報を提供し，利用可能な証拠を指示する原告および被告の義務の導入[43]。訴えの陳述――呼出

---

[38] オランダ民事訴訟法典20条1項。
[39] N. Andrews, 'The New English Civil Procedure Rules (1998)', in: C. H. van Rhee (ed.), *European Traditions in Civil Procedure*, Antwerp/Oxford: Intersentia, 2006, 166 ff; A. Wijffels, 'France: Powers of Judge', in: *ibidem*, 269-279.
[40] TK 26 855, 3, 5.
[41] P. Van Orshoven, 'The Belgian Judicial Code', in C. H. van Rhee (ed.), *European Traditions in Civil Procedure*, Antwerp/Oxford: Intersentia, 2006, 101.
[42] オランダ民事訴訟法典73条および110条2項。

状の一部である——において，原告は，最も行なわれそうな被告の防御と，この防御がいかなる根拠に基づくことになるか，とを指示する必要がある。この義務によって立法府は，過去に別れを告げることを目指している。というのは，オランダ民事訴訟における訴訟当事者の伝統的なアプローチは，訴訟の早い段階では，できる限り情報を公開しないでおくというものだったからである。「机上のカードのアプローチ」の強調は例えば，イングランド・ウェールズにおけるウォルフ改正と歩調を同じくする。

- 権利として取り交わされるべき，事件についての陳述数の減少。当事者自身の出廷が命じられていない（次項参照）事例を除いて，この数は2回，つまり呼出状の一部である訴えの陳述と防御の陳述，に減少させられた[44]。この変更も過去に別れを告げるものとして想定された。なぜなら，2002年までは，当事者は通常，訴えおよび防御の陳述に加えて，再答弁および再々答弁をも取り交わしていたからである。事件についての陳述数の減少は他のヨーロッパ諸国における発展と歩調を同じくする。
- 防御の陳述の提出の後に，裁判官は，不必要と考えられる場合を除き，当事者自身の出廷を命じる義務を負う旨の準則の創設[45]。この準則は，民事裁判における口頭主義的要素と直接性とを増加させることを目標としている。というのは，これは防御の提出後の当事者自身の出廷が通常であり，2002年以前にそうであった，単なる事件のありうる経過というのではない，という状況を生み出すからである。当事者自身の出廷後，裁判官は直ちに判決を言渡すよう決定するかもしれないし，必要と考える命令を下すよう決定するかもしれない。裁判官が後者のアプローチを選択するときは，彼は当事者に事件についてのさらなる陳述の提出を命じるか，あるいは事件について口頭で弁論するよう命じるであろう。しかしながら，これが行なわれるかどうかは，当事者には予め知られていないので，結果として，当事者は訴えおよび防御の陳述それぞれにおいて，事件についてできる限りの陳述をしなければならない。民事裁判における口頭主義的要素と直接性とを増大させようとする願望は，今日の世界における多くの裁判権において観察することができる。オランダは

43　オランダ民事訴訟法典111条3項および128条5項。
44　オランダ民事訴訟法典132条。
45　オランダ民事訴訟法典131条。

むしろ，このような措置を採用するのに遅れをとっていた。
・中間判決に対する上訴を，多くの事例において，中間判決による決定をなした裁判官の明示的許可によってのみ許されるものとすることの承認による，かかる上訴の数の減少[46]。この発展も，他のヨーロッパ諸国における発展と歩調を同じくする。

　2005年10月15日には，2002年改正の結果として必要であることが明らかになった，さらなる改正が導入された。上述のように，この改正のうちいくつかは，2002年改正の結果として生じる単なる技術的変更以上のものとなった。例えば，2005年改正の結果として，オランダ民事訴訟法典の6条および8条は，民事および商事事件における裁判権，判決の承認および執行についての，ブリュッセルI協定に歩調をあわせるために改正された。

2.2　Asser/Groen/Vranken 委員会。オランダ民事訴訟の新たなアプローチ

　前述のように，3人の大学教授（W. D. H. Asser, H. A. Groen および J. B. N. Vranken。I. N. Tzankova が補佐）からなる，作業部会が2001年に設置された。その仕事は，根本的改正のための勧告をするためにオランダ民事訴訟法を評価し，再考することにあった。委員会は3段階のアプローチを採用した。第1段階は，委員会の考えの骨子を説明した中間報告の公表によって完了した[47]。私は以下で，この報告のいくつかの特徴を論じることにする。第2段階も完了し，中間報告の中身についての法曹界および法学界の代表との議論からなる。最後に，2006年初頭に，委員会は第3段階の仕事を，最終報告の公表を以って終了した[48]。先に示唆したように，最終報告は本稿を国際訴訟法学会に提出しなければならない時期と同時になってようやく利用可能になったため，本稿で私は最終報告の議論を含める時間を持たなかった。

　中間報告で委員会は，いくつかの点に努力を集中した。これらの点は，(1) 例えば調停のような，（法的）紛争を取り扱う別の手段との関係における，国家の裁判所による裁判の運営の位置づけ，(2) 一方において，国家による裁判の運営を最終的な救済（*ultimum remedium*）と見なそうとする願望と，他方において，国家による裁判の運営は，個々の当事者の見地からも（ECHR

---

[46] オランダ民事訴訟法典337条。
[47] 前掲注(19)。
[48] 前掲注(20)。

第1部　民事訴訟法の継受と伝播

6条参照），法の解釈及び発展の見地からもともに不可欠であることとのバランス，(3)迅速，費用的に妥当，効率的かつ高品質な，国家の裁判所による裁判の運営，(4)民事訴訟および提訴前の段階における，裁判官および当事者それぞれの役割，(5)第1審の訴訟，控訴，上告と，控訴および上告の終着点との関係，そして最後に，(6)明快かつ柔軟な民事訴訟準則の必要である[49]。私は本稿では，これら全ての点を詳細に議論することはできない。けれども私は，比較的重要ないくつかの点の概観を示すことを試みたい。委員会の補助者であるI. N. Tzankova女史によって書かれた，複雑訴訟（*schaalvergroting*）についての中間報告第9章は議論しないつもりである。この章は，別な分析に値する。

2.2.1　（法的）紛争を取り扱う別の手段との関係における国家の裁判所による裁判の運営の位置づけ

　国家の裁判所による裁判の運営は，（法的）紛争を取り扱う唯一の方法というわけではない。中間報告では，他の紛争解決方法にかなりの注目が払われている。例えば法定の保険会社による少額事件の裁定やドイツの調停（*Schlichtung*）が議論されている。特に注目されているのは，調停（mediation）および外国（特に，ノルウェー，イングランドおよびアメリカにおける）での調停の経験である[50]。このことは，ECのADR白書2002年版が，このテーマについての豊富な比較法的情報を含むという事実によって，促進された。

　Asser/Groen/Vranken委員会は，調停に関しては，異なったアプローチが取られるかもしれないと述べる。彼らの意見では，裁判所に附属した調停の事例では，裁判官は手助けの役割のみを持つべきであるとされる。裁判官が自らの調停技術を採用するところでは，委員会は，裁判官の裁判官としての役割はある種の制限の様相を示すと考えている。いずれにせよ，最終的に事件が調停によっては終局に至らないことが明らかになったときは，裁判官は自らの裁判官の役割を再開することができなければならない。このことは，裁判官が，当事者を別々に聴聞する（*caucus*）ような，調停技術を採用するべきでないことを意味する。これを採用することは，双方審尋（*adiatur et altera pars*）の原則のような，民事訴訟の基本的原則を侵すことになるという

---

[49]　Cf. *Interim report*, o. c., 263.
[50]　*Interim report*, o. c., Chapter 5.

わけである。加えて裁判官は，委員会によれば，評価者的な役割を採用するべきではないが，当事者が事件を決着させるのを促進させることに，厳格に固執するべきである，とされる。例えば，裁判官が紛争の解決のための提案をするというような，評価者的なアプローチは，当事者に助言を与え，特別な点についての裁判官の意見を表明することになるというわけである。このことは直接に，裁判官の公平に影響を及ぼすことになるし，少なくとも形式的な観点からは，――委員会の意見では――結局のところ受け入れることができない。

中間報告からは，委員会が調停についてのノルウェーの経験を注意深く学んでいたことが明らかである。委員会は，裁判官による調停に関してノルウェーに存在する厳格なガイドラインを参照している。そこでは，調停段階の間，ノルウェーの裁判所は，当事者と個別に面会するべきではないし，事件に関して他方当事者の知ることができない情報を受け取るべきでもないとされている。加えて，ノルウェーの裁判所は，紛争解決のための提案をすることが許されないし，助言を与えることや，裁判所が公平でないとの印象を抱かせるかもしれない観点を表明することも許されていない。

Asser/Groen/Vranken委員会の結論のひとつは，裁判官が調停者として活動する場合，調停特有の姿の多くが見えなくなるというものである。彼らの見解では，裁判所に付随した調停は，過度に形式化されたものになるべきではないとされる。さもないと，その利点は見えなくなるであろう。

委員会は，義務的な裁判所に付随した調停の導入に関しては，躊躇している。委員会は，アメリカにおける経験的な研究は，調停が国家の裁判所による裁判の通常の運営よりも好まれるべきことを明白には示していないと述べる。加えて，イングランドにおける研究は，民事裁判が十分に迅速なものに見えるならば，調停の必要性はそれほど多くなくなることを示している（イングランドにおけるCPRの導入後，調停に委ねられた事件の量はかなり減少した）。同時に委員会は，調停は国家の裁判所での事件の量を減少させるのに，ある程度の利点があるかもしれないと考えている。それゆえに委員会は，任意的調停と，いかなる事件がこの種の紛争解決に適合するかを選択するための実際的な基準の展開とを選択する。委員会は，実際の経験を基礎として，将来においてさらなる処置が取られるかもしれないと述べる。

2.2.2 民事裁判。終局的救済？

民事裁判についての国際的な文献[51]においては，この法分野は様々な目的を有するといわれている。主要な目的はもちろん，国家の助力により，実体私法によって承認された権利を確定および実現することである。この見地からは，訴訟法は伝統的な表現を使えば，実体法の「小間使い」と見なされる[52]。この目的は，Asser/Groen/Vranken委員会によれば，イングランドの民事訴訟準則の最も重要な目標（「裁判所が事件を公正に取り扱えるようにする」）から明白に現われているが，民事裁判が別の重要な目的に役立つ（あるいは役立つべき）という事実に，信頼を置いていない。他の論者によれば，これらの目的のひとつは，当事者を分裂させている紛争を終結させることである。けれども，Asser/Groen/Vranken委員会によれば，この目的は例えば調停のような他の手段によってより良くもたらされるから，この目的はオランダ民事訴訟における目的として承認されるべきではない。彼らの見解では，国家の裁判所による裁判の運営は，紛争の解決ではなく，拘束力のある判断を得ることを目的とすべきであるとされる。

委員会は，実体私法によって承認された権利の確定および実現に加えて，承認されるべき重要な目的が，法の発展およびその画一性の防止であることを把握している。このことは他の多くの裁判権においても承認される目的であるが，特にイングランドにおいては，我々は，例えば，J. A. Jolowiczによって徹底的に議論されていたことを知っている[53]。委員会は，後者の民事訴訟の目的は新たなオランダ民事訴訟法の議論の中で考慮に入れるべきであるとの意見である。委員会は，民事裁判は終局的救済と見なされるべきであるという，多くの者によって支持された見地を否定する。いずれにせよ，民事裁判の目的が法の発展とその画一性の防止であるならば，法的観点から関心のある事件は，紛争解決のための他の手段が利用可能であっても，国家の裁判所に到達すべきことになる。

委員会は，民事裁判の様々な目的相互間の適正なバランスが見出されることを保障するのは立法府の仕事であろう，と述べる。

---

[51] E. g. J. A. Jolowicz, 'On the Nature and Purposes of Civil Procedural Law', in I. R. Scott (ed.), *International Perspectives on Civil Justice*, London: Sweet & Maxwell, 1990, 27-45.

[52] J. I. H. Jacob, *The Fabric of English Civil Justice*, London: Stevens, 1987.

[53] J. A. Jolowicz, o. c., 39 ff.

2.2.3 迅速，費用的に妥当，効率的かつ高品質な民事裁判

種々のアプローチは，民事裁判のスピードを増し，その費用を低減し，より効率的なものにし，その全体的な品質を増すために用いられるかもしれない。実際，Asser/Groen/Vranken 委員会の提案の全ては，本節の見出しの下に分類することができる。けれどもこのことは，本稿の明快さを増すものではなかろうし，それゆえに私はここで，本稿の他の見出しの下に分類することのできない2つの話題のみを議論することにしたい。第1の話題は，完全に一本立ちした提訴前段階の発展であり（イングランドの民事訴訟のプリトライアル段階と混同されるべきではない。提訴前段階は，事件が現実に裁判所に導入される前の段階である。この段階は，イングランドの民事訴訟にも認められる。後述参照），第2の話題は，「訴訟上の差異化」の導入である。

2.2.3.1 提訴前

Asser/Groen/Vranken 委員会は，オランダにおける完全に一本立ちした提訴前段階の発展を議論する。委員によって公表された多くの論文において，彼らは提訴前の手続を伴なっているイングランドの民事訴訟に，深い関心を寄せていただけに，このことは驚くに当たらない。同時に，他の外国のモデル（例えば，ドイツおよびフランス）にも関心が払われている[54]。

委員会は，現在のところオランダ民事訴訟において提訴前段階は十分発達していないとの意見である。民事訴訟準則によって情報の交換が命じられる最初の時点は，訴えの陳述（呼出状の一部分）および防御の陳述それぞれの提出時，すなわち提訴前段階が終結したときである。2002年の改正は，当事者が各自の陳述（上述）に含める必要のある情報の量を拡大したという既存の状況を変更することを目指したが，委員会によればこれは，情報の交換が訴訟手続のより早いところに位置を占めたとすれば，好ましいものであったろう。

提訴前段階の間における情報の交換は，委員会によれば，異なった終着点をもたらすことがありうるという。すなわち，第1にそれは，紛争に横たわっている事実のはっきりとした姿を当事者が獲得することに導く。このような姿を獲得することは，当事者がお互いの地位を再評価することになるかもしれないし，ある状況の下では，お互いに裁判の回避に向かうかもしれない。このことは，紛争の拡大ができる限り回避されるような形で提訴前段階が枠づけられている場合にそうである。加えて，裁判の回避が可能でないことが

---

[54] *Interim report*, o. c., Chapter 7.

明らかとなったとしても，情報の交換は重要な終着点を与える。というのは，それは事件が裁判所に持ち込まれる前によく準備されていることになるし，結果として手続の短縮になるからである。

　提訴前段階において事件をよく準備するさらなる方法は，中間報告によれば，当事者およびその弁護士の出席の下，裁判官が在席することなしに証人を尋問することであろう，という。委員会の提案は，証人の証言が証人によって筆記して提出されるべきであるということ，および，その後に事件が裁判所に持ち込まれたときには，この書面が裁判官に提出されるべきである，というものである。法廷における聴聞の間に，裁判官は証人の出頭が必要か，それとも書面だけで十分かを決定することになる。このようにしても，法廷での時間の効率的な使用が促進される。この提案に関しては，イングランドの影響が極めてはっきりしている。

　委員会は，提訴前段階における裁判官の関与を排除しない。裁判官が例えば，上述したような提訴前の解決（現行のオランダ法の下では，証人の予備的尋問が命じられているところでのみ可能なもの）[55]に到達するのに役割を演じるであろうことは，支持されている。加えて裁判官は，委員会の見解では，事後の事件運営についての同意に到達するために，当事者といわゆる提訴前協議をするかもしれない。

　中間報告によれば，裁判官は，提訴前段階に関してさらなる負担を課することができるとされる。すなわち，裁判官は例えば，当事者の態度を評価し，当事者が互いの利益を斟酌して，互いに責任を持って行動したことを確かめることができる。裁判官は，そのようでないならば，制裁を課すことになるであろう，とされる。一般には，オランダの民事裁判におけるあるべき変更を実現するための実効的な制裁の必要性が，中間報告の全体で強調されている。

　委員会はさらに，提訴前手続と解決の申出の導入は，イングランド民事訴訟において知られているように，オランダにおいてよく考えられるであろうとの意見である。同時に委員会は，提訴前手続の選択は，オランダの実体私法の変更を来しうると感じている。委員会の意見では，オランダの実体私法は現在のところ，紛争の増大をもたらす極めて多くの要因を含んでいる。これらの要因は除去されるべきであるとされる。このような「増大的」要因の例は，契約の履行請求および解除の通知についての準則（*ingebrekestelling*）

---

[55]　オランダ民事訴訟法典191条。

や，期間の定めのない契約の一方的終了についての準則（*duurovereenkomsten*）である。解決の申出に関し，委員会は，オランダの費用命令体系の変更なくして実行しえないと述べる。

2.2.3.2 「訴訟上の差異化」

特別製の訴訟モデルあるいは特殊な事案類型のための特殊化された裁判所の導入は，より効率的な裁判手続をもたらすかもしれないとされる。中間報告は，この点において，オランダ，イングランド，ベルギー，ドイツおよびフランスにおける状況を議論する。

報告では，現行のオランダの体系が単純であることが観察されている。すなわち，報告で議論されている他の諸国と対比すると，特殊化された裁判所は，まずほとんど存在しない。委員会は，この状況を変更する理由がないとの意見である。それゆえに委員会は，特殊な事件類型のための訴訟モデルに関する差異化に集中する。

委員会は，特別な事件類型に関する一定の差異化を伴う訴訟上の標準モデルを選択する。差異化の出発点として役立つ標準モデルを採用するというのは，例えば（新しい）フランス民事訴訟法典の起草者によるもののように，他国でも選択されるアプローチである[56]。加えて，Asser/Groen/Vranken 委員会は，とりわけ支払命令，少額訴訟および緊急事件に関して，特別な手続モデルを導入するよう提案する。標準的な手続モデルは，委員会の意見では，呼出状によって開始される現行の通常手続と並存して編成されうるという。わずかな修正は，一般に呼出状はもはや執行官によって送達されるべきではなく（現在では標準的な実務はそうであるが），裁判所の書記課に提出されるべきこととされ，書記課はその後，被告に呼出状を送達する責任を負うことになるとされる点である。この仕組みは例えば，ドイツにおいて行われている。

2.2.4 裁判官と当事者の間の任務分担

Asser/Groen/Vranken 委員会は，民事裁判は当事者の私的な事業と見なされるべきではないという考えである。上述したように，民事裁判は，当事者の私的関心を超えた終着点をもたらす。この点で委員会は，1898年のオーストリー民事訴訟法典を起草したフランツ・クラインの考え方の一部にすで

---

[56] L. Cadiet, 'The New French Code of Civil Procedure (1975)', in: C. H. van Rhee, *European Traditions in Civil Procedure*, Antwerp/Oxford: Intersentia, 2005, 53, 62.

に形成されていた，民事訴訟の社会的機能を採用するようである。その結果として，国家の裁判所での民事訴訟に巻き込まれた当事者は，お互いに一定の責任および義務を持つだけでなく，社会一般に対しても一定の責任および義務を持つ。結局，オランダ民事訴訟に関する文献上，裁判官および当事者それぞれの役割を描写するのに用いられる「当事者支配」の観念は，委員会の意見では有用な観念ではない。委員会の意見によれば，民事訴訟の社会的機能は，民事裁判の様々な局面を別々に考慮するよりも好ましいであろうし，そのそれぞれに関して，一方において当事者の任務および責任と他方において裁判所の任務および責任との間に見出されるべきバランスを決定するであろう。

この点で委員会は，フランスのLoïc Cadietによって主張された，民事裁判は協同の観点から観察されるべきという考えを採用するようである[57]。当事者および裁判官には，委員会の意見では，訴訟の目的を実現する共同の責任があり，当事者が十分に協力をしないならば，実効的な制裁が与えられるべきとされる。委員会の意見では，このことは現在あるような中間の手続の廃止を導くことになるであろう。中間の争点は，分離された中間の手続で解決されるべきではなく，裁判官と当事者はそのような争点を略式に解決するよう協力するべきである。その結果，裁判官が訴訟に過度に巻き込まれることになるというのは，委員会の意見では過度の負担がかかることになるということの論拠とはならない。いずれにせよ，裁判官はすでに現在でも，訴訟の多くの局面に巻き込まれている。

委員会の意見では，現行オランダ民事訴訟の主要な問題のひとつは，裁判官が事件の事実に関して十分な権限を有しないことである。この点において委員会は，現在多くのヨーロッパ諸国で主張されている見地を共有している[58]。委員会の意見では，裁判官は未だ，当事者に過度に従属しており，裁判官は法を知る，の原則が適用される，適用可能な法準則の領域とは異なる状況がある。それゆえ委員会は，Woolf卿によって起草され，1999年のイングランド民事訴訟の改正を準備するために公表された報告書[59]に現れたのと

---

[57] L. Cadiet, 'The New French Code', o. c., 58.

[58] とりわけ，C. H. van Rhee (ed.), *The Law's Delay. Essays on Undue Delay in Civil Procedure*, Antowerp/Oxford: Intersentia, 2004; C. H. van Rhee (ed.), *European Tradisitons in Civil Procedure*, Antwerp/Oxford: Intersentia, 2005 に所収の種々の論文を参照。

[59] Lord Woolf, *Access to Justice. Interim Report*, London: Stationery Office, 1995; *idem, Access to Justice. Final Report*, London: Stationery Office, 1996.

類似の——そして恐らくはそれよりも一層広範にわたる——アプローチを主張する。委員会は，「机上のカードのアプローチ」は，オランダ民事訴訟においても支持される必要があるとの意見である。委員会の意見では，現行のオランダ民事訴訟法21条は，オーストリーやドイツの民事訴訟で知られているような，法典がいわゆる「真実義務」を定めているかのように解釈されるべきである。加えて委員会は，裁判官には，以下のような権限が与えられていると見ようとする。つまり，(1)訴訟活動に関して当事者間に締結される合意を顧慮せずにおくこと，(2)決定について理由を示す義務を負うことなしに，あるいは口頭で理由を告知して，明らかに適切でない当事者の異議を顧慮せずにおくこと，(3)争いとなっていない事実を調査すること，(4)不明な事実を職権で提出すること，および(5)職権により（さらなる）証拠の提出を命じること（現行オランダ法の下では，裁判官はこの点において極めて限定的な権限を持つにすぎない）。もとより，双方審尋（*audiatur et altera pars*）の原則は常に守られるべきであるとされる。

委員会の意見では，2段階の手続を導入するのが当を得たものであると考えられている。つまり，第1の段階は，第2の（口頭による）段階において，終局的判断の方法によって解決したものとするために，あるいは，裁判所にこの段階でさらなる手続段階が必要であることを決定させるために，文書によって事件を準備するために用いることができるとされる。第1段階における事件の準備は，フランスのそれ（*juge de la mise en état*）と類似して，裁判官の指導の下に行うことができるとされる。

2.2.5 第1審の裁判，控訴および上告と控訴および上告の終着点との関係

オランダの第1審における民事裁判をより迅速かつ効率的なものにするために，多くの試みが行われた。例えば，2002年の改正は，第1審の裁判が関係するところで，このことを目標としていた。しかしながら，控訴については，2002年改正の結果として第1審において達成された結果は，逆転させられたようである。

現行オランダ法の下では，控訴審手続は2つの目的に役立つ。第1審裁判官によって犯されたかもしれない誤りを正すことを意味するだけでなく，当事者に事件で勝訴する新たな機会を提供する。結果として当事者は，第1審で犯したかもしれない誤りを正し，もとの地位に加えるものを導入したり，

それどころか元の地位を変更したりするかもしれない。これまでのところこのことは，重大な問題を引き起こさなかった。というのは，伝統的にオランダでは，控訴はほとんど申し立てられていないからである。しかしながら，このような状況が変化するかもしれないとされる。そこで委員会は，控訴についての民事裁判を規律する準則が改正される必要があることを示唆する。第1に委員会は，第1審の裁判が終局のものと見なされるべきことを支持する。この考えはもちろん我々に，第1審の裁判についてのイングランドのアプローチを想起させる。その上，委員会は，控訴審手続に関する最近のドイツの改正に感銘を受けたようである。中間報告では，控訴は第1審裁判官が誤りを犯したか，民事訴訟の基本的原則に違反したときに提起できるべきであると言明されている。控訴審裁判官はしかしながら，第1審で判断された争点，控訴の主題とされなかった争点については，判断すべきではないとされる。新たな事実が控訴において提出されうる程度に関しては，明確な制限が課されなければならない。原則として，以前に提出することのできなかった事実だけが，提出を許される。委員会の意見では，新たな事実を提出する当事者は，その事実がなぜより早い段階で提出できなかったのかを説明すべきであり，その説明が裁判官に受け入れられると見られるときにだけ，提出が許されるべきであるとされる。

　オランダ最高裁判所の上告審手続に関しては，委員会は，法の発展とその統一性の保持に関する裁判所の職責が，いっそう強調される必要があるとの意見である。委員会の意見は，例えばイングランドのアプローチに似ず，この終着点に到達するために一国の最上級裁判所での手続開始を許可するしくみを導入する必要は未だないというものである。その代わりに委員会は，かつて最高裁判所に到達していた事件の選別および差異化の，より厳格なしくみを支持する。委員会は，最高裁判所は，その最も重要な職責を果たすために，(1)判断の根拠を説明するより技術的でない方法，(2)自ら下すことのありうる判断の結果を考慮に入れること，(3)私法のヨーロッパ化に一層注意を集中すること，および(4)法律問題の決定および判断において，一層積極的な役割を担うことを選択すべきである，との意見である。

2.2.6　明快かつ柔軟な民事訴訟準則の必要

　委員会は，伝統的な感覚における「再法典化」（判例法において適用，解釈され，法律についての学識を考慮する法典）が，現代の民事訴訟改正に対する

適切なアプローチかどうかを問う。委員会は例えば，2002年改正によってオランダ民事訴訟に導入された変更の多くは，実際には法典それ自体の改正なしに導入されていたものであると，言明する。終わりに委員会は，再法典化は法典（裁判所によって柔軟な方法で適用されうる抽象的な準則）の有利性の故に必要とされるが，真の変更は，新たな準則がその適用を支える機構に付随している場合にだけ，可能であることを指摘する。委員会の意見では，準備作業の協議および議会審議の経過は，判例法および法学文献と同様に，準則の適切な実施を支えるのに十分でない。この点で委員会は，多くの支持手段によって補助された，イングランド民事訴訟の成功した改正の影響を受けている。4つの追加的な手段が中間報告で提案されている。

・インターネット上の支援窓口または情報センター
・インターネット上のマニュアル，手続説明，書式
・ある程度の規制権限を持つ「民事訴訟委員会」
・民事訴訟の現代化の恒常的な評価と勧告のための協会

結　論

　本稿は，2つの問題に焦点を当てている。すなわち，(1)オランダ民事訴訟法はどの程度まで，他国に影響を及ぼしてきたか，そして(2)オランダ民事訴訟法それ自体は他国の法によってどの程度まで影響を受けてきたか，である。第1の問題に関して我々は，オランダの影響は，ベルギー，かつてのオランダ植民地および，オランダの専門家が民事訴訟法の改正を支援したいくつかの国に限定されることを見てきた。このことは主に，オランダ語が広く話され，読まれている言語ではないことに起因する。この状況は，オランダ民事訴訟法についての情報が，他の言語によって広く利用可能なものではないことによって，悪化させられる。オランダ民事訴訟法についての外国の影響に関しては，状況は全く異なる。1838年のオランダ民事訴訟法典は，1806年のフランス法典の模範に大きな影響を受けていたし，1819年のジュネーブ民事訴訟法典に由来するいくつかの要素も含んでいた。19世紀以来，オランダの法律家およびオランダの立法者は，外国の発展を一貫して書き留めてきた。20世紀末以来，このことは，しばしば他のヨーロッパ諸国において観察されるのと同一歩調にあるオランダ民事訴訟法典の修正として結実した。

外国法がフィンランド民事訴訟法の発展に及ぼした影響

サカリ・ラウカネン〔芳賀雅顯訳〕

1. 歴　史

　フィンランド民事訴訟法には長い歴史がある。最初の訴訟方式，すなわちスウェーデン地方での裁判所の審理（court session）は，中世の10世紀よりも前から発展してきた。フィンランドは，19世紀初頭（1809年）まではスウェーデンの一地域だった。どのようにして，また，いつの時期に，訴訟に関するこの地域の方式がフィンランドに持ち込まれたのか，正確なことはわからない。しかし，この訴訟方式を典型的に示す法廷の石（Court Stones）は，フィンランドでも見つけることができる。法廷の石は大きく，裁判所の審理が行われたオープンスペースに円を描いて設置された。この地域の訴訟方式は，スウェーデン（同様にフィンランドも）の手続法に関する立法の起源である。この地域裁判所（provincial court）の審理は，地域住民によって選ばれた裁判官（lagman——"lawman"）によって進められた。裁判官の義務は，紛争を解決し，判例を編纂して発展させ，そして現在問題になっている事件のモデルとして解釈・利用することであった。

　この作業を容易にするために，裁判官は詩の一文のように先例（判例法）を記憶した。その後，これらの詩は書き留められ，そして，最初の法，つまり地域法典（the provincial codes）が形成された。この歴史のおかげでフィンランド国会による法律は，今なお"詩の韻律"のように，すなわち，章，節および款によって規定されている。

　14世紀を通じて，スウェーデン地域は王国を形成した。地域法典は，1357年のマグヌス・エリクソン法典および1442年のクリストファー国王法典とい

った国王法典に取って代わられた。地域法は国王法典の法源として用いられ，判例法の伝統は，1734年まで，すなわち膨大な法典化作業であったスウェーデン王国法が50年の準備期間の後に制定されるまで続いた。この法典化作業の理念，構造および内容は，著名なヨーロッパの法典化作業である1803年フランス民法典および1896年ドイツ民法典と比較することにより，最も容易に記述することができる。1734年スウェーデン王国法は，改正された部分を除いて，フィンランドで今なお効力を有する。たとえば，訴訟法典（the Code of Judicial Procedure）は1734年スウェーデン王国法の一部であるが，ほとんどすべての当初の条文は新しくなったとはいえ，フィンランドでは今なお現行訴訟法である。

1734年の訴訟法典は，さまざまな理由からその効力が停止された。フィンランドは1809年から1917年までの100年以上の間，大公国としてロシアの支配下にあった。その間，従前のスウェーデン法が適用されていた。この従前のスウェーデン法は，フィンランドの国民性，および19世紀末から20世紀初頭にかけてのロシア化政策に反対するアイデンティティを守る重要な手段であった。フィンランドの裁判所および公務員は，スウェーデン法にしたがっていた。そのように行動する権利は，ロシア統治下時代の初期に認められていた。効力が停止されたもう一つの理由は，20世紀の間，訴訟法典の改正が何ら行われなかったことによる。

2. 訴訟法典改正の試み

19世紀末の数十年は，フィンランド訴訟法学にとって重要な時期であった。"フィンランド訴訟法の父"であるレーデ（R.A.Wrede）は，ドイツでオスカー・ビューロー（Oscar Bülow）とアドルフ・ワッハ（Adolf Wach）に師事した。フィンランドに帰国後，彼は訴訟要件に関する博士論文を書いた。彼はまた，ドイツの原則，概念および手続をフィンランド訴訟法に取り入れた訴訟法に関する最初のモノグラフィーを書いた。1734年の古い訴訟法典はすでに多くの点で不十分なものであったので，ドイツの理論が，解釈という方法によって立法のギャップを埋めるために用いられてきた。このようにして，ドイツ訴訟法は，古くなった国内訴訟法典を解釈するに際して法源として用いられた。ほかの大陸法またはコモン・ローの訴訟手続体系とは大きく異なったものではあるが，フィンランド訴訟法の理念と概念はドイツのそれと近

似したままである。

　1734年訴訟法典が多くの点で時代遅れであることは，すでに19世紀末には広く知られていた。ドイツ民事訴訟法典（1877年ZPO）およびオーストリア民事訴訟法典（1895年ÖZPO）の制定は，フィンランドにおいて知られ，また，フィンランド訴訟法を改正するための圧力を増加させることになった。1892年に，訴訟法典の全面改正を準備するために，委員会（レーデ委員会）が設立された。10年の作業を経て，1901年に委員会は膨大な提案を行ったが，20世紀初頭のロシア化政策により提案は進展しなかった。

　訴訟法典の全面改正に関する第2の試みは，1917年の独立宣言以降に始まった。その後の20年間に，全面改正のための4つの提案がなされた。レーデ教授の後継者であるグランフェルト（O.Hj.Granfelt）教授による最初の提案は，1923年に発表された。この提案に対するフォローアップは，1925年に作業グループによって公表された。さらに，1927年と1929年に提案がなされた。これらの提案は世界恐慌のため，失敗した。世界恐慌の後，1937年と1939年に2つの新しい提案がなされたが，世界大戦が差し迫っていたため，国会への提出が見送られた。戦後，全面改正の考えをやめ，訴訟法典を部分的に改正する提案がなされた。1948年には，時代にそぐわなくなっていた証拠法が改正された。その際，法典中に自由心証主義が導入された。争いのない債務に関する略式手続は，1954年に修正された。訴え提起と送達に関する規律は1960年に改正され，当事者に関するルールは1972年に改正された。

3.　1993年の民事訴訟法全面改正

　訴訟法典の全面改正を行う新たな試みは，1980年代を通じてなされた。その契機となったのは，1970年にケッコネン（Kekkonenn）大統領に対する誕生日のインタビューであった。大統領はフィンランドの司法制度について述べ，裁判所組織，裁判官の教育および文化さらに訴訟法に関する多くの問題点について言及した。裁判制度は多くの点で時代に適合していない，すなわち，第一審裁判所は十分な手段を有していないので悪条件の下で活動し，訴訟法典は改正されないために時代遅れであったし，また，裁判官に対する継続的なトレーニングもなかったことなどについて触れた。このインタビューの後，政府は司法制度を現代的にするためのプログラムを公にし，この作業を実現するための作業部会が設けられた。さらに，司法省内に司法行政局が

設置された。これらの措置は，司法制度の全面的改正への始まりだった。1978年に最高裁判所の手続が改正され，1980年代を通じて裁判組織が現代的になり，1988年，1993年，1997年には第一審裁判所（地方裁判所）の手続が改正された。第2審（控訴裁判所）の手続は，行政裁判所の手続と同じく1997年に改正された。

訴訟法典中の民事訴訟法に関する章の改正は，1993年に発効した。刑事手続および控訴審手続は，数年後の1997年に改正された。これら3つのすべての措置は，互いに相まって，前述の訴訟法典の実質的全面改正を構成した。100年の静寂の後，訴訟法は，1990年代を通じて最も進歩的な法領域の一つとなった。立法の急速な進展によって，研究の大幅な発展ももたらされた。新しい本や理論が新しい立法のために必要とされ，民事訴訟でのいくつかの博士論文が——改正後数年のちの——1990年代の半ばに公にされた。

新たな立法のモデルとなったのは，スウェーデン訴訟法であった。スウェーデンでは民事訴訟法は1948年に改正されたが，率直に言うと，フィンランドはスウェーデンの立法をただ単にコピーしたに過ぎなかった。実際には，スウェーデン訴訟法は数十年にわたって何度も改正され，同訴訟法の当初の規定もまた現在の規定もフィンランドで採用されておらず，むしろ，フィンランドの状況に合わせるために修正された形で採用された。それゆえ，フィンランド民事訴訟法は現在，スウェーデン民事訴訟法に非常に似ていると言える。

フィンランド民事訴訟法にとって，新しい立法がもたらした変化は非常に重要なものである。かつて，訴訟手続では，書面をもとに口頭弁論を通じて大声で読み上げられ，それが再び弁論調書に記載されて，判決の基礎となった。訴訟手続は，"書面に基づく口頭主義"として規定されていた。新しい手続は，口頭主義，直接主義，集中審理の原則に基づいている。判決に必要なすべての資料は，すべての当事者および関係者の面前で，弁論において口頭で提示されなければならなかったし，そして現在でもそうである。弁論は中断することができず，また，裁判官の更迭もなされず——以前の手続ではあまりなかったが——もし，この様な事態が生じたときは，弁論を再開しなければならない。コモン・ロー諸国で典型的な"トライアル"という概念を，新しいフィンランド民事訴訟法も同様に規定している——しかし，陪審員と素人が関与する点で大きな相違がある——。フィンランド訴訟法のもう一つの別の大きな変革は，手続を準備段階と主たる審理に分けたことであった。

すなわち，レーデ委員会がすでに指摘していたように，従前の手続が非効率的であった理由は準備不足にあった。結果として，従前の手続では，裁判所が判決に必要な資料を断片的に集めていたので，弁論が限りなく続いていた。今日，主たる弁論とは，審理経過と期日の設定が両当事者および裁判所の関係者に対してすでに当初から知らされた，十分に計画された裁判所の期日をいう。

　刑事手続および上訴手続もまた，スウェーデンをモデルにして改正された。これらの改正は国会でのさまざまな立法を通じて次々となされたので，フィンランドは現在では民事訴訟と刑事訴訟とで別個の法典を有している。ヨーロッパ大陸では普通であるこの状況は，我々にとっては新しいものである。

4．フィンランド民事訴訟の簡単な紹介

　民事事件はすべて同じ方法で開始する。すなわち，原告は召喚状を裁判所に提出する（訴えの提起）。申立ては書面によるが，簡易なものもあれば詳細なものもある。簡易な申立てが用いられるのは，原告が事件につき争いがないと判断したときである。簡易な申立てによって開始する民事事件は，略式手続で扱われる。簡易な申立てでは，原告は請求（金銭の総額，利息，費用）およびその理由を記載する。申立てにおいて特定されているときは，原告は請求書や他の書類を裁判所に提出する必要がない。

　裁判所が召喚状を発すると，被告は指定された期間内に答弁をすることが求められる。被告が答弁をしないときには，裁判所は，原告に有利な欠席判決を下す。これに対して，被告が答弁をし，原告に有利に判決を下せない正当な理由を裁判所に示したときは，裁判所は，準備的口頭弁論の日程を組むことになる。

　準備的口頭弁論は，単独裁判官の下で行われる。裁判官の仕事は，主たる弁論に向けた事件の準備であるが，それだけでなく，当事者間の和解を試みることも含まれる。両当事者が合意すれば，裁判官は和解を提案することもできる。主たる弁論は，単独裁判官または3名の裁判官，もしくは単独裁判官に3名の素人裁判官の下で行われる。この手続が行われるのは，準備的口頭弁論が和解によって終結せず，かつ両当事者が直ちに主たる弁論の開始を受け入れないときである。

　新しい手続が計画されたとき，多くの事件は単純で争いのない金銭の返還

を求める事件であろうと考えられていた。申立てに争いがあるときには，手続は準備的口頭弁論で継続的に進めることができた。したがって，金銭返還請求事件に関する独立した手続は必要なかった。それゆえ，申立書が十分に理由付けられ，証拠がすでに召喚状申立時に提出されているときには，詳細な申立てによって開始した事件であっても，多くの場合，争われなくなるであろうことは明らかであった。したがって，民事事件はすべて同じ方法で開始し，それらの多くは（約90％），書面による準備の段階で決着がつく。書面による準備がなされた後に裁判所が下す判断は，多くの場合，被告が書面による準備を争わないという事実に基づいているので，この欠席裁判は――簡易な申立ておよび略式手続では――裁判所書記官によって下され，裁判官は必要とされていない。

5．理論的な影響

　国内立法における外国の影響については，スウェーデン法がフィンランドに及ぼした影響は直接的で明白であるが，他の国の影響はより理論的かつ間接的である。19世紀を通じて，ドイツ訴訟法理論はフィンランドの研究者によって研究がなされ，国内法を解釈するための理論的基盤としてフィンランドに導入された。ドイツ法の影響は，民事法および民事訴訟においては強力であった。処分権主義といったドイツ民事訴訟法の諸原則は，今なお，フィンランドの法律家が学んでおり，我々の訴訟法において承認されている。
　ドイツの諸原則や理論的背景はフィンランド法で承認されているにもかかわらず，我々の訴訟は実務レベルではドイツとは異なる。フィンランドでは，民事訴訟において弁護士強制主義は採られていない。フィンランドの地方部では全く――少なくとも不十分な数しか――弁護士がいないので，裁判官の役割は積極的あるいは相互対話的となった。当事者処分権主義――実際に当事者が処分する権能――は教育的配慮（弁護士不足）から制限されていた。当事者処分主義は訴訟上の責任として扱われてきたが，それによって，裁判官の役割が消極的なものにとどまるとされることはなかった。この意味において，我々はドイツの著名な"自由な手続"をフィンランド法に見いだすことができるものの，現実の訴訟はその原則が意図するものよりも自由ではなかった。
　1993年になされた民事訴訟法の全面改正は，フィンランド民事訴訟法に新

たな理論をもたらした。新しい立法は内容上ほとんどスウェーデンから取り入れたものであるので，研究者の関心も変わった。ドイツ志向からスウェーデン訴訟法理論へ関心が変わった。訴訟法におけるこの様な北欧の傾向は，やや早く，1980年代には始まっており，最初の改正計画案が公表されたときと同じ頃であった。フィンランドでは研究者はしばしば法案作成に関与するので，研究と法案作成が相互作用を及ぼす。したがって，新たな学説の方向性の起源や理由を特定することは困難である。1970年代を通じて共通の立法モデルが北欧では協力して行われ，フィンランドでは1980年代になされたとだけは言うことができる。その結果，スウェーデン訴訟法理論が，我々の訴訟法研究の範囲内となった。そして，民事訴訟法改正後もまた，訴訟上の問題に対する解答を，スウェーデン訴訟法に見いだすことがしばしばあった。

上述のように，大陸法的訴訟法の改正である1877年のドイツ民事訴訟法および1895年のオーストリー民事訴訟法は，フィンランドにおいても20世紀初頭には知られていた。1948年のスウェーデン民事訴訟法改正後，スウェーデンでは訴訟に対する社会の理解がより一層重要になった。著名なスウェーデン人研究者であるパー・オロフ・エケレフ（Per Olof Ekelöf）はフランツ・クライン（Franz Klein）の理論に関心があった。おそらく，クラインによる（形式的平等と対比した）実質的当事者平等の理論，（形式的ないし手続的真実と対比した）訴訟の目的としての実体的真実，および（裁判官の消極的な役割と対比した）裁判官の積極的役割は，ヨーロッパ大陸よりも裁判官の役割がより積極的であったスウェーデン社会（そして，後にフィンランド社会）およびスウェーデンの手続に適合した。

訴訟の社会的側面は，エケレフの理論にいくつか見いだすことができる。すなわち，①法による行動修正モデル，②手続に関する基本的価値としての社会道徳，および，③法と社会との間に位置し，影響を及ぼす要因となる裁判官の役割である。エケレフが説くところによると，立法者は立法を通じて市民の行動を修正しようと試みた。これらの目的を認識するため，エケレフは目的論的方法に関するタイプを確立した。社会道徳は，規範にしたがおうとする市民の自由意思を説明する。裁判官の役割は，個々の事件での行動修正を達成し，その結果，社会道徳を保護することである。この説明は，エケレフの理論を略述したものであるが，民事訴訟の新しい，より社会的な側面をあらわしている。民事訴訟は両当事者に帰属するだけではなく，民事訴訟と結びついた一般的社会的利益も存在する。このエケレフの見解は必ずしも

北欧諸国の研究者すべてに受け入れられているわけではないが，実際上重要であり，また，彼の著書を通じて広められている。

また，エケレフは，当事者処分権主義といった伝統的な大陸法の諸原則を，自らの理論に用いた。しかし，これらの諸原則を訴訟法典の条文へと関係づけることを通じて立法の重要性を強調したものの，その結果，これら諸原則それ自体の規範的重要性を減少させた。このことから，かつては，諸原則の背後にある価値は，手続の価値でもあったと私は考える。エケレフにとっては，諸原則とは，成文化された手続規範に固有の価値の記述である。

また，フィンランド民事訴訟法には，多くの社会的側面がある。裁判官の社会的役割は，民事訴訟の歴史および起源にさかのぼる。"地域時代（provincial period）"を通じて，市民が自ら裁判官を選んでいた。後に，これらの裁判官は，台頭しつつあった中央集権国家からの増大する圧力から，地域裁判権を守った。地域裁判権は，18世紀の初頭——スウェーデン統一後300年——まで相当強力であったので，地域裁判権は，1734年スウェーデン王国法における訴訟手続法典では法源として言及されていた。民事訴訟において弁護士を選任する義務はなく，また，必ずしも選任する可能性があるわけでもないため，裁判官が積極的であることが求められた。さらに，歴史の至る所で，素人が手続に関与してきた。こんにちの陪審員と同様，過去，素人は一つの集団となって訴訟に関与したが，コモン・ローの訴訟とは異なり，素人は事件に関して事実だけでなく法について自己の意見を述べた。現在の訴訟制度の下では，刑事事件および人事事件において，3名の素人が関与する。素人は各自投票権を有する。

フィンランド訴訟法の社会的性格は，かつての東欧諸国で典型的であった社会主義政治あるいは社会主義と混同すべきではない。社会主義の手続構造は，決してフィンランドには入ってこなかった。もっとも，1970年代を通じて，そのような試みがいくつかなされた。フィンランド訴訟法の社会的側面は，以下のことによって特徴づけられている。すなわち，伝統的に裁判官という立場は，民族音楽や吟遊詩人と同様に，社会的にみて市民に近い存在である。正当性や公の信頼は，裁判官にとって今なお重要な価値である。

現在の民事訴訟は，リベラルな訴訟観と社会的訴訟観の複合体である。民事訴訟の諸原則は，一般的にリベラルである。手続は当事者対立構造を採用し，召喚状の提出によって開始する（原告主導）。手続の範囲は事後的救済であり，その目的は過去の権利侵害を改め，賠償させることである。判決と

その結果は，当事者だけに関係する。当事者処分権主義は，訴訟当事者の役割だけを定める。また，手続は，消極的訴訟追行，認諾，和解といった手続的理由によって終了させることができる。したがって，フィンランド民事訴訟におけるリスクの分割は，リベラルな訴訟に一般的なものである。しかし，この明瞭な出発点は，フィンランドの訴訟文化に属する上述の社会的訴訟観を通じて，多くの点でバランスが取れたものとなっている。

6. 国内立法に及ぼすヨーロッパ法の影響

　近年，フィンランド民事訴訟法におけるヨーロッパ法の影響が，外国からの影響の中で一番大きなものとなった。フィンランドは，1990年になってヨーロッパ人権条約を批准した。当初，フィンランドはこの条約に留保を行った。なぜなら，フィンランドは，いくつかの行政裁判所および控訴裁判所において，口頭審理を確保することができなかったからである。かつては，行裁判所および控訴裁判所での手続は書面に基づいていた。1997年から1998年にかけて改正がなされ，行政裁判所および控訴裁判所での手続に関する新法が施行された。また刑事手続では，国内法が定める拘留期間は条約の定めるそれよりも長期にわたった。犯罪および威圧的手段についての公判前審査に関する改正法によって，このことは改められた。

　また，ヨーロッパ人権条約は，裁判所の公平性に関する国内法に変化をもたらした。ヨーロッパ人権裁判所によって生み出された裁判所の公平性に関する主観的・客観的基準は，フィンランドにいくつかの困難な問題をもたらした。まず，これらの諸問題は，最高裁が下した先例によって解決された。最終的には，裁判所の公平性に関する立法が2001年に改正された。過去5年間を通じて，手続の遅延は最も深刻な問題であった。フィンランド裁判所における平均審理期間は3ヵ月から8ヵ月であるが，いくつかのケースでは，公正なトライアルとしてEUで認めている限界を超える手続期間を要した。2002年から2005年にかけて，この点について，フィンランドに対して全部で10を数える人権裁判所の判決がある。その間，ヨーロッパ人権裁判所は，さまざまな国に対して訴訟遅延に関する批判的判決を1000件以上下した。

　これまで詳論したことに加えて，ヨーロッパ人権条約は，フィンランドの法文化をも変えたといえる。ヨーロッパ人権条約批准後，裁判所が社会で果たす役割が増大することについて議論が起こり，ある者は裁判所の役割の増

加によって民主主義が危険にさらされると主張した。このような危惧は，根拠のないことが判明している。フィンランド新憲法は2000年に発効した。この立法では，3つの国家権力のうちの1つである裁判所の強力な役割が，改めて認められた。また，ヨーロッパ人権条約における公正な裁判の保障に類似する基本的手続権が，新憲法で規定された。

フィンランドは，1995年にEUに加盟した。EUからの影響は，行政手続が一番大きかった。なぜならば，ほとんどのEU立法が，フィンランド行政手続を経由するからである。近年，EUの影響は，通常裁判所や手続立法において増加した。ヨーロッパ訴訟法のハーモナイゼーションという考え方は，ヨーロッパにおける訴訟制度の相互承認という考えに取って代わられた。この後者の考えは，1999年にフィンランドのタンペレで開かれた，ヨーロッパ理事会における議長結論文書において初めて導入された。この結論文書では，委員会の提案に基づき，裁判所の判断が相互に承認されるための判断基準として，相互に異なる手続に関する最低限の基準を設けることが，ヨーロッパ理事会に対して求められた。ここにいう最低基準とは，裁判所の判断が信頼され，他国で中間手段を用いることなく執行されるために訴訟手続が備えなければならない諸条件であると理解することができる。

タンペレでの議長結論文書の目的は広範囲にわたり，以下のようなヨーロッパ司法地域を目標に設定している。すなわち，市民が他の構成国の裁判所や当局を自国におけるのと同様に容易に利用することができ，また判決や決定がヨーロッパ連合の中で承認・執行されるが，他方で，市民の基本的な法的安定性と経済活動を保護する手段を有するような地域である。タンペレ会議の後，相当の進展が見られた。すでにいくつかの規律が設けられた。民商事事件における裁判管轄および判決の承認・執行に関する規則番号44/2001（ブリュッセル規則Ⅰ）は，2002年より，1968年ブリュッセル条約に取って代わった。この規則は，管轄裁判所の決定および判決の承認・執行に関するルールをも規定している。

婚姻事件およびパートナー間で生まれた子に対する親の責任をめぐる事件における裁判管轄および判決の承認・執行に関する規則番号1347/2000（ブリュッセル規則Ⅱ）は，離婚，別居または婚姻無効および親の責任に関する裁判管轄および裁判所の判断の承認・執行に関する一連のルールを定めている。

タンペレ会議で決定したことの一つは，ヨーロッパ執行法を採用すること

であった。これは，相互承認プログラムによって確認された。2004年4月21日から，規則によって，争いのない債務名義に関するヨーロッパ執行法が創設された。そこでは，争いのない債務に関する，判決，裁判上の和解および公正証書が自由に域内で通用することを確実にするための最低限の基準が定められている。これによって，承認手続が廃止された。すなわち，他の構成国で下された判決について中間手続も不承認の理由も認めず，自動的に承認・執行がなされる。

　2002年12月20日に，欧州委員会は，EU立法の可能性に関する審議会に提出するために，支払手続に関するヨーロッパ法および少額訴訟手続の簡素化と迅速化に関するグリーンペーパーを採択した。2004年には，欧州委員会は，支払手続に関するヨーロッパ法を制定するための提案を公表した。この提案の目的は，できるだけ迅速かつ簡潔に一定額の金銭債権の回収を債権者に可能ならしめる支払手続に関するヨーロッパ法を制定することである。

グローバル社会における法の継受と伝播

アダ・ペレグリーニ・グリノーベル／
カズオ・ワタナベ〔橋本聡訳〕

1 序

　ブラジルは，かつてポルトガルの植民地であったことから，ローマ・ゲルマン法系の訴訟法体系を採用していることに疑いはない。けれども，共和国となった際（1890年）にアングロ・サクソン系の法体系の影響を受けた。より正確に言うならば，国の政治体制（連邦制）あるいは連邦最高裁判所に付与された態様に関して，さらには（行政機関に裁判権を付与しない）単一の裁判権の採用あるいは自由保護のための手続的・憲法的装置（人身保護令状）の導入という点で，アメリカ合衆国の影響を受けた。それゆえ，今日のブラジル訴訟法体系は，ローマ・ゲルマン法の伝統に忠実であるとはいえ，コモンロー上のいくつかの制度も採用している。
　他方で，知識社会と定義される体制の現代的特徴であるグローバル化によって，他国との間での諸経験の交換が促進され，ブラジルにおける訴訟法の継受と伝播が高度な段階に至った。

2　第1部：ブラジル訴訟法体系が受けた影響

2.1　ブラジル法体系の揺籃期：ポルトガルの影響およびポルトガル支配下でのローマ法・カノン法の影響

　ブラジルは，1500年にポルトガルにより発見されて以降，1822年の独立宣言に至るまでの間，ポルトガル王国の一部であった。それゆえ，ブラジルの領域内においてはポルトガル法が妥当した。ブラジルが発見された当時，

1456年に発せられ1514年にマノエル法典（*Ordenacoes Manuelinas*）により改定されたいわゆるアフォンソ法典（*Ordenacoes Afonsinas*）が妥当していた。その後，1603年にフェリッペ法典（*Ordenacoes Filipinas*）が制定された。

　国王法令の下に制定された法律について，エンリコ・トゥリオ・リープマン（Enrico Tullio Liebman）が以下のような重要な見解を述べている。すなわち，当該法律は網羅的に規定していたにもかかわらず，立法者は，実際に生じうる具体的な事件のすべてをそれらの規定により規制することを意図していなかった。これらの規定と共にカノン法およびローマ法（これらの法の有効性は「正当な理由より」同法律によって認められた）が，そして後にはアックルシウスの標準注釈およびバルトルスの法理論が，判例において引き続き補助的法源として効力を有していた。（*Ord.Fil.*, Book III, title 64）。（*Instituti del diritto commune nel processo civile brasiliano, in Problemi del Processo Civile, Morano Editore*, pp.490/516）

　さらに，リープマンは次のように付け加える。それゆえ，国王法令の下に制定された法律はポルトガルおよびその外国領土にとって特別法（ius proprium）であった，と。すなわち，「それは，当時のヨーロッパにおいて妥当していた体系と同じく，特別法が明示的な規定を持たない場合に補助的に依拠されるべきものとされた帝国の諸権利および教会の諸権利という二つの普通法（iura communia）に統合された特別領域法である。」換言するならば，ポルトガル帝国法とローマ法（および精神世界におけるカノン法）との間には特別法（particular law）と普通法（common law）の関係が存在し続けた。このような関係は中世ヨーロッパにおける法体系の支配的な特徴のひとつである（*op. et loc.cit.*）。

　ローマ普通法の影響は非常に強いものであった。なぜならば，国王法令は，特別な領域法であると考えられていたにもかかわらず，その内容に関して言えばイタリアの大学で教育を受けた法律家により起草されたかあるいはイタリア人学者の影響を受けていたために，ローマ普通法を真に法典化したものといえたからである。要するに，上記の法典はローマ普通法の原理の要約だったのである。リープマンによれば，ポルトガルにおいてローマ普通法がもはや補助的法源でなくなり国王法令が国内唯一の法源とみなされた時でさえも，国王法令の諸規定を通じてローマ普通法は今日に至るまで相当な程度存在し続けた。（*op. et loc.cit.*）

　そして，リープマンによれば，ブラジル私法および訴訟法は15世紀以降，

すなわち，ポルトガルの国王法令を通じたローマ法の継受以降に発展した。継受の際，ブラジル私法および訴訟法をこのモデルから切り離さず，しかも外国の影響を——近代ヨーロッパ法に最も重要なフランス法の影響さえも——ほとんど受けなかったので，それに格別の特徴を与え，いくつかのローマ普通法上の制度を維持する結果となった。(*op. et loc.cit.*)

1822年の政治的解放を機に，ブラジル政府は自ら法律を制定するための措置を採用したが，ブラジル政府が自ら法律を制定するまでにはかなりの時間を要した。その意味で，1603年に制定されたフェリッペ法典は近代的な法典化が始まるまでその効力を有していた。ブラジルで最初の民法は1916年になってようやく制定され，2002年に改正された。商法は民法よりも古く1850年に制定されている。

民事訴訟手続の領域における自国化の最初の契機は，1832年の刑事訴訟法典の制定である。同法典には「民事裁判所の運営」に関する暫定的な規定が附則として盛り込まれていた。このような民事訴訟手続に関する初めての規律は当時にしては驚くほど進んだものであった。なぜならば，立法者が迅速かつ低廉な裁判モデルを探求して，不必要な行為・形式および過剰な上訴を排除し，それほど複雑でない手続を創設しようと試みたからである。けれども，残念なことに，我国の民事訴訟手続をこのように簡素化しようとする傾向はその後途絶えてしまった。ブラジル商法が制定されたのと同じ年である1850年に施行された法律第737号は，商事事件の手続についてのみ規律した。民事訴訟手続は依然としてフェリッペ法典によって規律されていた。Consolidacao Ribas が後に制定される。1890年に最初の共和国政府が樹立されたことによってようやく，法律第737号の適用範囲が民事訴訟手続にまで拡張された。1891年に共和国憲法が制定された後，連邦政府と州政府の双方が民事訴訟手続に関する立法権を有していた時期に，ブラジルは二元的裁判制度を採用していた。1934年憲法が制定されたことにより，民事訴訟手続に関する連邦政府の排他的立法権が再度確立された。これが現行制度である。1939年に最初のブラジル民事訴訟法が制定された。

2.2　20世紀および21世紀初頭

ブラジルの訴訟法体系は，20世紀中葉の時点で，まず，イタリアおよびドイツからの，そしてその後に，それ以外のヨーロッパ諸国からの強い影響を受け，ローマ・ゲルマン法系の訴訟法を取り入れて統合しただけでなく，い

くつかの点において英米法に示唆を求めた。

2.2.1 イタリア法およびドイツ法が学説へ与えた影響

第二次大戦中にイタリア人訴訟法学者であるエンリコ・トゥリオ・リープマンがサンパウロに移り住んだのが契機となって，ブラジル訴訟法は近代イタリアおよびドイツ民事訴訟法の成果を吸収した。ちょうどこの時期に，ブラジルにおける訴訟法の科学化が始まり，偉大な手続準則と基本的概念が作り出された。キオベンダ（Chiovenda），レデンティ（Redenti），カルネルッティ（Carnelutti），カラマンドレイ（Calamandrei），そしてリープマンといった学者は，フォン・ビュロー（von Bulow），シュヴァルツ（Schwartz），ヘルヴィッヒ（Hellwig），ローゼンベルク（Rosenberg）などのドイツの訴訟法学者と共に，ブラジル訴訟法体系に不滅の刻印を残した。

2.2.2 1973年民事訴訟法典に対するイタリア法の影響

1939年の民事訴訟法を改正した1973年民事訴訟法典は，リープマンの弟子であるアルフレード・ブツァイド（Alfredo Buzaid）が起草したものであり，彼は1973年民事訴訟法典にイタリア訴訟法の定義する以下のような基本的概念を持ち込んだ。たとえば，本案訴訟，執行訴訟，仮の救済，訴訟要件，第三者による訴訟参加，litisconsortium，判決，既判力など，イタリアの法理論に基づいた制度である。1973年法典は現在も効力を有しているが，90年代以降現在に至るまでの間に，訴訟手続の実効性を探求していくつかの重要な改正が行われている。

2.2.3 英米法の影響

ブラジル訴訟法体系は，前述の通り，英米法の影響をも受けた。

2.2.3.1 保護令状

第一次共和制（1889年）の時点で，ブラジル憲法は自由権保護のための手続上の装置を組み込んだ。それは，特別の扱いがされているけれども，英米法における令状にほぼ相当するものである。（人身の自由の保護のための）伝統的な人身保護令状（Habeas Corpus），後に（人身の自由以外の権利保護のための）職務執行令状（Writ of Mandamus），そして1988年憲法の下での新たな憲法訴訟上の装置である（コンピューターデータに関するプライバシー保護のための）データ保護令状（Habeas Data）および（基本権に関する立法の欠缺を

補うための）差止令状（Writ of Injunction）が，ブラジル訴訟法体系の中に自由権保護のための迅速かつ実効的な装置を創設した。

2.2.3.2 少額事件

1984年連邦法7.244号により，いわゆる「少額裁判所」が創設されると共に，手続の迅速化およびインフォーマル化を目的として少額紛争に対処するための新たな戦略が導入された。簡易性，口頭主義，迅速かつ経済的な手続および無償性（gratuitousness）が同法の採用した指標であり，和解が強調された。1988年憲法は少額事件を「複雑でない民事事件」と呼んでいたが，1995年連邦法9.099号は，少額裁判所を「民事および刑事特別裁判所」に変え，民事事件における管轄を拡大した。この裁判所は少額事件を裁判するにあたって英米のシステムを採用したが，日本のシステムを基礎とした，日本的な和解が目標とされている。

2.2.3.3 クラス・アクション

ブラジルは，1966年のアメリカ連邦民事訴訟規則23条の影響を受け，個人の利益・権利を超えた保護（「複合的」かつ「集団的」）のためのマイクロ・システムである集団訴訟手続を民事法領域において創設した先駆者である。まず，1985年法律第7.347号が環境訴訟および消費者訴訟の領域において前述の利益・権利を保護し，その後，消費者保護法（1990年法律第8.078号）が「同質的な個人の権利または利益」概念を導入することによってすべての問題点を網羅した。同概念はアメリカ連邦民事訴訟規則23条b項3に基づく損害賠償を求めるクラス・アクション（または大量不法行為訴訟）に相当するものである。しかしながら，当該権利の追行に関してアメリカ合衆国とブラジルの間には重要な違いがある。〔ブラジルでは〕「代理の適切性」は，法的性質という客観的要件として定義され，アメリカにおけるオプト・インおよびオプト・アウトの基準はもはや適用されない。さらに，既判力はすべての人に及ぶものとされるけれども，それは個人の請求に利益になる場合だけであって不利益になる場合には及ばない。これら以外に以下の制度が新たにブラジルに導入された。すなわち，当事者適格（これは自然人には適用されない），（原告でない場合）地方検事局によるコントロール，アメリカ連邦裁判所裁判官ほど広範なものではないが裁判官の権限〔拡大〕，（オプト・アウトが認められないことに鑑みて）告知制度の簡素化，集団訴訟相互間および集団訴訟と個人による訴訟間の連携と抑制のための制度である。要するに，以上のマイクロ・システムは，アメリカ合衆国のクラス・アクションからその発想を得

たとはいえ、ブラジルの民事法および特殊性に対するより適切な解決策を見出したものである。

2.2.3.4 差止命令

英米法がブラジル法体系に及ぼしたもうひとつの影響は、アメリカ合衆国の差止命令に類似した技術である。共和国の樹立後、人身保護令状および職務執行令状（上述2.2.3.1）が創設されて以来、ブラジルの裁判官は裁判所命令を利用してきた。けれども、自由権保護の領域外での裁判所命令の発令を規律した一般規定を欠いていた。1994年、契約上の作為または不作為義務（affirmative or negative covenants）に関して民事訴訟法が改正され（改正法は上述したブラジル型クラス・アクションに関する規定を有していた）、（金銭的な救済ではなく）特定履行（specific performance）が規定されるに至った。裁判官は同種の義務が遵守されたか否かについて判断し、遵守されていない場合には過料を課し（フランス法のいわゆるアストラント）または当該義務が遵守されたのと実際上同じ結果をもたらしうる具体的な措置（たとえば、捜索と押収、労務の除去、有害な活動の阻止）を命じることができる。契約上の作為および不作為義務（ブラジル民事訴訟法461条）に関して、特定履行は特定物の引渡義務を含むこととなった（ブラジル民事訴訟法461-A条）。これも同じ手続で行われる。このような新制度の導入は極めて重大だったので、ブラジル法においては次のような理解が強められた。すなわち、請求認容判決――これは執行を要するのだが――と共に差止命令が下され、その命令は通常の訴訟手続において裁判官の命令に従い執行される、という理解である。そして、ブラジル民事訴訟法には「裁判官命令」という文言が加えられ、改正後の同法14条は同命令の不遵守を「裁判権の行使に反する行為」と呼び、それに対して制裁を課している（後述の裁判所侮辱罪を参照）。

確かに、裁判官命令というブラジルの制度の源は英米法の差止命令にあるけれども、イタリアおよびフランスの経験もその発生に寄与しているということを無視すべきではない。繰り返すならば、ブラジル民事訴訟制度は他国の法制度から発想を得ながらも、この問題に対して独自の解決策を見出しているのである。

2.2.3.5 裁判所侮辱

倫理原則および訴訟手続の濫用について規律している1973年民事訴訟法の施行後、ブラジル訴訟法体系は訴訟手続の悪意ある濫用（litigancia de mafe）および裁判官命令の不遵守を罰するための諸規定を設けた。しかし、判決を

実効的なものにしうる手段を使用することは司法の存在にとって本来的なものであるという考えと共に，裁判所侮辱という概念が民事訴訟法に初めて導入されたのは，2001年に公布された法律による民事訴訟法14条改正によってである。裁判所侮辱という文言は，命令を遵守しないことも含めて，裁判所の司法運営を阻害し，または裁判所の権威もしくは威厳を低下させる傾向をもつ行為を行うことと理解されるが，ブラジル法の下では特殊な特徴を獲得している。同法14条4項によれば，当事者および当該手続に関与する者は，なかんずく裁判所命令を遵守し，その執行を阻害しない義務を負う。同義務の違反に対する制裁は同条に規定されているが，弁護士は除外されている。弁護士はブラジル弁護士会会則にのみ服し，刑事および手続罰の不利益を受けることはなく，過料が課されるにすぎない。

2.2.3.6 ADR

ブラジルにおいて過去には，調停と和解が重要な役割を果たしていた。1824年の帝国憲法は，和解が試みられたことを証することなく，いかなる訴えも提起してはならない，と明文で定めていた。法律によって緊急の場合は除外され，その場合には必要な措置がとられた後に和解を試みることができた。和解を促進するためにブラジル法には治安判事という役割が存在した。

しかし，治安判事の担った役割はその重要性を徐々になくし，現在，治安判事は結婚式を執り行うことしかしない。憲法は，法律により，和解を試みる役割を治安判事に付与することができると規定しているが，この措置は未だとられていない。いくつかの州は，訴訟手続において裁判官を補助するだけでなく和解を試みることのできる素人裁判官の地位を創設した。

調停および和解手続は1984年の少額裁判所法によって初めて改善された。現在，ブラジル民事訴訟法は和解および調停手続について規定しているが，それらの規定により，たとえばサンパウロ州のように，いくつかの州は代替的紛争解決手段をより積極的に利用しようと試みた。

付言するならば，調停および和解手続をより包括的に規律することを目的とした法案が議会で審議中である。

2.2.4 日本の影響：和解

少額裁判所（現在では，複雑でない事件を裁判する特別民事裁判所）の創設にとって最も重要な契機となったのが，地域住民の参加に，それゆえ，裁判をしない者の参加に依拠した日本型の和解モデルであった。

歴史的には，既に言及した1824年帝国憲法以来，調停および和解は，治安判事の役割のように，裁判をする義務のない，もっぱら調停および和解を行う者によって促進されてきた。けれども，地域住民の参加モデルは日本法に倣ったものであり，紛争の友好的解決を促進する排他的な機能を有するインフォーマルな和解裁判所の創設の契機となっただけでなく，サンパウロ州など幾つかの州によって最近採用された解決策をもたらすきっかけとなった。

2.3 現在の影響

ブラジル法は，20世紀および21世紀においても外国民事訴訟法からの影響を受け続けている。

2.3.1 仲　裁

1996年，法律第9,307号によりブラジルは現代法と肩を並べ，1973年民事訴訟法では整っていなかった仲裁手続を改正した。改正前は，仲裁条項に基づいて仲裁を開始することはできず，後に仲裁合意をすることが必要とされた，とだけ言っておこう。このような状況は1996年の立法に至るまで続いたのであるが，その間ブラジルでは仲裁手続はほとんど利用されることがなく，この領域における伝統がブラジルには欠如することになった。

新法は，ニューヨーク条約（1958年）およびパナマ条約（1975年）を等閑視したわけではないが，（1988年の）スペイン法およびUNCITRALの商事仲裁モデル法を主に参照した。重要なことは，ニューヨーク条約はブラジルにおいて発効しておらず，パナマ条約は1996年第一上半期の時点で初めて発効した，という点である。

仲裁に関しても，ブラジル法はいくつかの観点において他国の採用する仲裁とは異なっている。すなわち，仲裁条項と仲裁合意の区別はスペインのように排除されていない。それゆえ，仲裁条項が曖昧なために当事者が仲裁を開始できない場合に州裁判所の関与する可能性を認めている。また，強情な証人に対する誘導尋問は州裁判所の規制の下で行われる。さらに，保全暫定措置が必要とされる場合，仲裁人は裁判官の協力を求めることができるものとされている。仲裁判断に裁判所の承認は必要ないけれども，仲裁判断の（実体判断についてではなく）適法性に関してだけ特別訴訟の提起を通じて争うことのできる迅速な仕組みが創設され，債務者が仲裁判断を争うことのできる可能性が維持されている。

2.3.2 履行命令（Monitory Action）

民事訴訟法は履行命令について規定していなかった。その理由は、恐らく、文書に基づく裁判外での権利実行方法が法制度上認められていたからである。いくつかの国の法の影響を受けたが、なかんずくイタリア法の影響により、(イタリアと同じく)書面に基づく履行命令が導入され、民事訴訟法1.102-a条、1.102-b条および1.102-c条という新たな条項が設けられた。

2.3.3 差戻しおよび仮の執行

1973年民事訴訟法は下級裁判所の判決を信頼していなかった。上訴は常にその二重の効果——差戻しと執行停止——を持って受理され、上訴に服する暫定的な権利実行手段が達成しうるのは、債務者財産の差押えのみであり、それは実際には暫定的措置の効果を持っていた。

1973年、法律5.920号により、法律に明文の規定がある場合、上訴は執行停止の効果なしに受理され始めた。にもかかわらず、重大な改正がなされたのは2002年になってのことである。ドイツ法およびスペイン法からその発想を得た法律10.444号の制定により、その改正が行われた。同法は民事訴訟法588条を改正し、上訴が受理され執行も停止されていない場合、第三者預託の方法による担保の処分を仮の執行により行うことを認めた。

2.3.4 緊急の救済方法

フランス法および暫定的救済方法（provisional remedy）と緊急の救済方法（preliminary remedy）とを区別するイタリアの学説の影響を受けて、1994年の法律8.952号は、暫定的救済方法とは全く異なる緊急の救済方法を民事訴訟法に導入した。民事訴訟法273条によれば、一定の要件が具備されるなら、裁判所は本案判決の効果の全部または一部を予測することができる。

2.3.5 暫定的救済方法の維持

しかしながら、ブラジル法の下では暫定的救済方法は本案訴訟に付随して暫定的に付与されるのが常である。

ブラジルの学説はイタリアの学説から発想を得て、暫定的救済とは実質的には履行命令を認容することである、ということを認識した。その認識からもたらされた帰結は、暫定的救済方法が付与されたならば、適法に告知された被告は履行命令を受け入れ、それゆえ、本案判決および既判力を求める本案訴訟を行う理由は存在しないであろう、ということである。

イタリア民事訴訟法は、最近の改正により、本案訴訟に付随するか否かにかかわらず、暫定的救済方法を維持することを規定したが、ブラジル訴訟法協会はその規定から発想を得て、この問題に関する法案を2005年に提出し、

現在，連邦上院で審議されている。

3　第2部：ブラジル訴訟法が他国に対して与えた影響

3.1　集団訴訟

　ブラジルは，ローマ法・ドイツ法の影響を受けた国の中において個人を超越した利益ないし権利（拡散的，集団的で同質な個人と称される）を保護するための集団訴訟制度を創設した先駆者であった。そして，同制度はイベロ・アメリカ諸国（ラテン・アメリカ，ポルトガルおよびスペイン）に対して，過去においてだけでなく現在も影響を与え続けている。

　まず，（イベロ・アメリカ訴訟法協会の起草した）イベロ・アメリカ民事訴訟法モデルは，当事者適格および（ブラジル法では明示的な規定のない）代理の適切性に関して若干の修正をしたものの，集団的利益の裁判所による保護というブラジルの考えを組み込んだ。既判力に関しては，すべての当事者を拘束する（erga omnes）判決というブラジル法の制度も採用された。

　ウルグアイにおいては，1989年一般訴訟法が上記モデル法の規定を採用した。

　アルゼンチンにおいては，まず判例が，そして後に1993年民商事法案が上記モデル法に従った。後に，1994年憲法はその43条において，いわゆる「集団に帰属する権利」について考慮しており，その保護のための「支援」と広範な当事者適格についての規定を設けている。また，学説はブラジル法類似の特別な訴訟の導入を提唱している。判例は，根拠法がなくとも，集団的な権利および利益の具体的な保護を確保し始めた。

　1995年，ポルトガルはクラス・アクション法を制定した。同法は同質な個人の権利保護をもその目的としている。

　その後，他のイベロ・アメリカ諸国は集団的権利保護を目的とする法律を制定した。チリでは，民法2333条および他の特別法によりクラス・アクションの包括性が拡大され，規律されている。パラグアイにおいては，憲法が，その性質からしてコミュニティに属する環境・公衆衛生・消費者およびその他の利益の保護を公的機関に請求することのできる個人または集団の権利を認めているが，この権利を実現するための手続的手段について明文規定は存在しない。ペルーでは，労働組合および消費者団体に関する集団的権利の保護について規定する特別法が存在する。ベネズエラにおいては，新憲法がい

かなる人も個人の権利または利益だけでなく，集団的利益の保護を裁判所において求めることができる可能性について規定しているが，この問題を規律する特別法は存在しない。ベネズエラの裁判所は，憲法により地方検事局に付与された一般的な当事者適格に基づいて，集団的利益保護の目的のための当事者適格を同局に認めている。コロンビアにおいては，1991年憲法がその88条でクラス・アクションおよび集団訴訟について規定し，集団的利益および権利に対する侵害について厳格責任が生じる場合を画定する権限を議会に付与した。1999年8月5日の施行された1998年法律472号が憲法88条を具体化し，クラス・アクションおよび集団訴訟制度を規律している。強調すべきは，クラス・アクションの目的が一般公衆の権利の保護にあり，集団訴訟の目的はブラジルにおいて「同質な個人の権利及び利益」と称される権利の保護にある，ということである。

スペインでは，2000年の民事訴訟法改革において個人を超越した利益保護の検討がなされたが，一部の学説の影響を受け，不完全かつ不十分な検討しかなされなかった。

3.2 イベロ・アメリカ集団訴訟モデル法

イベロ・アメリカ集団訴訟モデル法の萌芽は，イタリアの団体が協賛して2002年5月に開催された第7回イベロ・アメリカ訴訟法国際セミナーにおいて芽生えた。イベロ・アメリカ集団訴訟モデル法の起草作業に取り掛かるべきであるという提案は，既に公刊されている民事および刑事訴訟モデル法の場合と同様の方法で〔同セミナーにおいて〕承認された。言い換えるならば，〔そこで期待されたのは〕諸原則を盛り込んでいるだけでなく，個人を超越した利益および権利の保護を，法伝統を共通にする国々において同質なものにするための改革を喚起するであろうモデルである。その名称が示すとおり，モデル法はそれぞれの国による採用が予定されている，つまり，それぞれの国の立法機関によってその採用が考慮されるべき模範でしかないが，同時にそれはそのままでも運用可能なモデルであることが予定された。

ブラジルの訴訟法学者であるアダ・P・グリノーベル，カズオ・ワタナベ，アントニオ・ギジがモデル法案の原案の起草を担当した。原案は2002年10月のモンテヴィデオにおけるイベロ・アメリカ訴訟法会議において承認され，モデル法予備草案となった。

ブラジルの訴訟学者であるアダ・P・グリノーベル，カズオ・ワタナベ，

アントニオ・ギジ，アウイージョ・G・デ・カストロ・メンデスならびに数ヵ国の訴訟法学者で構成された修正委員会が予備草案に手直しを加え，同会議において十分な検討がなされた。最終的には，2004年10月カラカスで開催された第19回イベロ・アメリカ訴訟法会議総会において上記モデル法が承認された。

同モデル法はその発想を，まず，イベロ・アメリカ諸国，特にブラジルの現行法規定から得て，イベロ・アメリカ諸国すべてにとって有益なモデル法案となるよう現行法の補充，改善および調和を図った。同モデル法に顕著な点は，アメリカのクラス・アクション制度を無視するものではないが，20年以上もの間適用されてきたブラジル法の下での集団訴訟の影響である。けれども，同モデル法は，いくつかの観点においてブラジル型およびアメリカ型とも異なっており，イベロ・アメリカ諸国の現状に適応した独自の制度を創設したものである。

3.3 緊急の救済方法（Preliminary Remedy）

1994年，ブラジル民事訴訟法に暫定的救済方法とは峻別された緊急の救済方法（上述2.3.4参照）が導入された際，ラテン・アメリカ諸国は緊急の救済方法についての規定を持っておらず，学説がそれらを峻別し始めていたにしかすぎない。それにもかかわらず，それらの国の裁判所は緊急の救済方法を，暫定的救済方法という名称の下に認め始めていた。たとえば，デ・ラ・ルア政権下のアルゼンチンでアルゼンチンの銀行（いわゆる*curralito*）で差押えされたドル建ての財産が裁判所の裁判により開放されるという画期的な事件が存在する。

4　結　論

結論を述べるならば，ブラジルは外国民事訴訟法の継受を常に行っていたということである。これは新世界に属する国にとって奇異なことではない。しかしながら，1970年代には，継受の度合いが増しただけでなくブラジル法が伝播し始めた。このことは，現代社会――つまり，知識社会――においては訴訟法システム間の交流がますます増加する傾向を有し，その結果として，同じ法伝統に属する諸国間だけでなく異なる法系に属する諸国間においても，ますます同質性がもたらされることになる，という思いを強くさせる。

インドにおける民事訴訟法の継受と伝播

K. B. アグラバール〔笠井正俊訳〕

1. はじめに

1.1 司法制度が良好なものであるためには，とりわけ，2つの基本的な要素が必要となる。1つは，うまく設計され，よく規律され，秩序立った裁判所制度が，簡潔明瞭で系統立った手続を用いるものとして存在することである。もう1つは，簡潔な言葉で表現され，明確で確認しやすく，統一的な，法の体系が存在することである。イギリス人が到来する前のインドは，当初ヒンズー教徒によって支配され，その後，イスラム教徒によって支配された。11世紀までは，インド全国には，ヒンズー教徒の多くの州があった。それぞれの支配者は，その支配する州で，そこに根付いていた慣習や伝統とともに，自らの法や規則を有していた。王は，世界中の他の国でもそうであったように，正義の源泉であった。多くの州は小さかったので，王は，州民に近く接することが可能であった。人々の間の紛争については，不服申立人が訴状によって，また，口頭でも，王に直接申立てを行い，自分の事件について主張をすることが可能であった。Pundit（賢者）が，法や慣習を解釈し，王を助ける役割をしていた。こういった Pundit は，博学な人たちであった。彼らは，法や慣習や伝統に，そして宗教上の戒律にも，精通していた。彼らは，『マヌの法典』や Chanakya の『アルタシャーストラ』からも解決の基準を導いた。ヒンズー教の他の典籍から民事・刑事の法を導くこともできた。これらの法は，インド全国に行き渡っていた。インドでは，このことから，法について，ある種の統一と安定がもたらされていた。これらの Pundit は社会のエリート層に属していた。インドのどの支配者も法典化された法を持っ

ていなかった。彼らは，ヒンズー教の典籍に記されている法や，その支配地内の慣習や伝統に従うことが多かった。民事上の，また刑事上の事柄であっても，不服申立人による王への訴えは，極めて単純なものであった。王の法廷で用いられた手続には複雑さも技術的なものも見られなかった。

1.2 イスラム教徒は，約650年間，インドを支配した。彼らは，7世紀の最後の四半世紀にシンドを通ってインドに入ったが，インドに定着することはできなかった。彼らがデリーのヒンズー教徒の支配者を破ってインドに入るのは11世紀に入ってからのことである。イスラム教のインド支配が始まったのはこのときからにすぎない。イスラム教徒は，コーランやハディースに記されている規律その他のイスラム教の伝統に基づく彼ら自身の文化や法をもたらした。王は正義の源泉であった。不服申立人は，王の前に自らの主張を持ち出すことができ，王は，当事者がイスラム教徒である場合は maulvi（法学者）に，当事者がヒンズー教徒である場合には pundit（賢者）に，それぞれ助言を求めて判断を下した。事件の処理に関する明確な手続ルールは存在しなかった。複雑さや技術的なこともなかった。その手続は大変単純であった。ムガル帝国の時代に，紛争当事者の代理をする vakil という一種の弁護士が現れた。

村では，panchayat という村会の設立が盛んになった。panchayat は多数の民事・刑事の事件について判断を下した。明確な手続は定められていなかった。法典化された法もなかった。事件は，自然な正義，フェアプレイ，そして常識といった原則に照らして判断がされた。しかし，当事者は，panchayat の判断に満足していたと伝えられている。panchayat の制度は，1947年のインド独立の後も続いた。

2. 民事訴訟法の発展

2.1 インドでの領土支配の初期におけるイギリス人の主たる努力は，裁判所制度を創設することであり，これは体系的な法制度を発達させようとすることなく行われた。これは，おそらく，裁判所制度がきちんとしたものであれば，裁判所は，そこに持ち出された事件について，適用するにふさわしい法を発見することにより，司法権の行使という任務をうまく果たすことができるという考えに基づくものであろう。法の不足が認識されるのは，後に

なってからである。支配者は、裁判所制度が適切に発展すれば、裁判所自身が法をうまく取り扱うと、おそらく考えたのであろう。しかしながら、裁判官達は、自分達の能力の最善を尽くして事件に対処し、法を創る役割をしたものの、この方法はあまり望ましい結果をもたらさなかった。裁判所は、適切で安定していて明瞭な法を用いることなく、人と人の間に判決を下した。裁判所は、当該事件で適用する法の原則を見出すのに広い裁量権を振るった。裁判所が主に努力したことは、体系的に法を発展させることではなく、目の前にある事件について判断を下すことであった。その結果、法の体系は、複雑で混乱したもので、場所ごと、裁判所ごと、そして人ごとに異なるというものになっていった。司法権は、行き当たりばったりの裁量とちぐはぐな方式で行使されるようになっていった。このように適切な法体系が存在しなかったので、裁判所は、事件のたびに、紛争について判断を示すにあたって、法を発見し、確認するのに大変な負担を背負い込むことになった。

2.2 1780年10月、カルカッタ市 (Presidency Town of Calcutta) の最高裁判所長官に既になっていた Elijah Impey 卿は、Sadar Diwani Adalat の長官に任命された。Sadar Diwani Adalat は、ベンガル州の、mofussil adalat (主要都市以外の裁判所) における民事事件の最上位の裁判所であった。Elijah Impey 卿の任命は、Sadar Diwani Adalat の機能上の欠陥を取り除くことを意図していた。イギリスからきた経験豊富で練達の弁護士として、彼は、この裁判所を司法の効果的な装置とすることを期待されただけでなく、東インド会社の司法制度において、権限濫用と悪事を根絶し、健全な歩みをもたらし、司法過程に活力を与えることを期待された。Impey 卿は、Sadar Diwani Adalat に1年しかいなかったが、この間に、彼の主導で、東インド会社の司法制度において、その発展と再生をもたらすことを目的として、重要な多くの改革が行われた。彼は、adalat (裁判所) の再生とその手続の発展を目的として、数件の規則を起草した。その最初のものとして、diwani adalat (民事裁判所) の手続を規律するための規則が1780年11月3日に制定された。彼が行った最も重要な仕事の1つは、ベンガル州の Sadar Diwani Adalat (mofussil adalats のうちの民事最高裁判所) その他の mofussil adalat における手続を規律する包括的な民事訴訟法を編纂したことである。これは、インドで最初の民事訴訟法である。これは、1781年7月5日に規則 (Regulation) の形で公布された。これは、当時の政府において司法権の行使のためにその

時々に用いられてきたルール，命令および規則について，必要な修正と追加をするとともに，不要なものや時代遅れのものを取り除いて，編集・整理したものであった。この民事訴訟法は，民事訴訟の詳細な手続を1つにまとめたものであり，迅速で，経済的で公平な裁判をもたらし，すべての民事裁判所で統一された手続を実現することを目的とするものであった。

2.3 この民事訴訟法は，95ヵ条から成る。主要な内容は次のとおりである。

 i．mofussil adalats と収税当局との分離は維持される。
 ii．Zamindary（村の土地の所有権。Zamindar（地主）は，村の農民たちから地租を収納する義務があり，それによって手数料を得ていた）の相続に関する問題については，mofussil adalats が裁判をする。
 iii．これらの裁判所は，係属する事件について答弁をさせるために，zamindar（地主）に対し，自らまたは vakil（弁護士）の代理によって裁判所に出頭するよう求める権限を持つ。
 iv．100ルピー以下の事件については，訴訟原因が生じた場所における地主，公務員その他の主要な者によって裁判がされる。
 v．裁判所は，200ルピー以下の事件について，その裁判所の Munisff（民事判事補）に委任することができる。ただし，その判決は裁判所の承認を受ける必要がある。
 vi．裁判所は，相続，結婚，カーストその他の宗教的な慣習または制度に関する事件において，ヒンズー教徒についてのものはヒンズー法により，イスラム教徒についてのものはイスラム法により，裁判をしなければならない。
 vii．裁判所は，基準となる法令がない場合には，「正義，衡平，良心」に従わなければならない。これは判例法の発展を助長する。
 viii．この民事訴訟法は，裁判所の手続や記録について詳細を定め，制御する多くの規定を置いている。

Sadar Diwani Adalat（民事最高裁判所）の裁判官のほとんどはイギリス人であったので，彼らは，「正義，衡平，良心」という概念の名の下にイギリス法を導入した。この概念は，イギリス法を導入したほか，インドにおける多くの新たな法の発展を助長した。

1781年，Sadar Diwani Adalat は，訴額1000ルピーを超えるすべての事件

について mofussil adalat の判決に対する上訴について審理する権限を与えられた。Sadar Diwani Adalat は，また，総督から付託されるすべての民事事件についての第一審の裁判権を持った。Sadar Diwani Adalat はまた，下級の民事裁判所を監督する義務もあった。この民事訴訟法は，インドで民事訴訟法を法典化する初めての試みであり，それゆえに，歴史的に大きな価値を有するものである。それは，事件について判断するのにどのような手続を踏めばよいかについての指針を裁判所に与えるものであり，裁判所をより効果的で組織的なものとした。

2.4 1786年から1793年までベンガル州総督であった Cornwallis 卿の時代は，インド法制史において，大変注目すべき，建設的な時代であった。この時期までに，東インド会社の活動範囲は，ベンガルからビハールやオリッサまで広がっていた。彼は，これらの州の司法制度を根本的に再構築した。それは，他のボンベイやマドラスといった州が同じ形で adalat（裁判所）制度を導入したのと同じやり方によるものであった。

1787年，東インド会社の駐在官は，パトナ市，ムルシダバード市およびダッカ市を除き，各地域で，租税を徴収する徴税官に任命されると同時に，mofussil diwani adalat（地域の民事裁判所）において民事事件または直接もしくは間接に収税に付随する事項について判断する裁判官となった。徴税官が裁判官としての役割を果たすのを助けるため，各裁判所において Registrar という部下職員を任命するための規定が置かれた。Registrar は，200ルピー以下の事件について判決を下すことができたが，彼の判決は，その地区の diwani adalat の裁判官が確認の署名をしない限りは効力を生じなかった。彼は，その地区で刑事事件について判決を下す治安判事としても働いた。1000ルピーを超える訴額の民事事件の上訴は，総督と議員から成る Sadar Diwani Adalat（民事最高裁判所）に対してされた。そこでは，当事者がヒンズー教徒である場合には pundit（賢者），当事者がイスラム教徒である場合は maulvi（法学者）という具合に，現地の法律家が助言をした。5000ポンド以上の事件については，国王に対する更なる上訴が可能であった。

1793年，Cornwallis 卿は，1787年の制度の欠点を取り除くために，再度，司法改革を行った。1787年の制度では，収税と司法機能とが1人の人間，つまり，その地区の徴税官に混在していた。すべての管理執行権限を持った徴税官は，裁判権を持たない場合と比べて，より効果的に機能するだろうと思

われたのである。裁判権の行使は，徴税に従属するものとして扱われた。1793年の制度では，徴税官は，民事事件についての権限のみならず，収税関係の事件についても，裁判をする権限を奪われることとなった。いかなる行政官も，どのような形であれ，司法権を行使することはないものとされた。民事事件と収税関係事件についての裁判は，能力と高潔さを備えた，他の公的な職務に煩わされずに裁判の仕事だけに携わる人たちに委ねられることになった。そのような公務員は，adalatの管轄地域に置かれ，adalatは，彼らの仕事を吟味し，もし彼らが規則（Regulation）に基づく権限を誤用または濫用した場合には，適切な是正をすることができた。

　規則Ⅳ（Regulation Ⅳ）は，diwani adalat（民事裁判所）が，その管轄に係る事件ないし訴えについて受理し，審理し，裁判する際に遵守すべき手続ルールを立法化した。1765年8月12日より前に生じた訴訟原因は，adalatが受理しないこととされた。通常，出訴期間は12年に制限された。

　上訴裁判所は，法の統一や規則正しい手続をもたらし，正義の拒否に対するセーフガードとして機能する必要がある。そこで，Cornwallis卿は，上訴に重きを置き，1793年の制度では，そのための緩やかな要件を定める規定が置かれた。規則Ⅴ（Regulation Ⅴ）は，パトナ，ダッカ，カルカッタおよびムルシダバードの4つの上訴裁判所を設置した。Provincial Court of Appeals（州控訴裁判所）として知られるこれらの上訴裁判所は，それぞれ，東インド会社の3名の駐在官から成り，定足数は2名であった。これらの裁判所は，次のような職務を遂行することとされた。すなわち，(a)政府またはSadar Diwani Adalatから送付された民事訴訟についての審理，(b)mofussil diwani adalatが受理を拒否した訴訟ないし申立ての第一審の受理，(c)diwani adalatの裁判官の汚職事件の起訴を受理し，Sadar Diwani Adalatに送付すること，および，Sadar Adalatにmofussil adalatによる職務怠慢事件を報告すること，(d)mofussil diwani adalatsの判決に対する上訴を審理すること，ただし，3ヵ月以内に上訴がされた場合に限る。地方裁判所（district adalat）の判決については，訴額にかかわらず，これらの新たに設立された上訴裁判所への上訴はできない。これらの上訴裁判所の裁判についての更なるSadar Diwani adalatへの上訴は，1000ルピーを超える事件について認められる。

　1793年の規則Ⅵ（Regulation Ⅵ）は，Sadar Diwani Adalatが適切かつ規則正しく任務を遂行することができるようにする多くの手続ルールを定めた。

規則 XL（Regulation XL）は，地主や農民に対する手数料の問題についての権限を tehsildar（収税吏。地区の公務員）に認め，彼らを各地区の munsiff（民事判事補）に任命した。彼らは，50ルピー以下の事件を審理できた。これらの munsiff は，被告が10マイル以上の距離を移動しなくてよいような配置で任命された。訴訟は，munsiff に直接提起できたが，彼らは，その判決を執行することができなかった。彼らは，判決を，その執行のために mofussil diwani adalat に提出しなければならなかった。munsiff の判決に対する上訴は，その地方の裁判所（adalat）にすることができ，さらに，Provincial Court of Appeals（州控訴裁判所）にすることができた。

Cownwallis 卿は，1793年に裁判所手数料を廃止した。彼は，裁判所手数料が人々にとって過大な負担になっており，裁判所手数料を支払うことができないことを理由に訴訟を諦めなければならないことは正義の拒否につながりかねないと考えていた。

3. インドにおけるイギリス法の継受

3.1 法と司法の制度やそれらを運営する機構は，イギリス人がインドに遺した価値ある遺産である。イギリスの司法運営システムは確立した伝統の上に成り立っている。司法権は，イギリス憲法上，重要な位置を占めている。イギリス憲法は，市民に法が至高のものであることを保障し，裁判官は，法の執行にあたって，その国の法律と自らの良心のみに従うこととされている。イギリスの人々は，インドにおいて，イギリスの法制度の価値を大きく吸収した司法制度を，徐々に作り上げた。法の支配，法による行政，司法権の独立，法に基づく裁判，法の尊重といったイギリス法の主要な伝統は，すべて，インドの現在の司法制度や憲法に適切に取り入れられている。

3.2 イギリス憲法上の原則によれば，イギリス国民は，外国において，土地を自らのものとして獲得することはできない。入植や征服によって得ることになった土地は，すべて，国王の主権の下に置かれる。したがって，国王は，東インド会社のインドにおける財産を管理する権限を持つことになった。人が住んでいないか未開の人しかいないところにイギリス人が入植した植民地の場合，こういった植民地には，確立した政府ないし政治的組織や法制度がないので，そこに入植したイギリス人については，必要に迫られ，自

分達の法，すなわちイギリス法による統治をすることになった。他に，拠るべき法がなかったからである。その国に法が存在しない場合，王の国民は，自国の法だけではなく統治権も持ってきて，同じ法に服するコミュニティのメンバーとなる。イギリス法は，このようにして，新しい国の法となった。オーストラリア，アメリカ合衆国，カナダは，こういった国である。

3.3 インドの立場は違っていた。問題は，インドでの初期のイギリス植民の性質がどのようなものであったかである。インドは，イギリス人が来たときには，新たに発見された場所でも誰も住んでいない場所でもなかった。インドでは，既に文明を持つ人々が住んでおり，整備された政府が存在していた。当初，イギリス人は，インドのどこにでも入植した。イギリスの国王は，インドを支配していたイスラム教徒の主権を侵そうとしなかった。確立された原則により，インドでのイギリス人入植者は，彼ら自身の法によって統治されるのが当然であったが，彼らは，スラトに入植したとき，ムガル帝国の国王から，彼ら自身の法によって自治を行う権利を与えられることになった。なぜ彼らが自分たち自身の法によって統治されるべきであったかは問題であるが，それは，インド法が，宗教的な慣習，制度，規律といったものと絡み合わさっていて，ヨーロッパのキリスト教徒の規律，原則，感情，慣習と整合しなかったからである。さらに，インドでは，相続その他の重要な事項を規律する lex loci（場所の法，現地法）の統一的な概念が，まだ現れていなかった。インドの多数の国民，すなわち，ヒンズー教徒やイスラム教徒は，今日と同様に，これらの事項について，宗教的な制度から来る法によって規律されていたのである。インドの支配者のイギリス人に対するイギリス人自身の法を用いることの許可は，イギリス人にとって現地法がふさわしくないのと同様に現地人にとってふさわしくないイギリスの法や慣習を，現地人におよぼすことはなかった。

3.4 カルカッタにおけるイギリス法の導入に関する問題については，Mayor of Lyons v. East India Company 事件［1 M.I.A 175，272］において，Privy Council（枢密院）が，次のように判断している。

　カルカッタ地域は，東インド会社が17世紀終わりにベンガルの支配者から購入して獲得したものである。同会社は，ベンガルに足場を得るため，

100年近くの間，苦労しなければならなかった。彼らは，1696年までの間に，工場を1つ持っただけであった。1678年までは，彼らの目的は貿易の権利を得ることであり，ようやくその時に，皇帝からの指令を得て，これを得ることができたのである。1696年，彼らは，工場を建設し，彼らの多くは，現地人とともに，自分たちの家を建てた。ベンガルの支配者がkazi（裁判官）を現地人に対する司法権の行使のために置いたのに対し，東インド会社の吏員は，現地人を買収して，これらの手続を使わせないようにした。数年後，東インド会社は，皇帝から，工場を建設するための新たな許可を得て，いくつかの土地と村を得ることとなった。1757年には，プラッシーの戦いに勝って，東インド会社はZamindari（ベンガルの支配者のために人々から徴税をし，手数料を受け取る権利）を得ることになった。1765年，東インド会社は，ベンガル，ビハール，オリッサのDiwani（財産管理権）を得た。……正確にどの時点で，また，どの段階で，支配権を持つようになったのかは明確ではないが，主権は，長い間に，イギリス国王に譲られていったのである。

この観察は，要するに，カルカッタ植民地が征服された領地であるとするものである。ボンベイ，マドラスも同様の状況にあった。このようにして，イギリス人は，これらの州にイギリス法を導入する権限を持つようになったのである。

3.5 1726年の憲章までに，イギリス法，つまり，コモンロー，制定法，民刑事法は，ボンベイ，カルカッタおよびマドラスという3つのイギリス統治主要都市（Presidency Towns）のすべてで統一的に導入された。続いてイギリス国王によって1753年と1774年に憲章が発せられたが，これらの憲章がイギリス法を新たに導入したかどうかははっきりしなかった。しかし，1841年，第一法委員会（First Law Commission）は，その現地法報告（lex loci report）で，1726年より後にはイギリス法はインドに導入されなかったとの立場を採っている。この委員会は，ヒンズー法もイスラム法もイギリス領インドの現地法となっていないとの見方をも維持した。これらの法は宗教的な確信と結び付いているので，違う信念を持つ人に適用することはできないからであった。委員会の結論は，インドのイギリス領にはlex loci（現地法）が存在せず，そのため，インドの領地がイギリス国王の支配下に置かれたとき

に，イギリス法が事実上の現地法となり，その現地法が，ヒンズー教および
イスラム教の信者以外のすべての者に適用されることとなったというもので
ある。

4. イギリス法の内容

大きな問題の1つとして，イギリス法全体，すなわち，コモンロー，制定
法，イギリスの上級裁判所によって下された判例法が，すべて，インドに導
入されたのかというものがある。イギリス統治主要都市（Presidency Towns）
に，イギリスに当時存在していた法のすべてが導入されたわけではなく，こ
れらの植民地の実情に合う限度で導入されたにすぎないと考えられている。
その理由は，これらの各都市では，イギリス人以外に現地人も住んでいたか
らであり，彼らにとって，彼らにもイギリス法が適用されるならば，それは
正義に反することであった。例えば，イギリスでは重婚は違法であるが，イ
ンドでは，当時のヒンズー教徒にとって，またイスラム教徒にとっては今日
でも，最初に結婚した妻がいる間に他の女性と結婚することは可能である。
イギリス法は，その都度，選択的に適用された。裁判所は，1726年にイギリ
スで存在していた法の一定の条項がインド植民地の当該事件に適用できるか
どうかを考えなければならなかった。

5. 民事訴訟法の発展

5.1 1833年の憲章の33条により，包括的な統合と修正によってインドで
の統一された簡潔な法制度を形成するため，また，新たに設立された議会に
法に関する助言をするため，さらに，規則（Regulation）の散漫で整合性や
一貫性を欠くシステムを総合的な法制にまとめ上げるために，第一法委員会
（First Law Commission）が任命された。この委員会は，それまでの民事訴訟
手続について種々の変更を提言し，1848年に民事訴訟法を起草した。民事訴
訟法改正の基礎となったのが現地法報告（lex loci report）である。改正の理
由は多く，例えば，ヒンズー教徒でもイスラム教徒でもない者の権利義務を
定めた法は極めて不明瞭であった。植民地の都市では，イギリス法は，それ
らの者すべてに mofussil（地方部の）裁判所で適用され，「正義，衡平，良
心」の原則が事件で適用された。mofussil 裁判所は，ヒンズー教徒でもイス

ラム教徒でもない当事者であって，別々のコミュニティに属する者の間の紛争について判断をするのに困難と不便を感じた。次に，東インド会社の領地のイギリス人の数が増えており，その者たちは，イギリス領の都市や地方部において所有地を求めるようになってきた。東インド会社の裁判所は，彼らに，正義，衡平および良心に基づくイギリス法の最大限の利益を既に与えてしまっていた。そこで，統一された法が必要となり，その基礎は，現地法（Lex Loci Act）のみであった。

5.2 1853年の憲章までに，第二法委員会（Second Law Commission）が，イギリスで活動するために任命された。この委員会も，インドの現地法はイギリス法であるべきであると提言した。この委員会は，人々の感情を考慮しつつ可能な限りで国中に広がるように，イギリス法に基づく総合的な統一法典を定めるべきであるとの考え方を示した。

5.3 1857年に，インド議会で民事訴訟法が制定された。この法律では，Impey卿の法の原則のいくつかを残したほかは，そのほとんどをイギリスで用いられていた民事訴訟法の規定にならったものであった。この当時に立法化された手続法は，疑いなく粗いもので，時を経て洗練されていったものである。しかし，そういったものであっても，一部は混沌として不完全な規則（Regurations）の中で，一部は裁判所の判決や慣習やイギリス民事訴訟法に基づいて，それなりのものとして制定されたのである。この民事訴訟法は，インドのすべての人々に適用可能となり，1861年には，Sadar Adalatsと最高裁判所（Supreme Courts）とを統合して，ボンベイ，マドラスおよびカルカッタの3つの高等裁判所（High courts）を設置するという重要な改革が行われるに至ったのである。

5.4 1861年，イギリスで，インドでの民事実体法を制定する目的で，第三法委員会（Third Law Commission）が任命された。この委員会も，インドで立法をする際には，イギリス法が現地法となるべきであると考えていた。第三法委員会は，7つの報告を提出し，多くの立法課題について多くの草案を作成した。第三法委員会は，1870年に解散し，多くの草案はインド議会で立法化されなかった。

6. 民事訴訟法

1859年に民事訴訟法が成立する前は，この重要な分野での法は，混沌と言ってよい状態であった。ベンガルでは，少なくとも9つの異なる民事訴訟制度が同時に施行されていた。すなわち，最高裁判所で4つ（これらは，コモンローによるもの，エクイティによるもの，教会法によるもの，海事法によるものである），カルカッタの少額事件裁判所で1つ，軍隊裁判所で1つ，東インド会社の裁判所で3つ（これらは，通常訴訟，簡易訴訟，代理徴税官の収納訴訟である）であった。カルカッタの最高裁判所での手続とともに，これらの管轄は，すべて，1774年の憲章で創設された。裁判所のこのような各種の管轄は，専門用語では裁判所の「side（側）」といわれ，各「side」での手続は，イギリスでの相当する各裁判所の手続と，少しの違いはあるものの，ほぼ同様のものであった。これはベンガルの状況であったが，イギリス領インドの他の地域でも類似の状況であり，民事訴訟制度は同様に多数あり，同様に不完全なものであった。不確実で混乱していて複雑であった。統一性の無さは，等しく明白であった。第一法委員会は，民事訴訟の問題点を検討し，広範囲の変更を提言し，民事訴訟法の起草をした。この問題は，すべての管轄でできるだけ統一された簡潔な民事手続制度であって，下級裁判所の手続にも適用可能なものを採用することを望む国務大臣の指示に基づいて，第二法委員会でも取り上げられた。Sadar Diwani Adalats と最高裁判所（Supreme Court）の高等裁判所（High courts）への統合に先立って，統一された民事訴訟法の制定は絶対的に必要であった。そのため，第二法委員会は，各種裁判所のための民事訴訟法の草案を提出した。これにより，1859年に民事訴訟法が制定された。1859年のこの法律には多くの欠点があったので，1877年に改正が行われた。さらに1882年にも改正が行われ，これが現在の民事訴訟法である。

7. 結　論

インドへのイギリス人の最初の到来の時からの民事訴訟法の発展を見るならば，イギリス法の導入のための絶え間ない努力がされてきている。その基本的な理由は，イギリスから来た最高裁判所判事たちのほとんどがイギリス

の弁護士であったからである。彼らは，ボンベイ，カルカッタ，マドラスの各最高裁判所で事件を裁く際に，いつもイギリス法を適用した。Sadar Diwani Adalat や，地方レベルの diwani adalat でも，裁判官はイギリスから来ていた。彼らのほとんどは，イギリス法しか知らないバリスターであった。そこで，彼らは，インドでは使用可能な確かな民事訴訟法がなかったことから，イギリス法を適用する以外に方法がなかった。状況は，混沌としており，不確かなもの，あるいは未知のものであった。さらに，衡平，正義，良心という概念が，適用すべき法や慣習がないときには適用されることとされた。裁判官は，この概念の衣の下に，イギリス法を適用した。

　最後に，法典化を経て，民事訴訟法に関しては，イギリス法がインドの土壌に深く根付いた。イギリスのコモンローは，断片的にとか徐々にとかではなく，法典化により自動的にインドに導入された。当初から，法委員会 (Law Commissions) は，技術的または歴史的なバラストを取り除き，現地の状況を少し取り入れていくらか希釈したものであったが，イギリス法を民事訴訟法制定のための主要部分として採用することを主張した。そのため，イギリス法は，インド法の基本構造に吸収された。自分たちが教育や訓練を受けたシステムを好むイギリスの弁護士たちが，法委員会のメンバーとして採用したこのアプローチは，高く評価されるべきであろう。

ドイツ民事訴訟法の国際的源流

ハンス・プリュッテリング〔出口雅久／本間学共訳〕

I 序

　外国法の継受と自国法の伝播は長い歴史を有し，ともかく法展開が存在する限りで，千年以上にわたり国際的な法展開を共に形作ってきた。ヨーロッパでも，また全世界でも，この点については，ローマ法継受の有名な歴史が例として役立つ[1]。もっともこのことは，訴訟法より実体法により顕著にあてはまる。訴訟法は，とりわけ中世中期以降，「イタリア=カノン訴訟法」として発展し，中世の大学における学問的取扱いの中では，かなりの地域的相違を伴いつつも，ヨーロッパの広範囲についての共通の訴訟法として伝播した[2]。
　そうすると次のような考えが想起される。(いっさいの国内法のように) 国内訴訟法は，過去300年のその国の法典化の努力や法典化の成果と認識する以上に，トランスナショナルな観念や影響の相互作用から，全世界的に生じたものである，という考えである。

---

[1] Bellomo, Europäische Rechtseinheit, 2005; Lange, Römisches Recht im Mittelalter, Band1 1997, Band2 2006; Kaser, Das römische Privatrecht, Band1, 2. Aufl. 1975
[2] Van Caeneghem, History of European Civil Procedure, International Encyclopedia of Comperative Law, Band XVI, 1971, S.55f.; H. Schlosser, Spätmittelalterlicher Zivilprozess, 1971

II 継受と伝播

外国法の継受と自国法の伝播は，コインの裏表として理解される。この両面に，次のような問題が想起される。何が継受され（継受の対象），なぜ継受されるのか（継受の理由）である。

1 継受対象

法の継受の枠内で，次のような考えが想起される。法秩序によって，規範が逐語的に，または意味上同様に受容される，というものである。しかし解釈的観点または理論的考慮が訴訟法学説によって受容されるという態様でも，継受はなされうることが，既に幾度か指摘されている[3]。最後に，具体的ではあるが，一般化可能な問題についての判例も，おそらく継受対象であろう。

2 継受理由

継受対象と同様に，継受事象自体に対して結局のところ責任を負う継受理由も多種多様でありうる。そこで，当然の態様として，政治的権力の掌握の形態やその結果としての継受が存在する。しかし，歴史的，文化的，社会的な一般的展開の枠内での継受も一国においてありうる。最後に，二つの異なる継受形態との密接関係の中で，法を受容する国家も，立法的行為の方法で継受を企図しうる。そして，これを様々な理由から国家は想起しうる。これらの理由も，権力政治的な方式でもありうるし，一定の文化的，精神史的，社会的展開の帰結でもありうる。（任意的な）外国法の継受の理由は，とりわけ，国の固有の継続形成の願望でもありうる。この点につき，外国民事訴訟法継受の有名な例として，1834年のギリシャ，1891年の日本，1927年のトルコがあげられる。最後に，継受は，学問的理解を基盤に，更に展開された学問的思想や概念の洞察とも理解されうる[4]。

---

[3] Vgl. etwa Stärner, in: Habscheid, Das deutschee Zivilprozessrecht und seine Ausstrahlung auf andere Rechtsordnungen, 1991, S.10
[4] Vgl. Stärner, a.a.O, S.12ff. 同論文はこれを，「継受形態」の概念の下に体系づける。

Ⅲ　ドイツ民事訴訟法の成立（1877年）

　今日まで妥当する，1877年ドイツ民事訴訟法は，まったくの見かけの上では，1870年の帝国成立によって生まれたものである。同法典は，本質的には，18世紀および19世紀に展開された，ドイツ諸邦の法典編纂（1793年プロイセン，1850年ハノーヴァー，1864年バーデン，1869年バイエルン）をよりどころとする。帝国成立直前に，最初の全ドイツ的な諸草案（1862年ハノーヴァー草案，1864年プロイセン草案，1870年北ドイツ草案）の作成となり，これが，後の帝国統一民事訴訟法典の直接の前身とみなされうる[5]。

　しかし，このようなドイツ法における成立史および1877年民事訴訟法典の前身との指摘は，19世紀において，フランス法による顕著な影響が存在した点を覆い隠すことはできない（1806年 Code de Procédure Civile）。この法律によりはじめて，公開原則，口頭弁論，自由心証主義，同時提出主義の放棄を伴った近代手続が創始された。当事者は，裁判外の訴訟活動も訴訟行為の順序も決定する。当事者の弁護士は，（裁判所の関知なしに）書面を交換し，裁判所に訴訟資料を提出する時点を決定する。

　このような1806年の法典編纂は，ドイツにおける法の継続形成にとって，さらにはヨーロッパにおいて様々な点で重要である。フランス法は，ライン州およびヴェストファーレン州において，ナポレオンによる政治的占領によって移入され（そして，解放後も残留した），他の領域の一部においては，任意に継受され（たとえば，1869年バイエルン），結局は，逐語的に継受せずに，根本的な学問的準則をドイツの新たな法典編纂に広く組み込んだ（とりわけ，自由心証主義の原則）。

　フランス法思想のドイツおよび他のヨーロッパ領域への継受は，近代的法発展が多種多様な態様で成功した，内容上の格好の例とされる。この点はとりわけ，それぞれ，依然として広範にわたり，ゲルマン訴訟との結びつきを残していた，1793年のプロイセン一般裁判所法および1782年のオーストリー一般裁判所法と1806年フランス民事訴訟法（Code de Procédure Civile）を比較すると，明らかとなる。

---

[5] Rosenberg/Schwab/Gottwald, Zivilprozessrecht, 16. Aufl. 2004, S.28ff. にさらに例証あり。

IV 20世紀ドイツ民事訴訟の継受と伝播の相互作用

多くの，優れた，新たな法典編纂と同様に，1877年ドイツ民事訴訟法も，当時の新しい，非常に近代的な法律として，地球上の多数の国家における発展に影響を与えた。このような広く知られた事象は，以下で簡潔に説明するにとどめよう。余り知られていないのは，個別のドイツ民事訴訟法の継続形成や改正が，ドイツの側において他国の訴訟法に由来する考えを様々な箇所で自らに受容した事実である。

1 1877年以後のドイツ民事訴訟の伝播[6]

1891年の法典編纂の枠内で，ドイツ法の日本法への受容がなされたことは有名である。同様にドイツ訴訟法は韓国にも広く受容されている。1900年以後，スカンジナビア全体，とりわけフィンランドおよびアイスランドの発展に決定的な影響を与えた。ポーランド訴訟法も本質的な影響を受けた。既に1834年以来，当時のドイツ領邦法による影響を受けた訴訟法を有したギリシャにおいても，1877年以後も訴訟法上の影響が存続した。イタリア，後にはスペイン，ラテンアメリカというような地域でも，学問による一定の継受がなされた。さらにトルコにおける展開は，スイス法の受容により，ドイツ訴訟法からも一部影響を受けた。このような全体的な展開は，1939年あるいは1945年以後，容易に想起されうる政治的理由によって明白な中断が生じた。

2 ドイツ法の継続展開

しかし，ここで簡単に概観した影響にもかかわらず，ドイツ民事訴訟法は，同時に，継受による自らの継続形成と見られる点を有している。

a) 例えば，1877年ドイツ民事訴訟法は，上訴許可制度を未だ有していなかった。当時のライヒ裁判所は，絶えず過剰負担であるとの印象をもとに，1906年に初めて，アディッケスは，イングランドおよびスコットランドの制度を参照して，上告審へのアクセスの明白な制限と上告許可の考慮を提示す

---

[6] この点につき包括的に論じたものとして，Habscheid (Hrsg.), Das deutsche Zivilprozessrecht und seine Ausstrahlung auf andere Rechtsordnungen, 1991（1989年パッサウにおける国際訴訟法学会大会報告書）

る提案を世に問うた[7]。ドイツ訴訟法が経験した，長年にわたる改革プロセスは，ほぼ100年後に2001年 ZPO 改正法で，ドイツにおける全ての最上級連邦裁判所へのアクセスはいまや統一的に上訴によって争われる裁判を下した裁判所（iudex a quo）（または不許可の異議申立ての成就）に左右される，という規律に出会ったときに，その終焉を迎えた。

b） 特に興味深い継受展開が，ドイツ訴訟法とオーストリー訴訟法との間で生じた。まず，1895年の新オーストリー民事訴訟法典は，疑いなく1877年のドイツ民事訴訟法典から強い影響を受けた手続法である。そのため，オーストリー法は，フランス法およびドイツ法の，自由主義的な法典編纂の基本思想のもとに構築され，当事者に訴訟についての基本的な支配を委ねていた。しかし同時に，オーストリーモデルは，フランツ・クラインの影響のもとに，手続法に強度の社会的機能をあてがっていた。このような社会的機能は，福祉機能と経済機能がオーストリーにおいて訴訟の指導理念とされた，長い伝統の中に基本的にみられたものである。このような出発点から，フランツ・クラインは，既に知られた手続原則を熟慮の上で組み合わせることにより，手続の当事者支配と裁判官の権力，口頭主義と書面主義，および直接主義と間接主義の間をとりなす，法的制度の達成に成功した。オーストリー訴訟法については基本的に，手続についての責任は，とりわけ，当事者と裁判官との間で分配されるような理解がなされた[8]。時の経過の中でドイツ法に継受されたものが，まさにこのような理解である。これも時間的にゆっくりとした推移を必要とした。その結果，裁判官は，ZPO 139条を通じて，いわゆる実質的訴訟指揮を有し，公正で，経済的に意味のある，また社会的に熟慮された民事訴訟に様々な形で配慮しなければならない，という今日の理解に至った。

c） とりわけ学問的な継受の方法で，だいたい1960年以降，ドイツにおいても，非争訟的紛争解決を促進し，展開するべきという見解が生じた[9]。

---

[7] Adickes, Grundlinien durch greifendere Justizreform, Berlin 1906
[8] 個別には以下を参照。Jelinek, Habscheid (Hrsg.), Das deutsche Zivilprozessrecht und seine Ausstrahlung auf andere Rechtsordnungen, 1991（1989年パッサウにおける国際訴訟法学会大会報告書），S.41ff.
[9] 多くの文献に代わり以下を参照。Blankenburg/W. Gottwald/Strempel, Alternativen in der Zivilzustiz, Köln 1982; W. Gottwald/Strempel, Streitschlichtung, , Köln 1995

このような非争訟的紛争解決の基本思想は，いわゆる訴訟の代替を巡る議論の形態で，アメリカ，スウェーデンおよび日本からドイツ法学に流入し，近年，制定法にも流入した（ZPO 278条，EGZPO 15条参照）。この関係で，調停の集中的な展開も，ドイツにおいて近年存在する。

V 法のヨーロッパ化およびグローバル化の影響の下でのドイツの視点からの現代的展開

1 ドイツ法のヨーロッパ化

よく知られた，しばしば議論の俎上に載せられる，訴訟法の継続形成の事象は，ヨーロッパ化である。この点は独立した報告を必要とするであろうし，本報告ではごく簡単に論じうるにすぎない。

とりわけ，1968年のブリュッセル条約（1968年9月27日の民事及び商事事件に関する裁判管轄及び判決の執行に関するヨーロッパ経済共同体条約）および，多くのヨーロッパ諸国の加盟と（1988年9月18日の）ルガノ並行条約によるその拡大，最後に2000年12月22日の理事会規則44/2001号（EuGVVO）によって，（ほぼ）ヨーロッパ全体において，統一的な国際裁判管轄，判決承認，ならびに執行可能性が成立した。これは，国際民事訴訟法の領域で，世界的にかなり成功を収めた手続的な展開であるとされ，個々の構成国に，国内的な反作用をもこれまで及ぼし，現在もまた及ぼしている。

このような重要な展開，および婚姻関係および家族関係手続，送達，証拠調べ，ヨーロッパ執行名義の創設，ならびに倒産法，またこれらに続く督促手続の領域における，ヨーロッパ連合による更なる規範化は，時間的な理由から本報告では詳細に論じることはできない。いずれにせよ，ここで，新たなヨーロッパ統一法へと道が進められた場合，この進展は，法の継受というテーマを超える。このような道の終点には，ヨーロッパ統一民事訴訟法典の編纂が存在するかもしれない。

2 グローバル化

ヨーロッパ特有の法展開と，それに広く類似する法展開のほかに，比較法の世界的な努力によって手続法においても展開が生じた。その展開の明らかな表出が国際訴訟法学会の創設であり，1950年（フローレンツ）から2006年の京都にいたる国際会議の開催である。2004年のトランスナショナル民事訴

訟原則の展開もこれに加わる（後述Ⅶ参照）。このような比較法，ハーモナイゼーションおよび法統一への多様な努力は，もとよりこれらを代表するのは，我々の同僚であるマルセル・シュトルメの名であるが，それらは全体として，その範囲も重みもまず過大評価することはできないであろう，学問的な継受展開に帰着した。これは個々の規範には表現されていないが，今日，我々はこれまで知られなかった規模の世界的な学問的継受展開の中に存在している。

3 仲裁裁判権

ここで，国内および国際仲裁裁判権の一般的な展開を簡単に指摘したい。周知のように，この点については，UNCITRALモデル法（1985年12月11日）の創出により，この規範的準則は，今日まで44ヵ国において（広範に）逐語的な受容によって国内法化された。それ自体拘束力がなく，その受容も任意である法的規律が，このように世界的に次々と大きな成果を収めたことは，これまでに例をみない。既に成立後20年以上も経過した古びたモデル法は一部で改正の必要があるように思えるが，これにより，このような展開はその評価を損なうことはない。

4 ドイツの視点からの新たな継続形成

世界的な法比較と学問的な継受史の特に際立った表出は，ドイツ訴訟法における幾つかの現代的展開が，今日，比較法的な背景の考慮なしにはほとんど考えられないように思われる点である。網羅性を要求しなければ，ドイツの視点から，いくつかの新たな展開傾向が挙げられるだろう。

a）ムスタ訴訟と集団訴訟

そのようなものとして，2005年11月1日以降，ドイツにおいては，特別のムスタ訴訟手続（集団訴訟）が存在する。この手続の助力により，期待を裏切られた資本投資家の多くの訴えが，ムスタ訴訟の中で収束されることとなる。確かに，この新たな，いわゆる資本投資家ムスタ訴訟手続法は，アメリカのクラスアクションやイギリスの代表訴訟をドイツ法に移入しているわけではない。しかし，立法手続において，アングロアメリカの経験が分析され，議論のたたき台として集中的に援用された[10]。全体として，法的根拠に基づ

---

[10] Vgl. den Regierungsentwurf zum KapMuG vom 14.03.2005, BT-Drucks. 1550/91, S.15f.

いてムスタ訴訟を克服するという，ドイツ立法者の試みは，とりわけアングロアメリカの領域におけるそのような現象の，長年にわたる学問的な議論なしには考えられないことは確かである[11]。

b) 文書提出

事実の調査および証拠法の領域において，立法者は，2001年ZPO改正法で，ZPO 142条，144条に新たな規律を設けた。これは，証明責任を負わない相手方当事者または第三者の占有にある，文書および検証物の提出を導きうる[12]。この規律には，ドイツ法における従前の見解と異なり，訴訟法のみで基礎付けられた，証明対象の提出義務が含まれうる。立法手続および学説において，この立法上の革新は，アメリカのプリトライアル・ディスカバリー制度との関係で非常に詳細な議論がなされた。たしかに，この点について，アメリカの観念をどの程度受容するのかにつきドイツにおいては今日まで争いがあるが，いずれにしてもこの革新は，訴訟法のグローバル化の中で非常に興味深い展開を示している。それ故，この展開については後に詳しく立ち入ることにする（後述Ⅵ）。

c) 成功報酬

アングロアメリカの展開傾向のドイツ法への影響は，弁護士の成功報酬を巡る最近の議論で非常に明らかに示される。従前の理解によれば，ドイツ法では，法律により成功報酬は一般的に禁じられている（連邦弁護士法49b条2項）。それはそうであるが，立法者は，この規定を最近，第二文で補充をした（2004年7月1日より施行）。これは，法定費用の引上げのみが取り決められた場合は，成功報酬を適法とする。このことから，いまや成功報酬を取り決めうることが，ドイツにおいて部分的に導かれる。この問題は，今日まで明らかにされておらず，目下のところ連邦憲法裁判所に係属中である。この手続の終了に関わりなく，アメリカ，スウェーデン，アイルランドもしくはギリシャの経験を背景とする，長年のドイツにおける成功報酬合意を巡る議論は，学問的に動機付けられた継受が，どれほど徹底して今日進行しうるかを示している。

---

[11] Vgl. W. Lüke, ZZP 119 (2006) S.131; Gebauer, ZZP 119 (2006), S.159
[12] Leipold, Festschrift für Gerhardt, 2004, S.563; Prütting, Festschrift für Nemeth, 2003, S.703; Schlosser, Festschrift für Sonnenberger, 2004, S.135

d） 控訴審の目的

ドイツの立法者は，2002年1月1日の発効で，2001年ZPO改正法により，控訴の法的性質を変更した。アメリカの理解に基づいて，控訴審は，新たな完全な事実審としての第二審から過誤統制審級へと変更された。ドイツ法のこのような展開の背景には，立法者が民事事件における第一審を強化し，活用することを望んだ点がある。同時に，民事訴訟の第二審における，完全な蒸し返しの可能性を防止するものとされる。かえって，第二審における新たな事実調査や再度の証拠調べは明白に制限される。2001年ZPO改正法によるこのような法展開は，比較法的に援用される，オーストリー法（オーストリーZPO 482条に基づく更新の禁止）の経験と影響を基礎として生じた[13]。

e） 新倒産法

更なる外国法の広範な継受の例は，1999年1月1日に施行された倒産法典による，ドイツ倒産法の完全な革新である。同法では，比較法的な刺激や考察を基礎に，ドイツ倒産法の革新が様々な箇所でなされた。これはとりわけ，残債務免責と倒産計画手続に妥当する。

Ⅵ ドイツ法におけるプリトライアル・ディスカバリー？

ドイツの立法者は，2002年1月1日に発効した，2001年ZPO改正法によって，新たな規定であるZPO 142条を創出した。その意義および射程は，まさにアメリカおよび日本の訴訟法展開および経験を背景に，今日に至るまで極めて不明確であり，議論の余地がある。というのも2002年まで，ドイツ民事訴訟法は，情報調達および事案解明の領域で，証明責任を負わない訴訟当事者もしくは第三者の助力について極めて慎重であった。従前ドイツでは，如何なる訴訟当事者も，事案の調査に際し，その相手方のために物を供する義務を負うことはないという原則が妥当した。それ故に，文書の提出は，必然的に実体法上の義務が存在する場合にのみ肯定された（ZPO 422条，423条参照）。したがって，現在，挿入された，ZPO 142条に基づく文書提出の訴訟法上の義務は，アングロアメリカの観念への根本的な制度転換である[14]。もっとも，既に2002年以前にも，ドイツ法において証明責任を負わない事案

---

[13] Vgl. Heiderhoff, JZ 2003, 490
[14] Leipold, Festschrift für Gerhardt, 2004, S.576

解明義務が存在するとする見解も存在した[15]。もっともこのような理解は，様々な理論上の障害と戦わねばならず，それ故に，通説からは絶えず否定された[16]。ZPO 142条の発効以前は，この問題は依然として，新たな訴訟法の手続シミュレーションの枠内で認識されていた[17]。立法者は，これに対して，ZPO 142条1項の法文に以下のような補足条項を挿入した。すなわち，文書の提出は，一方の当事者が文書を引用することを要件とする，と。加えて，連邦議会の法務委員会は，集中的にこの規定に取り組み，新たな規律によって，当事者もしくは第三者への不適法な模索的証明がなされることはなく，それ故に，アメリカのディスカバリー手続に通ずることを問題とはしえない点を明らかにした[18]。このような明白な，したがって極めて限定的なZPO 142条の意義にもかかわらず，一部では，訴訟上の解明義務が創出ないし強化され，如何なる者も訴訟の相手方に武器を供することを義務付けられない，という原則は，本質的に廃棄された，とする見解が主張されている[19]。このように，ZPO 142条を極めて広範に解する理解には，私見によれば従い得ない。とりわけZPO 422条，423条と同142条2項との比較から明白となるように，今日の法状況は，極めて慎重な判断を必要とする。いずれにしても，一方の当事者は提出されるべき文書を引用しなければならない。したがって，裁判所の完全な職権性は，その基盤を欠く。その上，提出申立てには，具体的でかつ有理性のある事実主張が前提となる。さらに，提出される文書の具体的な特定が必要である。最後に，文書提出命令は，法文によれば，裁判所の裁量におかれる点に注意することである。これら全ての条件から，ライポルドは次のような結論を導く。すなわち，証明責任を負わない当事者に対する文書提出命令は，ZPO 422条，423条の要件，したがって，実体法上の義

---

[15] そのようなものとして，とりわけ，Stürner, Die Aufklurüngspflicht der Parteien des Zivilprozesses, Tübingen 1976

[16] Vgl. Arens ZZP 96 (1983), 1; Brehm, Bindung des Richters an Parteivortrag und Grenzen freier Verhandlungswürdigung, Tübingen 1982, S.27; Prütting, Gegenwartsprobleme der Beweislast, München 1983, S.138; ders Festschrift für Nemeth, 2003, S.704

[17] Vgl. Dieckmann JZ 2000, 76

[18] Beschlussempfehlung und Bericht des Rechtsausschusses, BT-Drucks. 14/6036, S. 120f.

[19] Schlosser, JZ 2003, 427, 428; Peters, MüKo-ZPO, 2.Aufl. 2002, Aktualisierungsband, § 142 Rdn.3.

務が存在する場合にのみ，認められる，と。もっとも，ZPO 142条のこのような解釈は，2002年以前の従前の法状況と比べて，ほとんど変更がないことを意味する。これは，新ZPO 142条のねらいからすると，過度に制限的な解釈であるように思える。それゆえ，証明責任を負わない当事者への提出義務を認めるとしても，ZPO 142条はその点では厳格に解釈するべきであり，裁判官の裁量は，疑念のある場合には，提出義務の否定を導かねばならない点には，注意しなければならない。いずれにしても，ドイツ法の法変更で，ドイツの立法者は，いまや，証明責任を負わない事案解明義務を一般的な形態で組み込んだ，という主張を基礎付けることはできない。

しかし，これまで極めて僅かな判例が存在するに過ぎない，新ZPO 142条の解釈および効力の程度を巡るあらゆる争いについて，本日の私の論題の背景からは重要な観点を忘れてはならない。ドイツ民事訴訟法典の構造上の重要な変更は，今日，比較法的な観点の比較検討なしには，もはや真剣に考えることはできない。他国の法状況から比較により導かれた，期待や恐れは，ある一定の訴訟法上の法展開をどのように理解するかという点につき，しばしば重要な背景となる。ZPO 142条の，扱いにくい議論や解釈は，この点についての，格好の一例である。

Ⅶ 将来的展開の趨勢

私の論題を終える前に，次の点を指摘しておきたい。訴訟法のグローバル化の過程で，民事訴訟のトランスナショナル原則やルールの形態で影響を及ぼす試みが，益々重要となる点である。この点について2004年に，アメリカ法律協会（ALI）とユニドロワの作業部会は，「トランスナショナル民事訴訟原則」を公表した[20]。これらの原則は，基本的な訴訟構造および国際民事訴訟法のあらゆる典型的問題を扱っている。これらは，世界中の様々な訴訟法制度の基本的な共通点を明らかにし，現存する相違を架橋することを明白に企てている。

確かにこれら原則は，（認識しうる限りでは）その時々の各国立法者への作用には，今のところ至っていない。しかしこれらの原則から，有名な争点について，様々な興味深い洞察が展開される。そのようなものとして，主張の真実性についての裁判官の確信が，明らかに中心となっている，証明度を

---
[20] Abgedruckt, in Uniform Law Review Band Ⅸ, 2004, Heft 4, S. 758ff

No21.2の原則が含んでいる点が既に指摘されている。このような定式は，明らかなように，ドイツ民事訴訟法286条と調和し，さらに，同原則は大陸ヨーロッパ法で当然と考えられているような，証明度を出発点としている点を証明する。通常対峙して示される，コモンローの証明度は明らかに〔大陸法より〕低い度合いであるというテーゼは，最近，ブリンクマンの研究が示したように，このような背景からも，説得力を失う[21]。その意味で，新たな原則は，立法的判断への将来的影響と並んで，訴訟法原則の世界的な学問的継受にも寄与しうる。

VIII 結　語

　固有の国内法の継続形成は，絶えず外国法の継受事象による影響を受けた。この影響は極めて多様な性質を有したが，20世紀初頭までは，このような影響は，比較的明瞭に明らかにされた。その最大の理由は，ヨーロッパにおいても，世界的にも，たった一つか二つのとりわけ最新かつ指導的な法典が存在し，他国の展開に影響を与えた点にある。これに対し，ある種の影響の多様性が，今日的な視点から，一つ一つはほとんど目立たない全体的展開に帰着する限りで，ここ100年については根本的変遷が生じた。法の領域においても，グローバル化という符号は，構造的な多様性のために，眺望の利く個別的展開を後退させている。しかしこのような展開は，各個別的場合において，理論的に，また体系的に最善の法的構成を実現しようとするならば，不都合はないといえる。

---

[21] Brinkmann, Das Beweismaß im Zivilprozess aus rechtsvergleichender Sicht, Köln 2005, insbesondere S. 81ff.

フランス民事訴訟の国際的法源

ロイック・カディエ〔出口雅久／生田美弥子共訳〕

　フランス民事訴訟の国際的法源という問題は，フランス人にとっては比較的新しい問題といえるかもしれない。というのもフランスの民事訴訟の法源がフランス法の外に求められるか，という問題自体，フランスの法律家の間でもごく最近になって論じられるようになったばかりなのである。このことは民事訴訟法のテキストを通読すれば一目瞭然である。民事訴訟の国際的法源についての記載は，古い著書にはなく，近年の著書にしか登場しないからである。

　大きな変化は，1958年のドゴール就任に続く第五共和制時代の幕開けの頃に訪れた。折りしも1957年3月25日のローマ条約が創設したヨーロッパの創成期の時代である。ところで，フランス民事訴訟の国際的法源は，ヨーロッパ起源に限られないが，ヨーロッパ起源が大部分を占めることには言及しておかなければなるまい。新憲法55条は，ヨーロッパ建設に大きく貢献した[1]。国際条約が国内法に優先することを定めているからである。すなわち，「正式に批准または承認された条約・合意は，その公布時から，法律よりも高い権威を与えられる。但し相手方によって適用されることを条件とする」のである。したがって，フランスの立法者，裁判官は手続的条項を含む国際条約があればこれを考慮に入れなければならない。このような条項はいくつか存在し，そのほとんどは国際的な紛争のためのもので，ハーグ条約[2]やEU規則[3]のように，主に法廷地，文書の送達，証拠法，判決の効力などの司法協力に関する二国間条約または多国間条約である。これらの法源の国際性は，

1　1958年フランス憲法第88-1条から第88-5条参照。
2　例えば，1954年3月1日付の民事手続に関する条約。
3　俗にブリュッセル1と呼ばれる2001年12月22日付N. 44-2001規則。

紛争の根拠も範囲も国際的であることから明らかである。しかし，適正手続を求める権利について定めるヨーロッパ人権憲章6条1項のように，国際紛争だけでなく純粋な国内紛争にも適用可能な国際的ルールも存在する。そうすると法源の国際性は別次元に展開することとなる。国内訴訟に関する国内法も条約の原則を尊重せざるを得なくなり，国際法と国内法の規範の抵触の問題へと発展することになる。そこでは審判官たる裁判官は通常，国際的規範に軍配を上げる形で審判していくことになろう。

　これらの法源の共通点は，全てフランス民事訴訟法の規範としての直接的な法源という点である。とはいえフランス手続法の国際的法源はこれらに限られないし，国際的法源という問題も見かけほど新しくない。フランス民事訴訟法の国際的な法源は，直接的な規範的法源に限られるものではなく，学者の比較法研究がもたらす，間接的な法源も考慮に入れなければならない。外国法，外国判例，外国判決の研究も，国内立法者のインスピレーションの源泉となりうるのであり，フランス法とて例外ではない。この種の法源は，実は非常に歴史が古い。古くはローマ法の再発見，はたまた二順目の千年が始まった頃のボローニャ・スクールの大評釈者達の時代にまで遡ることができるのである。ボローニャ・スクールは，非凡な逸材の豊庫としてヨーロッパ中を，そしてフランスを，中でもモンペリエやパリのソルボンヌを啓蒙していたのである。この知の大伝播は，タンクレデュス（Tancredus）の書いた「Ordo Judiciarius」という論文が公表された1234年に始まったといえよう。これは仏訳されてフランスに大きな影響を与えた。当時フランスの法律顧問らはギオーム・デュランの「司法の鏡」によってイタリアの例に倣っていた。ギオーム・デュランは，プロバンス生まれでボローニャで法律を学びフランスに戻る前にモデナで教鞭を取っていた人物である[4]。

　全体像を俯瞰したところで，フランス裁判法の発展を構成する法典，特に1975年民事訴訟法典に沿って，フランス民事訴訟法の国際的な法源について時代を追って検証していくこととしよう。まずは(1)1975年新民事訴訟法典以前の国際的法源と(2)以後に分けることとする。

---

[4]　E. Glasson, Les sources de la procédure civile française（フランス民事訴訟の法源），Paris, pp. 21-22.

I 1975年新民事訴訟法典以前のフランス民事訴訟の国際的法源

　フランス新民事訴訟法以前には，フランス民事訴訟の国際的法源の重要性はさほど認識されていなかった。当時は立法者も判例も学説も明らかに，そのような概念自体特に問題としていなかったのである。しかし，フランス法は，様々な法源からそのルールが形作られてきており，そこでは国内的な分野も常に外から影響を受けた法源と隣り合わせに存在してきたのである。1806年民事訴訟法典が制定される以前のフランス民事訴訟法がその例であり(A)，1975年に新民事訴訟法が施行されるまでのフランス民事訴訟法の発展もまた然りである(B)。

A．旧フランス民事訴訟法典（1806年）

　1806年民事訴訟法典の草案に先立つ時代には，国際的な法源なるものは登場しない。この法典は古い法律である，ルイ14世の首相であったコルベールが書いた民事訴訟法に関する1667年の王の大勅令[5]をコピーしたものであり，民事訴訟に関する最初の法典である。1806年法典は1667年勅令からタイトルだけでなくルールの多くも採り入れている。1806年民事訴訟法典の起案者は，アンシャン・レジーム下の裁判官や弁護士であったが，古い法律から完全に抜け出すことはできなかった。彼らはそこから数多くの特徴[6]を抽出コピーしたため，19世紀の論者をして，1806年法典は「誕生時から既に古かった」[7]などと揶揄の対象にされた。

　しかし，この意見はそれほど正しいとは言えない。

　まず，ナポレオン法は古い法規をすべて採用したわけではない。1806年法典は，古い法の伝統と革命期の革新の混合物である。口頭主義・当事者主義，判決理由を付す原則や判決公告の原則，さらに公安裁判所が設置され，判決

---

[5] この「ルイ法典（Code Louis）」と呼ばれる勅令については，以下を参照。N. Picardi and A. Giuliani, *Code Louis*, t. 1., Ordonnance civile, 1667, Guiffrè ed., Milan, 1996.

[6] 以下を参照。J. Hilaire, *Histoire des institutions judiciaires*（司法機関の歴史），les cours de droit 1990-1991, pp. 139-40. — H. Solus and R. Perrot, *Droit judiciaire privé*（民事裁判法），Sirey, 1961, vol. 1, n° 73-75.

[7] E. Glasson, A. Tissier and R. Morel, Traité théorique et pratique d'organisation judiciaire, de compétence et de procédure civile（民事訴訟裁判の組織と権能に関する理論と実務），Sirey, 3rd edition, t. 1, n° 25, p. 65.

前の裁判上の和解手続が導入されたのは1806年法典によるものである。この予備的な手続は他の国から導入されたものとの主張もある。1790年8月16-24日付法によるフランス法への導入は、ライデンのオランダ *Vredemakers*（peace makers）のコピーによるものである、とボルテールのその少し前の手紙には書かれている[8]。しかし現代の歴史家の間ではこの説明は議論のあるところである[9]。

いずれにせよ、この短い論文で取り扱うことには無理があるので、1667年民事勅令に至る並々ならぬ業績についてはこれ以上言及しないこととする。

エルネスト・グラッソンはフランスの19世紀末の偉大な学者のひとりであり、パリ大学法学部の教授であった。彼がフランス民事訴訟法の法源についてのみ網羅的に記した一冊の著書を世に出したが、国際的法源の問題については現代の著者がいう意味でこれを取り上げていない。彼の著書の目的は、11世紀以降のカペー王朝国家の萌芽時以降について歴史的に法源の発展を辿ることであった。彼はフランスの手続がいかにして中世の手続の上に作られてきたのか、そして時折中世の手続に相反して宗教法と王の勅令という二つの異なる法源の合成のような形で形成されてきたか、そしていかにして「1667年の勅令、実はルイ14世時代の偉業の改正版に過ぎない訴訟法典に集大成されることになる、民事訴訟法典が生まれたか」を解明しようとしたのである[10]。

ところが近代的な視点で見直すと、これらの二つの法源は、ある意味で国際的なものと言える。なぜなら元々の中世の法源は、フランス法のゲルマン法の流れを汲むと特定できるし、その後の宗教を法源とする方は、ローマを起源とするからである。しかしながら、当時は国家なるものがまだ認識されていなかったために、外国という認識はなく、国内的なものと捉えられていた。フランスはローマ・ゲルマン文化の合成物であり、すなわち南仏のローマの地方の成文法文化と北部地方の慣習法文化の混合物だからである。グラッソンは、フランス法とゲルマン法との間の関係に関する他の著書の中で、ローマ法は「我々にとって国内法そのものだ[11]と言っているが、実際にアビ

8　E. Glasson, *Les sources de la procédure civile*（民事訴訟の法源）, op.cit., p 140.

9　See especこ. J.-P Royer, *Histoire de la justice en France*（フランス裁判史）, Presses Universitaires de France, 3rd ed. 2001, n° 178.

10　E. Glasson, *Les sources de la procédure civile*（民事訴訟の法源）, op.cit., pp 6 & 17.

11　E. Glasson, *Les rapports du droit français et du droit allemand*（フランス法とドイツ法の関係）, Paris, p. 7.

ニョン(フランス)には教皇庁が数十年置かれていたのである。法の国際的法源が問題として取り上げられるようになってきたのは、国家という概念が生まれた19世紀末になってからである。この意味でこの問題は、1958年を超えて遙か昔にその議論の軌跡を遡ることができるけれども、非常に近代的な問題といえるのであり、1806年民事訴訟法典に至る時代の研究や、1975年新法典の草案検討の中でもこのことが確認できるのである。

B．新民事訴訟法典(1975年)—THE NEW CODE OF CIVIL PROCEDURE (1975) —

1958年のフランスの政治制度改革は、新民事訴訟法典の編纂を可能にした。新民事訴訟法典の編纂は、司法組織改革とともに、ド・ゴール将軍と新しい第五共和国憲法が導入した革新的な国家建設に大いに貢献した。本法典の草案の重要性の詳細にはここでは触れまい。これまでにも幾度となく取り上げられてきているし[12]、数週間後の2006年11月16日にパリで開催される、1806年民事訴訟法典の200周年、新法典の30周年を記念する講演会でも取り上げられることになるだろうからだ[13]。ここでは、国際的法源の重要性について特に強調するに留めたい。国際的法源は最も重要な法源とはいえないが、間違いなく一定の役割を担っているのである。国際的法源は、直接的な形態だけでなく、間接的な形態でも存在する。つまり、直接法源として規範の形で表れるだけでなく(1)、間接的な知的影響力の形態でも存在するのである(2)。

1)規範的法源

規範的法源は、19世紀、20世紀の仏独混乱の歴史の産物である。ナポレオンの征服[14]によって1806年フランス民事訴訟法典がドイツの一部でも適用さ

---

12 以下を特に参照。Cour de cassation, *Le nouveau Code de procédure civile : vingt ans après* (破毀院、新民事訴訟法典：20年後), La documentation française, 1998. — J. Foyer and C. Puigelier (eds.), *Le nouveau Code de procédure civile* (1975-2005), Economica, 2005.

13 L. Cadiet and G. Canivet (eds.), *1806-1976-2006 — De la commémoration d'un code à l'autre : 200 ans de procédure civile en France* (法典から法典へ—フランス民事訴訟の200年), LexisNexis, 2006.

14 以下参照。R. van Rhee, The influence of the French Code de procédure civile (1806) in 19th Century Europe (19世紀のヨーロッパにおけるフランス1806年民事訴訟法典の影響), *in* L. Cadiet et G. Canivet (eds.), *1806-1976-2006 — De la commémoration d'un code à l'autre : 200 ans de procédure civile en France*, op.cit.

れるようになったが，1870年戦争に続いて帝国の一部となったアルザス，モーゼル地方ではドイツ式の手続が適用されるようになった。1871年に入って，アルザス，モーゼル県では法分野の制度改革や，司法補助職改革が実施され，ナポレオン法典は新帝国法典，民事訴訟勅令，ZPO（*Zivilprozess Ordnung*）に取って代わられた。第一次世界大戦後，アルザス・モーゼル地方はフランス国家に返還されたが，ドイツ式の民事訴訟は地方の法としてその後も適用され続け，現在でもその痕跡を見出すことができる[15]。新民事訴訟法典には，「下ライン，上ライン，モゼル県での適用に関する別紙」が付されており，同法典第一条は，「新民事訴訟法典は，廃止されない特別条項や以下の永久的条項を除き，下ライン，上ライン，モーゼル県に適用される。」と規定している。

アルザス・モーゼル地方でも，1977年1月1日以降は原則として新法典の適用があるのだが，非常に興味深いことに，新法典が編纂された際には，この地方の法がいくつか採用されている[16]。調整委員会が新法典を編纂した際，地方の法についても研究がなされ，意見交換等が行われたからである[17]。そのため新法典には，ドイツ訴訟法起源の地方法がルールとしていくつか採用されたのである。例えば控訴の形態は，訴状によらずに裁判所書記官への（口頭の）申立てによって行われることや，手続可能な期間満了の確認，非訟事件手続などが挙げられる。これらは，アルザス・モーゼル地方のフランスへの帰化の産物ではあるけれど，外国を起源とするルールが自国法に取り込まれるという現象の好例といえる。

フランス法への外国からの貢献はこれに留まらない。外国の考え方，概念や手続理論がフランスの学説に与えてきたであろう影響についても指摘しておくべきであろうし，このような学説の影響が間接的に新民事訴訟法典の編纂の中で果たしたであろう役割についても言及しておかねばならないのであ

---

[15] G. Wiederkehr, *Jurisclasseur de procedure civile*, n° 63. — J.-L. Vallens, V° Alsace–Moselle *in* L. Cadiet (ed.), *Dictionnaire de la justice*（司法辞典）, Presses Universitaires de France, 2004.

[16] 以下参照。J. Foyer, Le nouveau Code et l'unification du droit de la procédure（新法典と訴訟法の統一）, *in* J. Foyer et C. Puigelier (eds.), *Le nouveau Code de procédure civile*（新民事訴訟手続法典）(1975-2005), op.cit., p. 17 & ff.

[17] E. Glasson, A. Tissier and R. Morel, *Traité théorique et pratique d'organisation judiciaire, de compétence et de procédure civile*（司法組織，権限：民事訴訟の理論と実践）, Sirey, Paris, 3rd ed. 1925-1936, 5 vol.

る。

2) 学　説

　1958年憲法までは，政治の舞台にこそ登場していないが，1806年民事訴訟法典の改正への動きは早くからあった。改革担当委員会が1862年に立ち上げられているし，他にも作業が行われて，改正案や，新法案が作成されたが，これらが世に出ることはなかった。興味深いのはこれらの試みをきっかけに，論者たちの間で大議論が湧き起こったことである。おそらくこの時に初めて，比較手続法なるものが研究調査の対象として認識されることになった[18]。さらに興味深いのは，比較の際にオーストリー法の果たした役割である。1895年，フランツ・クライン（Franz Klein）（1854-1926）の影響のもとでオーストリー民事訴訟法典が改正された。この影響は，パリ大学教授であり，フランスの19世紀後半から20世紀を代表するフランス民事訴訟法の二大論文のひとつの共著者であるアルベール・ティシエ（Albert Tissier）（1862-1925）の，当時最先端の著作にはっきりと表れている。フランス民事訴訟法典100周年の後の数年の間に，アルベール・ティシエは，近代的な民事訴訟手続における裁判官の積極的な役割と権限の強化についての考え方を表わし，この考え方を擁護する立場を表明した[19]。裁判官の役割の再調整は，ティシエの考える新しい民事訴訟法の考え方に沿うものであった。そこでは裁判官にも何らかの社会的役割が与えられるのであり，当事者のみが役割を負う，という考え方とは全く相容れない[20]。これは実はあちこちで引用されるアルベール・ティシエがオーストリア法を一部参照して発展させた考え方であり，これは，これも大学者であるルネ・モレル（René Morel）やアンリ・ビジオズ（Henry Vizioz）が，その後引き継いできた考え方なのである。

　ルネ・モレルはアルベール・ティシエのもっとも直接的な承継者といえよ

---

[18]　以下参照。espec. R. de la Grasserie, *Etude critique sur le projet de révision du code de procédure civile*（民事訴訟法典改正案についての批判研究）presented to the French Chambre des députés on 25 October 1898 and on procedural reform [Extracted from *Lois Nouvelles*], 2nd ed.., Paris, Aux Bureaux des Lois Nouvelles, LSRGLA, 1901.

[19]　以下参照。A. Tissier, Le centenaire du Code de procédure et les projets de réforme（訴訟法典の100年と改革案）, *Revue trimestrielle de droit civil* 1906, p. 625 & ff.

[20]　以下参照。A. Tissier, Le rôle social et économique des règles de la procédure civile（民事訴訟規則の社会的経済的役割）, *in* F. Larnaude *et alii*, *Les méthodes juridiques*, Paris, V. Giard & E. Brière, 1911, p. 105 & ff.

う。民事訴訟を指すのに「民事裁判法（civil judicial law）」という表現を使い始めたのもモレルである。モレルはこれによって，民事訴訟が「調理法（レシピ）」から成る単なる実務ではなく，法そのものであり，原理原則で成り立ち，実体法など他の法に違わず深い理論的な研究対象にふさわしいことを示したのである[21]。「手続遂行原則（principles directeurs du procès）」なる表現の生みの親もモレルのようだ。現行新民事訴訟法は，この表現から始まっており，第1条から第24条までが手続遂行原則に割かれている[22]。もし，ドイツ民事訴訟の科学とドイツ民事訴訟法典[23]のフランス法への影響を研究するジョルジュ・ルエットを信ずるなら，「手続遂行原則」という表現は，ドイツ法の「*grundprinzipien*」を起源とすることになる。ドイツ法の「*grundprinzipien*」は，20世紀初頭のアメリカ比較法の傑出した大専門家であるミラー氏（R. W. Millar）と，その著書「民事訴訟を形成する原則"*formative principles of civil procedure*"」を通じて，ルネ・モレルの「フランス手続遂行原則[24]」となり，その後アンリ・ビジオズの「民事裁判の遂行原則[25]」につながっていったというのである。起源は必ずしも明らかとはいえないが，このように裁判の進行原則の概念は，フランス民事訴訟法典の父たるアンリ・モタルスキー（Henry Motulsky）[26]，ジャン・フォワイエ（Jean Foyer），ジェラール・コルニュ（Gérard Cornu）[27]が取り上げていくところとなったのである。1933年にナチス体制を逃れてフランスに移住したドイツ系ユダヤ人，

---

[21]　René Morel suggested the expression 《*Civil judicial law*》: *Traité élémentaire de procédure civile*, Sirey, 1ère éd. 1932, n° 4. It was Henry Solus who vulgarised the expression 《*Private judicial law*》: Private judicial law course worksheets, Faculté de droit de Paris, 1940-1941.

[22]　L. Cadiet, Et les principes directeurs des autres procès?（ところで他の手続の遂行原則は？）Jalons pour une théorie des principes directeurs du procès, *in Mélanges Jacques Normand*, Litec, 2003, p. 71 & ff. — G. Cornu, Les principes directeurs du procès civil par eux-mêmes, fragment d'un état des questions, *in Mélanges Pierre Bellet* 1991, p. 83 & ff.

[23]　G. Rouhette, L'influence en France de la science allemande du procès civil et du code de procédure civile allemand（ドイツ民事訴訟科学とドイツ民事訴訟法典のフランスへの影響）, *in Das Deutsche zivilprozessrecht und seine ausstrahlung auf andere rechtsordnungen*, Gieseking-Verlag, Bielefeld, 1991, pp. 159-199, espec. n° 19-20.

[24]　R. Morel, *Traité élémentaire de procédure civile*（民事訴訟の基礎）, Sirey, 1st ed.. 1932 ; 2nd ed.. 1949, n° 424-427.

[25]　H. Vizioz (1886-1948), *Etudes de procédures*（手続の研究）, Editions Brière, 1956, p. 441.

アンリ・モタルスキー（Henry Motulsky）が，フランスに来る前，ドイツで教育を受け，ドイツで実務経験を経てきた人物であることを考えると[28]，国境を超える知的コミュニケーション活動が，フランスの新しい民事訴訟法の法源のひとつとなったことは疑いようがない。そのほか，アンリ・ビジオズは，ジョゼッペ・チオヴェンダ[29]に師事してイタリア法を学び，これをフランスに紹介したが，そのチオヴェンダはドイツ，オーストリーの19世紀後期の法典に影響を受けてきた人物である。

以上のことから，国際的法源は，規範的にせよ，学説上にせよ，直接的にせよ，間接的にせよ，20世紀後半のフランス民事訴訟法改革の主たる要因とは言えないまでも，1975年新民事訴訟法典編纂に大きな影響を与えたのである。その後の時代についても同じことが言えよう。いやむしろ1975年の新民事訴訟法典制定以降は，フランス民事訴訟はさらに国際的法源を法源とするようになってきている。

II　1975年民事訴訟法典以降のフランス民事訴訟の国際的法源

フランス民事訴訟法の国際的法源を見ていくとき，民事訴訟法典以降の最も顕著な特徴は欧州域内における手続調和である。もっとも，この現象も均質なものではない。まず(A)EU 視点でみるか，欧州評議会視点でみるかによって現れる形態も異なる。(B)さらに従前同様，我が民事訴訟の法源の国際化は，規範レベルでの調和に限らない。文化的適応現象からくる間接的な法源国際化も勘定に入れていく必要があるのである。

A．調　和

ヨーロッパ内では，手続の調和には(1)EU を通じた調和と，(2)ヨーロッパ

---

[26] H. Motulsky, Prolégomènes pour un futur Code de procédure civile : la consécration des principes directeurs du procès civil par le décret du 9 septembre 1971（将来の民事訴訟法典のための序説：1971年9月9日でクレに基づく民事訴訟審理の原則），*Recueil Dalloz* 1972, p. 91 & ff.

[27] G. Cornu and J. Foyer, *Procédure civile*, Presses Universitaires de France, 1st ed. 1958 ; 3rd ed. 1996, n° 96.

[28] 以下参照。G. Bolard, *V°* Motulsky (Henri), *in* L. Cadiet (ed.), *Dictionnaire de la justice*, op.cit.

[29] H. Vizioz, *Etudes de procédures*, op.cit., p. 169 & ff.

評議会を通じた調和と二通りある。

1） EU 内での調和

1957年ローマ条約以来少しずつ建設され拡大されてきた EU の中で，手続は直接的に調和の対象となってきたが，それはまだほんの一部のことに過ぎない。

直接的な調和は，国内法（注：フランス法）として適用される EC 規則を通じて生じ，国内での批准や立法は必要でない。長い間これらの規則は EC 加盟国間の国際条約の結果として生まれた規則であった。最も著名なのは，法廷地と強制執行手続に関する1968年9月27日付のブリュッセル条約である。しかし，アムステルダム条約によってヨーロッパ統合はさらに一歩前進し，EC レベルで民事訴訟をつくっていくこと，つまり，EU 官報に公告され次第，EU 加盟国各国で直接適用されることになる EC 規則の形で手続調和が進められることになった[30]。これらの EC 規則は，その起源に関わらず EC 裁判所を媒介にその適用が保障されて行くことになる。その判決は各国の裁判所を拘束する。

しかしながら，この直接的調和は部分的にすぎず EC 規則は民事訴訟の全分野にわたっているわけではない。EC 規則の守備範囲は二つの面から制約される。ひとつはこれらの規則は，純粋な国内紛争案件には適用されないということである。EU の数ヵ国が関係する紛争にのみ適用されるという意味では，これは国際法の一部であり，国際私法の専門家が呼ぶところの抵触法の問題も生ずる。また，民事訴訟の全体が EC 規則でカバーされるわけではない。EC 規則が定められるのは，国内裁判所の国際裁判管轄権，ある加盟国の判決の他の加盟国における効力[31]，手続関係の証書等の送達[32]，証拠法[33]，

---

[30] J. Normand, Le rapprochement des procédures civiles dans l'Union européenne, *in* Cour de cassation, *Le Nouveau Code de procédure civile : vingt ans après* op.cit., pp. 265 & ff. — See also Y. Gautier, *V°* Espace judiciaire européen, *in* L. Cadiet (ed.), *Dictionnaire de la justice*, op.cit.

[31] (EC) regulation n° 44/2001 Council of Europe, 22 December 2000, on jurisdiction, recognition and enforcement of civil and commercial judgements. — (EC) regulation n° 2201/2003 European Council, 27 November 2003, on jurisdiction, recognition and enforcement of judgements in matrimonial matters.

[32] (EC) regulation n° 1348/2000 Council of Europe, 29 May 2000, on notification in member States of judicial and extra-judicial acts in civil and commercial matters

債務超過に関する手続[34]や，強制執行証書の流通[35]といった分野にすぎない。

マルセル・シュトルメ[36]が創設し，率いる委員会によって数年前にその展望は開かれたものの，まだまだヨーロッパ裁判法典(a European judicial code)に至るまでの道のりは遠い。しかし発展はまだ完成しておらず，現在，支払命令や少額訴訟に関して，新しい EC 規則の草案ができつつある。国内民事訴訟手続の一部についても調和すべきとの声でさえ，まだ上がるようになるかもしれない。

当座のところ，国内の紛争のみで国際的な紛争には適用がない国内手続の調和については，EU のレベルではなく，より広いヨーロッパ評議会の枠組みにおける問題ということになろう。

2）ヨーロッパ評議会での調和

ヨーロッパ評議会では，手続的調和は，ヨーロッパ人権・基本的自由権保障条約に基づく一般的な手続原則のレベルで起こることになる。

この条約は，最近改正された[37]が，1950年に調印[38]され，フランスは1970年代に批准した。この条約がフランスで全面的に発効したのは，非常に特異な存在である「国際法上唯一の真の国外司法救済機関」[39]たるヨーロッパ人

---

[33] (EC) regulation n° 1206/2001 Council of Europe, 28 May 2001, on cooperation between the courts of member States in the matter of evidence in civil and commercial cases.

[34] (EC) regulation n° 1346/2000 Council of Europe, 29 May 2000, on insolvency proceedings.

[35] (EC) regulation n° 805/2004 European Parliament and Council of Europe, 21 April 2004, on creation of a European – for uncontested claims.

[36] M. Storme (ed.), *Rapprochement du droit judiciaire de l'Union européenne, Approximation of Judiciary Law in the European Union* (EU 内での訴訟法の接近), Dordrecht, Kluwer & Martinus Nijhoff, 1994.

[37] *Via* protocol n° 11 dated 11 May 1994, on restructuring of the control mechanism set up by the convention.. See V. Berger *et alii*, *La procédure devant la nouvelle Cour européenne des droits de l'homme après le Protocole n° 11*, Brussels, Bruylant, 1999. A new amendment is in progress with protocol n° 14, signed in Strasbourg on 13 May 2004, to enter into force once it has been ratified by all the party States, See *Série des traités du Conseil de l'Europe/194*, July 2004. The French parliament has authorised ratification of this protocol: L. n° 2006-616, 20 May 2006 (*Journal officiel* 30 May, p. 8020).

[38] Rome, 4 November 1950. See V. Berger, *Jurisprudence de la Cour européenne des droits de l'homme*, Sirey, 8th ed. 2002.

権裁判所に対して，個人も訴える権利がある（第34条）ことをフランスが認めた1981年になってからである。その時点以降ようやくフランスでもヨーロッパ人権宣言の存在が体感されるようになってきた。この制度によって，フランスの原告はフランスの裁判官に対して条約を適用するよう求めることができる。フランス憲法55条によればフランスの裁判官は条約を適用しなければならないからである。ただし，国内での全ての上訴手段を尽くしフランスの裁判所で満足を得られないときに限り，ヨーロッパ人権裁判所に対して，補完的に上訴することができるにすぎない[40]。

フランス市民は，こうしてストラスブルグの欧州人権裁判所に上訴することができることとなった。このことは，条約違反があった場合には，被告国が，被害者に「公正な充足」を与えるよう命じられる立場に立たされたことを意味する（第41条）。ヨーロッパ人権裁判所の効力は，少なくとも民事事件についてはそこから先へは及ばない。刑事事件については条約違反の国内判決に対しては再審手続が用意されている。今日ではこれを民事にも拡張すべきかが問題となっているが，フランスの破毀院は現行立法に照らしてこれを否定している状況である[41]。

とにかく，フランスの裁判所では，同条約が適用される場面が増えている[42]。適用増加は特に適正な手続保障の分野で目覚しい。その結果フランスの破毀院を，国立の人権裁判所にすべきか，あるいはヨーロッパ人権裁判所を廃止すべきなのではないかという話にまでなっている。この権利をフランスの裁判所で主張して，ヨーロッパ人権裁判所で制裁の判断を得るというパターン

---

[39] J.-F. Flauss, V° Cour européenne des droits de l'homme, in L. Cadiet (ed.), Dictionnaire de la justice, op.cit. p. 271.

[40] Conv. EDH, art. 35 : 《La Cour ne peut être saisie qu'après l'épuisement des voies de recours internes》, 《Referral to this court shall be only after every internal recourse has been tried...》. See J. Normand, La subsidiarité de la Convention européenne des droits de l'homme devant la Cour de cassation, in Mélanges Jean Buffet, Petites affiches 2004, pp. 357 & ff.

[41] Cass. soc. 30 sept. 2005, Juris–classeur périodique (Semaine Juridique) 2005, I, 10180, note Bonfils.

[42] ヨーロッパ人権規約に基づく控訴は過去10年で5倍に増えている。Appeals based on the European Convention on the Rights of Man have increased about 500% in the past ten years : M. Fabre, Le droit à un procès équitable : étude de jurisprudence sur l'application de l'article 6 § 1 de la Convention EDH : Juris–classeur périodique (Semaine Juridique) 1998, I, 157.

が定着するようになって，フランスの民事訴訟も次第に手続保障の適正（公正な裁判）の審査の要望に答えられるようになってきた[43]。

ヨーロッパ人権条約第6条には，民事訴訟に関して，公正な裁判が定められているが，これは1948年の世界人権宣言第10条[44]に由来し，ヨーロッパ人権宣言はこれをヨーロッパ地域に適用したものである。第6条第1項は以下のように定める。

「全ての人は，その民事上の権利義務もしくはその刑事責任の追及について判断される際に，法に基づく独立中立な裁判所で合理的期間内に公正公開法廷で公正に聴聞される権利を有する。判決は公開の場で申し渡されなければならない[45]。」

ところで，公正な裁判の原則，すなわち，独立中立の裁判官による公正公開の判決を合理的な期間内に受ける権利は，同条約第6条第1項にのみ表れているわけではない。ストラスブルグの裁判所には豊富な判例と，判決を下すうちに築き上げてきた保障事項，すなわち，当事者主義（principe de la contradiction），当事者武器対等原則，裁判官に課せられる判決理由開示義務，執行力ある判決を得る権利，などがある。これらの原則は，間違いなく手続保障の最低限の根底をなすものであり，各国にその伝統や主権に配慮するための裁量の余地を残すほかは，全ての裁判，ヨーロッパ諸国内で共通する訴訟手続法といえる。かくして訴訟は，それが民事，刑事，行政訴訟であれ，また各国法も，コモンローベースであれローマ・ゲルマン法系統であれ，少しずつ同じように制定されるようになってきているのである[46]。言い換えれ

---

[43] 以下参照。L. Cadiet, *La légalité procédurale en matiére civile*, *Bulletin d'information de la Cour de cassation*, n° 636, 15 March 2006, espec.. n° 15, 27-28 and 31.

[44] 《*All persons have the equal right to have their case heard fairly and publicly by an independent, impartial court, which shall decide either their rights and obligations or recognise that any criminal accusation against them is proved*》 (Paris, 10 December 1948). See G. Vedel, *La Déclaration universelle...*, *Recueil Dalloz* 1949, pp. 372 & ff.

[45] ただしこれに続けて以下のように書かれている。:《*l'accès de la salle d'audience peut être interdit à la presse et au public pendant la totalité ou une partie du procès dans l'intérêt de la moralité, de l'ordre public ou de la sécurité nationale dans une société démocratique, lorsque les intérêts des mineurs ou la protection de la vie privée des parties au procès l'exigent, ou dans la mesure jugée strictement nécessaire par le tribunal, lorsque dans des circonstances spéciales la publicité serait de nature à porter atteinte aux intérêts de la justice*》.

ば，ヨーロッパ人権条約やEUが始めた共通する手続原則に始まる手続調和は，次第に，微妙にヨーロッパの法制度の相互理解や相互承認を押し進めつつあるということである。フランスやフランスの手続法も当然のことながらその一角をなしているのである。

B．文化的適応現象

手続の調和は裁判上の規則に関するものであるが，これに対し，文化的適応は(1)実務と(2)アイデアに関連する。

1） 裁判所実務を通じての文化的適応

手続的文化適応のよい例は，ヨーロッパ手続の規則から得られるかもしれない。既に述べた通り，通常，EUの手続規則はEU加盟国が関係する国際紛争にのみ適用される。これらは法廷地法にのみ関係する，国内的な紛争には適用されない。

しかしながら，この状態が引き起こす二次的効果，間接効果は注目すべきである。実際，同じ裁判官が，手続に関する国内規則をほとんどの事案に適用する一方で，いくつかの事案については，その手続的伝統や文化からすれば外国であるヨーロッパ手続規則を適用することになるからである。

民商事事件の証拠法分野における加盟国の裁判所間の協力に関する2001年5月28日付1206/2001号規則に基づき，フランスの裁判官は，別のEU加盟国の裁判所から，その国が定める特殊な手続に従って，証拠調べ手続を行うよう直接に求められる可能性がある（第10条第3項）。照会する裁判所は，その代表者をフランスの裁判所の証拠調べ手続に出席させることもできる（第12条第1項）。例えば，フランスの裁判官は，フランスの民事訴訟にはそのような手続が存在しないにも関わらず，イギリスの裁判所からその要請に基づいて，ディスクロージャーや反対尋問を行うことを命じられる立場に立たされる可能性があることになる。このようなことが実現すれば，参加する裁判官のためには外国の技術を直接体験するよい機会であり，非常に教育的価値が高い。2001年5月28日付ヨーロッパ規則に関して二人のフランスの論者が述べている通り，「この規則の実施が，相互の適応過程を通じて，証拠調

---

[46] 以下参照。M. Delmas-Marty, H. Muir Watt and H. Ruiz Fabri (ed.), *Variations autour d'un droit commun*, Société de législation comparée, 2002, espec. p. 23 & ff: 《L'émergence d'une conception commune du procès équitable》.

べ手続に関する裁判所実務を少しずつ調和していくことにつながるであろう[47]」。国際的な紛争はこうして裁判所実務の国際的交流の実験室となり，この文化的な適応が国内手続の規則を調和へと次第に導くことになろう[48]。

2) 学術法による適応

学説はもうひとつの手続適応のベクトルである。学説の利点は，自由であること，学問上の表現も記述も，（フランスの）裁判官と異なって自由にできることであり，沈黙を守る義務がないことである。学説の流通は自由であり，裁判所の手続が原則として国家の主権に拘束されるのに比べ，はるかに自由である。

したがって，今日，過去と同様に，大学の学説は民事訴訟の間接的な法源である。というのも，学者は，他国との比較等を行い，法制度を批判し，批判的分析を行う。比較法は，法規制定の際に伝統的な役割を果たすだけでなく，最近は裁判官が判決を下す際にも役立っている。ギー・カニベ院長率いるフランスの破毀院は，比較的重要なケースに比較法を用いることに躊躇しない[49]。

比較法に加えて，大学の学説には，契約法に匹敵する民事訴訟手続の新しい共通法のひとつにもなり得る学術法も含まれるだろう。シュトルメ委員会の成し遂げた成果は，既に述べたが，これはその代表と言える。ジャック・ノルマン教授はこの委員会のフランス代表メンバーであるが，この高名な我が同僚もその著書の中で同様に述べている[50]。最近，フランスからフレデリック・フェラン教授が参画した，**UNIDROIT** も，その研究成果を「国際民

47　D. Lebeau and M.-L Niboyet, Regards croisés du processualiste et de l'internationaliste sur le règlement CE du 28 mai 2001 relatif à l'obtention des preuves civiles à l'étranger, *Gazette du Palais*, 19-20 February 2003, pp. 6-19, espec. p. 2.

48　以下も参照のこと。L. Cadiet and O. G. Chase, Culture et administration judiciaire de la preuve ― *The Culture and Science of Obtaining Information and Proof-Taking*, General report to the 12th World Congress of the *International Association of Procedural Law*, Mexico, 2003, *in* C. Gomez Lara y M. Storme (ed.), *XII Congreso Mundial de Derecho Procesal*, tome 1, 2005, n° 46.

49　G. Canivet, The Use of Comparative Law Before the French Private Law Courts, *in* G. Canivet, M. Andenas et D. Fairgrieve (ed.), *Comparative Law before the Courts*, The British Institute of International and Comparative Law, p. 181 & ff.

50　特に以下参照。J. Normand, *Le rapprochement des procédures civiles dans l'Union européenne, in* Cour de cassation, *Le Nouveau Code de procédure civile : vingt ans après*, op.cit.

事手続の原則[51]」によって，さらにアメリカン・ロー・インスティテュートに引続き発表している。これは経済のグローバリゼーションを法によって規律化するというものであり，壮大な挑戦である[52]。その目指す到達点についてもまた然りである。ここではこれらの原則の詳細には立ち入らない。ただ，過去何年かの間に，社会的経済的必要に迫られて様々な法制度の手続法が少しずつ歩調を揃えた結果，こういうことが可能になってきたことに触れておくに留めたい。司法へのアクセス量が増大した結果，あちこちで，司法制度は回答をより多様に，より合理的にすることを求められるようになった。今回の議題である，フランス民事訴訟法の法源に関して言えば，原則起案作業が，フランスの司法手続や国際法の大家の大部分の，重要な議論への参加の機会となったということが挙げられる[53]。議論は自然にこれらの原則とフランスでの法的措置を比較するとどうなのかという方向に向かった[54]。フランス民事訴訟法の最も最近の改正は，2004年8月20日付デクレ[55]と2005年12月28日デクレ[56]によるものだが，国際民事手続原則に表れる措置を参照しつつコメントされている部分がある。これは，フランスの民事訴訟に，初期段階の手続における集中的な準備，中間的な手続のとりまとめ，例外や手続上の瑕疵や不備の公判前までの処理（これによって公判では関係する争点だけを取り上げられるようにする）を促進するという効果をもたらした[57]。学術法が，学説を通じて，法的議論を育て，既存のルールの改正に影響を与えることがよくわかる。するとUNIDROIT原則についても，国の司法制度に服する国

---

[51] ALI/UNIDROIT, *Principles of Transnational Civil Procedure*, Cambridge University Press, 2006.

[52] 以下参照。E. Loquin, V^o Mondialisation, in *Dictionnaire de la justice*, op.cit.

[53] 以下参照。Ph. Fouchard (ed.), V*ers un procès civil universel ? Les règles transnationales de procédure civile de l'*American Law Institute, éd. Panthéon-Assas, 2001. — F. Ferrand (ed.), *La procédure civile mondiale modélisée*, Editions juridiques et techniques, 2004. — See also M.-L. Niboyet, Ebauche d'un droit judiciaire transnational, *in* Ph. Fouchard and L. Vogel (ed.), *L'actualité de la pensée de Berthold Goldman*, Ed. Panthéon-Assas, 2004, p. 47 & ff.

[54] 以下参照。F. Ferrand, Le nouveau Code de procédure civile français et les Principes ALI-UNIDROIT de procédure civile transnationale : Regard comparatif, *in* J. Foyer and C. Puigelier (ed.), *Le nouveau Code de procédure civile* (1975-2005), Economica, 2006, p. 439 & ff.

[55] Decree n° 2004-836 dated 20 August 2004.

[56] Decree n° 2005-1678 dated 28 December 2005.

際的な紛争に同原則を適用することを契約中で予定することで規範化する方向にさらに歩を進めてはどうだろうか，という話になってくる。これは現在議論されているところである。これが可能になれば，学術法は，契約自由の原則を通じるだけで訴訟法の法源になることになる。民事訴訟手続創出作業における学説と実務の連携関係のひとつであり，ボローニャ・スクール法源への回帰というわけである。「新しきは古きもの（Nova et Vetera）」

---

57 特に以下参照。S. Amrani-Mekki, E. Jeuland, Y.-M. Serinet and L. Cadiet, Le procès civil français à son point de déséquilibre ? Decree n° 2005-1678 dated 28 December 2005 on certain procedures and changes of name, *Juris-classeur périodique* (*Semaine Juridique*) 2006, I, 146.

ハンガリー民事訴訟法に対する外国の影響

イシュトヴァン・ヴァルガ〔垣内秀介訳〕

1. 序論と歴史的背景

1.1 1911年以前の法継受

ハンガリーの民事訴訟法は，ヨーロッパの多様な法システムによる影響を絶え間なく受けてきた[1]。法制史研究の示すところによれば，中世初期ハンガリーの民事訴訟は，ローマ＝カノン法，ゲルマン法およびノルマン法のモデルにその起源をもつ[2]。その後も，とりわけドイツ法およびオーストリー法のモデルを通じて，ヨーロッパ民事訴訟法の伝統がハンガリーに伝えられることとなった。ハンガリーの訴訟法に重要な影響を与えた訴訟手続関係の法令の中でも早い時期のものに属するのが，1495年の帝室裁判所条例（Reichskammergerichtsordnung）である[3]。引き続く中世の数世紀を通じて，ドイツ法およびオーストリー法の影響は，ハンガリーを支配するオーストリーのハプスブルク家によって，いっそう強められていくこととなった。くわえて近年においては，ハンガリーの民事訴訟法は，主として西ヨーロッパ諸国の民事訴訟法という形で，外国法の影響を受けている。

周知のように，ドイツ法およびオーストリー法における19世紀末の立法自体，その特徴の多くは，1806年のフランス民事訴訟法典に遡ることができる

---

[1] 歴史についての一般的概観として，*Németh*, in: Habscheid (ed.), Das deutsche Zivilprozessrecht und seine Ausstrahlung auf andere Rechtsordnungen, Bielefeld 1991, p. 254-281 を参照。

[2] Cf. *Hajnik*, Bírósági szervezet és eljárásjog az Árpád-házi és a vegyes házi királyok alatt, Budapest 1899.

[3] Cf. *Plósz*, in: Plósz Sándor összegyűjtött dolgozatai, Budapest 1927, p. 457.

ものである。したがって，ドイツ法およびオーストリー法を媒介としてフランスの民事訴訟法もまた，19世紀末から20世紀初頭にかけてのハンガリーの民事訴訟法典制定の試みに影響を与えている[4]。19世紀の後半には，進行中の法典制定作業を準備し，促進するために，多くの外国民事訴訟法典がハンガリー語に翻訳されることになった。ここでもまた，ドイツ，フランスおよびオーストリーの例が最も重要な役割を果たした。ハンガリーの訴訟法に最初に大きな直接的影響を与えたのは，オーストリーのモデルである。そうなった理由にはいくつかのものがあるが，最も重要であったのはもちろん，ハンガリーがハプスブルク王国内でオーストリーと共存していたという事情である。この関係は，1848年の諸革命の挫折の後に改めて強化されるとともに，1867年のいわゆるオーストリー＝ハンガリー和約によってさらに推進されることとなった。1849年の軍事的勝利の後，オーストリーはただちにハンガリー，クロアチアならびにスロヴェニアおよびセルビアの一部を含むいわゆる「国王領」において，一連の法律を施行した。1852年のオーストリー臨時民事訴訟法の導入も，その一環であった。その後9年近くにわたって実施されたこの臨時法典は，1781年のオーストリー一般裁判所法典（Allgemeine Gerichtsordnung）に基づいて構想されたものである。こうした経緯からすれば，その後長きに渡ってハンガリーのあらゆる法典にオーストリー法のパターンが見出されたのも，当然のことであった。

　1867年の和約によるいわゆる二重帝国体制の成立の結果，ハンガリーはその主権を部分的に回復することとなった。こうして，民事司法の領域におけるハンガリー独自の立法が再び可能になったわけである。とはいえ，完全に独自の法典を起草する準備はなお整っておらず，ここでもまたオーストリー臨時法典が1868年のハンガリー新民事司法法の主たる典拠として用いられることとなった。この1868年法は，制定当初は暫定的なものにすぎないと考えられていたのであるが，実際には半世紀近くにわたって，1911年制定の新民事訴訟法典が1915年1月1日に施行されるに至るまで，効力を保ち続けることになった。この1911年法典の起草は19世紀の最後の10年から20世紀の最初の10年にわたって行われたが，当時の実務法曹のほぼすべてがオーストリー法を基調とする訴訟法を日常的に利用していたという事情から必然的に，起草作業はオーストリー法の影響の下で行われざるを得なかった。

---

[4]　フランスからの影響の詳細については，*Kengyel*, in: Magister Artis Boni et Aequi（Festschrift Németh），Budapest 2003, p. 420 et seq.

1911年法典制定に至る長い道のりにはしかし,ドイツ法の影響を明瞭に反映するもう一つの画期が存在した。議会は1880年代末に,民事訴訟法全体の法典化のための試みとして,民事訴訟手続の段階的改革に着手することを決めた。その重要な成果の一つが,少額請求を対象とする訴訟に適用される略式手続について定める1893年の法律第18号である。この法律は,証拠の自由評価,直接主義,書面手続に代わる口頭審理の原則化など,後に1911年法典の指針となるような基本的な手続原則の多くをすでに採用しており,その意味で1911年法典の直接の祖先というべきものであった。両者の系譜関係はまた,両法典がともに同一の導きの親,ドイツ法の造詣が深い民事訴訟法学者であった Alexander Plósz の手になるという事情からも必然的なものであった。彼の残した刻印は,20世紀のハンガリー民事訴訟法にとって決定的な意味を持つこととなる[5]。

1.2 1911年の新民事訴訟法典

1911年法典の制定は,上に述べた諸事情の帰結として,上記諸外国の法伝統に深く根ざしたものであった。とはいえそれは,もっぱら上記の法的現実(ハンガリーにはじめはオーストリー法そのものが,後にはオーストリー法を基調にした規定が適用されていたということ)のみに帰せられるものではなく,十分な経験を経た外国のモデルによって新法典を基礎づけるというハンガリー立法者のまったく意識的な学問的努力に由来するものでもあった。こうした努力は,ハンガリーの民事訴訟法学の二人の中心的担い手であった Kornél Emmer 判事および Alexander Plósz 教授による文字通りの外国遍歴を通じて具体化されることとなる。この二人の専門家は,司法省から外国における研究と経験とを基礎とした法典草案の作成を依頼され,Emmer 判事がフランス,ベルギーおよびスイスへの研究旅行に赴く一方,Plósz 教授はドイツを訪ね,そこでドイツの実務と1877年ドイツ民事訴訟法典の成果とを調査することとなった。その結果,Emmer 判事の草案が主としてフランス法モデルに依拠し,Plósz 教授の草案が徹底してドイツ法志向のものになったことは,驚くにはあたらないであろう。いずれの草案も議会で審議されるには至らなかったが,Plósz 草案の縮小版が前述の略式手続法の基礎を後に提供することになった。この時が,ハンガリーの法典制定がドイツ法モデルへと向かう決定的な転機になったということができよう。法典制定における Plósz

---
[5]　Cf. *Németh, ibid.* p. 259 et seq. and *Kengyel, ibid.* p. 417 et seq.

教授の指導的役割がその後強まっていったこともあって，この時以来ドイツ法による方向付けが支配的なものとなった。後に彼は司法大臣にまで就任し，議会は1910年に彼の最終草案を承認することとなった。彼の最終草案は，基本的に議会での実質的な議論の対象となることなく，1911年の法律第1号として成立，1915年1月1日に施行され，ハンガリーの法律家には「Plósz民事訴訟法典」ないし「1911年法典」と称されている。この法典は，1893年の略式手続法と同様に，Plószの受けたドイツ法的な法学教育を示すものであり，また，ドイツの1877年法典による成果を意識的に取り入れたものであった。とはいえその一方で，当時最も影響力のある訴訟法学者の一人であったFranz Kleinの起草したオーストリーの1895年民事訴訟法典もまた，ハンガリーの法典起草の時期に制定されていたということも，見落としてはならないであろう。当時のハンガリーの著者たちの多くがオーストリー法の影響への言及を慎重に避けているのは，むしろ1848年以降の数十年間にわたり多くのハンガリー人が持つようになった民族的自尊心によるものと思われる。今日では，1911年法典がドイツ，オーストリー双方の民事訴訟法典に深く影響と示唆を受けたことは，ハンガリー訴訟法学の認めるところとなっている。この認識はまた，最も真正な史料，すなわちPlósz自身の「彼の」法典に関する著述や講演によっても，支持されるところである。これらにおいてPlószは，比較法的アプローチによりつつ，ドイツ法，オーストリー法とハンガリーの新法典との共通点，類似点とともに，それらの間にみられる多くの相違点（たとえば，第一審手続の構造や，証拠調べ手続[6]）もまた，明らかにしている。

　民事訴訟手続の諸原則の大部分，また第一審段階から上訴法に至る主要な手続制度はいずれも，主としてドイツの，そしてそれほどにではないにせよオーストリーの法典から借用され，あるいは両国法の影響の下ハンガリー法自身の伝統の中で発展してきたものであった。Plószの言葉によれば，ハンガリー法が例外的にドイツ法の対応規定と規律を異にしている点の多くは，その起源をオーストリー法に有するとされる[7]。とりわけ重要なのは，民事訴訟を国が社会的紛争を解決するための手段であるとみるFranz Kleinの考え方の影響が，ここでも強調されなければならないということである。この考え方は，積極司法と裁判官による事件管理の可能性をいっそう強化するこ

---

[6] Cf. Plósz, *ibid*. p. 455 et seq., and 514 et seq.

[7] Plósz, *ibid*. p. 458.

とを要請する。Plósz法典が手続形成に当たって裁判官に比較的広い裁量を認め、とりわけ職権証拠調べを認めていることにみられるように、結果としてハンガリー法は、この点に関してKleinの教えを一定程度受け入れているようにみえる。

ハンガリーの新法典とその最も重要なモデルとなったドイツ民事訴訟法典との間には、一点において相違がみられ、そのことがハンガリー法典にいくぶんスリムな外観を与えている。とはいえ、たとえ一見したところそうした印象が得られるとしても、この相違点は純粋に形式上のものにすぎない。すなわち、ドイツ民事訴訟法典と異なって、ハンガリー法は、ここではオーストリー法に従い、執行手続を法典から切り離し、独立の執行法によって規律している。この伝統は、今日のハンガリー民事訴訟法でも、なお維持されている。

この1911年法典はいく度かの改正を受けたが、その構造と内容は、1952年に共産党政権によって新法典が制定されるまで、基本的には変更されなかった。

1.3　社会主義体制時代——伝統の断絶と残存

ハンガリーが他の東欧社会主義諸国とともにソ連の訴訟法立法および訴訟法学に接するようになったことにより、上述した中欧・西欧からの影響という長い伝統は、20世紀の後半においては約40年にわたって中断することとなった。1952年という年は、ハンガリーの現代史において、近隣の超大国であるソ連の支援を受けた共産主義政権による抑圧が、ある意味で頂点を画した年である。

この年には、短期間にしかもやや性急なやり方で、二つの重要な法案が可決された。1952年法律第3号および4号、すなわち新民事訴訟法典および新家族法であり、これらは新たな社会主義立法の象徴的存在というべきものであった。これらの立法をめぐる歴史的状況からすれば、その指導理念がどこに由来するものであったかについては、疑問の余地がない。ソ連の著者に対する引用と言及は義務的なものとなり、新訴訟法典（1953年1月1日施行）は、多くの社会主義法学的な考え方を実務に持ち込むこととなった。ここでこの問題について詳論するつもりはないが、その主要な考え方とそれを実現するための手続法の規律とは、次のようなものであった。すなわち、社会主義的訴訟のドグマは、民事司法が「人民の近くに」あることを要求し、また、

裁判においては，人民が決定的な役割を果たさなければならない，というのである。くわえて手続は，より簡素に，そして人民にとってより理解しやすいものにならなければならない。したがって，裁判官による合議体と当該合議体への素人の参加とが，第一審においても原則的な規律となる。新たな手続原則体制が導入され，従来の諸原則の多くは新たな解釈を与えられることになった。さらに，新たな諸原則の果たすべき決定的役割をいっそう強調するため，1952年法典第1章はもっぱらそうした新原則のみに割かれることになった。とりわけ重要なのは，処分権主義が制限され，それに対応して裁判官の責任と管理的裁量が強化されたことである。裁判官は，両当事者の手続上の権利のみならず実体権についても，それが適切かつ例外なく行使されるよう監督しなければならない。手続中における裁判所の職権行使の機会は増大し，欠席判決の制度は廃止された。審理の二段階区分，すなわち形式的防御方法を含む準備的審理と本案審理との区分も，同様に「簡素化」され，一体的な審理に統合された。伝統的な2段階の上訴システムは1段階の上訴により取って代わられた。いまや両当事者と裁判所との間での直接のやり取りを阻むいかなる障害も存在してはならないというので，弁護士強制はすべての審級において廃止された。弁護士強制の廃止と弁護士に対する抑圧的姿勢は，弁護士は資本主義社会を象徴する職業であって，社会主義的法システムにおいては奨励されるに値しない，との理由にも支えられたものであった。

　社会主義民事訴訟制度のもうひとつの特徴は，国家の利益を確保するとともに，社会主義の考え方が民事訴訟に及ぶよう一般的に監視する，という任務を負った国の検察官が，至るところに登場するということである。検察官は，自己の訴えを裁判所に提起することができない私人，あるいはそれを欲しない（！）私人のために，訴えを提起する権限さえ与えられていた。もうひとつの極端な例は，検察官には，不利益を受けた当事者がその権利を有しない場合であっても，ハンガリー最高裁に対して（判決確定後の）特別の上訴を提起することが認められていたことである[8]。さらに最高裁判所には，当事者のいずれの同意をも必要とすることなく，原告が本来訴えを提起した裁判所から「より適切な」裁判所へと，（検察官の意見を徴した上で）事件を移送する権限も与えられていた。

　以上に列挙したすべての特徴はいずれも，当事者による自由な事件の処分を制限し，行き着くところ私人が自己の全面的な責任において手続上の権利

---

[8]　Decision of the Hungarian Constitutional Court, No. 9/1992 (I. 30.) AB.

を行使することを不可能にする，という同一の目標を目指すものであった。それは，新生の全体主義的国家の基本哲学によく適合した，徹底してパターナリスティックなシステムであった。

にもかかわらず，一見新たな「社会主義的」訴訟法の考え方が席捲し，制定法が政治的動機による多くの改正を受けたこの40年間をもってしても，ハンガリー民事訴訟法の伝統的な西ヨーロッパ的色彩が捨て去られてしまったわけではなかった。パッサウにおける1989年の会議で Németh 教授が報告しているように，1952年の社会主義訴訟法典は，もちろん上記のような社会主義訴訟法理論による新機軸によって「豊かに」されたものであったとはいえ，ほとんど1911年の Plósz 法典の「抜粋」[9]を超えるものではなかったのである。このことを考えれば，第二次大戦の敗北とソビエト社会主義体制の出現を経て，ハンガリーは表面的にみれば新しい民事訴訟法典を与えられたかのようにみえるものの，より深く検討すれば，その基底はやはり1911年法典に，したがって古いドイツ=オーストリー法の伝統に発するものであった，ということができるであろう。

1.4　今日の民事訴訟法への歩み

以上で明らかにしたように，1952年法典が本質的にはかつての1911年 Plósz 法典が簡略化されイデオロギーの装いを着せられたヴァージョンに過ぎなかったのだとすれば，同法典が——他の多くの法典と異なり——，1989年から90年にかけての政治体制変化に引き続く異例に濃密な立法の時代さえ生き抜き，その正式名称である「1952年法律第3号」が示すように，今日でもなお現行法であり続けていることも，驚くには値しないことである。もちろん，この法典は，共産主義時代においてもすでに多くの改正を受けていたし，1990年代を通じて多くの改正法が制定された。こうした変更の結果として，1952年法典は，1911年法典の当初の特徴を，そのドイツ法的性格とともに，回復するに至っている。同時に，こうした改正の機会を利用して，1952年法典の枠組自体は維持し，初めから新しい立法をすることが必要とならないような形で，上に挙げた社会主義的民事訴訟の特殊性は段階的に除去されてきた。この点で指摘すべきことは，法典を現在の姿，すなわち社会主義体制に由来する「異物」のない，西ヨーロッパ的，とりわけドイツ的な法典へと導いたのは，法改正だけではなかったということである。この法典「純化」

---

[9]　*Németh, ibid.* p. 266 の表現による。

の過程においては，ハンガリー憲法裁判所もまた，旧体制の柱となっていた法典の中核的規定や共産主義時代に由来する他の訴訟法規を違憲無効と宣言することにより，同じく決定的な役割を担ってきた。非常に長い射程をもつそうした判決の例としては，国の検察官の権利義務の多くを否定する判決[10]，手続権の行使に関する当事者の自由な処分を回復する判決[11]や，行政機関の行為に対する司法審査（ハンガリーでは民事裁判所の裁判権に属する）の可能性を例外的なものから一般的なものへと改める判決[12]を挙げることができる。

　20世紀最後の10年間における最も重要なハンガリー民事訴訟法の改革は，1997年に行われた。この改革は，主として裁判所制度を再編し，地方裁判所レベルと最高裁判所との間に新たな上訴審を導入することを狙ったものであった。これによる新裁判所の創設は，刑事訴訟の場合とは異なり，民事訴訟に2段階の上訴システムをもたらすものではないが，以後上訴手続は二つの別なコースによって処理されることになった。（一般的な第一審裁判所である）区裁判所（local court）の判決に対する上訴は，20ある地方裁判所（district court）のうちその地を管轄するものに対して提起しなければならないのに対して，地方裁判所が，特例として認められているかなり広範な事件類型において，第一審裁判所としてした判決に対する上訴は，新設の高等地方裁判所（higher district courts）に提起しなければならない。この高等地方裁判所は，ドイツの上級地方裁判所（Oberlandesgericht）に対応するものであり，Plósz法典下のハンガリー司法の一翼をなしていたものである。したがって，同裁判所の復活は，ドイツの影響を受けた伝統的構造への新たな回帰の一歩としても，理解できるものであるが，この点は，立法の過程でややあいまいになった。その背景としては，この裁判所の新設との関係では，むしろ別の視点が主として強調されたという事情がある。それは，最高裁判所の負担軽減効果という点である。つまり，新法の下では，高等地方裁判所が上訴事件を処理するので，民事の最上級審裁判所は，一般に上訴事件を扱わなくてもよくなり，民事事件における判例の方向付けと統一という役割により集中できるようになる，というのである。

　1997年の改革は，上訴手続の規律についても，外国法の示唆を受けた一定の変更をもたらした。こうした変更点については，他の点とともに，次の項

10　Decision of the Hungarian Constitutional Court, No. 1/1994 (I.7.) AB.
11　たとえば，Decision of the Hungarian Constitutional Court, No. 26/1990 (XI.8.) AB.
12　Decision of the Hungarian Constitutional Court, No. 32/1990 (XII. 22.) AB.

で取り扱う。

2000年以降における1952年法典の諸改正は，何よりEU加盟準備の表れであった。2004年5月に加盟国となってからは，ハンガリー民事訴訟法の改正の多くは，その「ヨーロッパ化」のプロセスを反映したものである。このプロセスについても，後に3の項でみることにしよう。

2. 訴訟手続関係の法令に対する現在の外国法の影響

2.1 合理的な期間内における手続終結の要請

ある意味で意外なことであるが，2003年には，民事訴訟法典第1章に損害賠償に関する新たな規定が導入された。新規定は第一に，民事訴訟を合理的な期間内に終結させるという要請を明文化した。当事者は，合理的な期間内に自己の事件について審理および判決を受けるという権利を害された場合には，その損害の賠償を裁判所に対して求めることができるものとされたのである。この賠償責任は，客観的な基準により判断され，裁判所の責任は，裁判官や他の裁判所職員の過失の有無には依存しない。賠償請求は，手続が合理的な期間を超えて継続した場合には，常に認められなければならない。この基準の内容は，新規定全体の趣旨と同様，――気づかれた方もいるだろうが――ストラスブールの欧州人権裁判所のそれから借用されたものである。その意味でこの損害賠償規定は――民事訴訟法典の冒頭に置かれるのは異例であるとしても――，ヨーロッパ法の手続法的基準を媒介する役割をも果たすものである。

2.2 弁護士強制の導入

1995年の民事訴訟法典改革によって導入された弁護士強制は，1997年および2003年の改革により，その適用範囲をさらに拡大されることになった。1995年の段階では，それは最高裁判所における手続を効率化するための第一歩と考えられていた。したがって，弁護士による代理は，最高裁判所に控訴または上告を提起する当事者に対してのみ要求されていた。これは，当事者本人と裁判所との間の直接のやり取りを妨げてはならない，という当時なお民事訴訟法典を支配していたかつての社会主義的な原理からの，初めての前進であった。社会主義体制時代における弁護士強制の廃止は，資本主義社会を象徴する職業たる弁護士は，社会主義的法システムにおいては推奨に値し

ないという理由付けによるものでもあったが，この理由付けが1990年の政治体制の変化によってその正統性を失ったことは言うまでもなく，弁護士職は，法律専門職の一つとしてその伝統的な重要性を回復するに至った。先に述べたように，その後ハンガリーの裁判所制度に新たな裁判所（高等地方裁判所）が加わったことにより，新たな上訴裁判所の手続にも弁護士強制を適用することが不可欠となった。改革の基本的な目的は，これらの最上級民事裁判所における手続をより効率的かつ技術的水準の高いものとし，明らかに理由がなく負担ばかり重い上訴申立てをできれば防止し，あるいは少なくとも減らすことにあった。ここでもまた，ドイツ民事訴訟の弁護士強制（Anwaltszwang）が，新規定のモデルとして決定的な役割を果たした。

2.3　1997年の裁判所制度再編に伴う上訴手続の変容

　個別の事件が最高裁判所に係属するのは，上告が提起された場合に限られる。この上告は，終局判決の本案に影響する法令解釈の誤りの主張によってのみ根拠付けることができる，ハンガリー民事訴訟法中の特別な不服申立方法である。しかしこれには例外があり，その例外もまたドイツ法起源であることが注目される。すなわち，地方裁判所を第一審裁判所とすることが特に認められた事件類型の民事訴訟の当事者は——他のいくつかの要件が満たされれば——，高等地方裁判所の上訴裁判権を回避し，最高裁判所に直接上訴を提起することを合意することができる。この場合には，最高裁判所は例外的に第二審の上訴裁判所として裁判をすることになる。この手続的手法は，当事者が一般の第二審裁判所を飛び越すことを可能にするものであり，ドイツ民事訴訟法の"Sprungrevision"を強く想起させるものである。

　1992年に特別な不服申立方法として創設された上告の規律についても，ドイツ法の影響を受けた改正がなされている。とりわけ，立法者は上告可能性を制限するための種々のハードルを数回にわたって導入してきた。こうした制限は二元的な性格をもち，係争価額と当該事件の重要性のいずれかを基準としたものである。上告が許されるのは，民事訴訟法典に定める基準額を超える価額が争われる場合と，当該事件が法律上重要な問題を提起し，下級審裁判例の統一という一般的な利益に鑑みて最高裁判所が判断すべきものである場合とに限られる。これらに大きな影響を与えた制度の一部はドイツ法においてその後消滅したし（たとえば価額上告（Wertrevision）），ハンガリーの民事訴訟法典からも削除されることになったが（価額上告も，上告要件として

の事件の重要性の要求も，ともに憲法裁判所によって違憲と判断された），それでもハンガリーの上告法の歴史的発展におけるドイツ法の痕跡の存在は，見誤りようがない。

2.4 民事裁判所による行政行為の審査

ハンガリーには，ドイツの「行政裁判所」に比肩し得るような独立の行政裁判所制度は存在しないし，行政行為の司法審査に関する手続は，今なお民事訴訟法典の一章として規定されているが，2005年における行政訴訟改革の過程で，立法者は多くのドイツ，オーストリーおよびフランスの専門家の意見を徴した。結果として，行政行為の審査は従前どおり民事裁判所が行うが，独立の行政裁判所制度を持つ国々の多くの経験が，現代的立法のために生かされることとなった。立法過程においては，これらの国々の専門家および行政裁判官が参加して草案の翻訳を批判的に検討する会議が，数多く開催された。これら一連の会議の頂点の一つをなしたのが，（行政訴訟における最終審でもある）最高裁判所と司法省が主催し，ハンガリーおよびドイツ専門家の参加を得て開催された会議である。この会議に参加したのは，行政機関の代表者，弁護士，関係省庁の起草担当者や両国裁判所のすべての審級から選ばれた行政訴訟担当裁判官など，行政訴訟に関わるあらゆる法律関係者から選ばれた専門家たちであった。そこではハンガリーの第一審の行政訴訟担当裁判官からドイツの連邦行政裁判所長官までを含む報告者と聴衆との間で活発な議論が行われ，起草者がそれまで十分な注意を払っていなかった多くの実務的問題点が検討の対象とされた。これは，現代ハンガリーの立法者が民事訴訟法分野における立法の過程に外国からの経験と批判を意識的かつ公的な形で取り込もうとした，最初の試みの一つであったといえる。

2.5 民事訴訟促進に関する2006年の新司法省草案

ハンガリーの司法省は，民事訴訟の促進を主たる目的として，民事訴訟法典および他のいくつかの法令を全面的に改正する新草案を，2006年7月に公表した。現在この草案は，専門家の意見を徴すべく法学部，裁判所および弁護士会に送付されている。この草案の立法化が実現するかどうか，またその時期について予見することはできないが，同草案に付された補足説明には，注目に値する点がある。それは，（主として非訟事件，少額請求および支払督促のための略式手続の）裁判において電子的技術をいっそう活用することによ

り事件負担軽減を図ることを狙った改正点は，実際上すべてドイツおよびオーストリーの例に倣ったものとされている，ということである。

2.6 憲法裁判と民事裁判の相互作用

ハンガリーの憲法裁判が1989年の創設以来主としてドイツの憲法裁判の影響を受けてきた，という事実も，簡単にふれておく価値がある。このことは実務上，すでにドイツの連邦憲法裁判所の判断がなされている民事および民事訴訟に関する憲法問題は，特にドイツの判例を参照しながら検討されるということを意味する。こうして，憲法裁判所の判例はしばしばドイツ法，またその程度は少ないにせよオーストリー法の影響の隠れた媒体となっているのである。

2.7 国内仲裁と国際仲裁

他の多くの国におけるのと同様に，ハンガリーにおける手続法継受の最も印象的な事例は，1990年代中ごろに行われた国際仲裁法のハーモナイゼイションによってもたらされたものである。全体を一瞥すれば分かるように，1994年のハンガリー新仲裁法の規定の大部分は，UNCITRALモデル法に由来するものであるといえる。実際ほとんどの条文は，モデル法の規定の直訳であるか少なくともその対応物である。さらにハンガリーの立法者は，モデル法が元来国際仲裁を対象としていることにはこだわらず，新仲裁法はハンガリーを仲裁地とする国際仲裁手続のみならず，純然たる国内仲裁をも規律することとなった。新仲裁法に付された立法者の理由説明によれば，その主たる理由は，モデル法の定める詳細な手続的規律が，国内・国際双方の仲裁手続の必要を同様に満たすものであると考えられたからである。モデル法の規定は，裁判所による仲裁援助に関する事物管轄や土地管轄といった国内民事訴訟手続特有の諸条件に関する補充を受けたに過ぎなかった。

仲裁手続終了後の段階に関わる国家裁判所の活動の二大領域である仲裁判断取消しおよび執行の手続の規律もまた，継受の対象となった。仲裁判断取消事由および執行拒絶事由は，外国仲裁判断の承認および執行に関する1958年のニューヨーク条約の規定と同一のものとされている。

より一般的にいって，モデル法およびニューヨーク条約によって喚起された継受プロセスとは別の意味においても，仲裁は，国内民事訴訟法に外国の基準および国際的な基準を波及させる重要な媒介物となっている[13]。国際商

事仲裁の実務においては，多くの手続上の争点について，すべての当事者（そして仲裁人）の受け入れられる一定の共通基盤が必要となる。手続上の共通項を探すというこのプロセスは，比較民事訴訟法をある程度実践することを前提としたものである。手続の進行と態様に対して外国人が予期するところを知ることを通じて，極めて重要な法律家のグループ，すなわち仲裁分野で活動する法律家たちは，外国の手続法や手続に対する考え方の媒介者となるのである。

2.8　コモンローの影響の不存在

コモンローの民事訴訟手続の中核的要素はハンガリー法には及んでおらず，言及の余地があるような影響を今日の立法に与えてはいないように思われる。したがって，ドイツや大陸法の伝統に属する他のいくつかの西欧諸国とは異なり，ハンガリーにおいては，手続冒頭における当然開示その他の伝統的なディスカヴァリーの手法を導入する可能性ないし必要性に関する議論は，存在しない。

3.　ハンガリー民事訴訟法に関係する国際法上の法源

ハンガリーの批准する国際条約のかなりの数は，主として国際裁判管轄に関わる民事訴訟法的な規定を含んでいる。たとえば，国際道路物品運送条約（CMR条約）（31条）や，国際航空運送に関する1929年のワルシャワ条約（28条），親の責任及び子の保護に関する1996年のハーグ条約などである。1992年にハンガリーが批准した1968年の欧州外国法情報条約もまた，民事訴訟法的な含意を持つものであった。

他方で，ハンガリーに適用される多国間条約の中には，もっぱら民事訴訟に関する事項を扱う一連のものが存在する。このグループに属する条約には，何より，1954年のハーグ民事訴訟条約，1965年のハーグ送達条約，そして1970年のハーグ証拠収集条約があり，最後の二つはごく最近になってハンガリーが批准したものである（2004年および2005年）。ハーグ条約会議のもっとも最近の成果である2005年の管轄合意条約の批准については，現在まさに議

13　この点につき Schlosser はかつて，決定的な媒介項（Transmissionsriemen）としての仲裁と表現した。*Schlosser*, in: Böckstiegel (ed.), Rechtsfortbildung durch internationale Schiedsgerichtsbarkeit, Köln 1989, p. 7.

論がなされているところである。

以上に挙げた二つのグループの国際法規は，ともにハンガリーの民事訴訟の実務および理論を形成し，豊かなものにしてきた。それらは，単に渉外的要素を含む民事訴訟に適用されるのみならず，その実施は，条約が体現する国際基準との整合性を確保するため，多くの国内民事訴訟法の改正を要請することにもなった。このことを示すには，送達条約の影響下でなされた民事訴訟法典の欠席判決に関する規定の修正（いつ，いかなる場合に被告は文書を受領しなかったとみなされるのか），あるいは，証拠収集や証拠秘匿特権に関して証拠条約の枠内で外国訴訟法が適用される可能性などを挙げておけば，十分であろう。このようにして，これらの条約はある種の国際的なコンセンサスを体現し，それを批准国に対して持続的に及ぼしていくのである。そうして及ぼされるコンセンサスは，比較的抽象的なものであったり，一般的な方法レベルでの合意であることもあるが，具体的な訴訟法の規律の形をとることもある。その一方で，その成立過程や外国での適用状況の批判的分析なしに条約全体を機械的に実行するなら，むしろ誤解を招き，目指されている司法共助を妨げることもあり得る。このことを示す分かりやすい例は，ハンガリーが最近，アングロサクソン諸国からのディスカヴァリー申立てを遮断するため，ハーグ証拠法条約23条の定める留保を宣言したことである。この留保宣言は，もっぱら加盟国の圧倒的多数が同じようにしているということのみを根拠としてなされたものであるようにみえる。とはいえ，これもまた一種の継受とみることはできるかもしれない。

4. EU 加盟とハンガリーの民事訴訟法

2004年5月1日のハンガリーの EU 加盟は，民事訴訟法はもとよりハンガリー法全体を，西ヨーロッパの法伝統と第一次・第二次共同体法による深甚かつ急激な影響の波にさらすこととなった。たしかに一方では，1990年代および新世紀の初めのすべての重要法案は，すでにヨーロッパ共同体法の要請に整合的に起草されてきたものである。立法者は，共同体法の要請を常に念頭に置きつつ，最近の立法では，主として実体法の領域において，そうした要請を実際に満たしてきたのである。しかし他方において，民事訴訟および加盟国間の民事事件における司法共助に関する事項が直接の（二次的な）共同体立法の対象となったのは，周知のように，アムステルダム条約が1997

年に締結された後のことに過ぎなかった。

アムステルダム修正の結果[14], EU 理事会は,「自由, 安全及び正義の領域を漸進的に確立する」任務を負い, この目的を達するため,「渉外性を有する民事事件における司法共助の分野において…(a)外国における裁判上及び裁判外の文書の送達制度並びに司法外の事件を含む民商事事件の裁判の承認執行を改善し, 簡素化する措置, (b)加盟国に適用される国際私法及び国際裁判管轄に関する規定の融和を図る措置, (c)必要な場合には加盟国に適用される民事訴訟に関する規定の融和を図ることにより, 民事訴訟手続の良好な実施に対する障害を除去する措置」をとる権限が与えられることになった。この規定に基づく第二次 EU 法のほぼすべてが, 2000年から2004年の間に制定され, 発効したものである。具体的には, 倒産手続に関する規則[15], 民商事事件における裁判上及び裁判外の文書の加盟国内での送達に関する規則[16], 民商事事件における欧州司法ネットワークを設立する決定[17], 民商事事件における裁判管轄並びに判決の承認執行に関する規則[18], 民商事事件の証拠収集における加盟国裁判所間の共助に関する規則[19], 渉外的紛争における法律扶助につき最小限の共通規律を定めることにより同種紛争における司法へのアクセスを改善するための命令[20], 婚姻関係事件及び親の責任事件における裁判管轄及び判決の承認執行に関する規則[21], そして最後に, 争いのない請求に対する欧州執行命令を創設する規則[22]が挙げられる。

2000年から2004年にかけてこうした活発な欧州立法がなされたことは, ハンガリーの裁判所が, これらの膨大な規則, 命令および決定, さらには欧州裁判所の民事訴訟法関係の判例に, まったく突然に, しかも十分な移行期間もなく直面したということを意味する。加盟のその日に, 以上の法の全体がハンガリーで一挙に発効することになったのである。西欧の古い加盟国にお

14　EU 条約第61～69条参照。
15　Council Regulation No 1346/2000.
16　Council Regulation No 1348/2000.
17　Council Decision No 2001/470/EC.
18　Council Regulation No 44/2001.
19　Council Regulation No 1206/2001.
20　Council Directive No 2002/8/EC.
21　Council Regulation No 2201/2003.
22　Regulation No 805/2004 of the European Parliament and of the Council of 21 April 2004.

けるように，こうした一連の法源が，長い時間をかけた成長の結果として国内の法システムの一部となるのと，ハンガリーなどの新加盟国におけるように，それが特定の時点で一挙に一国の法システムに入ってくるのとでは，計り知れない違いがある。先に掲げた法令のほとんどは，かつてのEU構成国によって締結された従来の国際条約にその起源を持つものである。このことを示すには，民商事事件における判決の承認執行に関する1968年のブリュッセル条約が，——旧加盟国における30年にわたる適用の後に——装い新たに規則44/2001となったが，この新しい第二次EU法は，すでに熟知され，実践されてきた欧州国際裁判管轄のやり方に多くの変更を加えるものではなかった，という一例を挙げれば十分であろう。これとは対照的に，ハンガリーは，一度もブリュッセル条約に加盟することはできなかったし，これに相当するルガノ条約に加盟することもできなかったのである。上記ヨーロッパ法の要請する国内訴訟法の改正は，基本的にすべて完了してはいるものの（過大な裁判管轄規定の放棄，新たな法律扶助制度の導入，送達規定のハーモナイゼイション，欧州裁判所の事前審理を必要とする事件の手続の整備，証拠収集などの欧州司法共助に関与する裁判所の事物管轄及び土地管轄に関する規定，外国・内国倒産手続の公告など），新規定を定着させるのには，おそらくあと数年はかかるであろう。

　以上のようにハンガリーでは，1911年法典の時代以来最大の法継受のプロセスが，日増しに国際化する法学教育に支えられつつ，進行中である。この法学教育の国際化という側面は，真の継受が，社会的・法文化的次元における相応の変化によって準備されることによって初めて実現可能となることに鑑みれば，決定的に重要なものである。そうした変化を遂行する能力は，かつてないほど必要とされているように思われる。現在進行しつつある継受のプロセスのもっとも重大な帰結の一つはおそらく——訴訟法の細目の変更にとどまらず——，司法共助および民事訴訟における国境線の重要性が徐々に失われていくということであり，それは，世界に普及したハーグ諸条約が前提とする伝統的な，主権に依拠した考え方からの，大いなる飛躍を意味するのである。

イギリス民事司法とそれを取り巻く世界

ニール・アンドリュース〔橋本聡訳〕

1. 序[1]

　イギリス民事司法は急速に進化してきている。本報告では，裁判所における伝統的な訴訟，仲裁および調停のような他の紛争解決形式を含めて，「民事司法」という言葉を用いることにする。
　イギリスにおける変化は以下の4つの理由により興味あるものである。すなわち，まず，それらの変化が現代的なニーズに対する主要な法体系の対応だからである。第二に，イギリスの訴訟手続が，議論はあろうが，アメリカ合衆国のシステムとヨーロッパのシステムの重要な中間地点にあるからである。第三に，イギリスがコモンロー体系の創始者だからである。そして最後に，これらの変化がイギリスを取り巻く，まさにグローバルな環境の一部だからである。
　ここで私はイギリス民事司法内部の変化と，それを取り巻くトランスナショナルな紛争解決という世界との結びつきに関するいくつかの見解を紹介することにする。私が本報告で論じるのは以下の点についてである。
　　イギリスにおける裁判官の手続上の影響力は強力なものであったが，現在，この優越性は，調停およびすべての形式におけるトランスナショナルな民事司法のスタイルの出現ならびに国際的なローファームの登場によっ

---

[1] 以下，指摘のない限り，脚注に引用した著書の出版場所はロンドンである。外国の読者はイギリスの訴訟手続準則（the CPR, Practice Directions, Pre-Action Protocols and Court Guides）を www.dca.gov.uk/civil/procrules_fin/menus/rules.htm で参照することが可能である。

て脅かされている。

　裁判所ベースの訴訟と制裁という国家制度は消え去るものではないが，伝統的な民事訴訟の数は減少した。

　我々はインフォーマルな民事司法という新たな形式の普及およびトランスナショナルな手続原則の発展に対して建設的な態度をとるべきである。

　より一般的には，法律家は他国の裁判所制度および調停や仲裁という領域において出現した新たな考えや技術に対して，柔軟かつ建設的な態度を見せるべきである。そのようなメンタリティーが個々の国の法制度を活性化させるのに重要である。

2. 1996年-2006年：イギリスにおける訴訟制度改革が集中的に行われた時期

　この10年間にイギリスおよびトランスナショナルな「民事司法」内部に重要な変化が見られた。この時期にイギリス人は二つの新たなスタートを目撃した。それは新たな民事訴訟法典と新たな仲裁法であり，それぞれが理念，一般的な目的および訴訟活動のスタイルの再定義を含んでいる。さらに，紛争解決の主要な形式である調停が，イギリス国内できわめて重要な勢力として登場した。以下の5つの進展を考慮せよ。

(1)ウールフ卿が「司法へのアクセス[2]」に関する最終報告書を公刊して10年が経つ。同報告書はイングランドおよびウェールズでの民事訴訟を規律する新たな訴訟法典の枠組みを提供した。1999年に民事訴訟規則が施行された[3]。イギリスの裁判所は訴訟を管理する重大な権限を受け取り，

---

[2] Lord Woolf, Access to Justice, Interim Report (1995) and Access to Justice, Final Report (1996) ; on which Andrews English Civil Procedure (Oxford UP, 2003), ch 2 ; これらの報告書に対する反応として：S Flanders 'Case Management: Failure in America? Success in England and Wales?' (1998) 17 CJQ 308; JA Jolowicz 'The Woolf Report and the Adversary System' 1996) 15 CJQ 198; M Zander, 'The Government's Plans on Civil Justice' (1998) 61 MLR 383-389 and 'The Woolf Report: Forwards or Backwards for the New Lord Chancellor?' (1997) 16 CJQ 208; AAS Zuckerman and R Cranston (eds), Reform of Civil Procedure: Essays on 'Access to Justice' (Oxford, 1995) (essays by various authors) ; AAS Zuckerman, 'The Woolf Report on Access to Justice' (1997) 2 ZZPInt 31 ff がある。

[3] SI 1998/3132, 後の修正を含め，以下のサイトで参照可能：http://www.dca.gov.uk/civil/procrules_fin/menus/rules.htm

手続に対する当事者の支配は減ぜられた[4]。付録Ⅰを参照。
(2) 1996年にイギリス仲裁法が制定され，10年が経つ[5]。同法には多くの新たな制度が組み込まれている。付録Ⅱを参照。
(3) この10年間，イギリスの会社および弁護士は，裁判に訴えることなく，あるいは少なくともトライアルなしに紛争を解決する別の手段として調停を利用してきた。付録Ⅲを参照。
(4) 加えて，欧州連合は，欧州連合加盟国の裁判所間での共助をより一層促し，共通の訴訟手続上の道具を見出すためのイニシアティブを恒常的にとってきた。付録Ⅳを参照。
(5) 2006年，ケンブリッジ大学出版会がUNIDROIT/ALIの「トランスナショナルな民事訴訟の諸原則」を出版した。このモデル法は，主に裁判所によって利用されることを目的として，民事司法のグローバルな視点を提供しているが，仲裁人および仲裁機関にも貴重なものである。

3. イギリス民事司法に対する裁判官の影響力の低下

第一審裁判官の権限

イギリスの裁判官は，現在，過去数世紀にわたって彼らが知っていた以上の権限を訴訟の各段階において行使しなければならない（付録Ⅰを参照）。弁護士は，事件を公正に処理するという共同の活動において裁判所に協力することを求められている[6]。民事訴訟規則第1編（いわゆる「最優先の目的」）が裁判所に求めていることは，両当事者に平等の敬意を払い平等の機会を付与すること，当該事件の重要性または価値に見合うように当該手続を設ける

---

[4] 伝統的対立当事者主義の観点からみた新制度に関して，Neil Andrews, 'A New Civil Procedural Code for England: Party-Control "Going, Going, Gone"' (2000) 19 CJQ 19-38 を参照。

[5] M Mustill and S Boyd, Commercial Arbitration (2nd edn, London, 1989, and companion volume, 2001); R Merkin, Arbitration Law (2004); Russell on Arbitration (22nd edn, London, 2002); Departmental Advisory Committee of Arbitration Law Report on the Arbitration Bill; Departmental Advisory Committee of Arbitration Law Supplementary Report on the Arbitration Bill (both reports are reproduced as appendices in M Mustill and S Boyd, (2001).

[6] CPR (1998) 1.3 は「当事者は最優先の目的を促進ために裁判所を援助しなければならない。」と規定している。

こと，スケジュールに従って訴訟を進行させること，さらには，裁判所および当事者の資源を当該事件の中心的な争点に集中させることである[7]。

裁判官はトライアルにおいて同僚の裁判官または陪審員の補助なしに単独で判決を下す。判決に対する上訴には許可が必要である[8]。この許可は第一審裁判官または上訴を申し立てるべき上訴裁判所が与えることができる。

訴訟制度内部における裁判官の影響力

イギリスの裁判官は民事訴訟手続および民事司法の発展に対して注目すべき影響力を及ぼしてきた。それは歴史的，制度的かつ知的な理由からである。

裁判官はコモンロー上の裁判権能を行使して，新たな形式の手続，すなわち，新たな種類の差止命令を創造したり，あるいは（民事陪審を容認することに対する第二次大戦後の抵抗のように）望ましくない裁判のやり方に終止符をうったりしただけでなく，条文を目的的かつ創造的な方法で解釈した[9]。その良い例が財産凍結を命じる差止命令の創造と発展である。この命令は，後に立法府により承認されたが，判例に基づくものである[10]。

---

[7] 「最優先の目的」は，CPR（1998）1.1 で以下のように定義されている。
 (1) これらの規則は，事件を公正に処理するという最優先の目的をもった新たな訴訟手続法典である。
 (2) 事件を公正に処理するとは，可能な限り以下のこと行うことを意味する。
  (a) 当事者が平等の立場であることを確保すること，
  (b) 費用を節減すること，
  (c) 以下の点に整合的な方法で事件を処理すること
   (i) 係争額，
   (ii) 当該事件の重要性，
   (iii) 当該争点の複雑性，
   (iv) 各当事者の財務上の立場
  (d) 当該事件の迅速かつ公正な処理を確保すること
  (e) 他の事件への資源配分をも考慮に入れると共に当該事件への裁判所の資源配分を適切に行うこと。
 CPR（1998）1.2 は以下のように規定する。
 「本規則により付与される権限を行使する場合または本規則のいずれかの条項を解釈する場合，裁判所は最優先の目的の実現に努めなければならない。」

[8] CPR 52.3(1). 人身の自由に影響する事項に関しては例外が存在する。上訴制限にかんしては Tanfern Ltd v Cameron-MacDonald [2000] 2 All ER 801, CA を参照。

[9] 民事訴訟における裁判官による8つの根本的な革新に関しては，N H Andrews 'Development in English Civil Procedure'（1997）ZZPInt 2, at pp 7 ff を参照。

どの世代においても手続法の指導者的裁判官が存在した[11]。民事訴訟制度に対して大学が影響を与えるという伝統がないために，このような裁判官たちが同制度に存在した裂け目を埋めてきた。学者が分析的な業績を公表することによってこの問題に寄与したのは，ごく最近のことである[12]。

法廷の外で，裁判官たちは手続的革新のためのロビー活動を行なった。裁判官の影響は訴訟に限定されるものでもない。ムスティル卿は商事仲裁に関する権威であるが，元上院判事でもある[13]。他の裁判官は，最近，調停の普及を推し進めた[14]。裁判官たちは舞台裏でそうしただけでなく，ADR命令を発令したり，調停を抵抗する者に対して訴訟費用の負担を命じるなど直接的に行うこともあった（付録Ⅲを参照）。

大法官は民事訴訟法改革案の提示という途轍もない課題をウールフ卿ただ一人に託した。これは大胆かつすばらしい委任行為であった。ウールフ卿は革新的な改革の必要性を認めた[15]。彼は他国の経験と考えに依拠した。彼の計画は受け入れられ，敏腕なチームによって実現された。上級裁判官たち（senior judges）は彼の呼びかけに応え，その考えを新たな民事訴訟法典に関

---

10 以前はマレーバ・インジャンクションとして知られていたものであるが，CPR 25.1 (1)(f)は名称を変更し，s 37(3)，Supreme Court Act 1981 がその有効性を認めた。S Gee, Commercial Injunctions (5th edn, 2004) がこの差止命令に関する最先端の研究である。N Andrews English Civil Procedure (Oxford UP, 2003), paras 17.01 to 17.105 も参照。M Mustill and S Boyd, Commercial Arbitration (2nd edn, London, 1989, and companion volume, 2001).

11 Sir Jack Jacob The Fabric of English Civil Justice (1987)（1986年のハムリン・レクチャーで公にされた，CPR (1998) 以前の制度，その伝統および諸価値についての古典的な概説），T Bingham The Business of Judging (Oxford UP, 2000), M Cook Cook on Costs 2006 (2006), P Hurst Civil Costs (3rd edn, 2004), 裁判官が執筆したCivil Procedure (the White Book) およびThe Civil Court Practice (the Green Book)

12 JA Jolowicz On Civil Procedure (Cambridge, 2000), AAS Zuckerman and Ross Cranston (eds) The Reform of Civil Procedure (Oxford U Press, 1995), AAS Zuckerman (ed) Civil Justice in Crisis: Comparative Perspectives of Civil Procedure (Oxford U Press, 1999), AAS Zuckerman, Civil Procedure (2003), 報告者の著作がある。

13 M Mustill and S Boyd, Commercial Arbitration (2nd edn, London, 1989, and companion volume, 2001).

14 たとえば，A Colman (Sir Anthony Colman, a Commercial Court judge) 'ADR: An Irreversible Tide?' (2003) 19 Arbitration International 303.

15 Lord Woolf, Access to Justice, Interim Report (1995) and Access to Justice, Final Report (1996); on which Andrews English Civil Procedure (Oxford UP, 2003), ch 2.

する先導的な判決に確実に反映させるイニシアティブをとった[16]。これは，弁護士が自分達のシステム改革を担当した古典的な例であった。

1997年民事訴訟法は規則委員会の委員資格について規定している[17]。同法は手続を改革するにあたって上級裁判官を重要視している[18]。さらなる改革提案は民事司法評議会（Civil Justice Council）によりなされる。同評議会はさらに複数の特別委員会に分かれており，それは裁判官，実務家，学者および裁判所利用者によって構成されるが，ここでも裁判官の重要性は変わらない[19]。民事司法システムに関する全般的な責任は大臣としての資格において大法官が負い，Department of Constitutional Affairs 内の職員がその補助にあたっている[20]。

新たな影響

訴訟手続の発展に対する裁判官の支配は，長期的な要因によって弱められる可能性が高いように思われる。その理由は，一方で，裁判所中心の紛争解決が衰退傾向にあるからであり，他方で，イギリス内の，そしてトランスナショナルな一連の紛争解決手段において裁判官がその卓越した地位を喪失しつつあるからでもある。

まず，高等法院裁判官という地位の重要性が危機に晒されている。任命される裁判官の質は現在でも依然として現在でも高いけれども，成功したバリスターのすべてが法曹という職の集大成として，もはや裁判官への任命を目

---

[16] 新たな手続を啓発した以前の判例法には，GKR Karate (UK) Ltd v Yorkshire Post Newspapers Ltd [2000] 1 WLR 2571, 2576-7, CA, (court taking preliminary)；Biguzzi v Rank Leisure Plc [1999] 1 WLR 1926, CA（裁判所の懲戒権限の範囲に関して）；Securum Finance Ltd v Ashton [2001] Ch 291, CA（遅延，訴訟を終了させることのできる裁判所の権限に関して）；Swain v Hillman [2000] 1 All ER 91, 92, CA（トライアルを経ない判決に関して）；Daniels v Walker [2000] 1 WLR 1382 CA（両当事者に共通の一人の専門家に関して）がある。これらの判決以降，多くの重要な判決が存在するが，控訴院はそれらの判決において新規則の一般的な管理主義を展開し適用した。

[17] ss 2-4 Civil Procedure Act 1997, 同委員会の正式名称は民事訴訟規則委員会（the Civil Procedure Rule Committee）である。

[18] s 2, *ibid*. 同条は記録長官を含め一定の裁判官には自動的に委員の資格が付与される旨規定されている。この委員会の諸活動において，そのような上級裁判官が権限と影響力を持つことは疑うべくもない。

[19] http://www.civiljusticecouncil.gov.uk/

[20] http://www.dca.gov.uk/

指そうとはしていない。これは20年前に初めて危惧された問題である。裁判官への任命は，いくつかの理由で魅力的なものでなくなってきている。まず，高収入のバリスターには，そのままバリスターを続けたり，「転職して」金になる地位を得たり，あるいは仲裁人または調停人として活動することを願う，明らかな経済的理由が存在する。さらに，裁判官が年金を得るには20年の在職が必要である。第二に，高等法院裁判官への任命はかつてほど栄誉あることではない。なぜなら，50年前に比べると，現在の高等法院裁判官の数はもっと多いからである。これによりエリート意識と名を残す機会が減少する。さらに，野心家にとっては，裁判官に任命されると，自分で自分の仕事をもはやコントロールすることができなくなってしまう。どの事件を審理しなければならないか，何日開廷しなければならないか，そして裁判資料を読むのに何日費やすべきかについて役人から指図される。最後に，第一審裁判官は孤独に仕事をこなさなければならない場合もあり得る[21]。2005年，大法官庁高官は〔ある文書において〕，「大法官は，来たる高等法院裁判官の任命に関する決定を告知するのに，十分適格を備えた候補者をある程度確保している。」と述べた。同じ文書では，1991年から2004年にかけて裁判官への任命を勅撰弁護士が辞退した例が35件あった，と報告された[22]。新たな任命手続によれば任命は候補者からの申請を必要とするため，任命を辞退するということはもはや起きないであろう。

　裁判所中心の裁判が相対的に凋落傾向にある第二の理由は，裁判所に持ち込まれる中規模ないし大型事件の数が相当に減ったことにある[23]。高等法院における判決手続は，たとえ相当高額な金銭がかかわる場合であっても，問題のある商事または民事紛争に対する主要な対応ではなくなってしまった[24]。

---

[21] 2005年大法官部を退官し，現在は，非常勤講師および顧問役に就いているヒュー・ラディ卿が言及した問題である。

[22] Department Evidence to the Senior Salaries Review Body' (June 2005) www.dca.gov.uk/judicial/judgepay.pdf at p 16 and at p 28.

[23] たとえば，イギリスにおける民事訴訟（そして，結果的にはトライアル）の数の減少に関しては，'Civil Court Fees' (Court Service, September 2002), at 3.7 ff を参照。1998年から2001年にかけてカウンティ裁判所における事件数は22.5％減少し，同時期における高等裁判所における事件は76％減少した。アメリカ合衆国における民事事件のトライアル減少に関しては，Oscar Chase, The Rise of ADR in Cultural Context, in Law, Culture, and Ritual: Disputing Systems in Cross-Cultural Context (New York Univ Press, 2005), ch 6 を参照。

紛争当事者に裁判に訴える義務はない。紛争当事者は複数の優れた紛争解決形式の中から適切な形式を選択しうる。たとえば，契約の自由により，紛争当事者は当該紛争を仲裁によって処理することを合意をするができる（付録Ⅱを参照）。これはイングランドおよびウェールズ以外の場所での仲裁を選択する権限をも含んでいる。当事者は仲裁または訴訟でなく調停を選択することもできる。契約の自由は，「段階化された」紛争解決の合意においてその極に達する。これはウエディング・ケーキ型の紛争解決方法であり，以下のように働く。当該取引を行うにあたって，当事者は当該契約から生じる紛争を交渉，調停，仲裁（あるいは訴訟）という順に段階的に試みる，という合意をする。このような合意による紛争解決手段の段階付けについての契約文言に関しては，付録Ⅲにおける調停合意についての議論を参照。

　裁判官の権限が長期的な凋落傾向にある第三の理由は，目下のところソリシターがバリスターおよび裁判官を脅かしつつあることにある。ソリシターは数の上でかなり勝っており，大規模ローファームは組織の上では実際上「会社」である（ローファームの組織形態は依然として組合であるが，「有限責任組合」が最近登場した）。ローファームは高給と雇用の保証を提供している。イギリスのローファーム，特にロンドンに所在するものは法律専門職の主たる雇用主となっている。多くのソリシターは国際商事紛争解決の分野において指導者的な立場にある。ロンドンのローファームは世界中に法律事務所を構えることがしばしばである。そのいくつかは外国のローファームと合併または提携している。ソリシターのローファームでも，とりわけロンドンや地方都市に所在するものは，訴訟，仲裁，調停を含めた柔軟な「紛争解決サービス」を提供することによって企業の依頼主獲得競争を繰り広げている。ローファームはバリスターを雇用することも可能である[25]。

24　2005年統治制度改革法（the Constitutional Reform Act 2005）に基づく最高裁判所（a Supreme Court）の創設により，最上級審の裁判官が私法や商事紛争ではなく，公法，人権，統治制度にかかわる問題 に専念する傾向が強まることになろう。これらの目立った事件にメディアが注目することによって，商取引に関する問題について裁判をするという重要な仕事には注意が向けられなくなるであろうことは容易に予測される。この点に関する考察については2006年のケンブリッジ大学でのセミナーに参加されたヘブライ大学シェトリート教授に負う。

25　たとえば，ロンドンにおけるローファームのひとつは「弁護部」を有しており，そこには最近，2人の勅撰弁護士が雇用された。興味ある展開を示すものといえる。http://www.herbertsmith.com/People/MurrayRosenQC.htm

最後に，欧州委員会が，裁判官の影響力の衰退とは別の原因となっている。付録Ⅳから読み取れるように，欧州委員会は加盟国の民事司法システムの規制を拡大し続けている。イギリスの裁判官はこの傾向を直接にコントロールすることはできない。英国政府でさえも，これらの全欧州的なイニシアティブに対しては外交上の影響力を及ぼしうるにしか過ぎない。

4. 裁判所と裁判上の強制力の長期的な生き残り

魅力を持ち続ける裁判所

以上の検討からすれば，裁判所システムの求心性が確固とした諸要因によって損なわれる蓋然性が高いように思われる。しかしながら，通常裁判所における伝統的な訴訟が消失することを期待するのは誤っているであろう。そのようなシステムが生き残る理由について考えてみることにしよう。

最も重要な要因は，正当でない要求に対抗することのできる国家の権能である。誰かに脅されているから，あるいは石を投げつけられたからという理由で，自宅に帰って，自分の親や兄に助けを求めることが時として必要である。国家は後見人（parens patriae）なのである。国家は民事司法システムを提供して身体傷害から人々を守っている。国家は暴力を用いることを自分自身にだけ認めている。

コモンローは，以下のような強力な救済方法を付与する権限を裁判所と司法制度に付与している点で，注目すべきである。たとえば，様々な差止命令を補助するための裁判所侮辱，占有命令，差押命令，証人の召喚などである。さらに，イギリス法は「国家間の礼譲」，条約またはEU法に従って外国民事訴訟を援助する命令を発令することのできる権限を裁判所に付与している。このような援助は，既に訴訟を開始しまたは開始を考慮している外国の当事者または外国の判決債権者に——すなわち，外国での訴訟提起が考慮されまたは準備されている時点においてか，あるいは外国判決を執行するためかのいずれかの場合に——提供することが可能である[26]。

要するに，次のような多様な種類の紛争を解決するには，国家の運営する十分な強制力をもった民事訴訟が適切なフォーラムなのである。たとえば，合理的に見れば争いの余地のない債務の弁済を確保するための請求，家族内

---

[26] 詳細については，国際私法に関する著書，特に，Dicey & Morris on the Conflicts of Laws (new edition forthcoming) を参照。

の複雑な紛争の解決申立て，様々な民事上の権利侵害に対する賠償を求める請求，言語道断な行為を行う隣人や企業に対する差止命令の獲得あるいは複雑な遺言または信託を調整する申立ての類である。

仲裁および調停に対する国家の援助

仲裁人はカリスマ的な人物であるかもしれない。しかし仲裁人には裁判所侮辱を命じる権限はない。非協力的な証人には，裁判所が強制することによって仲裁審理への出廷を命じなければならない。仲裁判断は，任意に履行されるのでなければ，執行という民事裁判システムを利用することによって強制されなければならない。仲裁法はこのような方法や他の方法で，統制された正当な強制力をもつ国家システムによる補充・補強を受けなければならない。

調停人には裁判所または国家からの援助はそれほど必要でない。調停人となるために許可は未だ必要とされないが，近いうちに必要となるかもしれない。しかし，調停は裁判所の援助と協力を様々な形で必要としている。まず，調停の合意は，(停止命令または訴訟差止命令の発令といった)裁判所システムによる承認と執行を要するかもしれない。第二に，調停により成立した和解は執行という裁判制度に依拠することによって強制される必要があるかもしれない。第三に，調停は，たとえば，調停過程の秘密を裁判所が尊重するというような間接的な裁判所の援助または協力にも依拠している。

5. 国家システム間の競争

国家システムの選択

国家の設営する民事訴訟システムは生き残るであろう。しかし，それらの国家システムの間には大きな違いが多数存在している。

このような多様性に直面すると，法廷地選択の問題が生じる。特に，紛争が異なる法域に所在する当事者間で生じた場合にはそうである。一方の当事者または両当事者が適切な法廷地の選択を考慮するであろう。あるいは，恐らくは戦略的な理由から特定の法域で訴訟を開始するという相手方当事者の判断に対して，当事者が異議を申し立てたいと考えるかもしれない。時として，次のような皮肉な選択が既になされていることもある。たとえば，トルペディアあるいはレタージアの裁判制度は時間がかかるので判決に至るまで

には何年もかかるという理由だけで,それらの国で消極的な確認を求めるという選択である。訴訟係属中の抗弁（lis alibi pendens）という準則によれば,平行訴訟において他国は同じ紛争について裁判することを排斥される蓋然性が高いのである[27]。

国家の設営する民事訴訟システムが多様であるために,裁判所および訴訟手続の機能を比較評価するという作業に挑むことになる。訴訟顧問（litigation advisors）は,トランスナショナルな仲裁,調停または準司法的準則を形成することによって,自己の法域の裁判所の機能,さらには特許・商事・海事事件を扱う特別裁判所の機能さえもが改善されるかもしれない,ということを知っている。裁判外の紛争解決手段が求められるならば,紛争解決の担当者はそのような手段を考案・奨励する商業的なインセンティブを持つであろう。紛争解決のトランスナショナルな市場は柔軟である。この市場では,紛争解決のための新たな仕組みを作り出すために制定法,政府の許可,そして公式の手続法典は必要ないのである[28]。

訴訟制度に関する国家間競争のメリット

訴訟制度に関する国家間の競争は不可避かつ望ましいものである。競争が不可避であるのは,たとえ経済先進国がそろって同じ訴訟手続準則と訴訟制度を採用したからといって,これらの準則適用にあたっての効率性および公正さに違いがあろうからである。

国家間の競争が望ましくもあるのは,どれが最善の訴訟手続準則なのか,あるいはどれが訴訟実務の最善の組み合わせなのかについて誰も知らないからである。したがって,実験し比較・対照することが必要である[29]。手続上

27　これについてのヨーロッパ司法裁判所の判決は困難であり,しかも議論を招くものであった。Turner v Grovit（Case C-159/02）[2005] 1 AC 101; Erich Gasser GmbH v MISAT Srl（Case C-116/02）[2005] 1 QB 1; Owusu v Jackson（Case C-281/02）[2005] QB 801；最初の2つの事件に関しては,N Andrews, 'Abuse of process and obstructive tactics under the Brussels jurisdictional system...' (2005) GPR (Revue de Droit Prive Communautaire) 8 ff 参照。

28　たとえば,国際的な大規模建設プロジェクトにおいては,両当事者が「迅速な方法」での裁決に同意することが多く,「紛争審査委員会（dispute review boards）」に紛争を付託する。世界銀行はこの問題に関する標準入札書式を用意している。その詳細に関しては http://www.freshfields.com/publications/pdfs/2006/15119/pdf を参照。

29　AAS Zuckerman, 'Conference on "The ALI-UNIDROIT Principles and Rules of Transnational Civil Procedure"' (2002) CJQ 322.

の問題のうち測定し得ないものには次のような問題がある。裁判官はすべて25歳で任命されるキャリアー裁判官であるべきか？　裁判は裁判官によってなされるべきか（そうであるならば，単独でか，それとも合議体でか），それとも裁判官と陪審によってなされるべきか？　原告は成功報酬契約を結ぶ機会を持つべきか[30]？　技術的な問題に関する専門的な争点は，裁判所の選任した専門家の意見に従って判断されるべきか，それとも，当事者の選任した専門家の意見を対立させた結果に従って判断されるべきか[31]？　裁判官が証拠の取捨選択を決定すべきか，それとも当事者が決定すべきか？　裁判官は手続準則の違反または不遵守に対する強制的な制裁を課す権限を有すべきか，それとも，たとえば，不利益な認定を行うといったそれほど過酷でない制裁が採用されるべきか？　上訴権を認めるべきか，そして，もしそうであるならば，上訴裁判所は再度証拠調べを行うために当該事件を再審理する権限を有すべきか[32]？

イギリス訴訟手続の競争上の地位

　ロンドンの弁護士（そしてイギリスの裁判所）は，トランスナショナルな紛争のもたらす利益からより大きな分け前を獲得するにあたって，自分たちが外国の弁護士および制度と競争関係にあることを知っている。

　イギリスは，すばらしい現代的な技術支援と共に，当該分野を専門とする弁護士から訴訟上の援助を受けることのできるこのうえもない機会を提供している。事件は当該事件専門の裁判官によって審理されうる。アメリカとは異なって，陪審による評議という不確実性を伴うことなく民事事件の判決は下され，額も決定される。イギリスでは，暫定的救済方法（interim or

---

[30]　仮にそうであるならば，弁護士にとっての「成功」とは，（アメリカ合衆国のように）被告から最終的に獲得した額によって評価されるべきか，それとも（イギリスのように），通常の弁護士費用と考えられる額を参照にして算出される費用を一定程度増額した額であるべきか。

[31]　比較法的な考察については，JA Jolowicz, On Civil Procedure (Cambridge, 2000), ch 12 ('The Expert, the Witness and the Judge in Civil Litigation: French and English Law') を参照。

[32]　上訴に関する比較法的な視点に関しては JA Jolowicz, *ibid*, chs 14 to 16 参照。

[33]　イギリス法における保全・略式・暫定措置に関しては，N Andrews in M Kawano (ed) 'Proceedings of the Nagoya Comparative conference, Japan, February 2006' (forthcoming) 参照。

provisional relief) を求めることのできる十分な機会が存在する[33]。世界中のどこかで「開始されまたは開始されることが予定されている民事訴訟」に対する援助も，この救済方法に含まれる[34]。ディスクロージャー（disclosure）制度は，相手方当事者のデータベースまたはフォルダーを開けるための鍵である[35]。裁判所は当事者が選任した専門家からの証拠を採用することができる。各当事者は，自己に有利な事実上および法律上の主張を整理し提出するのに十分な機会を有するであろう。不意打ち裁判は禁止されている[36]。法廷での弁論は専門家によって行われる。民事事件の上訴は，現在では，そのほとんどが許可を要する[37]。執行制度は効率的かつ有効である。

コストと複雑性

訴訟提起を考慮している紛争当事者が法廷地を選択することができる場合でも，イギリスあるいは競争相手の裁判所での訴訟提起に躊躇する主たる理由には二つのものがある。それらの問題とは，複雑性によってもたらされるコストと訴訟遅延という問題である。

コストの問題はイギリスでは解決されていない。時間制報酬は，手続を集

---

[34] イギリス高等法院は，財産凍結命令およびそれに関連する財産開示命令を発令することができ，関連国で主たる訴訟が係属または提起されるであろう場合，その関連国がブリュッセル条約またはルガーノ条約加盟国であるか否かを問わず，主たる訴訟を世界中で援助することが可能である。the Civil Jurisdiction and Judgments Act 1982 (Interim Relief) Order 1997, SI 1997, 302, the Rules of the Supreme Court (Amendment) 1997, SI 1997, 415 (L2). そして，裁判所が強調するのは，特に，大規模で巧妙な詐欺と格闘するにあたって，他の法域を援助するために財産凍結命令を発令することの重要性である。Credit Suisse Fides Trust SA v Cuoghi [1998] QB 818, CA; Ryan v Friction Dynamics Ltd (2 June 2000, Neuberger J). この種の事件に関しては，A Johnson's study in M Andenas, N Andrews, R Nazzini (eds) The Future of Transnational Commercial Litigation: English responses to the ALI/UNIDROIT Draft Principles and Rules of Transnational Civil Procedure (2003, British Institute of Comparative and International Law, London; re-printed 2006) を参照。

[35] CPR Part 31; N Andrews English Civil Procedure (Oxford UP, 2003), ch 26. (民事訴訟規則は，この方法の推測に基づくまたは不相応な利用の制限を目的としている。)

[36] PD (3) 9 3.2は次のように規定している。すなわち，両当事者で交換されかつ裁判所に提出されたトライアル準備書面には以下を含むべきである。訴状，事件の要約，証拠として依拠されるべき証人の証言とその要約，図面，写真他，専門家証人の証言。

[37] CPR 52.3(1).人身の自由に影響する事項に関しては例外が存在する。上訴制限に関してはTanfern Ltd v Cameron-MacDonald [2000] 2 All ER 801, CA を参照。

中的かつ複雑なものにする経済的なインセンティブを弁護士に与えてしまう[38]。訴訟遅延は減少したが，これは，特にトライアル段階で裁判の日程を遅らせる事件がかなり減ったこと，そして事件管理によって審理計画・その他の規制なく事件がさまようことがなくなったことによる。しかし大規模事件は遅延することもある。具体的に言えば，議論の余地はあるが，訴訟手続準則に欠缺が存在する。すなわち，イギリスでは，根拠不十分の事件について，時間と費用をかけて精緻なトライアルを準備することなく，裁判所がもっと事件を選別してその証拠評価を行うことのできる比較的効率的ではあるが公正な制度を考案する必要がある。最近のある事件において，下級審はいずれも，イングランド銀行に対する請求は手続を進めても証拠によって根拠付けできる見込みがないので，当該請求は削除されるべきであると判断したのであるが，2001年に上院は，トライアルにおいて当該請求について審理することを許容する判断を下した。このトライアルは2004年から2005年末までの2年近く続いたのであるが，原告が負けを認めたために頓挫した。この最終的な降伏に至るまでには，数百万ポンドという費用と多くの時間が無駄に費やされた[39]。

公的な裁判制度に共通する諸問題

コストと訴訟遅延という問題は別にするとしても，ロンドンにおいてであろうが，ニューヨークにおいてであろうが，あるいは東京においてであろうが，訴訟提起を考慮している当事者は皆，いかに当該裁判制度が効率的で公正であろうとも通常の裁判所における民事訴訟は必ず問題を抱えている，ということを知っている。その理由は，公的な裁判に固有の問題が少なくとも4つあるからである。

(1) 審理は完全に公開されなければならない[40]。
(2) 法廷における予測可能性のなさという問題。これは，請求または防御を確実に認容してもらうということが困難である，ということである。

---

[38] コスト一般に関しては，以下の専門家の著書を参照。M Cook Cook on Costs 2006 (2006)；P Hurst Civil Costs (3rd edn, 2004).
[39] イギリス史上最も長い民事トライアルであるBCCI事件トライアルの頓挫については，The Times 13 April 2006 pp 52-3, 57参照。当該請求を却下すべきでないという上院のプリトライアルに関する裁判については Three Rivers DC v Bank of England (No 3) [2001] 2 All ER 513, HL) 参照。この裁判に対する報告者の批判については N Andrews English Civil Procedure (Oxford UP, 2003) 20.17 to 20.19参照。

この不確実性がいずれの側の当事者にとっても不安の種である。ある程度複雑な事件の場合，すぐに決着が付くことはそれほどない。特に，事実あるいは専門家証人の意見ついて争いがある場合にはそうである。
(3) 民事訴訟は，弁護士および裁判所が私生活および企業活動に介入することを意味する。そのような混乱と介入が，中長期的な訴訟を開始し継続することを躊躇させる強力なインセンティブである。
(4) 伝統的な民事裁判に関連する別の問題は，救済方法についての柔軟性のなさとそれに関連した以下のような事実である。すなわち，訴訟での勝者は一人しかありえない。請求が認められる場合，裁判所は奇跡を起こすことはできない。奇跡に代えて裁判所は，数え切れないほどの類似の事件で付与されてきた標準の救済方法を認めることができるにしかすぎない。このような救済方法とは，損害賠償，定額の金銭支払い，宣言（確認）判決，差止命令，財産の引渡といった，ありふれた救済方法である。確かに，実体法によれば，これらの救済方法は原告に帰すべきものを正確に反映している。原告（そして被告）は，このような「救済方法」の形式がしばしば自分たちの紛争のニュアンスを反映していないけれども，救済方法に焦点をあてた「論争」にしぶしぶ従う。調停人が述べているように，多くの場合，当事者はもっと融通のきく結果の一覧表を手にしたいであろう。（これらの点に関しては付録Ⅲ参照）

6. 手続問題に関する新たな思考の力

　筆者は，世界中の学者や法律家が自国の民事司法制度を検討し，諸外国の技術や諸制度と比較することに強い関心を示したことに感銘を受けた。この議論に加わった者の幾人かは学者，政策決定者および実務家である。

40　審理は公開で行なわなければならない，というのが一般的なルールである。CPR 39.2(1)；CPR 39.2(3) and PD(3)9 1.5は例外を規定している。主たる根拠は，s 67, Supreme Court Act 1981である。公開の要請は，ヨーロッパ人権条約6条1項（1998年人権法第1章として国内法化されている）にも存在する。同条の関連部分は次のように規定している。「判決は公開で言い渡される。ただし，報道機関及び公衆に対しては，民主的社会における道徳，公の秩序もしくは国の安全のため，少年の利益もしくは当事者の私生活の保護のため必要な場合において，またはその公開が司法の利益を害することとなる特別な状況において裁判所が真に必要があると認める限度で，裁判の全部または一部を公開しないことができる。」

しかし，比較法的な評価はどのようになされるべきなのか。食器洗い機のメーカーは，どの国の食器洗い機が最良であるのかを決定するにあたって，いくつかの困難に出くわすであろうが，恐らくはそれらは乗り越えられないものではないだろう。コスト，性能，容量，耐久性，最適なプログラムの重要性，そして恐らく製品の外観が基準とされるであろう。

ところが，民事司法に目をやると，各法域間での比較は少なくとも次の4つの理由で危険をはらんでいる。まず，司法制度の機能を測定することはしばしば不可能である。というのも，事件数，コスト，時間といった客観的基準を用いるとしても，各国の制度の厳密な比較を可能にする統計はめったに存在しないからである[41]。第二に，外国の方法を眺める場合には主観的な要素が大きくかかわる。外国の制度を観察する者にとって，自己の生い立ち，教育，実務経験といった時として感情的で伝統的な影響を拭い去ることは困難である。第三に，他国の制度を理解することは困難である。たとえコストあるいは証拠の取扱といった他国の制度の一つの特徴に焦点をあてるにしても，その国の手続法体系全体の知識なしに，関連する準則または一組の準則を評価することは難しい。第四に，自国の訴訟法制度についてであってもすべてを知ることは幻想である。実務の状況への適応が常になされている。このような微細な事柄が法文のサブテキストを形作っている[42]。専門家（cognoscenti）は，このようなサブテキストについて全世界に語る時間も，そのような傾向をも持ち合わせていないことが多い。

そうであるにもかかわらず，ある観点においてはある国の制度が他国の制度に優越していることが明らかなことも時としてある。以下が，このような明らかな欠陥の例である。収賄にかかわる裁判官または困難な問題を処理するための知力を欠いた裁判官，比較的単純な事件であるのに解決に数年を要する手続，多額の弁護士費用を生ずるにもかかわらず事件の真相についてはほどんとつかめないディスカバリの運用，数年も費やさなければならない上訴手続，全く非効率な執行手続，証拠もしくは保護措置についての他国の訴訟制度からの正当な援助の要求，仲裁判断または，は判決の執行要求を尊重

---

[41] 筆者は各国の統計を集めるのに苦労した経験を持つ。訴訟提起されたがトライアルに至ることなく和解で解決した民事事件の割合を複数の国の間で比較するという（成功には終わらなかった）研究計画において，経済大国においてでさえ，そのようなデータは僅かしかないことが明らかである。

[42] 注目すべき例外は S Gee, Commercial Injunctions（5th edn, 2004）である。

しまたは手間をかけずにその要求に応えることが制度上不可能であること。

2000年から2003年にかけてワーキング・グループがローマで評議を行ったが，そこからUNIDROIT/ALIの「トランスナショナルな民事訴訟の諸原則」がもたらされた[43]。これは，世界中の訴訟制度と訴訟実務の中からいくつかのより良いアイディアを選択するという点で興味ある実験である。この作業は各国間の違いを消し去り，各国の制度間での競争を防ぐための試みではない。そうではなく，これは文明国の制度と伝統の類似性を探求したものである。ワーキング・グループはいくつかの点に関して妥協し，関係国のまたは国際組織の判断に委ねざるを得なかった。他の点に関しては明確なモデルが提供された。たとえば，原則22.4は次のように述べている。

　裁判所は，外国法を含め，専門家証言により判断することが適切な争点に関しては専門家を選任し証拠を提出させることができる。

22.4.1：両当事者が誰を専門家として選任するかについて合意する場合，裁判所は，通常，当事者の合意した専門家を選任すべきである。

22.4.2：当事者は，専門家証言により判断することが適切な争点に関して，自己の選択した専門家を通じて専門家証言を提出する権利を有する。

22.4.3：裁判所と当事者のいずれによって任命されようと，専門家は提示された争点について完全かつ客観的な評価を提出する義務を裁判所に対して負う。

同原則の解説は次のように述べている。

「複雑な訴訟においては専門家を利用することが通常である。大陸法系の制度ではそのほとんどが，そしてコモンロー系の制度においてはそのいくつかが，中立の専門家を裁判所が指名している。しかしながら，当事者の選択した専門家は難しい事実上の争点の分析において貴重な援助を提供

---

[43] 『渉外民事訴訟の諸原則』として2006年にケンブリッジ大学出版会より刊行された。ワーキング・グループのメンバーは次のとおりである。Neil Andrews, Clare College, Cambridge, UK; Professor Frederique Ferrand, Lyon, France; Professor Pierre Lalive, University of Geneva and practice as an arbitrator, Switzerland; Professor Masanori Kawano, Nagoya University, Japan; Madame Justice Aida Kemelmajer de Carlucci, Supreme Court, Mendoza, Argentina; Professor Geoffrey Hazard, USA; Professor Ronald Nhlapo, formerly of the Law Commission, South Africa; Professor Dr Rolf Sturner, University of Freiburg, Germany. The two General Reporters for the UNIDROIT project were Professors Hazard and Sturner; the two reporters for the ALI project were Professors Hazard and Taruffo (University of Pavia, Italy).

しうる。専門家を当事者が選択すると，それは「専門家の戦い」になってしまい，争点を曇らせてしまうのではないかという危惧は概して誤りである。いずれにしても，この危険は専門家のもたらす証拠の価値によって相殺される。専門家証言は外国法の問題に関しても採用することができる。」

一般的にいえば，UNIDROIT/ALIの「諸原則」は，適切に実行され運用されるならば，効率的かつ公正な現代の裁判制度および（一定の修正をして）仲裁を援助するかもしれない[44]。この諸原則は手続問題を議論する際の強力な触媒として[45]，そして，改革を行おうとする者および紛争解決にかかわる専門家が各国の違いを克服することを可能にする「モデル法」として働くであろう。

7. 結 論

各国の裁判制度が公式な形で互いに協力しなければならないだけでなく，文明国の代表者は共通の手続標準の確立を目指して作業をすべきである。

けれども，詳細な点について手続上の判断を調和させることは，とても実現しそうにない，多分，魅力のない可能性のように思われる。したがって，各国の民事司法制度間での望ましい競争が今後も続くであろう。

イギリスを含めた主要な経済先進諸国において，司法の影響力は恐らく減少するであろう。世界規模で活動する会社は大規模なローファームのサービスを受け，訴訟であろうが仲裁であろうがあるいは調停であろうが，最適な紛争解決制度を選択しようとする。

結局のところ，手続改革の最も強力な原動力は，孤独な改革家でも専門家

---

[44] このプロジェクトに関する解説については，Principles of Transnational Civil Procedure (Cambridge UP, 2006) の文献目録，特に特別号である the Uniform Law Review (2002) Vol VI を参照。このプロジェクトに関する多数の論稿に関しては G Hazard Jr et al 'Principles and Rules of Transnational Civil Procedure' 33 NYU J Int L and Pol 769; R Sturner, 'Some European Remarks on a new Joint Project of the American Law Institute and UNIDROIT' (2000) 34 Int L 1071 を参照。

[45] たとえば，M Andenas, N Andrews, R Nazzini (eds) The Future of Transnational Commercial Litigation: English responses to the ALI/UNIDROIT Draft Principles and Rules of Transnational Civil Procedure (2003, British Institute of Comparative and International Law, London; re-printed 2006) ; and P Fouchard (ed) Vers un Proces Civil Universel? Les Regles Transnationales de Procedure Civile de L'American Law Institute (Paris, 2001).

イギリス民事司法とそれを取り巻く世界

チームのワーキング・グループや対話でもなく，民事紛争解決についてのトランスナショナルな市場と国内市場なのである。

手続問題に関する新たな思考を，狂信的な愛国主義的理由や保守的な理由から拒否すべきではない。それぞれの国の手続法学者および政策決定者は，次の二つの可能性，すなわち，同じことをするにしてもより良い方法があるという可能性と，全く新しいことをするエキサイティングな方法が時折現れるという可能性とについていつも考慮すべきである[46]。

手続に関する思想史において今は刺激的な時代である。我々は実験する機会，革新する機会，そして他国から学ぶ機会を利用すべきである。

---

[46] 最近の例として，Asser et al, 'A summary of the interim report on Fundamental Review of the Dutch law of Civil Procedure' (2003) 8 ZZPInt 329-87; US law, G Hazard and M Taruffo American Civil Procedure (Yale UP, New Haven, 1993) ; Oscar Chase, The Rise of ADR in Cultural Context, in Law, Culture, and Ritual: Disputing Systems in Cross-Cultural Context (New York Univ Press, 2005) ; J Resnik Processes of the Law (Foundation Press, New York, 2004) ; S Subrin and M Woo, Litigating in America (Aspen, New York, 2006) ; and on German law, PL Murray and R Sturner, German Civil Justice (Durham, 2004) ; and on a large range of systems, various authors in: W Rechberger and Klicka (eds), Procedural Law on the Threshold of a New Millenium, XI. World Congress of Procedural Law, (Center for Legal Competence, Vienna 2002) ; M Storme (ed), Procedural Laws in Europe — Towards Harmonization, (Maklu, Antwerpen/Apeldoorn, 2003) ; M Storme and B. Hess (eds), Discretionary power of the judge: limits and Control (Kluwer, Dordrecht, 2003) ; L Cadiet, T Clay, E Jeuland (eds), Mediation et arbitrage — Alternative dispute resolution — Alternative a la justice ou justice alternative? Perspectives comparatives (Nexis Lexis litec, Paris, 2005) ; N Trocker and V Varano (eds) The Reforms of Civil Procedure in Comparative Perspective (Torino, 2005) ; H Kronke (ed) special issue of the Uniform Law Review (2002) Vol VI; M Andenas, N Andrews, R Nazzini (eds) The Future of Transnational Commercial Litigation: English responses to the ALI/UNIDROIT Draft Principles and Rules of Transnational Civil Procedure (2003, British Institute of Comparative and International Law, London; re-printed 2006) ; and P Fouchard (ed) Vers un Proces Civil Universel? Les Regles Transnationales de Procedure Civile de L'American Law Institute (Paris, 2001).

第1部　民事訴訟法の継受と伝播

付録Ⅰ：イギリスの民事訴訟規則（CPR）によってもたらされた主要な変化[47]

主要な変化は，特に，広範な管理権限が裁判所に付与されたことである（CPR 1.4(2), 3.1参照）。CPRによる変化あるいは改革という現代的な流れに乗った他の変化には以下のものがある[48]。

(1) 第一審管轄権を，少額訴訟，迅速トラックおよびマルチトラックという3部門へ再構成したこと
(2) 条件付成功報酬契約の統合
(3) 訴訟提起前のプロトコル（両当事者の自発的遵守を期待されている行為規範）の発生
(4) 被告だけからでなく原告あるいは原告となるべき者からの和解申出の許可
(5) 「両当事者に共通の単独の専門家（single joint）」の導入
(6) トライアルを経ない判決を原告に対して求める被告の権限（capacity），訴訟提起前のディスクロージャーを求める一般的権限
(7) 訴訟係属中に，当事者でない者から文書のディスクロージャーを求めることのできる一般的権限

付録Ⅱ：1996年仲裁法の主要な特徴

同法はイギリス国内での仲裁および国際仲裁の付託について規律している。UNCITRALモデル法とは異なり[49]，商事仲裁には限定されておらず，同モデル法にも増して仲裁の多くの諸側面を規律している[50]。同法は公正さ，効率性および適切な程度の迅速性を確保する義務を仲裁人および両当事者に対して課している[51]。同法は様々な包括的原則を規定している[52]。

---

[47] http://www.dca.gov.uk/civil/procrules_fin/menus/rules.htm
[48] これらの展開一般についてはN Andrews English Civil Procedure (Oxford UP, 2003) を参照。
[49] M Mustill and S Boyd, Commercial Arbitration (companion volume, 2001) 22 (hereafter 'MB (2001)'; R Merkin, Arbitration Law (2004) ; Russell on Arbitration (22nd edn, London, 2002) ; Departmental Advisory Committee of Arbitration Law Report on the Arbitration Bill; Departmental Advisory Committee of Arbitration Law Supplementary Report on the Arbitration Bill（both reports are reproduced as appendices in M Mustill and S Boyd, (2001).
[50] イギリスはモデル法を採用すべきでなく，それに代えてUNCITRALのモデル法の主要な考えのいくつかを組み込んで，より詳細な仲裁法を制定すべきであるという判断に関する議論は，MB (2001) 14-15; ibid, 7-9を参照。モデル法に関するコモンロー諸国の立場の詳細に関してはK Uff 'Common Law Arbitration-An Overview' (2004) IDR (Jo of Int Dispute Resolution) 10, 11を参照。
[51] MB (2001) 30-37はss 33, 40 AAをそれぞれ論じている。

両当事者は，仲裁人が採用すべき手続を含め多くのことについて合意することができる。ムスティル＆ボイドの述べるとおり，「仲裁とは合意により作り出されるものであるのだから，両当事者は，たとえその手続が裁判所における通常の民事訴訟の手続と異なっていても，可能な限り，合意した手続によって自分達の紛争に決着を付けてもらう資格がある。[53]」同法の規定の多くは，両当事者の（書面による）合意によって変更しうる。そのような合意は1996年法の趣旨からして書面でなされる必要がある[54]。しかし，このような合意の自由には制限も存在する。このような強行的な側面は1996年法の第1章に列挙されている[55]。

仲裁人は当事者に対して公正かつ効率的に行為すべき義務を負う[56]。この義務は当事者自身の申立てなく生じる。当事者も仲裁が遅延しないようにすべき義務を負う[57]。この義務は自動的に生じる。すなわち，一方当事者が協力を求めまたは仲裁人がイニシアティブを取る必要なく生じる。当事者の別段の合意には服するが，仲裁人は以下のような広範な事項に関して手続の性格を決定することができる。仲裁地，言語，証人の証言の利用，文書開示，当事者尋問，証拠の許容性・関連性・重みに関して証拠法を適用すべきか否か，事実および法を確定するにあたってイニシアティブをとるべきか否か，口頭または書面による証拠を仲裁の合意として利用すること，これらすべての手段および措置をいつ利用すべきかについての指示を発令すること[58]。同法は，裁判所に仲裁手続の規制を求めまたは仲裁判断に対し不服を申し立てることのできる当事者の権限を制限している[59]。

---

52 ss 1, 4, 33, 40 AA; MB (2001) 24-30.
53 ss 1, 4, 33, 40 AA; MB (2001) 24-30.
54 ss 1, 4, 33, 40 AA; MB (2001) 24-30.
55 ss 9 to 11（訴訟手続の停止）; s 12（合意された時間的制約を延長することのできる裁判所の権限）; s 13（出訴期限法の適用）; s 24（仲裁人を忌避することのできる裁判所の権限）; s 26(1)（仲裁人死亡の効果）; s 28（仲裁人の報酬および費用についての当事者の責任）; s 29（仲裁人の免責）; s 31（仲裁廷の管轄に対する異議）; s 33（仲裁廷の一般的義務）; s 37(2)（仲裁人の費用として扱われるべき事項）; s 40（当事者の一般的義務）; s 43（証人の出廷確保）; s 56（仲裁人の報酬および費用支払未履行の場合に仲裁判断を留保する権限）; s 60（費用支払いの合意の有効性）; s 66（仲裁判断の執行）; ss 67 and 68（実体についての管轄および重大な手続違背を理由とする仲裁判断の取り消し：），そして，以上の条項に関連する限りで ss 70 and 71（付則，裁判所の命令の効果）; s 72（仲裁手続に関与していない者の権利に関する例外規定）; s 73（異議申立て権の喪失）; s 74（仲裁機関の免責）; s 75（ソリシターの費用の支払いを確保するための担保）.
56 On s 33 AA; see text at Section ? above
57 On s 40 AA.
58 s 34(2)(3) Arbitration Act 1996 (hereafter 'AA').

付録Ⅲ：イギリスにおける調停[60]

通常，国家が調停人を任命または選任することはなく，当事者がアドホックに選ぶ。調停人協会は調停人の選択を援助し，調停人がその責務を果たすにあたって援助を行う。調停によってもたらされる和解は，裁判所の判決に比べてより柔軟かつ多様なものになりうる[61]。特に，和解は両当事者に「勝利」の要素，あるいは少なくとも両者の顔を立てる要素をもたらしうる。欧州委員会は調停に関する指令を提案し，調停人の行為規範を公にした[62]。

調停の合意[63]

このような合意は珍しくないし，かなり複雑な場合もある。たとえば，Cable & Wireless v. IBM United Kingdome Ltd 事件[64]における契約書には，いわゆる「段階付けされた（tiered）」条項が含まれていた。この合意は当事者に対して，まず，関連する紛争について自身の組織内で検討することにより話合いによって解決策を見出すよう努力するよう命じている。次に，当該条項は，このような話合いが

---

[59] s 1, para 'c', AA.

[60] 調停に関しては極めて多くの文献があるが，ここでは以下の英文の文献に限定する。
H Brown and A Marriott, ADR: Principles and Practice (2nd edn, 1999)；M Liebman (ed), Mediation In Context (2000, London and Philadelphia)；K Mackie, D Miles, W Marsh, T Allen, The ADR Practice Guide (2000)；C Newmark and A Monaghan, Butterworths' Mediators on Mediation: Leading Mediator Perspectives on the Practice of Commercial Mediation (2005)；M Palmer and S Roberts, Dispute Processes: ADR and the Primary Forms of Decision Making (1998)（本書の351頁-359頁には詳細な文献目録が付されている）；S York, Practical ADR (2nd edn, 1999)；以上に加えて，以下の文献も参照。Neil Andrews, 'Alternative Dispute Resolution in England' (2005) 10 ZZPInt 1-35; (and to be printed under the auspices of the Comparative Law Group, University of Florence, by Professors Varano and Trocker, in Italian; paper given to that group).

[61] K Mackie, D Miles, W Marsh, T Allen, The ADR Practice Guide (2000) 53.

[62] COM (2004) 718 final, Brussels dated 22.10.2004 (draft directive on 'certain aspects of mediation in civil and commercial matters') http://europa.eu.int/eur-lex/en/com/pdf/2004/com2004_0718en01.pdf;
for the European Code of Conduct for Mediators, http://europa.eu.int/comm/justice_home/ejn/adr/adr_ec_code_conduct_en.htm

[63] D Joseph, Jurisdiction and Arbitration Agreements and their Enforcement (2005), at Part III; K Mackie, D Miles, W Marsh, T Allen, The ADR Practice Guide (2000), ch 6; see also Centre for Effective Dispute Resolution at: www.cedr.co.uk/library/documents/contract_clauses.pdf

[64] [2002] 2 All ER (Comm) 1041, Colman J.

頓挫した場合，調停を行うことが義務付けられる，と規定している[65]。話合いが決裂した後，当事者の一方は調停という合意された段階を無視してイギリスの高等法院に訴えを提起することに決めた。他方の当事者はこれに対して異議を申し立てた。コールマン商事裁判所判事は当該調停条項が有効であるとの判断を示した[66]。同判事は，当該条項を法的に強制するために，当事者の一方が当該調停条項に違反して開始した高等法院での訴訟を「停止」した。

調停と民事裁判所の相互作用
裁判所の命じる費用負担という制裁
　Dunnett v. Railtrack plc（2002）事件において控訴院は，ADRを利用して係属中の（実際には控訴係属中の）事件を解決してはどうかという裁判所の示唆に応じなかった当事者に対して，かなり厳しい費用負担を命じた[67]。
裁判所の命じる訴訟手続の停止
　裁判所は（当事者の申立てによりまたは職権により），当事者がADRまたは和解交渉を続ける間，（延長の可能性はあるが）[68] 1月当該訴訟手続の停止を命じることができる[69]。停止は，訴訟係属にある民事訴訟が一時未決にしておかれるという効果をもつ。訴訟手続は適切な場合に再開することができる。
調停人の選任を当事者に命じる裁判所の決定
　商事裁判所は訴訟手続を停止せずに，いわゆる「ADR決定」（正式名称については以下を参照）を下すことができる。このような「決定」によって当事者には，誰を調停人に選任すべきかについて合意するように努め，調停が成立しなかったことについて裁判所に報告すべき義務が生じるけれども，当事者は調停を「誠実に」，「合理的に」または「協調して」進めることを強制されるわけではない[70]。裁判所はそのような強制に代えて広範な裁量を行使して適切な費用負担を命じるにあたり，なぜADRを利用しないのかについて説得力をもって説明しない当事者を不審の目で見るであろう。当事者が制裁を課されるのは，十分な理由もなく調停

[65] Generally, K Mackie, D Miles, W Marsh, T Allen, The ADR Practice Guide (2000), 6.4.3.
[66] 調停全般に関して，the judge's lecture: A Colman 'ADR: An Irreversible Tide?' (2003) 19 Arbitration International 303 参照。
[67] [2002] 1 WLR 2434, CA, at [13] ff；この種の費用負担の制裁は，和解の申出を合理的な理由なく拒否した場合に適用される一般的な費用負担の制裁と区別されるべきである。後者の費用負担に関してはCPR Part 36 参照。
[68] CPR 26.4(3).
[69] CPR 3.1(2)(f)；CPR 26.4(1)(2).
[70] 'Admiralty and Commercial Courts Guide' (2002), appendix 7 [accessible at: http://www.dca.gov.uk/civil/procrules_fin/menus/rules.htm]

を利用しない場合だけである。つまり，ADR の席での話合いが消極的または不誠実なものであったということによって制裁を課すことはできないのである。このような話合いの内容は秘匿特権により開示されないので，裁判所は調査をすることができない。

「調停における秘匿特権」
　和解が成立した事実については秘密とされないが，調停の結果成立した和解の諸条項については秘密とされる[71]。2004年に控訴院は調停交渉に秘匿特権が適用されることを認め，「当該手続のインテグリティと秘密が尊重されるべきであるならば，なぜ当該手続において合意が成立しなかったのかについて裁判所は知るべきではないし，調査すべきでもない」とした[72]。

付録Ⅳ：欧州連合と民事司法
　この問題に関する主要な情報源は以下のとおりである。
　欧州司法ネットワークのウェブサイト：http://ec.europa.eu/civiljustice/
　全般的にこの問題を扱った文献として，A Layton and H Mercer, European Civil Practice（2nd edn, 2004）；裁判管轄および外国判決の執行に関しては，Dicey & Morris on the Conflict of Laws（new edition forthcoming）and A Briggs & P Rees Civil Jurisdiction and Judgments（4th edn, 2005）．

現行の EU 規則がカバーする諸問題
国際裁判管轄および判決の承認
　((改正後の) ブリュッセル条約)：Council Regulation 44/2001 of 22 December 2001（民事および商事事件における裁判管轄および裁判の承認と執行に関して）
　関連する諸規則：Regulation (EC) No 805/2004 of the European Parliament and of the Council, 21 April 2004（争いのない請求についての「欧州における執行決定」が創設された）and Council Regulation 2201/2003/EC of 27 November 2003（婚姻および親の責任に関する事件における裁判管轄および裁判の承認執行に関するものであり，Regulation (EC) No 1347/2000 を改正）
司法共助
　Council Decision 2001/470 EC, 28 May 2001（民事および商事事件における欧州

71　和解成立という事実に秘匿特権が適用されないことについては，Tomlin v Standard Telephones & Cables Ltd [1969] 1 WLR 1378, CA.
72　Halsey case [2004] 1 WLR 3002, at [14], cited with approval by Jacob LJ in Reed Executive plc v Reed Business Information Ltd [2004] 1 WLR 3026 CA at [29]; [2004] EWCA Civ 887, CA.

司法ネットワークの創設）
　Council Regulation 743/2002, 25 April 2002（民事事件における司法共助の実施を促進するための諸活動に関する欧州連合内における一般的枠組みの確立）
　訴状の送達
　Council Regulation 1348/2000, 29 May 2000（民事商事事件における裁判上および裁判外の書類の加盟国への送達）［欧州連合加盟国間の場合，同規則が送達に関するヘーグ条約に優先する。］
　同規則の適用に関しては，the Report of the European Commission, 1 October 2004（COM（2004）603 final）を参照。The proposal for amendment of this Regulation, 11 July 2005: COM（2205）305 final/2; 2005/0126（COD）も参照。
　証　拠
　Council Regulation 1206/2001, 28 May 2001（民事および商事事件における証拠収集についての加盟国裁判所間の共助に関して）（「証拠収集に関する規則適用についての実務ガイド」により supported by a 'Practice Guide for the Application of the Regulation on the Taking of Evidence'）
　消費者保護のための差止：
　Directive 98/27 EC, 19 May 1998（消費者利益の保護のための差止に関して）
　倒産手続
　Council Regulation 1346/2000
　調停：欧州実務規範
　同規範は既に運用されている
　http://ec.europa.eu/civiljustice/adr/adr_ec_code_conduct_en.htm
　諸提案
　調停に関して提案されている指令
　「民事および商事事件における調停に関する諸側面に関する」理事会指令案：22 October, 2004, 2004/0251（COD））(supplemented by a Commission Staff Working Paper 'Annex', of same date, SEC（2004）1314)；上記の実務規範は既に運用されている。
　支払督促命令手続
　「欧州支払督促」決定（'European payment' order）を創設する理事会規則案（防御の提出がない場合の債務の支払いのための簡易手続）：COM/2004/0173 final/3；COD 2004/0055
　少額裁判手続[73]
　「欧州少額裁判手続（European Small Claims Procedure）」を設立する理事会規

---

[73] A Jack (2005) New LJ 1135.

則案:15 March, 2005, COM 2005/0087 final; COD 2005/0020
　不正競争防止に関する手続(Competition Proceedings)
　欧州連合域内における不正競争により不利益を被った者の裁判所へのアクセスおよび私的なクレームの申立てを容易にするための複合的な手続の創設を勧告するグリーンペーパー(A Green Paper recommending a complex set of procedural steps to facilitate greater access to justice and private claims-making by those affected by anti-competitive practice within the EU):「EC不正競争規則違反を理由とする損害賠償請求訴訟('Damages Actions for breach of EC antitrust rules')」: 19 December 2005: COM (2005) 672 (これに関してはC Hodges 'Competition enforcement, regulation and civil justice: what is the case?' (forthcoming)を参照。)

ロシアの民事訴訟法体系

ドミトリー・マレシン〔芳賀雅顯訳〕

　民事訴訟の領域は，伝統的に大陸法とコモン・ローの訴訟法体系に分かれる。両者の差は，こんにちでは，昔ほどではないにせよ，相互に関係する分野では対立する特徴が今なお残っている。

　コモン・ローの訴訟制度が有する主な特徴として，以下の点がある。①一般市民による陪審，②プリトライアル・カンファレンス，③当事者主導によるトライアル前の調査，④"継続的にショーを見せるために法廷でドラマを集中的に"実施するためのトライアル，⑤消極的な裁判官，⑥クラス・アクション，⑦当事者が選任し，費用を支払う鑑定人，である。

　他方，大陸法の訴訟制度が有する主な特徴として以下の点がある。①一般市民による陪審がないこと，②トライアル前とトライアル開始後の区別がないこと，③積極的な裁判官，④裁判官が証拠および事実を収集すること，⑤証人を裁判官が尋問すること，⑥裁判所が鑑定人を選任すること，である。

　ミリャン・ダマスカ（Mirjan Damaska）教授によると，"当事者対抗主義の手続は，争いないし紛争から形成されている。すなわち，当事者対抗主義は，評決に達することを主な職務とする，相対的に消極的な決定者の面前で，相対立する二当事者が関与する形で展開する。当事者対抗主義によらないタイプは，職権主義によって構成されている。前者のもとでは，両当事者は，ほとんどの訴訟活動を担うのに対して，後者では公務員がほとんどの活動を行う"[1]。これらの伝統的アプローチに基づかない例外的な制度があり，たとえば，アメリカ合衆国[2]や日本[3]の制度がそれに含まれていることが，指摘されなければならない。

---

[1] Mirjan R. Damaska, The Faces of Justice and State Authority: A Comparative Approach to the Legal Process 3, (Yale University Press 1986).

第1部 民事訴訟法の継受と伝播

　本稿の目的は，ロシアの民事訴訟制度は，たんに古典的なシビル・ローの特徴を有する大陸法，あるいはアングロサクソン法の体系に属するというのではなく，これら伝統的アプローチのいずれの一方にも存在しない例外的特徴を有するユニークなシステムであることを読者に示すことである。この主張の理解を助けるために，ロシアの民事訴訟制度と最も普及している2つの訴訟制度との相違の概略を述べることにする。さらに，これらの相違の原因を論じる。

　最初の質問である，"ロシアの民事訴訟にはどのような大陸法的特徴があるのか"を論ずる前に，ロシアが大陸法モデルによっていたということを歴史的に論ずる必要がある。また，ロシアが，この古典的な大陸モデルから移行した時期があったことについても言及する。

　18世紀および19世紀には，ロシア皇帝の立法が，民事訴訟を職権主義的方法で規律していた。しかし，最近は，このような裁判の方法は変更された。1864年のロシア民事訴訟法典は，制定当初，ヨーロッパで最も優れたものの一つであった。その基本原則はフランス民法典の影響を強く受けていた。ソビエト時代を通じて裁判官は，1917年革命前よりも積極的となったし，また，大陸法の訴訟制度を利用しているヨーロッパの隣国よりも積極的であった。この裁判制度はマウロ・カペレティ（Mauro Cappelletti）教授によって，正当にも，"ラディカルな共産主義的解決"と評された。

　こんにち，ロシアの民事訴訟法典は，次のような大陸法制度の特徴を有している。すなわち，
　1．手続は主として裁判官が進行させる，
　2．陪審制度はない，
　3．クラス・アクション制度はない，
　4．鑑定人は裁判所が選任する，である

　同時に，現代ロシアの制度は，"純粋な"大陸法的民事訴訟制度モデルと呼ぶことはできない。というのも，コモン・ローの制度の特徴だけでなく，ロシア独自のものや例外的特徴をも有しているからである。

---

[2] See Oscar G. Chase, American "Exceptionalism" and Comparative procedure, The American Journal of Comparative Law. Volume L. Spring 2002. Number 2. P.279, 287-301.

[3] See Y. Taniguchi, The 1996 Code of Civil Procedure of Japan — A Procedure for the Coming Century?, 45 The American Journal of Comparative Law, Number 4. Fall 1997. P.767-791.

ロシアの制度には，どのようなコモン・ローの特徴があるのだろうか。ロシアの民事裁判の歴史において，訴訟手続に非大陸法的特徴が持ち込まれた時期は2つある。ロシア皇帝による1864年の民事訴訟法典は，それまでの制度に非大陸法的特徴をもたらした。この法典は，1917年革命まで効力を有していた。その後，1990年代には，コモン・ローへの傾斜を示す改正がなされた。この立場は，2002年民事訴訟法典の施行まで効力を有した。
　1864年民事訴訟法改正で登場した主要な考えの1つは，当事者対抗主義的性格を民事訴訟に導入することであった。その結果，1864年法は裁判所に対して，証拠の収集を禁じた（82.367条）。1864年から1917年まで，ロシアの裁判所は消極的役割を果たすに過ぎなかった。
　1964年ソビエト法典に対する1995年改正もまた，民事訴訟に当事者対抗主義的性格を持ち込んだ。1993年ロシア憲法は民事訴訟における当事者対抗主義を宣言し，その後，1995年に民事訴訟が改正された。この改正によって，当事者の申立てによることなく裁判所が証拠収集手続に関与することを求めるルールが廃止された。その結果，証拠収集手続の中心が，裁判所の権限から当事者の権限へと移行した。裁判所の機能は，1995年商事訴訟法典において最低限にまで引き下げられた。裁判所はもはや，証拠収集手続において主導する権利を有さなくなった。証拠収集手続において裁判所は関与せず，事件のすべての状況を決定するのは，全面的に両当事者に委ねられることとなった。裁判所の役割は，手続を公平に進行させることに過ぎなくなった。1995年改正は2002年の新法採用まで効力を有した。
　2002年法の下でのロシア民事訴訟法は1995年改正よりも，コモン・ロー的特徴が減少した。しかし同時に，いくつかのコモン・ロー的要素がまだ残っている。第1に，裁判所は証拠を収集する義務を負っていない（証拠収集における現在の裁判官の役割は，新ロシア民事訴訟法では例外的に定められており，後に述べる）。第2に，審理手続は，主として相対立する両当事者によって運営される，事前のトライアル前の段階も含む。
　ロシア民事訴訟法制度が独自に有する例外的特徴は何だろうか。他の訴訟法体系にはないロシア民事訴訟法の特徴がいくつかある。すなわち，証拠収集手続における裁判官の役割，民事訴訟における検察官の役割，そして，上訴審における判決のチェックである。更にその他のユニークな特徴がある。たとえば，商事裁判所と通常裁判所の管轄権を有する司法制度の構造があげられるし[4]，また，法律問題および事実問題の双方を審理することができる

破棄審といった専門性を挙げることができる[5]。これらの特徴は，ロシアの民事訴訟制度の鍵となる要素であるので，以下詳述する。

　裁判官の役割は，"まぎれもなく民事訴訟制度の中心的な問題"である[6]。新民事訴訟法典（CCP）を起草している間，事件における事実の証明および証拠収集手続において，裁判所がどのような役割を果たすべきか数多くの議論がなされた。ロシアにおいては，この問題は常に論争となった。この議論の結果，2002年民事訴訟法は，証拠収集手続における裁判所の消極的関与について，1995年改正が定めた諸原則から若干乖離した。1995年改正法を現実に利用してみると，裁判所による証拠収集を否定することで事件の客観的事実に到達することができるのか，という危惧が顕在化した。両当事者は，事件に有利となる必要な証拠を提出するのに必ずしも十分な準備をしているとは限らないので，1995年改正法では，不十分な証拠に基づく証明によって裁判所が判決を下さねばならなかった。このことは，結果として，実態を解明するには不十分な状況をもとにして，判決が下されるケースを多く発生させた。その結果，民事訴訟の主たる目的である，真の権利を保護することは達成されなかった。裁判実務が示すところによると，裁判官に消極的役割を命ずる司法制度モデルは，ロシアでは非効率的であった。紛争を解決するに際して，両当事者が提出する証拠にのみ依拠して判断することで，ロシアの裁判所が正義を確保するのは効率的でない。

　こんにち，裁判所と紛争当事者は，訴訟手続において積極的な役割を共有している。立法でこの原則を分配することは，法制定の観点からすると困難な問題であり，民事訴訟法典の立法者にとっては難題であった。この原則は，新法においては次のような方法で規定されている。すなわち，裁判所は，どのような状況が事件にとって重要であり，いずれの当事者が証拠を提出しなければならないのかを決定するというものである。その際，裁判所は，両当事者に追加証拠の提出を求めたり，提出された証拠が事件との関係で有する重要性を確認したり，鑑定人に示される鑑定事項の最終リストを作成したりする。両当事者が必要な証拠を入手し，提出することが困難なケースでは，

---

[4] 商事裁判所は経済事件の解決に従事し，一般管轄裁判所は個人間の紛争に関係する。したがって，ロシアには2種類の裁判手続がある。第一は商事手続法典によって，また第二は民事訴訟法典によって規定されている。

[5] 破棄審が法律問題だけを通常は判断する，ヨーロッパの多くの大陸法諸国とは異なる。

[6] Mauro Cappelletti, The Judicial Process in Comparative Perspective 252 (Oxford, 1989).

裁判所は，証拠収集手続に関与することができる。それゆえ，2002年の新民事訴訟法典では，裁判所の役割は，1995年改正の下におけるよりも大きなものとなった。しかし，裁判所は，1964年民事訴訟法で認められていたような，民事事件について調査をする権能を有しない。現在の民事訴訟法の内容と基本枠組は，両当事者が主導する当事者対抗主義の原則と，裁判所の積極性に基礎をおく職権主義の原則との調和のとれたコンビネーションに落ち着いた。異なった司法モデルを取り入れたこのコンビネーションは，ロシア独自の文化によく適合し，ロシア国民の権利を保護するのに十分機能していると確信する。

検察官はロシア民事訴訟法において，今なお関与することができる。現行法の下では，検察官の役割は修正されたが，依然として重要である。

1964年民事訴訟法典は，検察官に広範な権限を与えていた。検察官は，事件に関与するのと同時に，裁判所の活動を監督した。検察官は，いかなる者の権利を保護するためにも裁判を開始することができた。さらに，検察官は，必要があるときには，公的利益または個人の利益を保護するために，訴訟のいかなる段階においても参加することができ，また事件全体にわたり意見を述べることができた。民事訴訟における検察官の目的は，すべての訴訟行為が適法かつ十分に理由のあることを確保する点にあった。裁判手続において検察官が有する巨大な権限は，国内外の研究者から批判の的となった[7]（本報告の目的ではないが，ソビエト時代を通じて検察官の主たる役割は法的手続を促進し，法的救済を容易にすることであった点を述べておきたい。さらに，私見では，この制度はロシア独自の文化的性格から，民事訴訟において当事者が積極的に活動することができないようなケースでは効率的であった）。

しかし，2002年民事訴訟法典は，検察官の権利を制限した。こんにち，検察官が訴訟を開始することができるのは，公的利益を保護する場合か，疾病，年齢，障害その他正当な理由により，自ら裁判所に申立てをなすことができない個人の利益を保護する場合だけに限られた。訴訟を開始した検察官は，あらゆる訴訟上の権利を有し，また，2つの例外を除いて原告としての義務を負う。検察官は和解をなす権限を有さず，また裁判所の費用を支払う義務を負わない。他人を保護するために申立てをした後に，その検察官が考えを

---

[7] See Christopher Osakwe, The Public Interest and the Role of the Procurator in Soviet Civil Litigation: A Critical Analysis, International Law Journal, (1983); John N. Hazard, The Soviet System of Government. Chicago. (1980), P.208-209.

変えても，事件はそのまま係属する。2004年には，5990件が検察官によって商事裁判所に申し立てられた。そのうち，51件（8％）が，検察官に有利に判断された。

控訴審および破棄審に加えて，ロシア民事訴訟には監督審（supervisory instance）がある。監督審による審査は，すでに法的効力が発生し，かつ，破棄審ですでに判断された判決について更に審査することを認める特別の手続である。監督審による上訴を判断するのは，最高裁判所会議（presidium of the Supreme Court），最高裁判所軍事連合部（military assembly of the Supreme Court），最高裁判所民事司法部（judicial tribunal of the Suprem Court for civil cases），軍事裁判所会議（presidium of military court），連邦管轄に関する最高裁判所会議（presidium of the Supreme Court of the subject of the Federation）だけである。監督審手続を行う権限を有する裁判所への申立権を有するのは，事件の関係者，および当事者ではないが判決によって権利が侵害された者である。事件に関与した検察官もまた，監督審の権限を有する裁判所への申立てをなすことが認められる。判決が法的拘束力を有する日から1年以内は，監督審権限を有する裁判所への不服申立が可能である。監督審裁判所での事件の審理は1ヵ月を超えないが，例外的に最高裁では2ヵ月間，事件の審理が可能である。

監督審による事件の審理では，裁判所は当該事件で利用することができる資料を基にして，法的問題についてのみ審理する。監督審裁判所は，下級審による事実認定を否定することができず，また新たな事実を証明したり，新たな証拠を調べたりする権限はない。一般的に，裁判所では，"第一審と破棄審裁判所における実体法規範および手続法規範の解釈・適用の正しさ"を，上訴に際して主張された範囲内で確認する。しかし，適法性（legality）に関しては，上級審裁判所は控訴の範囲を超えて審査することができる。監督審裁判所は，それ以上事実および証拠を審理する必要がないと判断したときは，新たな判決を下すことができる。

私の意見では，ロシア民事訴訟手続のユニークな特徴は，2つの起源をもとにしている。それは，歴史的出来事とロシアの文化である。上述のようにロシアの歴史において，立法者は，さまざまな時期に大陸法あるいはアングロサクソンの特徴を有した民事訴訟法を導入した。たとえば，1864年の帝国法典は証拠収集手続において，コモン・ロー的な裁判所の消極性を導入した。ソビエトの民事訴訟は，大陸法モデルと比べてラディカルな共産主義的解決

方法とみなされた[8]。1995年にはコモン・ロー的な裁判所の消極性が再び導入されたが，2002年までしか効力を有しなかった。

集団主義的立場と個人主義的立場が融合したと定義づけることができる，ロシア民事訴訟法の文化的側面と背景の問題を考えねばならない。広く認められている2つの文化的モデルがある。一つは個人主義に基づくもので，もう一つは集団主義による[9]。集団主義とは，個人よりも集団が優先すると主張する道徳原則，あるいは，個人は州や国家などの社会的集団に従属するとみなされる社会組織であると定義される[10]。個人主義とは，自己決定をし，自制心のある，そして比較的制約のない個人，または相当程度個人に奉仕したり個人を保護したりする社会組織を強調する道徳原則として定義される[11]。この場合の社会は，個人の利益を背景におく[12]。集団主義では，法は社会全体の利益を保護することを目的としているが，個人主義では，法は主として社会の個々の構成員の利益を保護する。後者は個人の目標を達成させることに焦点がおかれる[13]。

私が考えるに，ロシアの文化は双方のモデルの要素を有しており，それゆえ，双方のうちの一方だけと関連づけることはできない[14]。歴史上さまざまな時点で，ロシアの立法は，これらのタイプの文化のいずれか一方を参照す

---

[8] See Mauro Cappelletti, Social and Political Aspects of Civil Procedure — Reforms and Trends in Western and Eastern Europe, 5 Michigan Law Review (1971) Vol.69. P.879.

[9] See David G. Myers, Social Psychology. (2001); Marlies Calenkamp, Individualism verus Collectivism. Rotterdam. (1993).

[10] See Dictionary of the Social Science (Graig Calhoun (ed.)), Oxford. 2000. P.78; See also The Encyclopedia Americana. International edition. 1997. Vol.7. P.239; The New Encyclopaedia Britannica. 15th edition. 2002. Vol.3. P.453;

[11] See Dictionary of the Social Science (Graig Calhoun (ed.)), Oxford. 2000. P.228; See also The Encyclopedia Americana. International edition. 1997. Vol.15. P.69; The New Encyclopaedia Britannica. 15th edition. 2002. Vol.6. P.295.

[12] See Jack Crittenden, Beyond Individualism. Reconstructing the Liberal Self. New York. 1992. P.77.

[13] See Pierre Sandevoir, Introduction au droit. Paris. (1991); Jean-Louis Bergel, Theorie generale du droit. Deuxieme edition. Paris. (1985).

[14] See Dmitry Maleshin, Pravovie kulturi Zapada I Rossii: voprosi vzaimodeistviya [The Legal Cultures in Russia and Western Countries: Issues of Interaction] // Foreign Experience and Domestic Traditions in the Russian Law. Materials of All-Russian Scinetific and Methodological Symposium. 28-30 June 2004. St.Petersburg, (2004), P.155-158.

ることによって，相反する立場を支持した。それゆえ，法の支配は，個人主義または集団主義に基づいていた。第一の立場も第二の見解も，ロシア社会の道徳に一致するものではない。新たに導入されたこれらの法規範は，ロシア社会の支持によって蓄積されたものではなく，また，法および秩序はあまり遵守されないこととなった。

ロシアにおいて法が無意味であるとする考えは，多くの研究者によって指摘されてきた[15]。しかし，私が思うに，この原因はロシア市民が法の支配にしたがいたくないという意思によるのではなく，立法と社会の文化に矛盾があるからである。現代の立法者の任務は，ロシア市民の道徳に対する考えを詳細にリサーチし，社会全体と個々の構成員の双方の要求を反映させた法の支配を作り出すことである。

ロシア法は，個人主義的伝統と集団主義的伝統，そしてロシア社会が有する意見を考慮に入れなければならない。これが意味するところは，法的規制を行う過程において，2つの道徳に関する伝統の間に，"最良の方法"を見いださなければならないということである。

この原則はまた，民事訴訟に関する立法においても考慮されなければならない。ヨーロッパで成功を収めた規範は，ロシアでは必ずしも十分に機能していない。1864年法典は，ヨーロッパの法典の中で最良の法典の1つであるが，ロシアでは成功しなかった。同法制定後20年後には，新法典を準備するための特別起草委員会が設置された。

ソビエト民事訴訟法は，ラディカルな意味で大陸法的であるが，機能したのは主として机の上でしかなかった。この失敗の原因は，法律以外の規範が圧倒的に支配しているという，法に対するソビエト一般の対応にある。

1990年代のコモン・ロー導入に関していうと，1995年民事訴訟法改正のほとんどは，全く機能しなかったことを述べておかなければならない。ロシアでは，社会一般の考えから，裁判所は消極的に活動することができなかった。それゆえ，裁判官の役割に関するコモン・ローのモデルはロシアでは機能することができず，2002年民事訴訟法では裁判官の役割は変更された。

15　See Catherine Hendley, Rewriting the Rules of the Game in Russia: The Neglected Issue of the Demand for Law, East European Constitutional Review. Vol. 8. (1999) P.94; Catherine Hendley, "Demand" for the Law in Russia — A Mixed Picture, 10 East European Constitutional Review (2001) P.72-77; V.A. Tumanov, O pravovom nigilisme [On the legal nigilisme], Sovetskoe gosudarstvo i pravo. No.10, (1989). P.21.

結論として述べておきたいことは，純粋なコモン・ローまたは大陸法の手続構造は，ロシアでは十分に機能しないということである。その理由の一つは，ロシアの文化が独自の要素を有していることにある。その理由から，ロシアの民事訴訟は，大陸法とアングロサクソンの民事訴訟が有する特徴の双方から成り立っている。さらに，ロシア民事訴訟法の歴史や，さまざまな方法で入手した外国における成果の中身を変えてきたことを鑑みても説明がつく。加えて，ロシアの民事訴訟は，大陸法またはコモン・ローの訴訟モデルにはない特殊例外的特徴を有している。それゆえ，次のように結論づけたい。すなわち，ロシアの民事訴訟は，大陸法またはコモン・ローの手続制度と関連があるのではなく，そのかわりに，特殊例外的な訴訟制度と理解されねばならない。

　多くの旧ソビエト連邦諸国では，同じような訴訟構造を有していることが指摘されなければならない。これらの国の民事訴訟法は，同じような歴史的文化的背景を有している。さらに，同じような文化構造が，他の中央アジア諸国やいくつかのラテン諸国で見られ，それらの国々では純粋な大陸法またはコモン・ローの訴訟構造は成功していないということを述べておきたい。それゆえ，こんにちの世界では，大陸法とコモン・ローの訴訟システムを区別するだけでなく，その他の例外的モデルをも区別するのが好ましいと考える。民事訴訟に関する2つの伝統的タイプに対する最近の評価は，この考えを支持している。こんにち，これらのモデルはもはや存在しない，あるいは少なくとも古典的意味で存在していないことは明らかである。それぞれの制度の特徴が融合され，双方の基本原則に対して多くの修正がなされたことで，このようになった。この点に関する明快な例としては，両システムにおける裁判官の役割に関する最近の評価である。

　英国における最近の民事訴訟改革で展開された考えの1つは，裁判所の積極性に関する議論であった。改革を主導したウルフ卿は，"訴訟手続では，当事者対抗主義を後退させなければならない。"[16] "したがって，将来，裁判官は，より積極的な役割を果たすために提供された機会を利用することとなろう……"[17]と述べている。主だった研究者も，この考えに賛同している[18]。実務が示すところによると，民事司法システムにおけるこの様な変化はイン

---

[16] See Harry Woolf, Access to Justice. Final Report to the Lord Chancellor on the Civil Justice System in England and Wales. London (1996), P.5.

[17] See John A. Jolowicz, On Civil Procedure. Cambridge. (2000), P.385.

グランドでは成功した[19]。そのような動向は，イギリスの理論や立法だけではなく，英国の他の法域や，コモン・ロー諸国でも同様に起きた。裁判官に事実収集手続に関与する権能を与えることが，コモン・ローの発展における一般的傾向となった[20]。

アメリカ合衆国における民事訴訟法改正の必要性をめぐる問題は，アメリカの法学者にとって，最もポピュラーなトピックスの1つである[21]。様々なプロジェクトが提案された[22]。1906年にパウンドは，合衆国裁判官が消極的であることはアメリカの司法システムにとって不利益であると考え，そのような構造を"訴訟スポーツ観（the sporting theory of justice）"と呼んだ[23]。また，現代の訴訟法学者の多くは，民事訴訟手続における裁判官の権限を強化することを提案している。"大陸法システムにおけるように，裁判官の役割はより一層強化されねばならない"[24]。同様な見解が，オーストラリア[25]やその他のコモン・ロー諸国で表明された。

多くの国では，大陸法型の手続は職権主義的であると定義することができる。裁判官は，民事訴訟において積極的な役割を果たす。この伝統は，ローマ時代に起源を有する[26]。裁判官の積極的役割を後退させる提案がなされて

---

[18] See e.g. Neil Andrews, Principles of Civil Procedure, London. (1994). P.50; Adrian AS Zuckerman, Civil Procedure. (2003). P.34; Ian Grainger, Michael Fearly, Martin Spencer, The Civil Procedural Rules in Action. Second edition. London (2000) P.173.

[19] See Paula Lounghlin, Stephen Gerlis, Civil Litigation. Second Edition. London (2004) P.7.

[20] See Owen M. Fiss and Judith Resnik, Adjudication and its Alternatives. An Introduction to Procedure. (2003), P.1151.

[21] See, e.g. Judith Resnik, Failing faith: Adjudicatory Procedure in Decline, University of Chicago Law Review. Vol.53/2 (1986) P.494-560.

[22] See Judith Resnik, Procedure's Projects, 23 Civil Justice Quarterly. (2004), P.273-308; Owen M. Fiss, The New Procedure, 54 Revista Juridica de la Universidad de Puerto Rico (1985) P.129-144.

[23] Pound, The Causes of Popular Dissatisfaction with the Administration of Justice, 8 Baylor Law review (1956). P.24-25.

[24] See Geoffrey C. Hazard and Michele Taruffo, American Civil Procedure. An Introduction. (1993). P.103

[25] See Bernard Cains, Australian Civil Procedure. Sydney. (2002), P.37-38; Helen Stacy and Michael Lavarch (editors), Beyond the adversarial system, Sydney. (1999), P.XI.

[26] See Maxime Lemosse, Cognitio. Etude sur le role du juge dans l'instuction du process civil antique. Paris. (1944), P.141.

きたが，おもだったヨーロッパ諸国での立法はそのようにはしなかった。
1990年-1991年のイタリア民事訴訟法改正によって，裁判官は，より積極的な方法で訴訟を進行させることができるようになった[27]。同様の傾向はドイツ民事訴訟法でも見られる[28]。また，フランス[29]，ベルギー[30]，および他のヨーロッパ大陸諸国では，裁判官は，証拠収集手続で積極的に関与し続けている。

ユーラシアの主な国は，全面改正の数年後に，裁判官の積極的役割を承認した[31]。日本の1996年民訴法改正は，裁判官に，より積極的役割を果たすことを促した[32]。中国の1991年民事訴訟法は，民事訴訟手続において裁判官が伝統的に有する広範な権能を確認した[33]。

現在の国際立法は，同様の条文を有する。たとえば，ヨーロッパ連合においては構成国間の文化的相違が著しいので，民事訴訟に関する単一の制定法を採用することができることは期待されていない[34]。しかし，ヨーロッパ全域で妥当している法である，ヨーロッパ共同体第一審裁判所の手続に関する規則は，事実認定手続における裁判所の積極的役割を認める条項によって補

---

[27] See Vincenzo Varano, Civil Procedural Reform in Italy, 45 American Journal of Comparative Law (1997) P.659.

[28] See Peter Gottwald, Civil Procedure Reform in Germany, 45 American Journal of Comparative Law (1997) P.760; John H. Langbein, The German advantage in civil procedure, 52 University of Chicago Law Review (1985) P.826.

[29] See Code de procedure civile / commente par Loic Cadiet. Paris. (1999), P.13; Jean Vincent et Serge Guinchard, Procedure civile. Paris. (1987). P.398; Jacques Heron, Droit judiciare prive. Paris. (2002). P.264.

[30] See Gerard J. Meijer, Belgian Civil Procedure in Henk J. Snijders (editor), Access to Civil Procedure Abroad. Munchen, Athens, London. P.216

[31] See, e.g. 1999 Civil Procedural Code of Belarus (art.179); 1999 Civil Procedural Code of Kazahstan (art.66); 1998 Civil Procedural Code of Armenia (art.49).

[32] See Yasuhei Taniguchi, The 1996 Code of Civil Procedure of Japan — A Procedure for the Coming Century? 45 American Journal of Comparative Law (1997) P.775; Takaaki Hattori and Dan Fenno Henderson, Civil Procedure in Japan. 2nd edition. (2002), P.1-38.

[33] See Berry Fong-Chung Hsu, The common law system in Chinese context. New York. (1992). P.41; Jerome A. Cohen, Reforming China's Civil Procedure: Judging the Courts, 45 American Journal of Comparative Law (1997) P.794.

[34] See Storme M. (ed.) Procedural Laws in Europe. Towards harmonization. Antwerp-Apeldoorn. (2003), P.64-65.

充されている。裁判所は昔に比べてより職権的に活動している[35]。

　それゆえ，民事訴訟における裁判所の役割の増大は，世界の至る所で生じ，ほとんどの訴訟体系に影響を及ぼしている。民事訴訟に関する2つの古典的モデルの限界線は明確ではなく，また，統一的な訴訟体系も現れた。同時に，例外的あるいは独特の訴訟体系もなお存在している。ロシアの民事訴訟体系はその1つである。ロシア民事訴訟の歴史および現在の状況は，2つの伝統的システムを集約し，ロシアにとって最良のシステムを作り出すための立法の努力を示す1つの好例である。こんにち，民事訴訟に対する国際的な統一的アプローチが発達するにつれて，ロシアの経験が，そのアプローチや新たな裁判制度を作り出す一助となりうる。

---

[35] See Koen Lenaerts, Dirk Arts, Robert Bray, Procedural Law of the European Union. London（1999）. P.381-382.

アメリカにおける手続法の受容と伝播
：双方向的となり得るか？

ピーター・L・マレイ*〔工藤敏隆訳〕

　民事訴訟法の世界規模での改革・改善は，長年にわたり，積極的な国際的比較法の文化から多いに利益を享受してきた。この大会の主催者である国際訴訟法学会のような組織は，長い間，手続法における公正・効率性といった共通の論点に対する各国の制度の発展を目的とした意見交換を推進してきた。この2日間に行われた報告は，手続法の理論と機関の輸出入の活発なプロセス，並びに，外国の理論や制度の，自国の価値観や文化への適合について述べている。このような意見交換に参加している国々が，その与え得てきたものから利益を受け，豊かになってきたことは明らかであると思われる。この意味において，我々は，手続法に関するアイデアの国際的自由市場に参加しているのである。

　この報告の目的は，時にアメリカ異質論（American Exceptionalism）[1]として捉えられる側面について述べ，説明を試みることにある。アメリカは，自国の特異な手続法や文化を他国に輸出することには熱心である一方で，自国の民事訴訟法の改革にあたって，外国法や外国法における解決策を考慮に入れることには相対的に興味が薄いようにみえる。手続法改革・比較に関する国際的議論へのアメリカの関与は，「一方通行」なのだろうか？　アメリカ人が，自国の手続法の変革を考慮するにあたり，外国手続法の発展を無視しているように見えるのはなぜだろうか？

---

* Robert Braucher Visiting Professor of Law, Harvard Law School, Cambridge, Massachusetts, USA.
　この論稿は，2006年9月20日に京都で開催された国際訴訟法学会で報告された。筆者は，Ina Popova 氏（ハーバード・ロースクール LL.M. 2007年修了予定）が，この論稿の準備のために傾注された多大な助力に感謝を申し上げる。

第1部　民事訴訟法の継受と伝播

　この報告は，アメリカの法改革論争への外国法の受容が，何世代もの間，アメリカの法文化こそが真髄としてきた固定観念や，それと比較すれば理由があるといえる多くの実務的障害によって妨げられてきたとの仮説を立論するものである。他方，上記の固定観念は，アメリカの法的着想の輸出を，たとえそれ自体は注目に値するものではない場合であっても，促進こそすれ妨げることはなかった。21世紀を迎えて，手続法分野での法の輸出入の均衡がより確保されることが望まれるところ，その兆候はみられるが，まだ明らかに認識できるには至っていない。

1　アメリカ法の輸出──実際，どのようにして起こっているのか？

　アメリカ合衆国は，20世紀初頭に世界的超大国として君臨して以来，自国の法及び法制度の熱心な伝道者であり続けてきた[2]。アメリカが経済力及び軍事力に対し深めつつある自信は，アメリカの法や法制度を他国の法制度と比較した客観的な優位性ではないとすれば，等価感覚（sense of parity）に類するものである。このような，アメリカの時に横柄にも映る自国法信奉は，比較法学者の間で既にステレオタイプとなっている。アメリカの「覇権」については，経済，政治，軍事において言及されているが[3]，常にそうであったわけではない。アメリカの判例法および成文法の漸進的な発展期にあった19世紀においては，アメリカの法律家は，英国法や大陸法の動向に慎重に注

---

[1] 「アメリカ異質論」の語は，軍事的優位を奇貨として，他国であれば国際協調のために遵守しなければならない国際的ルールや条約から離脱することも厭わない，最近のアメリカの国際政治における傾向を表すために案出された。See *Is America Different? A New Look at American Exceptionalism*, Byron E. Shafer (ed.), 1991; Daniel T. Rodgers, "*Exceptionalism*", in Anthony Molho & Gordon S. Wood (eds.), *Imagined Histories: American Historians Interpret the Past*, 1998; O. Chase, *American "Exceptionalism" and comparative procedure*, 50 Am. J. Comp. Law 277 (2002); R. Marcus, *Putting American Procedural Exceptionalism into a Globalized Context*, 53 Am. J. Comp. L. 709 (2005); M. Ignatieff (ed.), *American Exceptionalism and Human Rights* (2005); J. Resnick, *Law's Migration: American Exceptionalism, Silent Dialogues, and Federalism's Multiple Ports of Entry*, 115 Yale L. J. 1564 (2006).

[2] アメリカ法および法制度の世界的な法秩序への影響一般について，Murray, *The American Legal System in the Global Legal Order: The Influence of American Law and Legal Institutions in the Modern World*, 2004 *Zeitschrift für Zivilprozessrecht, International* 245.

意を払っていた。英国の判例が，アメリカの裁判所の判決において引用されることは珍しくなかったのである[4]。例えばBlackstoneのようなイングランドの文筆家は，20世紀初期まで，アメリカにおいて多く追随されていた[5]。また，Holmesのようなアメリカの研究者達は，海外で研究を行い文献を読み，Savignyのような大陸法の研究者と議論を行っていたのである[6]。

　アメリカは自国の法に対する自信を深めていたにもかかわらず，自国の法や法制度を輸出するという志向は，第二次世界大戦前にはほとんど存在しなかった。英国やフランスとは対照的に，アメリカは自国の法制度を輸出できる植民地をほとんど獲得していなかったのである。また，アメリカの判例法は，容易に輸出することに適しているとは言い難い。膨大な判例を，外国の法システムの改革として採用することは非常な不便を伴う。アメリカの連邦制は，法制度の複雑さをさらに増す要因であり，自国の法システムを現代化しようとする国に対して，推薦されるべきものではない。19世紀末から20世紀初めにかけて起こった手続法の交流と伝播において，アメリカはほとんど何の役目も果たしていなかったのである。

　しかし，20世紀後半における発展は，こうした状況を変え，アメリカの実体法と手続法の輸出を加速させることになった。まず第一に，民事訴訟法の規則による成文化がある[7]。アメリカ連邦民事訴訟規則は，連邦裁判所の手続に関し散在していた成文法と判例法に代わるものとして制定された。同規則は1938年に公布され，続く20年の間に，民事訴訟に関する簡明で分かりや

3　R. Stürner, "Der Justizkonflikt zwischen den U.S.A. und Europa", in *Der Justizkonflikt mit den Vereinigten Staaten von Amerika*, W. Habschied (ed. 1986), pp. 35-43; Hess, 44 *Aktiengesellschaft* 145; H. Porsdam, *From Pax Americana to Lex Americana: American legal and cultural hegemony*, Elgar (2005).

4　これは合衆国黎明期における必要性から生じたものである。すなわち，新しいアメリカの諸州がほとんど先例がないという状況で，イギリスは既に何百年に渡る引用可能な先例の蓄積を有していた。

5　例えば，筆者の祖父は，1910年にペンシルバニア州の司法試験の受験のために，Blackstoneを購読していた。

6　See e.g. M.W. Reimann, "*Holmes*' Common Law *and German Legal Science*", in The Legacy of Oliver Wendell Holmes, R. Gordon (ed. 1992); Oliver Wendell Holmes, *The Arrangement of the Law of Possession*, 12 Am. L. Rev. 688) (July 1878), *Primitive Notions in Modern Law* 10 Am. L. Rev. 422 (1876), 11 Am. L. Rev. 641 (1877). More generally, see S. Riesenfeld, *The Impact of German Legal Ideas and Institutions on Legal Thought and Institutions in the United States*, in M. Reimann (ed.), *the Reception of Continental Ideas in the Common Law World 1820-1920*, 1993, p. 89.

すい規律として，アメリカ国内で広い賛同を獲得した[8]。多くのアメリカの州は，連邦民訴規則を参考に，自州の手続法の改革に着手した[9]。こうしてアメリカの訴訟法は，外国の立法者や研究者にとっても，理解が容易になった。

アメリカの手続法の外国への伝播に拍車をかけた要因として，第二次世界大戦の戦後処理のほか，アメリカの政治・経済上の支配的地位があげられるだろう。アメリカや外国の研究者の多くは，アメリカの成功を自由の勝利と位置付けていたし，「当事者対抗主義」[10]や陪審審理が，自由な社会の維持向上に独特の形で関係していると[11]認識する者もいた。こうした自信は，アメリカが自国の法制度の採用を他国に働きかけることも容易にした。

---

[7] 連邦民事訴訟規則として結実するまでの歴史については，Clark and Moore, *A New Federal Civil Procedure, I. The Background*, 44 Yale L. J. 387 (1935); A. Holtzoff, *Origins and Sources of the Federal Rules of Civil Procedure*, 30 N.Y.U. L. Rev. 1057 (1955); G. Koppel, *Toward a new federalism in State Civil Justice*, 58 Vand. L. Rev. 1170 (2005); R. Graham and C. Wright, *Federal Practice and Procedure: Evidence*, §5006 (1977, supp. 1990) を参照。当時少数の州は民事訴訟法を成文化していたが，ほとんどの州は広く判例法や，様々な法律中に分散した規定，完全とはいえない裁判所規則や書式例，伝統的慣習等に依拠していた。新しい連邦民事訴訟規則は，手続法の成文化だけでなく，新たな法の形式としての，裁判所による手続規則の包括的公布としての意義も有していた。

[8] Cf. Rules Enabling Act, 28 USCS § 2072. See S. Burbank, The Rules Enabling Act of 1934, 130 U. Pa. L. Rev. 1015 (1982); S. Subrin, How Equity Conquered Common Law: The Federal Rules of Civil Procedure in Historical Perspective, 135 U. Pa. L. Rev. 909) (1987); Stephen N. Subrin, Federal Rules, Local Rules, and State Rules: Uniformity, Divergence, and Emerging Procedural Patterns, 137 U. Pa. L. Rev. 1999 (1989).

[9] Clark 判事の調査によれば，初期の例としては，アリゾナ州，コロラド州，ニューメキシコ州，メイン州がある。*Handbook of the Law of Code Pleading* (2d ed. 1947), §10 at 50 を参照。最近では48州が，連邦民訴規則に準じた手続的規則を有している。See J. Oakley, *A Fresh Look at the Federal Rules in State Courts*, 3 Nev. L. J. 354 (2002-2003); T. Main, *Procedural Uniformity and the Exaggerated Role of Rules: A Survey of Intra-State uniformity in Three States that have not adopted the Federal Rules of Civil Procedure*, 46 Vill. L. Rev. 311 (2001), referring to Illinois, Pennsylvania and Nebraska; Chemerinsky & Friedman, *The Fragmentation of Federal Rules*, 46 Mercer L. Rev. 757 (1995).

[10] See Robert Kagan, *Adversarial Legalism*, Harvard University Press, 2002. On the possible decline of the adversarial system in the United Kingdom and a comparison with France, see J. A. Jolowicz, *Adversarial and Inquisitorial Models of Civil Procedure*, 52 ICLQ 281 (2003). See further, N. Andrews, "*The Adversarial Principle: Fairness and Efficiency*", in A. Zuckerman & R. Cranston (ed.), *Reform of Civil Procedure*, Oxford: Clarendon Press, 1995, p.169

アメリカの言語である英語は，ビジネスや観光の分野において次第に国際語として受け入れられてきたが，ついに法律にも及んでいる[12]。このことは，外国人がアメリカの法や法制度を学ぶことを容易にした（後述するとおり，アメリカでは外国語への通暁が一般に欠けていることが，アメリカ人が外国法にアクセスする機会を少なくしている）。アメリカの大学やロースクールは，外国の法律家向けにアメリカ法を学ぶプログラムを導入し，拡充させた[13]。膨大な数の優秀な外国の学生が，毎年，アメリカの上位のロースクールにおいて，法学修士課程（LL.M.）の留学生としてアメリカの法システムを学んでいる。

アメリカは，外国のビジネスへ多額の投資を行っている。投資家は，しばしば世界銀行のような国際機関の援助を受けているが，投資の条件として，アメリカ法，またはアメリカ法を基礎に制定された現地法に準拠することを条件にすることを求めている[14]。ベルリンの壁の崩壊後にロシア・東欧で広

11　文献は，民刑事の陪審審理はアメリカ民主主義の中核をなす制度と評している。For example see Taruffo, *Transcultural Dimensions of Civil Justice*, XXIII Comp. L. Rev. 1 (2000) at 28; George L. Priest, "*Justifying the Civil Jury*", in R. E. Litan (ed.) *Verdict* (1993) at 103.

12　J. Drolshammer & N. P. Vogt, *English as the language of law? An essay on the legal lingua franca of a shrinking world*, Zürich: Schulthess, 2003.

13　最新の統計では，アメリカの約135校のロースクールが，外国法律家のためのLLMプログラムを開講している。これに加え，アメリカ国内で開講され，またはアメリカ人の法律家が海外で開講する，様々な種類の短期のプログラムがある。See also P. L. Murray & J. Drolshammer, *The Education and Training of a New International Lawyer*, 2 European Journal of Law Reform 505 (2000); J. Langbein, *The Influence of Comparative Procedure in the US*, 43 Am. J. Comp. L. 545 (1995) at 546.

14　世界銀行が，どのようにしてアメリカ的な法制度の採用を融資の条件に絡めてきたかの議論については，下記を参照。Alvaro Santos, "*The World Bank's Uses of the 'Rule of Law' Promise in Economic Development*", in David Trubek & Alvaro Santos, (ed.), *The New Law and Development: A Critical Appraisal* (2006); Ibrahim Shihata, *The World Bank in a Changing World*, (1991, 1995, 2000); Bartram S. Brown, *The United States And The Politicization of The World Bank: Issues of International Law And Policy*, Kegan Paul International, 1992; Bakvis, *How the World Bank & IMF use the Doing Business report to Promote Labour Market Deregulation in Developing Countries*, (ICFTU/Global Unions), 2005; Julio Faundez, *Good Governance and Law: Legal and Institutional Reform in Developing Countries*. New York: St. Martin's Press (1997). 多数国参加による開発銀行のプロジェクトが自由放任モデルを前提とすることに対し批判を述べている文献の例として，Michael Massing, *From Protest to Program*, The American Prospect, Summer

範に起こった民法改正の潮流を受け，アメリカ法律家協会（ABA）は，国務省の援助により，東欧や中央アジアへの法輸出プログラム（組織性の程度には強弱がある）に関与するようになった。中・東欧司法支援イニシアチブ（CEELI）が設立され，法律・法制度の改革・現代化の途上にある当該地域内の国家への専門的支援や助成が，現在も継続されている[15]。自然な帰結であるが，提供された多くの法制はアメリカ的モデルであり，その一つである陪審審理さえも，真に民主的な法文化の要素として，民主化したばかりの政権に採用を促す努力がされたのである。東欧及び中央アジアの改革途上の諸国は，近時，刑事訴訟での陪審審理への関心はあるものの，結局，基本である大陸法的な司法制度に回帰している[16]。

こうした活動は，アメリカが，自国の手続法や法制度の包括的輸出に大成功を収めたことを意味するのではない。アメリカ法から他国の法文化への伝播に成功した例のほとんどは，公法分野の例である[17]。アメリカの私法は，判例法の歴史と基盤を有しており，イギリス，カナダ，オーストラリアといった英米法系の法域以外では，それほど関心を持たれていないのである。

大陸法と英米法の落差も，アメリカの手続法の海外への伝播を妨げてきた。これは，外国の比較法研究者達の関心の強弱によるものではない。少なくとも50年の間，ヨーロッパや東アジアからの手続法研究者がアメリカの手続法を学び，通暁してきたことは確かである。しかし，広範な業務を扱い高額の報酬を得ている弁護士の役割，大陸法と比べ双方向的な裁判官，陪審による

2001, at 2-3（世界銀行は「発展途上国に対し，World Development Report [2000/2001] において批判されたのと同じ市場改革を，発展途上国に押し進めようとし続けている。」）; Bruce R. Scott, The Great Divide in *the Global Village*, 80 Foreign Aff. 160 (2001) at 161 （「豊かな国は，自由市場が経済の収斂を起こすとされるワシントン合意が誤解されていることを認識し，それらの国の戦略が世界すべての国にとって最良の選択であるという観念を捨て去る必要がある。」と述べている。）がある。世界銀行の「資本家的基盤」に対する早い時期における批判として，see generally Cheryl Payer, *The World Bank: A Critical Analysis* (1982). 世界銀行による改革提案が国家主権にもたらす否定的影響に対する批判として，Martin Wolf, *Will the Nation-State Survive Globalization?*, 80 Foreign Aff. 178 (2001) at 184-185 は，世界銀行のような機関は，しばしば，自らの欲し又は必要とすることのために，政府の領域を侵しているとみられていると述べている。John Head 教授は，こうした批判が説得力を欠くと考える3つの理由を，*For Richer Or For Poorer: Assessing The Criticisms Directed At The Multilateral Development Banks*, 52 U. Kan. L. Rev. 241 (2004), at 280-281 で挙げている。

[15] CEELI の設立目的等の情報は，ウェブサイト（www.aba.org/ceeli）を参照。

事実認定等の特徴を持つアメリカの手続法は，大陸法の基本原理からは非常に異質なものとして捉えられてきたため，大陸法諸国の法改革者にとって，このような特異なアメリカ法の制度を自国の法文化にどのように移植できるかを見極めることは，困難なことであった。

このことは，大陸法の手続法制に対するアメリカからの影響が，実際には微弱にとどまる傾向を有していたことを意味する。例えば，日本の実務では，訴訟代理人弁護士は，刑事事件と同様に民事事件でも証人の尋問を行っているが，これは，当初はドイツの手続法の影響を受けていた制度が，第二次世界大戦後にアメリカから受けた影響を反映するものである[18]。ヨーロッパにおける立法や行政行為の合憲性審査制度も，アメリカに淵源を有するものがある[19]。しかし，アメリカの民事訴訟手続の中核として，裁判官と陪審による事実審理よりもむしろ佳境といえる，弁護士主導による事実審理前（pre-

16 例えば，ロシアはソビエト崩壊後の司法制度の再編の際，民刑両方につき陪審の採用を促されたことがあり，いくつかの大都市においては，事件によって刑事陪審を導入する努力がされた。民事陪審は行われることはなく，伝統的な大陸法式の裁判所で判断されるほか，仲裁も増加している。See Paul De Muniz, *Judicial Reform in Russia: Russia looks to the past to create a new adversarial system of criminal justice*, 11 Willamette J. Int'l. L. & Dispute Res. 81 (2004); Leonard Orland, *A Russian Legal Revolution: The 2002 Criminal Procedure Code*, 18 Conn. J. Int'l L. 133 (2002); Irina Dline & Olga Schwartz, *The Jury is Still Out on the Future of Jury Trials in Russia*, 11 E. Eur. Constitutional Review 104, 104 (2002); James Diehm, *The Introduction of jury trials and adversarial elements into the Former Soviet Union and other inquisitorial countries*, 11 J. Transnat'l L. & Pol'y 1 (2001); Sarah J. Reynolds, *Drawing Upon the Past: Jury Trials in Modern Russia, in Reforming Justice in Russia 1864-1996 374*, 376-77, 389 (Peter H. Solomons, Jr. ed., 1997); Sergei Pashin, *New Opportunities for Development of Russia's Judicial System*, 2 Const. L. & E. Eur. Rev. 19 (1997); Stephen C. Thaman, *The Resurrection of Trial by Jury in Russia*, 31 Stan. J. Int'l L. 61, 67 (1995); Gary S. Gildin, *Trial By Jury in the New Russia: A Travelogue*, 15 Dick. J. Int'l L. 151, 151 (1996); John Quigley, *Law Reform and the Soviet Courts*, 28 Colum. J. Transnat'l L. 59, 66 (1990); John W. Atwell, Jr., *The Russian Jury*, 53 Slav. & E. Eur. Rev. 44, 46 (1975).

17 反トラスト法のように，取引の規制に関するアメリカの公法は，ヨーロッパの法改革者達に長い間手本とされてきた。See Murray, n. 2 above, pp.256-257 and sources cited therein.

18 See S. Ota, *Reform of Civil Procedure in Japa*, 49 Am. J. Comp. Law 561 (2001); Y. Taniguchi, "Japan's Recent Civil Procedure Reform", in N. Trocker and V. Varano (ed.), *The Reforms of Civil Procedure in Comparative Perspective*, 2005; R. Marcus, *op. cit.* p.721 et seq. より最近では，エストニアが，やはりアメリカの影響により，民刑事の訴訟において証人尋問が代理人弁護士の主導により行われるように法改革を行った。

trial) 手続は，大陸法やかつての社会主義法の法域において，未だ採用されるには至っていない。

それでは，手続法分野におけるアメリカ法の輸出として最も影響力のあるものは何だろうか？民事訴訟法の制度や基本原則に関する実質的な伝播はされていない状況で，アメリカの手続法は，どのように他国の手続法に影響を与えてきたのであろうか？

アメリカの民事訴訟法は，外国の手続法に対し，少ないながらも重要な影響を，アメリカ的法思想（特に，様々な形の法現実主義）の流布，現代生活・社会における訴訟や弁護士の役割についてのアメリカの法文化を通じて与えてきたと考えられる。事実重視による法分析の伝播や，さらには，アメリカの法理論や法制度をそのまま採用する必要性を感じている国はほとんど存在しないにも関わらず，多くの外国の法文化は，アメリカ的な法文化や法理論の影響を実感しているといえる。アメリカの法現実主義は，法学の歴史において必ずしも新しいものではない。しかし，法は宇宙に内在するものではなく，立法者の世界観の産物であり，立法者の関心を反映しているという信念が，アメリカの法思想家たちの思想を形成している[20]。民事において，法創造的な裁判官の政治的役割は，世界中で急速に認知されつつある[21]。

具体的事件の結論は主に事実に依拠しており，事実の違いは異なる司法判断を分析するにあたり重視されるという主張も，アメリカの判例法的アプローチに関係している[22]。結局，事実こそが，裁判所の採否にかかる異なる利害や政策を反映しているのである。民事訴訟における当事者の訴訟代理人弁護士の，法の発展における創造的行為者としての広範な役割は，アメリカの民事訴訟法のもう一つの特徴であり，外国においても共鳴されている。

そのような「柔らかな法（soft law）」の伝播は徐々に行われ，時にみきわめが難しい[23]。アメリカの法的思考―民事訴訟法に関連するものを含む―の拡散の重要なルートは，多くの法学修士（LL.M.）プログラムであった。毎

---

[19] 法令の合憲性審査は，第二次世界大戦後，ほとんどのヨーロッパ諸国及び日本で確立されるところとなった。このような制度の創設は，敗戦国の政治構造を，現代的民主主義へと変革する重要な要素と考えられた。See V. Jackson & M. Tushnet, *Comparative Constitutional Law* (2006), pp.285-286, 475-485; W. Murphy, *Constitutions, Constitutionalism and Democracy*, in D. Greenberg (ed.), *Constitutionalism and Democracy: Transitions in the Contemporary World*, Oxford, 1993.

[20] アメリカの法現実主義の背景について，W. Fisher, M. Horwitz, T. Reed (eds.), *American Legal Realism*, Oxford University Press (1993) を参照。

年,多様な法文化圏からの何百人もの法律家たちが,アメリカ的法思考のシャワーを浴びるため,アメリカに留学している。アメリカの法システムの経験が,彼らの後の仕事に何らかの影響を与えていることは確実である。

アメリカの民事訴訟法を国際領域に拡張するための努力の一例として,アメリカ法律協会(ALI)・ユニドロワ国際民事訴訟法原則の歴史がある[24]。アメリカ法律協会は,1990年代初めに,アメリカ連邦民事訴訟規則を基礎とした国際民事訴訟規則の案を携えて,国際民事訴訟法の領域に初めて足を踏み入れたが[25],外国の法律家たちは,この試みに対し冷淡であった。裁判所が制定する手続規則は,ほとんどの大陸法の法律家にとっては異質なものであった。その後,ユニドロワの影響の下,Rolf Stürner 教授らによるプロジェ

---

21 例えば,判例の法源性に関する議論は,大陸法の伝統に反するものである。Hans W. Baade, "Stare Decisis in Civil Law Systems", in James A.R. Nafziger & Symeon C. Symeonides (eds), *Law and Justice in a Multistate World. Essays in Honor of Arthur T. von Mehren*, New York (2002), p.533; or Hans W. Baade, Stare Decisis in Civil-Law Countries: The Last Bastion, in Peter Birks & Arianna Pretto (eds.), *Themes in Comparative Law. In Honour of Bernard Rudden*, Oxford (2002), p.3. オーストリアの状況について,Franz Bydlinski, *Juristische Methodenlehre und Rechtsbegriff*, Wien, New York (1982), at 501. 大陸法の伝統における法文化の相違に関する議論として,Zdenek Kuhn, Worlds Apart: Western and Central European Judicial Culture at the Onset of the European Enlargement, 52 Am. J. Comp. L. 531 (2004). See also John Merryman, *The civil law tradition* (2d ed. 1985), pp. 43-47; René David, *French Law* (M. Kindred trans. 1972) pp.167, 179-88; A. Tunc, Methodology of the Civil Law in France, 50 Tul. L. Rev. 459, 464-65 (1976).

22 See A. von Mehren & Peter L. Murray, *Law in the United States*, Cambridge University Press (2nd ed. 2006), Chapter 2.

23 「柔らかな法」の語は,一国の文化,経済,道徳の世界事象への影響を意味する「柔らかな権力(soft power)」に共鳴することを意図している。See Joseph S. Nye, *Soft Power, The Means to Success in World Politics*, Public Affairs (2004).

24 この手続法原則の集合は,異なる国の当事者間の国際商事訴訟の規律のための理論的着想で,サンプルとなる一連の規則も付加されており,ALI とユニドロワの共同プロジェクトの成果である。最終文案は,ワシントンDC で開催された ALI の2005年5月定時総会と,その一月前にローマで開催されたユニドロワの理事会で採択された。原則本文と,その公式訳釈,サンプル規則は,Cambridge University Press から出版されている(*ALI/UNIDROIT Principles and Rules of Transnational Civil Procedure*, CUP, 2006)。プロジェクトの後援者は,ALI ユニドロワ原則が,世界中の手続法に関する議論に役立つことを期待している。

25 See Transnational Rules of Civil Procedure, Preliminary Draft No. 1 (American Law Institute, *Proceedings of the American Law Institute*, 1998).

クトの焦点は，異なる法文化において異なる形式で具体化が可能な，国際民事訴訟法の一般原則へとシフトした[26]。そして時を経て，アメリカを含む異なる手続法システムの要素を含む一連の原則が創られた。この国際民事訴訟法原則が，将来の手続法の発展に影響を与えるという限りにおいて，アメリカの手続法は，間接的に外国に対し影響するであろう。

　アメリカの法文化は，メディアによっても伝播されている。民事訴訟は，他国では想像つかないほどに，一例えば，映画，小説，ニュースなどにおいて—大衆文化的な話題となっている[27]。アメリカにおいて，民事訴訟の提起は，法実現の重要な側面とみられており，弁護士が提起する民事訴訟は，アメリカ社会の政治的規範を形作っている[28]。

　民事訴訟の役割についてのアメリカ的見方の投影は，外国での行為者や行為に対するアメリカの裁判権の積極的な拡張として表れ，クラスアクションのメンバーに外国人も含めるという形にまで行き着くこともある[29]。外国の法律家にとって，このようなアメリカ法の活動は侵略のごとく捉えられるが，アメリカの訴訟の実体験が，その強みと弱点についての意識を，より直接的な方法で伝播させることは否定し得ない。

　このように，アメリカ法の外国の法システムへの伝播による効果は，見かけ以上に顕著である。いくつかの明示的な例があるが，その一つとして，弁護士報酬の全面成功報酬制は，民事司法へのアクセスの問題に苦悩する様々な外国の法文化の関心を惹きつけている[30]。アメリカでは極端にまで発達を

[26] See Transnational Rules of Civil Procedure, Preliminary Draft No. 2 (American Law Institute, 2000), especially the Foreword.
[27] 例えば，小説では，Jonathan Harr, A Civil Action; John Grisham, The Firm が，映画ではThe Verdict (1976)；A Civil Action (2000) がある。主要な民事事件の事実審理や評決は，地方や全国ニュースにおいて報じられている。アメリカの大衆社会における法や訴訟の役割について，H. Porsdam, *Legally Speaking: Contemporary American Culture and the Law*, Massachusetts (1999) を参照。
[28] See von Mehren & Murray, *Law in the United States*, 2nd Ed., 2006, Chapter 6.
[29] See, e.g., Peter L. Murray & Rolf Stürner, *German Civil Justice*, Carolina Academic Press (2004), Chapter 12 p. 499
[30] 英国は，条件付弁護士報酬の利用を拡大しており，他のヨーロッパ諸国も，司法へのアクセス向上の意味合いにおいて，成功報酬制度の研究を行っている。See, e.g., Department for Constitutional Affairs Report August 2005, *New Regulation for Conditional Fee Agreements*; D. Chalk, *CFAs after 1st November: a brave new world?* 155 New Law Journal 1744 (2005).

遂げた集団的訴訟は，ほとんどすべての法域において，法改革の現代的なテーマとして挙げられている[31]。アメリカのクラスアクションが広範に採用される見込みは薄いが，アメリカの経験の影響が多大なものになるであろうことは確実である。

さほど明らかな基調ではないものの，民事訴訟における弁護士の役割の拡大の可能性は，アメリカ以外の国でも検討されている。例えば，ドイツにおいては，弁護士報酬に関する成文法による規制が緩和されたが，これは弁護士が訴訟上及び訴訟外の事項について，より大きな役割を担うことを可能とするものである[32]。

結局，アメリカの民事訴訟の制度や原理原則を輸出することの相対的困難性にもかかわらず，現代の様々な法域での民事訴訟法の発展に，アメリカ法が多大な影響力を有していることには疑いがない。

---

[31] See J. Basadow (ed.), *Die Bündelung gleichgerichteter Interessen im Prozess*, Tübingen, 1999; C. Hodges, *Multi-party Actions, A European Approach*, 11 Duke J. Comp. & Int'l. L. 321 (2002); R. Muheron, *The class action in common law legal systems : a comparative perspective*, 2004 and in C. H. Van Rhee (ed.), *European Transitions in Civil Procedure*, 2005; B. Carney, *Class action ...à la française*, Wall St. J. Feb. 14th, 2005; V. Tait & B. Sherwood, *Class actions across the Atlantic*, Financial Times, June 6th, 2005; L. Silberman, *Vicissitudes of the American Class Action — With a comparative eye*, 7 Tul. J. Int'l. & Comp. L. 203 (1999).

[32] 2004年弁護士手数料法によって，非訴訟案件については，弁護士報酬に関する法規制は既に廃止されている。訴訟案件においては，敗訴した相手方からの弁護士費用の回収は法規が定める額に制限されるものの，支払能力に余裕のある当事者が，自らが選任した代理人弁護士に支払う報酬額は法によって制限されない。ドイツ連邦弁護士会による，弁護士費用の概観として，www.brak.de/seiten/pdf/RVG/Grundlagen_englisch.pdf を参照。2004年の民事訴訟法改正一般について，G. Rühl, *Preparing Germany for the 21st Century: The Reform of the Code of Civil Procedure*, German Law Journal, vol. 7 no. 6, available online at http://www.germanlawjournal.com/article.php?id=603. を参照。See also Murray & Stürner, *German Civil Justice*, pp. 112-116, 346-354, 405-408, 483, 492. Cf. on contingency contracts in general, Kirstein & Kickman, *Third Party Contingency contracts in Settlements and Litigation*, 160 Journal of Institutional and Theoretical Economics 555 (2004). 近時のドイツの弁護士制度改革が，同国における伝統的な弁護士の役割を損なうとする批判的分析としては，R. Stürner & J. Bormann, *Der Anwalt — vom freien Beruf zum dienstleistenden Gewerbe?* 57 NJW 1481 (2004) を参照。

2　アメリカにおける外国法の受容——困難な提案

　外国の民事訴訟法は，アメリカの民事訴訟理論及び民事訴訟制度に対して，どの程度，受容・研究を経て輸入されたのであろうか。率直に答えるとすれば，「今のところ，それほどではない。」と言わざるを得ない。アメリカの法改革論議への外国手続法の受容が謙抑的なことにはいくつかの理由があるが，将来的には，外国法を参考にする機会がより多くなることが見込まれる。

　アメリカの手続法改革の議論において，外国法を参考にすることは，何十年にも渡って明らかに欠けていたことであった。アメリカの法実務家および法律研究者が，手続法に関する解決策や代替策を議論する際に，類似する社会経済的，政治的，法的問題に対する外国手続法の対応策を参考にすることは困難なことであった。アメリカ国内の州相互間では，様々な手続法改革に関し，活発な議論が行われており，連邦と州間においても，意見交換は活発になされている[33]。しかし，外国の制度との比較に関しては，カナダ，イングランド，オーストラリアといった文化的に近い国々との間ですら，交流は非常に稀である。アメリカの法改革に関する文献を紐解いた読者は，アメリカの手続法学者は，他の英米法系の法域の手続法を検討することにすら，きわめて関心が低いという印象を持つであろう。

　アメリカの法律家の外国手続法への関心の欠如には，いくつかの明らかな原因がある。第一に，最近の世代のアメリカの法律家は，比較法一般に対する関心が薄いことが挙げられる[34]。比較法の科目は，アメリカの法学教育においては珍しい——著名なロースクールのみが，内実を伴った比較法の授業

---

[33]　この現に行われている比較法活動の感覚を得るためには，20世紀後半における，アメリカ連邦民事訴訟規則の各州における受容と変容の過程を看取する必要がある。K. W. Graham, Jr., *State Adaptation of the Federal Rules: Pros and Cons*, 43 Okla. L. Re. 294 (1990); C. Tobias, *Past and future of the Federal Rules in State Courts*, 3 Nev. L. J. 400 (2002-2003); C. Clark, *The Federal Rules of Civil Procedure, 1938-1958: 2 decades of the Federal Civil Rules*, 58 Colum. L. Rev. 435 (1958).

[34]　See n. 39 *infra* and E. Stiefel & J. Maxeiner, *Civil Justice Reform in the United States: Opportunity for Learning from 'Civilized' European Procedure Instead of Continued Isolation*, 42 Am. J. Comp. L. 147 (1994); Levasseur, *The Use of Comparative Law by Courts*, 42 Am. J. Comp. L. 41 (1994, supp.); J. Langbein, *The Influence of Comparative Procedure in the US*, 43 Am. J. Comp. L. 545 (1995); M. Rheinstein, *Uses, Misuses and Nonuses of Comparative Law*, 72. Nw. U. L. Rev. 198 (1977).

を開講しているのが実情であるし，比較法学者はなおさら珍しい存在であった[35]。外国手続法への関心の欠如は，アメリカ国内法全般にわたる孤立主義の一部にすぎないものである。

第二に，外国手続法の研究，及び自国の法理論や制度との比較は，アメリカにおける，判例法を基礎とする当事者対抗主義や陪審審理によるモデルと，大陸法国における，裁判官を中心とする審理モデルとが，根本的に異なるという理解によって妨げられている。情報に疎いアメリカの法律家たちは，ヨーロッパの手続法を，「職権糾問主義的」であり，「自由の国」の民事司法に採用することは不可能であるとして，検討すらせずに排斥する傾向があった[36]。このような誤解は，多くのアメリカのロースクールで，大陸法の司法制度についての教育を欠いていたことに起因している[37]。

外国語能力の不足も，アメリカの法律家が外国手続法を参照しないもう一つの理由である。最近まで，外国手続法の詳細な情報へアクセスするには，当該外国法及び参考文献で使用されている言語の知識が必要とされていた。

---

[35] 例えば，アメリカは世界最大の法学研究者のアカデミーであるにもかかわらず，国際訴訟法学会のような比較法関係の学会におけるアメリカ人会員の割合は相対的に大きいものではないし，この報告が行われるような学会へのアメリカの比較法学者の出席は，さらに芳しくない。See Ugo Mattei, *Some Realism about Comparativism: Comparative Law Teaching in the Hegemonic Jurisdiction*, 50 Am. J. Comp. L. 87 (2002); David S. Clark, *Establishing Comparative Law in the United States: The First Fifty Years*, 4 Wash. U. Global Stud. L. Rev. 583-88 (2005) and *American Participation in the Development of the International Academy of Comparative Law and Its First Two Hague Congresses*, 54 Am. J. Comp. L. 1 (2006).

[36] G. C. Hazard Jr. & M. Taruffo, *American Civil Procedure: An Introduction* (1993), p. 86; A. Kessler, *Our Inquisitorial Tradition*, 90 Cornell L. Rev. 1181 (2005).

[37] このような誤解が，アメリカの裁判所（連邦最高裁判所を含む）が外国の判例法や成文法を判決理由中で引用することに対し，多くのアメリカ人が抱く（Michelman 教授が M. Ignatieff, *op. cit. supra* n. 1, at 264 において "integrity-anxiety" と呼ぶ）不可解な嫌悪感の深層にあるのかもしれない。最近のいくつかの連邦最高裁判決における上記のような外国法の引用は，そのような実務の正当性をめぐる熱い論争を引き起こした。The Constitutional Preservation Act 2004 (S. 2082, 108th Cong. 201 (2004)) は，「連邦最高裁判所は，裁判の基礎を合衆国憲法と合衆国の法に置くべきであり，合衆国の権限において制定されたものではない外国法，国際法，国際的合意に置いてはならない」と述べている。また，2005年に，共和党の John Cornyn 上院議員が，合衆国憲法に関する司法解釈は，「合衆国憲法の制定当初の意図を示唆するもの」を除いたいかなる外国の判例，法，有権的宣言を基礎とすべきではない，とする決議を提案した（S. Res. 92, 109th Cong. (2005)）。See also n. 34 above, and J. Resnik, *Law's Migration*, n. 1 *supra*;

第 1 部　民事訴訟法の継受と伝播

　アメリカの法律家は，外国法に関する能力を要求はおろか期待をされておらず，英語以外の語学に通じていることは稀有なことであった。このような言葉の壁は，アメリカの手続法の議論に対し外国法からの情報が少ない理由として，軽視されるべきではない[38]。

　比較法学者は伝統的に，外国法の原典を参照するために外国語能力が必要

A. Smith, *Making Itself At Home: Understanding Foreign Law In Domestic Jurisprudence: The Indian Case*, 24 Berkeley J. Int'l L. 218（2006）; S. Calabresi & S. Zimdahl, *The Supreme Court and Foreign Sources of Law: Two Hundred Years of Practice and the Juvenile Death Penalty Decision*, 47 Wm. & Mary L. Rev. 743（2005）; J. Merryman, *Foreign Law as a Problem*, 19 Stan. J. Int'l L. 151（1983）. 憲法の分野における外国法への礼譲について書かれたものも多い。例えば下記参照。R. Alford, *Misusing International Sources to Interpret the Constitution*, 98 Am. J. Int'l L. 57（2004）; D. Bodansky, *The Use of International Sources in Constitutional Opinion*, 32 Ga. J. Int'l & Comp. L. 421（2004）; S. Levinson, *Looking Abroad When Interpreting the U.S. Constitution: Some Reflections*, 39 Tex. Int'l L.J. 353（2004）; M. Tushnet, *Interpreting Constitutions Comparatively: Some Cautionary Notes, with Reference to Affirmative Action*, 36 Conn. L. Rev. 649（2004）; Michael Wells, *International Norms in Constitutional Law*, 32 Ga. J. Int'l & Comp. L. 429（2004）; S. Harding, *Comparative Reasoning and Judicial Review*, 28 Yale J. Int'l L. 409, 424（2003）; R. Miner, *The Reception of Foreign Law in the US Federal courts*, 43 Am. J. Comp. L. 58（1995）.

　裁判官のコメントとして，Ruth Bader Ginsburg 判事の第99回アメリカ国際法学会における演説である，*A Decent Respect to the Opinions of [Human] kind : The Value of a Comparative Perspective in Constitutional Adjudication*（Apr. 1, 2005）及び *Looking Beyond Our Borders*, 22 Yale L. & Pol'y Rev. 329（2004）と，Antonin Scalia 判事の第98回アメリカ国際法学会における基調演説である，*Foreign Legal Authority in the Federal Courts*（Apr. 2, 2004）, in 98 Am. Soc'y Int'l L. Proc. 305, 306（2004）（外国法との比較には一般的に反対の立場）とを比較せよ。また，後者を *Locke v. Davey*, 124 S. Ct. 1307, 1320（2004）（Scalia 判事の反対意見は，フランスの公立学校における宗教的服装の禁止に言及している。）及び *McIntyre v. Ohio Elections Comm'n*, 514 U.S. 334, 381（1995）（Scalia 判事の反対意見は，オーストラリア，カナダ，イギリスの匿名言論の禁止に言及している）と比較せよ。さらに，*Foster v. Florida*, 537 U.S. 990（2002）（Thomas 判事の意見として，「修正 8 条に関する最高裁の法意は，外国法の一時的流行に流されてはならない」と，*Holder v. Hall*, 512 U.S. 874, 906 n. 14（1994）（Thomas 判事の意見として，アメリカと外国の投票制度を比較している。）とを比較せよ。

[38]　ヨーロッパや東アジアの法律家は，アメリカ法を学ぶにあたってこのような壁に直面していないことに留意すべきである。アメリカ法やそれに関する文献は，世界共通の第二言語となりつつある英語によって記述されている。ヨーロッパや東アジアの法律研究者は，十分な英語の語学力を有しており，アメリカの法資料を，語学の壁なく読解し議論することができる。

とされるが，近年，法律論文においても英語が国際語として使用される機会が多くなり，英語圏以外の外国の法理論や法制度についても，英語文献が詳細に紹介している[39]。こうした傾向は，アメリカの法律研究者や実務家が，国際的な法改革論議により多く参加することにつながるであろう。

最後に，20世紀のほとんどの間，アメリカの法律家は，外国の法やシステムから学びとるべき必要性を，先人が感じたようには感じていなかった。アメリカの連邦制は，時に「民主主義の実験場」と形容されるように，比較分析のための多くの異なるアプローチや解決策を提供した[40]。アメリカの20世紀における経済的・軍事的成功は，個性的で優れた自国の政治的・経済的秩序の勝利の兆表であるという認識が，法的分野においても，外国の例に学ぶこととは相容れない独善的発想に貢献していたのかもしれない。最近のアメリカでの現実との相克が，このような自国至上主義をいくらかでも放逐することが期待される。

3　外国手続法に対する近時のアメリカの覚醒

アメリカの法律家は，近年，自国システムの手続法上の問題点を考察する際，外国の手続法に目を向け始めつつある。John Langbein 教授による1985年の"The German Advantage in Civil Procedure"の発表は，アメリカの手続法研究者が，現代の外国の手続法システムに対しいかに無知であるかを認識させ[41]，センセーションを引き起こした。その後，アメリカの法教育者は，アメリカ民事訴訟法に関する基礎的な科目においても，Langbein 教授によるドイツ民事訴訟法の論稿を参照するようになった。また，アメリカの法学

39　E.g. Murray & Stürner, *German Civil Justice*, 2004; Rose-Ackerman, *American Administrative Law under Siege: Is Germany a model?* 107 Harv. L. Rev. 1279 (1994); L. N. Brown & J. S. Bell, *French Administrative Law* (1993); M. Reimann, *op. cit.* at n. 6 *supra* ; Kaplan, von Mehren & Schaefer, *Phases of German Civil Procedure*, 71 Harv. L. Rev. 1193 (1958); P. E. Herzog & Martha Weser, *Civil Procedure in France* (1967); R. B. Ginsburg & A. Bruzelius, *Civil Procedure in Sweden* (1965), Weigend, *Continental Cures for American ailments: European Procedure as a Model for Law Reform*, 2 Crime & Justice 381 (1980).

40　Cf. *New State Ice Co. v Liebmann*, 285 US 262 (1932) at 311, Brandeis J dissenting; Moskowitz, *Rediscovering discovery: State procedural rules and the level playing field*, 54 Rutgers L. Rev. 595 (2002) at 613. See also R. Marcus, *Malaise of the Litigation Superpower*", in A. A. Zuckerman (ed.), *Civil Justice in Crisis*, 1999, at p. 71.

研究者や法学生の間で，大陸法の手続，中でも英語の文献が比較的に豊富なドイツ法やフランス法の手続やそれらの特徴に関する知識が，徐々に増やされていった[42]。

アメリカの手続法研究者が外国手続法の制度や理論への関心を深めたことは，アメリカの法律家が，自国以外の法をも参考対象に含めるという一般的傾向の一部であるようにみえる[43]。異なる規律としての比較法は，アメリカの若手研究者の関心を惹くのに成功しなかったものの，現在では多くの分野において，研究者は自己の専門分野の最新の状況について，世界規模の知識を持っていることが期待されている[44]。

アメリカ法律協会（ALI）・ユニドロワ（UNIDROIT）国際民事訴訟法原則は，アメリカの法律家が，少なくとも国際商事紛争の分野において，外国の手続法を「輸入」したもう一つの例である。ペンシルバニア大学のGe-

---

[41] J. Langbein, *The German Advantage in Civil Procedure*, 52 U. Chi. L. Rev. 823 (1985). Langbein教授による刺激的な題名の論稿は，同教授による叙述の正確性と，アメリカの状況との比較の適切性の双方について，活発な論争を巻き起こした。See, Allen, Kock, Rosen & Riechenberg, *German Advantage in Civil Procedure: A Plea for more details and fewer generalities in comparative scholarship*, 82 NW. L. Rev. 705 (1988); Rietz, *Why we probably cannot adopt the German advantage in civil procedure*, 75 Iowa L. Rev. 987 (1990). 回顧するに，この論争の性質や水準は，アメリカの比較法学者の意識が，1980年中期以降どれだけ進歩を遂げたかを描写しているといえる。

[42] 例えば，American Journal of Comparative Law誌を例にとれば，2004-2005年度において，外国手続法に関する論稿は5件である。

[43] それゆえ，例えば，アメリカにおいて会社法を教える場合，現在では，ドイツや日本で用いられているコーポレート・ガバナンスの仕組みを，アメリカの制度との比較として参照している。See, e.g., M. Roe, *Some differences in corporate structure in Germany, Japan and the US*, 102 Yale L. J. 1927 (1993)（1990頁以下で「青写真」と述べている。）; J. Macy and G. Miller, *Corporate Governance and Commercial Banking: A Comparative Examination of Germany, Japan and the US*, 48 Stan. L. Rev. 73 (1995); Roe et al., *Comparative Corporate Governance: The State of the Art and Emerging Research*, Oxford University Press, 1998; J. Coffee, *The Future as History: Prospects for Global Convergence in Corporate Governance and its implications*, 93 Nw. U. L. Rev. 641 (1999); M. Loewenstein, *Shareholder Protection in Germany and Japan*, 76 Tul. L. Rev. 1673 (2002); R. Kraakman et al., *The Comparative Anatomy of Corporate Law*, 2004.

[44] ハーバード・ロースクールの前学長Robert C. Clarkは，この形式での比較法の代表的人物であり，実体法研究者は，その中核的規律という文脈において，比較法に積極的に参加していると述べた。See R. C. Clark, *Bases and Prospects for Internationalisation of Legal Education in the United States*, 18 Dick. J. Int'l. L. 429 (1999).

offrey Hazard 教授と，フライブルグ大学の Rolf Stürner 教授によるこの共同プロジェクトは，国際民事訴訟手続に関し，大陸法と英米法の双方の法源から抽出された民事訴訟法上の諸原則を明らかにした[45]。アメリカ法律協会の諮問委員会による上記プロジェクトに関する提案についての議論や，アメリカの大小諸々の団体による推薦は，アメリカの法律家に対し，外国手続法の思考をさらに啓蒙することにつながった[46]。アメリカ法律協会・ユニドロワ原則がアメリカ国内においてより広く知られるに従い，外国法の概念や制度が，アメリカの法律家の意識に間接的に持ち込まれるものと予想される。

最後に，手続法に関する議論のグローバル化に関して，国際商事仲裁の発展からの影響を無視することはできない。世界経済における様々な商事紛争を解決する仕組みが国際商事仲裁であり，ICC（国際商業会議所）やAAA（アメリカ仲裁協会）のような仲裁団体によって設立されたものと，アド・ホックなものの両方がある。このような国際商事仲裁に関与したアメリカ人は，自国の連邦民訴規則が，国際的な紛争解決の場においては絶対の真理でないことを直ちに理解することになる[47]。すなわち，国際商事仲裁は，大陸法的

---

[45] Hazard 教授は，「国際民事訴訟法原則」の創設を提案するプロジェクトの創始者である。Stürner 教授は，1998年に ALI がユニドロワへ提案を行った際に，分析を要請された。同教授による分析は，同提案の全体の基調については肯定的であるものの，さらに改善・発展を要する点を多く指摘した。特に，Stürner 教授は，大陸法の手続法研究者からの支持は少ないものとみられることと，それゆえに，基本的原則についての合意を得ることを主眼とすべきことを指摘した。このプロジェクトの歴史については，Stürner, *The Principles of Transnational Civil Procedure. An Introduction to Their Basic Conceptions*, RabelsZ 69 (2005), S. 201-254 and S. 341-350, and *Some European Remark on a New Joint Project of the ALI and UNIDROIT*, 34 Int'l L. 1071 (2001) を参照。

[46] これらのグループでの討論は，世界の全大陸で行われ，現代訴訟における英米法と大陸法の特徴のすべての面についての認識の向上につながったことは疑いがない。アメリカの法律雑誌等で，国際民事訴訟法原則に関するいくつかの論稿が発表されている。このプロジェクトに関するより広範な文献リストとしては，ALI/UNIDROIT Principles of Transnational Civil Procedure (2006), p.157 et seq を参照。特に，John J. Barceló III, *Transnational Rules of Civil Procedure: Rules and Commentary*, 30 Cornell Int'l L. J. 493 (1997); Symposium: *Texas International Law Journal*, vol. 33 (1998); Special Issue, *Harmonising Transnational Civil Procedure: The ALI/UNIDROIT Principles and Rules*, Uniform Law Review, vol. 6, no. 4 (2001); Mads Andenas (ed.), *The future of transnational civil litigation : English responses to the ALI/UNIDROIT draft principles and rules of transnational civil procedure*, BIICL 2004. See also Bloom, Taruffo, Hazard, *Harmonisation of Civil Procedure*, 4 Wash. U. Global Studies L. Rev. 639 (2005).

思考が色濃い手続や規則に従って行われることから，アメリカの法律家は，英米法と比較した大陸法の民事手続の長短を，英語による仲裁手続を通じいわば疑似体験した上で評価することが可能になったのである[48]。

　仲裁手続に仲裁人や研究者として関与するようになったアメリカの実務家や研究者が，大陸法的思考に触れることの意義は軽視されるべきではない。重要な商事紛争を公正かつ可能な限り迅速に解決するための当事者の選択肢として，国際仲裁は，国内法の制度といかなる文化的，政治的，歴史的なしがらみも有していないのである。手続的メカニズムは，手続の目的に照らして正当化されなければならないが，仲裁手続において選択された制度の多くは大陸法の手続に類似するもので，アメリカの陪審審理モデルは現代の仲裁実務にほとんど反映されていない。しかし，このことは，手続に関与するアメリカ人への感銘が少ないということにはならない。外国法の伝統から継受された手続が国際仲裁において成功を収めたことは，学術論文や議論よりも効果的な，国際仲裁手続の客観的価値の強力な表明といえる[49]。

　近年における外国法の伝統との同化傾向を示す他の兆表として，アメリカの民事訴訟法改革において現在も議論が継続中の，「管理者的裁判官（managerial judge）」論が挙げられる[50]。アメリカの法律家の多くは，ヨーロッパの裁判官が民事訴訟において有する広範な権限が，事件の効率的な運営を可能にしていることを知ってはいるものの，ヨーロッパの民事訴訟や裁判官の役割に関する実情を知る者はごくわずかである。

　最近の手続法の輸入のもう一つの例としては，ヨーロッパのモデルを参考にして，商事紛争の当事者により良い司法サービスを提供するために専門化された，「商事裁判所」の導入がある[51]。

---

[47] B. Deffains, *Comparative efficiency of alternative dispute resolution in common and civil law countries*, 2 Global Jurist Frontiers, article 3 (2001); R.H. Lord Mustill, *Judicial processes and alternative dispute resolution*, 30 Isr. L. Rev. 350 (1996); H. Edwards, *Alternative Dispute Resolution: Panacea or anathema?* 95 Harv. L. Rev. 668 (1986); Cf. O. Fiss, *Against Settlement*, 93 Yale L. J. 1073 (1983).

[48] 具体的な統計は見当たらないものの，現在，大部分の国際商事仲裁が，英語を使用して行われているものとみられる。

[49] 国際民事訴訟法原則の起草者も，新しい原則やモデル規則の最初の利用には，国際商事仲裁が適切な場となり得ると認識している。See ALI/Unidroit, Principles of Transnational Civil Procedure, Cambridge University Press (2006), p.11.

4 将来の展望

　世界がより「狭くなる」につれて，民事司法を含む先進国の法制度が相似通ったものとなることは必然である。現在の世界経済は，各国経済とともに，民事司法制度を含む各国の制度が，世界規模で競争を繰り広げている。経済関係がより緊密になるにつれ，民事司法制度は，自国と経済関係のある法域において実務上採用されている，最も効率的なモデルを具体化したものになるだろう。最近のイギリスにおけるWoolf 卿による改革は，イギリスの経済的パートナーである欧州連合諸国との比較により促された，費用低廉で効

50　J. Resnik, *Managerial Judges*, 93 Harv. L. Rev. 374 (1982); M. Langer, *The Rise Of Managerial Judging In International Criminal Law*, 53 Am. J. Comp. L. 835 (2005). On the respective roles of the lawyer and the judge in the U.S., see Richard Marcus, *Reigning in the American litigator: the New Role of American Judges*, 27 Hastings Int'l & Comp. L. Rev. 3 (2003).「管理者的裁判官」の概念は，1990年の民事司法改革法の結果として起こったアメリカの民事訴訟改革の議論において，人口に膾炙している。個々の連邦地裁毎に発展したモデル民事訴訟運営プランは，管理者的裁判官実務を，民事訴訟の遅延と費用高額化に対する一つの対策として具体化することをも目的としていた。民事司法改革法の分析と，その後の幾分期待外れな経過について，Peter L. Murray, *Civil Justice reform in America; The Civil Justice Reform Act of 1990 and Its Consequences*, 3 Zeitschrift für Zivilprozessrecht, International 319 (1999). See also: C. Tobias, *The Expiration of the Civil Justice Reform Act*, 59 Wash. & Lee L. Rev. 541 (2002); Paul D. Carrington, *A New Confederacy? Disunionism in the Federal Courts*, 45 Duke L.J. 929 (1996); L. Robel, *Fractured Procedure: the Civil Justice Reform Act*, 46 Stan. L. Rev. 1447 (1994); Carl Tobias, *Civil Justice Reform and the Balkanization of Federal Civil Procedure*, 24 Ariz. St. L.J. 1393 (1992); Linda S. Mullenix, *The Counter-Reformation in Procedural Justice*, 77 Minn. L. Rev. 375 (1992)を参照。

51　最もよく挙げられる例として，ドイツ，オーストリアやスイスのHandelskammer，フランスにおけるTribunale de commerce がある。マサチューセッツ州，ニューヨーク州及びノースカロライナ州は，通常裁判所内に商事裁判所を設置した。フィラデルフィア州，ニュージャージー州，ロードアイランド州及びメリーランド州は，特別の事件管理を行っている。通常，これらの裁判所は双方当事者の合意に基づき利用され，場合によっては陪審審理の放棄を伴うことになる。より詳しい歴史について，M. L. Bach & L. Applebaum, *A History of the Creation and Jurisdiction of Business Courts in the Last Decade*, 60 Bus. Law 147 (2004-2005); R. L. Dreyfuss, *Forms of the Future: the Role of the Specialized Courts in resolving Business Disputes*, 61 Brook. L. Rev. 1 (1995) を参照。興味深いことに，アメリカの商事裁判所は，大陸法のモデルにおいては重要な特徴とされる，通常の裁判官の関与を避けている。特別裁判所に対する反対論としては，R. Posner, *The Federal Courts: Crisis and Reform*, (1988)を参照。

率的なモデルへの第一歩といえる[52]。

　一国が外国の法理論や法制度を受容できる能力は，その必要性の認識に依拠している。19世紀末の日本やその後の中国は，ヨーロッパの民事訴訟法や法制度の一括輸入を行ったが，それらは，新しい世紀を迎えるに当たって，自国経済を近代化するための必要な要素と認識していたからである[53]。21世紀の初めに当たって，アメリカは，自国民の利益のために経済競争力を維持すべく，自国の制度の現代化や改革の必要性に直面している[54]。この過程において，自国の制度よりも，効率的で費用対効果に優れた他国の法制度や実務の習得を経ることは不可避となるであろう。

　ただし，このことは，自国文化や自国優位的な思想の出る幕がないことを

---

[52] 完全成功報酬制度に関する論点については，Michael Zander, *Wither the funding of civil litigation?*, Legal Exectuive Dec. 2002, 8-9 を参照。ウルフ・レポート自体は，大陸法の手続を，推奨されるべき改革のためのインスピレーションとして比較法的に述べることはしていないが，多くの論者が，同改革後の英国の民事訴訟法が大陸法に接近している度合いについて述べている。See, e.g., Terence John, *Plus ça change?* 15 N.L.J. 1413 (2006); Grania Langdon-Down, *Thrown to the Woolf*, 101 Law Society's Gazette 18 (2004); J. A. Jolowicz, *The Woolf Report and the Adversary Process*, (1996) 15 CLJ 198; J. Brier, *The Woolf Report and German Civil Procedure*, 19 Liverpool L. Rev. 67 (1997); M. Partington, *Access to Justice: Reforming the Civil Justice System of England and Wales*, 30 Common Law World Review 119 (2001); Jolowicz *op. cit.* (2003), at p.295.

[53] 日本の民事訴訟法は1890年（民法は1896年）に，1878年ドイツ民事訴訟法の多くを基礎として制定された。中国は，ドイツ法，フランス法及び日本法を反映した新民事訴訟法を1991年に制定した（9月4日公布）。See further S. Ota, *Reform of Civil Procedure in Japan*, 49 Am. J. Comp. Law. 561; Y. Taniguchi, *The 1996 Code of Civil Procedure in Japan — A Procedure for the Coming Century*, 45 Am. J. Comp. Law 767 (1997); J. Cohen, *Reforming China's Civil Procedure: Judging the Courts*, 45 Am. J. Comp. Law 793 (1997).

[54] アメリカの民事訴訟法は，既に，紛争解決フォーラムの選択が可能な商人に利用されないという形での拒絶を受けている。最近の統計では，商業上の契約に関する事件が大幅に減少しているが，これは裁判所での手続に代わり商事仲裁を選択していることによるとみられている。このように，ある種の事件は，文字通り裁判所から姿を消しているのである。See, e.g., G. Hadfeld, *Where have all the trials gone?* 1 J. Empirical Legal Stud. 705 (2004); J. Resnik, *Morphing, Migrating, Vanishing: The Empirical and Normative Puzzles of Declining Trial Rates in Court*, 1 J. Empirical Legal Stud. 783 (2004); Ad Hoc Committee on the Future of the Civil Trial, American College of Trial Lawyers, *The "Vanishing Trial": The College, the Profession, and the Civil Justice System*, 226 FRD 414 (2005). See more generally, R. McAdams, *The Expressive Power of Adjudication*, 2005 U. Ill. L. Rev. 1117 (2005).

意味するのではない。比較法研究者は，民事司法制度の役割や機能が，現代の民主主義法文化にあまねく共通するものではないことを認識している。外国民事手続法の受容については，アメリカ社会特有の条件や，世界経済の影響下に在る様々な利害について注意深い検討を必要とするとみられる。差し当たり，世界規模での競争下にある経済からの圧力が強い反面，国内政治的な価値が最も小さいと思われる純粋なビジネスに関する事項について行われることが予想されるが，究極的には，世界経済市場での競争力に関わるあらゆる制度に影響を与えることになるだろう。

　総括すると，比較民事司法に関する世界的議論にアメリカが参加することへの将来的期待は明るい。上述のとおり，アメリカの民事司法制度は，あらゆる国際的な民事上の事項に関して，国際商事仲裁からの強力な圧力を既に体験しており[55]，先進諸国中で最も費用が嵩みリスクも大きいと認識されている現行の民事司法制度を，未来永劫維持することは不可能と思われる。アメリカの州及び連邦が，前世紀的な手続法の改革を行うに当たって，比較民事手続法はより重要性を持つことになるだろう。

---

[55] このような圧力は，国内訴訟における類似の傾向にも現われている。紛争解決方法の選択が可能な当事者は，近時では，国や州の司法制度の代わりに，多様な形式の民間紛争処理手続から選択を行っている。このような「公的司法制度からの決別」は，多くの州裁判所や連邦裁判所において係属する事件の組成を変え，あらゆる形式の民間紛争処理手続の未曾有の活発化を招来している。See more generally R. C. Reuben, *Democracy and Dispute Resolution: The Problem of Arbitration*, 67 Law and Contemporary Problems, 298（2004）.

ドイツに学び，イングランドで応用する

ジョン・ピースナー〔芳賀雅顯訳〕

（要旨）
　この報告は，2000年にイングランドおよびウェールズで生じた，いわゆる"費用をめぐる戦争"を扱うものである。イングランドでは，裁判所の費用は比較的低額であるにもかかわらず，高額の訴訟費用転嫁システムが機能している（イングランド・ルール。すなわち，敗訴者負担ルール）。公的支出を減らすために，政府は，人身損害賠償事件のリスクを国家（法律扶助）からソリシタおよび依頼人へ移した。条件付き報酬制の下でソリシタがインセンティヴを有するために，ソリシタが勝訴した場合には，報酬の割合が（100％まで）引き上げられることとなった（しかし，敗訴したときは無報酬である）。依頼人は，保険に加入することによって，相手方から転嫁される費用から保護されることとなった（事件後保険，After the event insurance）。勝訴したときは，通常の弁護士報酬および裁判所の費用を回復することができるだけでなく，成功報酬と保険金が加わる。これによって被告（普通は一般保険業者）は，突然，通常の費用の2倍から3倍を支払わなければならなくなる。これに対して，一般保険業者が法技術的な異議を申立てたため，多くの事案で支払いが滞り，裁判所が混乱することとなった。この問題は，ドイツにおける費用に関するルール（ドイツ連邦弁護士報酬法，BRAGO）から学んだ教訓を用いて，すなわち，定額費用システムを導入し，特定の人身損害賠償事件についてイングランドの費用ルールを変更することで部分的に解決された。本報告はこの経緯を概観し，これまでの成功を分析し，詳細な比較が可能ではあるが異なった法体系という制約の中で，イングランド法体系にその成功を拡張することを検討するものである。
　"費用の問題は，我々の訴訟制度にまつわる最も深刻な問題である"（ウル

フ卿による司法へのアクセスに関する中間報告)

イングランドおよびウェールズにおける一般的な訴訟費用システム

費用の問題は訴訟事件の後に生ずる。すなわち敗訴者が支払う。しかし、これで物語が終わるわけではない。

(a) トライアルにおいて、裁判官は、敗訴者が費用の全額あるいはその一部を支払うべきかどうかを決めることができる。その際、パーセンテージによる割合、あるいは勝訴者が全面勝訴したのかそれとも事件の争点のうち一部のみ勝ったのかに応じて判断される。

(b) 支払われるべき費用の総額を合意することができるし、もし合意されていないときは、裁判による。現行民事訴訟法（CPR）では、費用は、トライアル前の申立ての後に略式手続に基づいて、または残り1日以内となったトライアルの終わりに算出される（通常はファスト・トラック・トライアル）。あるいは、正確に費用算定をするために、裁判官の面前で個別に取り決めることができる。請求可能な費用の基準は、一時間あたりのレートである。

(c) イングランドにおける多くの法的請求、とりわけ人身損害賠償事件では、伝統的に、本案審理が開始される前に和解によって解決されてきた。事件が裁判所で審理される前に弁護士が和解すると、通常は、支払義務を負う当事者側が、依頼人が負担する法的費用を支払うことになる。現行民事訴訟法以前は、この様な扱いは人身損害賠償事件では一般的であった。和解した者が費用の支払いを全面的に拒み、あるいは無視したときは、不可能ではないにしても、訴訟が開始していない限り裁判所の助力を求めることは困難であった。現行民事訴訟法の下では新たな手続が設けられ、それによって、合理的な費用は支払うが総額はこの限りでないとすることを合意して、請求について和解をした原告は、裁判所に費用算出を申立てる権利を有することとなった。

イングランドにおける訴訟費用の問題

イングランドにおける訴訟費用に関する中心的問題は、費用が時間あたりを基準とするため過度に訴訟へエネルギーを費やす傾向を生み出したこと、および、費用の算出がトライアルまたは和解の後になされるため事前の予測がつかないことである。1時間ごとに手数料を算出するやり方は高額になり

やすい。条件付き報酬制を合意して，100％まで法的費用を増加させることは問題を悪化させるだけである。歴史的にみると，裁判所の費用は低額であったが，急速に高騰してきている。

訴訟費用を管理するために現行民事訴訟法の下でケースマネージメントを行う要望

ウルフ卿は最終報告書において，訴訟費用の問題を改善するための処方箋として，2つの手続ルートを記している。すなわち，低額で平易な事案については，制限された手続ルート——ファスト・トラック——を設け，また，高額でより複雑な事案については，マルチ・トラック制度において，手続裁判官による入念なケースマネージメントがなされる，というものである。

ウルフ卿は，とりわけ，費用の均衡がとられておらず，それゆえ，事案そのものは低額であるのに費用が高くつくと考えた。また，ウルフ卿は，費用の総額は予見できないと考えていた。ファスト・トラックにおいて定額費用を導入するウルフ卿の提案は，大規模な論争を巻き起こした。ファスト・トラックにおいては当事者間で費用を分ける定額費用システムの導入が適切であり，また民事訴訟法が定額費用を導入するのはファスト・トラックでの審理に限定されるということを，ウルフ卿は実務家たちに説得することができなかった。

訴訟手続の変化と財政的変化：宿命的な交錯

(a) ウルフ卿の改革を実施した民事訴訟法がもたらした最も過激な変化は，手続が混乱に陥ったことである。それ以前は，訴訟手続はトライアルに向けられていたし，とりわけ人身損害賠償事件では，準備書面から書類の開示にいたり，そして，鑑定人による鑑定という形でゆっくりと段階的に情報の交換がなされていた。審理が開始された事件の多くが結局は和解で解決しているものの，この制度の下では和解は遅くなりがちであり，古くは裁判所の入口でなされていた。新ルールは，裁判所で事件を審理する前に，訴訟前の合意（pre-action protocol）を行い，情報，請求および反訴についての両当事者間での交換を行う間口のテスト（threshold test）を導入した。より低額の人身損害賠償事件は，イングランドでは訴訟よりも和解で決着するので，このことは，訴訟を行うための労力を前倒しさせ，また，訴訟費用の前倒しをもたらした。

(b) 1999年の司法アクセス法および人身損害賠償事件に関する法律扶助の廃止後,請求を和解で決着させた場合に,保険業者に対する費用を増加させる様々な要素が生じた。
　(i) 訴訟を前倒しして重点的に行うことによる基本費用の増加
　(ii) 成功報酬を相手から取り戻せる制度と事件後保険の導入
　(iii) ソリシタが条件付き報酬契約を結び,依頼人に対して,請求が裁判所で審理される前に事件後保険に加入することを勧めている事実

　これらの要素が重なり合って,争われている請求,とりわけ,審理前に解決された請求に関する費用が法外に高くなっていった。平均的な費用は2倍から3倍に増加し,この様な高騰を予測していなかった保険業者は収支のバランスを取るのに苦労した。和解がなされたものの費用は合意にいたらなかったため,原告側のソリシタは,審理前にかかった費用の算定を求めて民事訴訟法による申立てを行った。非常に多くのケースが未解決のままとなり,多くの原告側ソリシタは深刻な金銭問題に直面した。"費用をめぐる戦争"が勃発した。

解決への模索

　政府も上級審裁判所も,この問題に対する早急な解決策を見つけられなかった。そこで,民事司法審議会（Civil Justice Council：CJC）の関与が求められた。首席民事裁判官である記録長官が議長を務める民事司法審議会は,ウルフ卿による民事司法改革をモニターし,その改革を継続する任務を負った法人である。民事司法審議会費用委員会の委員長である筆者,法律専門家の同僚,および司法民事局は,ウルフ卿の当初の考えに立ち戻って問題解決策を探ることを始めた。すなわち,低額事件の費用は予見可能かつ均衡のあるものでなければならないということである。我々が事実確認の作業をしたところ,いくつかの法域では全面的に,あるいは,部分的に定額訴訟費用を有していた。すなわち,ドイツ,スコットランドおよび北アイルランドである[1]。それらのうち,我々はドイツが最も実用的であると考えた。

費用に関するドイツ法の利点：文献からの理解

　ドイツの民事司法システムは,現行民事訴訟法（CPR）採用後のイングラ

---

[1] スコットランドと北アイルランドは大英帝国の一部であるが,これらは独立した訴訟手続を有している。

ンドおよびウェールズと驚くほどよく似ている。
- a. 当事者対抗主義ないし当事者主義が採られている。
- b. 裁判官主導でケースマネージメントが強力になされる。
- c. 裁判官が多く，また裁判官は多くのことをこなす。たとえば，証人は通常は裁判官によって法廷で尋問され，また，法廷外で証人を尋問することは通常は非倫理的と見なされる。
- d. 低額といえない裁判所の費用，および弁護士の費用は当事者の負担となる。
- e. 負担する可能性のある費用は，一方の当事者が請求される最大額と一致しない。追加費用が課されることがあるが，それは当事者が書面で合意しているときだけである。
- f. 当事者が負担する費用システムは，訴額に連動する支払い制度を基礎にしており，手続の各段階またはトライアル段階の終了を単位（unit）として算出される。また，このシステムは現実の賠償額を反映している。すなわち，低い賠償額なら低い費用である。トライアル前の和解は1単位半の追加報酬が支払われる[2]。

文献上明らかになった立場によると，司法へのアクセスは，次のような制度によって支えられる。すなわち，費用がより低額で，予測可能であり，手続の単位（unit）あたりで支払われることにより，弁護士を過度な訴訟活動に駆り立てないようにする制度である。

ドイツから学ぶこと：経験からの実証

2002年に筆者および民事司法審議会のチームが行った一連のインタビューによると，ドイツの訴訟費用システム（ドイツ連邦弁護士報酬法，BRAGO）[3]に対しては一般的に好意的な評価がなされていることが確認された。このドイツのシステムは，"差し引きゼロ（swings and roundabouts）" という考え方を採用し，弁護士は，より利益の上がるケースで報酬を受けることによって低額の事件について示唆を受けるというものである。概略すると，10万ユー

---

[2] さらにインセンティヴをもって行動するようにするため，従来定められていた一単位から増加させた。

[3] BRAGO（ドイツ連邦弁護士報酬法）は改正され，RPWに取って代わられた。この改正はインタビューの後に生じたので，これ以上はRPWには言及しない（訳者注：RPWは，2004年7月1日施行の弁護士報酬法（RVG：Rechtsanwaltsvergütngsgesetz）の誤りではないかと思われる）。

ロを請求する訴えが提起され，そのうち2万ユーロ分だけが認容されたとすると，原告は自分の費用と裁判所の費用の20％を相手から回復できることになり，相手方の費用と裁判所の費用の80％を支払うことになる。これによって，請求を正確に予測することができ，また，賠償額を過大評価しないようにするインセンティヴが働くことになる。弁護士はドイツ連邦弁護士報酬法の相場を超えて，自分の依頼人に請求する権利を有する。もし，マーケットがそのような支払いをするとすれば，それは低額の交通事故の事件ではなく，また事故前の保険によって依頼人が保護されている多くの事件でもない[4]。ドイツ連邦弁護士報酬法は，ドイツにおける裁判官主導のシステムと十分に調和している。たとえ同じ裁判官が弁論を審理していても，裁判官は和解を強く勧める。また，事件を審理から乖離させることを導く，和解段階の特別手数料がある。弁護士は，イングランドと比べて準備段階での関与が低く，また，鑑定人は裁判所によって選任され，費用も高額でなく，中立的である。弁護士は証人と面接をしない。イングランドよりも多くトライアルがなされるにもかかわらず，その時間は短い。すなわち，交通事故のケースで3，4時間である。裁判官は厳格に時間制限を適用し，それによって，一方の当事者が引き延ばし戦術を用いて相手方当事者に余分な費用を生じさせることができないようにしている。

　しかし，我々の訪問中に興味深いコメントがあり，また改革への提案をもたらす多くの問題点があった。すなわち，この制度は段階に応じた手数料を基本にしているので，次の段階に進むことで更に支払いが生じることをおそれて相手方当事者が話したがらないという，各段階の移行面で不合理なインセンティヴが働いていた。訴訟の準備段階は，仕事の実質的内容に比べて費用が割に合わないと考えられていた。審理段階に移行すると，費用は更に加算される。これは，ほとんど仕事をしなくても高い報酬が認められているため，多くのケースで，それほど必要性がないにもかかわらず，しばしば他の弁護士の代理人として弁護士が出廷することによって，この制度が悪用されることがあった。この種の不合理なインセンティヴは，複数の段階をまとめ

---

[4] BRAGOの外見的なシンプルな構造は，差止命令のような非金銭的請求の移転について，適切な手数料を算定するための金銭的評価を扱う分厚い注釈書によって裏切られることになる。このような複雑な問題では，BRAGOを柔軟に利用することが認められている。たとえば，一つの事件が複数の要素に分解される場合，──たとえば，差止命令と実体法上の損害賠償──，一つの手数料よりも魅力的である。

ることによって円滑にすることが考えられた。

　自動的にレートが上昇するシステムはない。また費用の交渉は，政治的なプロセスと化し，弁護士費用のように最もポピュラーな原因というわけではないが，困難な問題を生じうる[5]。

イングランドにおける応用：民事司法審議会の予測可能な費用枠組による"費用をめぐる戦争"の終結

　ドイツ流スタイルに基づく枠組を作り上げたいわゆる"巨大な連合体（Big Tent）"の傘下にある一連の労働調停に，実証的な証拠が提出された。予測可能な費用枠組が，民事訴訟法45条で導入され，そこでは，1万ポンド未満の損害賠償を求めた交通事故の事件に関して，審理が開始する前に和解した場合について規定された。この種の事件のうち年に10万件以上は和解がなされており，この傾向は現在も顕著であり，またこれらの事件は"費用をめぐる戦争"の中心にあったことから，先に述べたことは予測可能性をもたらす重要な出発点を意味する。

　損害賠償額が増加するにつれて費用も増加するこの枠組は，（賠償額が制限されても事件を処理するための最低限の労力を反映するための）最低限の賠償可能な費用を有しつつ上昇カーブを描いている[6]。この枠組は，支出，弁護士費用，賠償請求が可能な事件後保険および成功報酬を含んでいなかった。しかし，これらについても，次第に承認され，ルール化されていった。このルールは，賠償請求が可能で予見可能な費用を超えて依頼人に費用の支払を求めるために，ソリシタが契約を結ぶ権利に影響を与えるものではない[7]。

5　実務家達はBRAGOが定める手数料は少額事件について安すぎると感じているにもかかわらず，彼らは個別事案ごとに時間に応じて請求をするイングランド方式に変更することを望んでいない。あるインタビューでの回答者が，一般的な見解を代弁している。すなわち，「私は，BRAGOを個人の依頼人に使っています。なぜなら，それを使うことで，最初の面会のときに依頼人と着席し，手数料表を広げ，そして，左側の縦の行を見て，"これが貴方にかかる費用です"ということができるからです。」

6　民事訴訟法：45.9
　(1)賠償可能な定額費用の総計は，以下の額の合計である。
　　(a)800ポンド，
　　(b)合意により，5000ポンドまでを限度とする損害賠償額の20％，および，
　　(c)合意により，5000ポンドから1万ポンドの間の損害賠償額の15％。

7　このことは多くの依頼人，および請求しないことを約束することで顧客獲得競争に勝とうとするソリシタにとっては，魅力的でない意見であると思われる。

平穏の始まり：成功した継受

2年を経て，この枠組が成功したことを報告することは喜ばしい。審理前にまともに和解を行う，かつてのやり方が，多くのケースで再びなされる様になった。予見可能な費用では不十分であると考える原告は，いかなる事件でも，費用の総額の算定を求めて申立てることができる。適切に計算された額を20％まで減額させることができないときは，原告は被告の評価費用を支払わなければならない。当然のことながら，異論はほとんどなく，多くの原告側弁護士や保険業者は，この基本枠組に満足している。しかし，いくつかの領域では限界問題が生じ，それらのうちいくつかは，ドイツにおけるのと同様の境界問題である。すなわち，

(i) 支出の問題をめぐって困難な点が生じていた。イングランドでは裁判所ではなく，原告側弁護士が，医療過誤訴訟における証人も含めて鑑定人を選任する。この証人を獲得するために間に入る者に指示するに際して，誰がこの追加費用を支払うのか問題が生ずる。すなわち，原告側弁護士（予測可能な費用の範囲外），または保険業者が余分に支払うのだろうか。この問題は，裁判所で争われ，次第に解決されつつある。

(ii) 確かな証拠があるわけではないが，原告側の弁護士の中には，ファスト・トラックにおける無制限の通常費用システムに逃げ込むために，審理を開始させている。しかし，このことは，最終的な紛争解決手段として訴訟を位置づけているウルフ卿の理念と対立する危険なものであり，無駄な審理について費用負担を命ずる制裁を負うことがありうる。

(iii) 費用の計算を再検討するための調査が進行中である。民事司法審議会は，インフレのスピードに遅れて，審議会の評判を落とすことは許されないと固く決心している。

将来への展望

民事司法審議会は，最近の出版物で次のような勧告を行っている[8]。

勧告3　ファスト・トラックにおける人身損害賠償事件

予測可能な費用枠組（民事訴訟法45条2項）は，現在は1万ポンド以下

---

[8] 参照，後掲の参考文献。Improved Access to Justice — Funding Options and Proportionate Costs' Report and Recommendations, Napier M, Hurst P., Musgrove R., Peysner J., Civil Justice Council, London, 2005 (pp1-142) http://www.civiljusticecouncil.gov.uk/

の交通事故に制限されているが，〔増大している〕ファスト・トラックでのすべての人身損害賠償事件を含むように拡大されなければならない。また，この枠組には，訴え提起前の合意段階から審理開始後の手続を通じた定額費用が含まれ，また同時に例外的な事案については特別な扱いを伴うトライアルも含まなければならない。定額の成功報酬，定額の／あるいはガイドラインに沿った交通事故保険料，および定額の／あるいはガイドラインに沿った支出は，この枠組の一部として扱われなければならない。

この提案は，"サンドウィッチにはさまった肉"の問題を示している。換言すると，審理前の和解費用とトライアルの費用は，ファスト・トラックでは定額または予測可能であるが，法廷での弁論の段階（litigation stage）は，まだ予測することができない。裁判所で審理された後，2，3日後に和解が成立した事件では，費用が合意されないときは，複雑で高額な費用算定手続を行わねばならなくなるだろう。この提案は人身損害賠償事件に限定しているが，いずれはファスト・トラックのすべての種類の事件についてカバーすることが期待されている。

筆者は，イングランドにおいて訴訟費用が完全に予測可能となるようにする民事司法審議会のプロジェクトが，いずれは成功することを願っている。しかし，審理開始前での"費用をめぐる戦争"の解決は，問題を解決することによって，原告の代理人弁護士と保険業者の利益を減少させたということができる。交通事故事件の多くのファスト・トラック審理の数は，和解による膨大な数と比べると相対的に少ない。妥協は問題を解決せず，政府が行動を起こさなければならないであろう。この点との関係で，困難な問題について言及しなければならない。第一に，"差し引きゼロ（swings and round-abouts）"という考えが，（ドイツのシステムと同様に）さまざまなタイプの事件について横断的に機能をするのか，それとも事件のタイプに応じて異なったシステムでなければならないのか。第二に，このシステムが，手続の各段階に応じて費用の支払いを受けるものとして分割されるのか，それとも総額として妥当するのか，もし，前者をモデルとすると，段階とは何かを定めなければならない。第三に，イングランドにおいて裁判官がケースマネジメントをする権限は，費用が一定額に制限された事情をもとに，訴訟をコントロールするために効率的に利用することができるかどうかである。

第1部　民事訴訟法の継受と伝播

参考文献

1. 'Predictability and Budgeting' Vol. 23 *Civil Justice Quarterly* January (2004) pp 15-37
2. 'Finding Predictable Costs' *Civil Justice Quarterly* Vol 22 Oct. (2003) pp349-370
3. 'Costs in Personal Injury Cases: Searching for Predictable Costs' (2002) *Journal of Personal Injury Law*. Issue2/02 pp.166-179
4. 'Improved Access to Justice — Funding Options and Proportionate Costs' Report and Recommendations, Napier M, Hurst P., Musgrove R., Peysner J., Civil Justice Council, London, 2005（pp1-142）http://www.civiljusticecouncil.gov.uk/

コメント

三木浩一

　私は，1999年1月から2006年9月の今日まで，他の9名の委員と共に約7年半にわたってカンボディアの民事訴訟法の立法に関する法制度整備支援活動に携わってきておりますので，その経験から感じたことを少し申し上げたいと思います。
　日本は，明治維新前は主として中国からまた明治維新後はドイツなどの西洋から，法律に関する制度や考え方を受け入れてきました。長い歴史を通じて，いわば輸入の経験しかなく，外国に対して法制度を輸出するのは，カンボディアの法制度整備支援が初めてのことでした。そのため，多くの局面で試行錯誤を重ねました。
　最も心を砕いたのは，どの点で日本法を維持し，どの点で日本法から離れるかということです。これについては，カンボディア側の意見をできる限りくみ取るように努力しました。その結果，日本法と異なる部分も数多くあります。
　たとえば，カンボディアは伝統的に付帯私訴の制度を有しており，今回の立法に当たってもその維持を望む声が多かったため，早い段階で付帯私訴を前提とすることを決めました。この付帯私訴は，最近になって日本でも導入が検討されており，結果的に日本が後追いになったことになります。
　また，日本では大正15年改正で廃止した欠席判決の制度も，カンボディア側の要望を受け止めて導入しました。これは，現在の日本の民事訴訟法には存在しない制度であり，日本側の起草者は誰も正面から勉強したことがなかったものですから，明治時代の民事訴訟法，ドイツ民事訴訟法，オーストリー民事訴訟法などを，かなり時間をかけて詳しく調査しました。
　そのほか，当事者恒定主義の採用（日本法では訴訟承継主義がとられている），

争点整理手続の一本化（日本法では3種類の争点整理手続がある），訴訟対象の金額による上訴制限（日本法では金額による上訴制限はない），検察官の関与権の保障（日本法では人事訴訟を除いて民事訴訟における検察官の関与権はない）など，かなりの点で日本法と異なる規律を設けています。これらは，いずれも，カンボディア側から強い要望があったか，カンボディアの現状に照らして，そのほうがよいと日本側が判断したものです。

誤解がないように申し上げておきますが，カンボディア側が望んだからといって，すべてそれを無条件で取り入れたわけではありません。本当に，それがカンボディアにとって望ましいかどうかを日本側で詳細に検討し，さらにカンボディア側の関係者と十分な議論を重ねて，双方の納得を得た上で導入を決定しました。

立法作業の進め方についても，当初の手探りの状態から始まって，いろいろと工夫を凝らしました。3点ほど挙げたいと思います。第1に，日本側だけで作業を進めていくことはせずに，最初からカンボディア側の関係者に議論に加わっていただき，意見交換をしながら作業を進めました。これは，他方で教育的な配慮でもありました。カンボディアでは，ほとんど法学教育を受けた人が生き残っていない状態でしたので，まず，日本側で一定部分の条文を作り，これに簡単なコメントを付して現地に送り，現地に駐在する日本人の現地専門家の力を借りて，カンボディア側に説明をして，理解をしてもらうとともに，現地の要望や現状の説明を受けるようにしました。つまり，ステップ・バイ・ステップで，教えながら作業を進めていったということです。

第2に，日本と大きく異なる裁判実務やその他の慣習があると分かった場合には，カンボディア側の関係者と現地専門家のほうで実状の調査をしていただき，それを踏まえて作業をするようにしました。こうして届けられた現地レポートも，かなりの数に上りました。

第3に，言葉の問題にも神経を使いました。日本の民事訴訟法は，日本人が読んでも分かりにくい条文が少なくありませんので，なるべく平易で分かりやすい表現にするよう，言葉遣いに注意しました。それでも，分かりにくい条文がかなり残ったのは反省点ですが，日本に逆輸入した方がよいと思われる条文もいくつかあります。また，言葉の関係では，明治時代の日本もそうでしたが，かなりの新しい専門用語が作られたようです。この作業については，現地に設けられた用語確定会議という仕組みがうまく機能しました。

また，日本語とクメール語の通訳に当たられた方々も，大変，苦労されたと思います。

このようにして作られたカンボディア民事訴訟法は，本年5月26日にカンボディア王国国会本会議において全会一致で可決成立し，7月6日に公布されました。8年近くの作業を経て，法典としては完成したわけですが，まだまだ問題は山積しています。民事訴訟法はあくまでも民事裁判の基本法であって，それだけですべてを賄うことはできません。そこで，引き続いて，人事訴訟法，非訟事件手続に関する法律，執行官法などを作っています。ちなみに，民事執行や民事保全に関する法律は，かつての日本民事訴訟法典と同様に，民事訴訟法典の一部としましたので，すでに成立しています。

現在，最大の課題となっているのは，実務の継受の困難性および新しい民事訴訟法の条文の表面に現れない基本構造や基本理念を伝えることの困難性です。松本報告にもあったように，日本がドイツから民事訴訟法を継受した歴史を振り返っても，法典は継受したが実務は継受されなかったという批判があります。カンボディアに対する法制度整備支援では，立法作業と併行して，カンボディア側の中心的なメンバーをたびたび日本に招き，実務家による研修や実務の見学などを行ってきました。また，現地に設立された裁判官養成校で現地専門家が講師を務めたり，弁護士養成校の教育と運営に日弁連の関係者が協力したりしています。また，法務省法務総合研究所国際協力部は，セミナーの開催やカンボディア側と協力して「民事訴訟第1審手続マニュアル」を作成するなどして，カンボディア側の中心メンバーの能力向上に取り組んできています。しかし，新しい民事訴訟法の下で，訴訟が実際にどのように動いていくかをイメージすることは難しいようであり，実務の継受の困難性に直面しています。

また，主張と証拠の関係が理解できていないという深刻な問題があることも分かってきました。たとえば，かなり優秀な裁判官でも，弁論準備手続における主張の結果が口頭弁論に上程されることによって証拠になると理解していたり，当事者尋問に対して訴訟代理人が答えることができると理解している例などが，法務総合研究所の担当教官から報告されています。どうも，当事者の仮定的な言い分である「主張」という概念を理解することが，思いのほか難しいということのようです。これまでは条文の立法趣旨を中心に教育を行ってきましたので，後になって思えば，そうした誤解が生じるのもある程度やむを得ないと思われます。最初から体系的に法学教育を受けること

によって法律を学ぶわれわれのシステムの利点を再確認するとともに，今後，カンボディアの法律家に対しても，実務教育と体系的な理論教育をバランスのとれた両輪として施していくことが重要であると考えています。

　最後になりますが，これまでの経験を通じて私が痛感していることは，法制度整備支援は援助国が被援助国に対して一方的に恩恵を与えるという関係だけでは決してないということです。われわれは，このような機会がなければ，自国の法制度を所与のものとして考えがちです。法制度整備支援は，援助国にとっても自国の法制度をゼロから見直すまたとない機会であり，また，理論と実務の関係や法学教育のあり方などについても，貴重な示唆を与えてくれます。こうして得た経験や考え方が，わが国の法制度や今後の法制度整備支援事業に，きちんとした形でフィードバックされることを望みたいと思います。

コメント
——イギリス・ロシア・アメリカ報告に触発されて——
（抜粋）*

小島武司

I　はじめに

　日本は，19世紀末の明治維新に始まる法整備にあたって，訴訟制度を構築して，先進諸国の信頼をかちえ国際的対等性（不平等条約の撤廃）を獲得するため，法制の近代化を至上命題として西欧の訴訟法制，とりわけドイツ（1877年法典，ついでオーストリー）のそれを継受することを決断した。そこで，現在の法制は，この歴史的経緯からして，ドイツ法制の基本的枠組みを維持しており，オーストリー法の影響のもとに，手続の簡素化や職権主義の導入を図ったものである。
　この歴史の方向を転回させたのは，第二次世界大戦の敗北を契機とする民主化の推進であり，民事訴訟の指導理念は，職権主義から当事者主義へと基調の変換を遂げることになる。この変革は連合国による日本占領下にあって他律的な色彩を濃厚に有していたものの，より深く歴史を掘り下げれば，訴訟制度のあり方を考え直す思想的要因は社会の中に目立たないながら底流として存していたことに気付くであろう。この変革が半世紀を経て定着に至っていることは，文化的底流の先行的所在を暗示するものといえよう。
　いずれにせよ，現代日本の訴訟法制は，フランスやイギリスの理論を取り込みながらも，ドイツおよびアメリカの法制を継受したものであり，基本的には混合法制に属するものといえよう。その特質は，訴訟手続の基本構造はドイツ法の骨格を包括的に継受したものであること，ドイツ法とアメリカ法

---

* 会議における口頭発表は，時間の制約から，いくつかの項目を省略する形で行われた。本稿は，この意味において抜粋である。

という先鋭的な対立の要素を含むものの合成からなること，そして，法の支配という観点から未来に向けて新しい制度創造への営為が2001年の司法制度改革審議会の意見書を契機として始動していること，などが指摘されよう。つまり，包括的に継受された法制を基盤にしつつも，法の支配の貫徹を現実に達成し国民の主体性と社会の公正度を高めようという大きな動きが生じ，日本の法制は，いま未来に向けての創造と成長の時代を迎えているかにみえる。これは，UNCITRALモデルを中核とする「仲裁法」(2003年)，民間機関の調停（ミディエイション）等の活性化を目指す「ADR手続利用促進法」などの裁判外紛争解決機構の振興，紛争解決手続方法や弁護士等の法的サーヴィスに関する情報を提供しかつ法律扶助など経済的援助を供与しようとする「司法支援センター（独立行政法人）」を創設する「総合法律支援法」(2004年)などである。

II 国際的調和とその障害

(1) 法の包括的継受（日本等）
(2) 訴訟法の国際的統合の困難（国際民事手続法学会報告）

(3) 渉外事件共通訴訟ルールの誕生（AAA，UNDROIT）
　これは，渉外訴訟事件に焦点を絞って，その限りで，手続的統合を果そうとする試みである。民事訴訟手続に関するこの調和点がここに生まれたという歴史的事実は，国際的調和への新たな展望と希望を与えるものであり，今後手続法の世界に少なからぬ意義をもつことであろう。

III 日本における訴訟法継受の若干の注目点

(1) 証拠開示の導入と限界
(2) 集合利益の代表（拡散利益）
　団体訴訟（消費者契約法）
　クラス訴訟

(3) 交互尋問制の運用
　1948年の民事訴訟法部分改正は，当事者主義的要素を強化する流れの中で，

証人尋問などの方式を，裁判官尋問制から当事者交互尋問制へと切り替えた。この改正は，「民主化」という社会的改革の潮流の一環として実現したものであるが，弁護士などの尋問の不慣れ，証拠調べ時間の長さなどからして，その導入の条件が未成熟であるなどの声があったが，40年余りに及ぶ実務の継続があり，1996年の民事訴訟法において若干の調整措置が講じられたものの維持されており，今ではほぼ定着したとみられる。

交互尋問制は，単に証人尋問方式の変化を意味するにすぎないものではなく，弁護士による証人の事前面接，事案の解明度や心証度など訴訟制度の根幹に連なる含意をもつものであり，グローバルなコンテクストとしても今後も論議が続くことであろう。

(4) 少額訴訟手続の導入
「ラフ・ジャスティス」，略式訴訟

IV 日本の訴訟モデル

(1) 混合型訴訟モデル
「ベストミックス」（ロシア・レポート）

(2) 日本の民事訴訟の基本的仕組み
1996年の（新）民事訴訟法制定およびこれに続く2003年の部分改正の結果，日本の民事訴訟法は，現状打破・未来志向の方向に舵をとり，法の支配を通じて国民の主体的地位の確立を目指すことを鮮明にしている。

新しい民事訴訟の構造は，以下の通り整理できよう。

審理の主要な場面である口頭弁論においては，当事者間で行われる攻撃防御（主張の提出）については，従来の「随時提出主義」が廃棄され，新たに「適時提出主義」が採用されるにいたっている（民訴156条）。主張交換の結果，争点が確定したところで，証拠調べの段階に移るが，そこでは証人尋問と当事者尋問について集中証拠調の原則が行われる（民訴182条）。これは，漂流型審理ともいうべき実務の旧弊を一掃しようとするものである。このように，本来的審理の場である口頭弁論が緊迫して集約的に行われるためには，当然のことながら，そのための準備の手続が整備されていることが必要である。具体的には，弁論準備手続（民訴168条），準備的口頭弁論（民訴164条），

書面による準備手続（民訴175条）などが事前準備の装置である。この仕組みがよく機能するには，弁護士サイドにおいて，周到な事前準備に要する負担増大に対処する態勢を整えていかなければならない。

ところが，当事者主義の重視や職権主義の強化が原理のレヴェルで説かれていて矛盾するかにみえるものの，当事者双方と裁判所の間の協議のプロセスを通じ互いに積極的な対話を展開し合い，ある種の協働関係がこの交錯の中で生まれつつあるといえよう（ロシア・レポート8頁，イギリス・レポート2頁参照）。

　　上告受理制（民訴318条）
　　特許訴訟等の管轄の集中（民訴6条）
　　専門委員の配備（民訴92条の2-7）

V　手続法継受の経験からの教訓

(1)　課題としてのアメリカ法

日本において，その訴訟法制が世界の諸法制の中では独自の展開を遂げているアメリカ法の特質に対してどう向かい合うかは，ここ半世紀における最大の課題であり続けたといえよう。

アメリカ法の独自の魅力ないし可能性は，その水平的原理にあり，具体的には交互尋問制，民事陪審制，法曹一元制，弁護士活動のダイナミズム，判例による法創造などに現れている。

(2)　長期的視点からの法継受
　　住民訴訟
　　株主代表訴訟
(3)　制度全体としての整合性

(4)　法曹人口という前提

訴訟の局面では，裁判官数が訴訟のあり方と機能を左右する重要な要因であり，また，ADRや相対交渉の局面では，弁護士人口の確保がその実効を左右する要因である。日本の弁護士人口は，現在2万人台であるがそれを近未来的に5万人（実働数）規模に増加（フランス並み）するという方向に改革が進んでおり，その法曹養成の方策として法科大学院が創設され，量と質の両立に向けて着実な歩みを見せている。

(5) 法的思考方法，弁護士業務のあり様

Ⅵ　21世紀的課題としてのアクセス推進

　民事訴訟制度が時代の要請に応えてその役割を果たしていくためには，改革に向けての果敢な対応が，ますます重要の度を加えていくであろう。この創造的模索の過程では，ある特定の訴訟モデルを包括的に継受するのでは不十分であり，外国法は，各国がその社会基盤の中で民事訴訟の機能の向上を図ろうとする場合に，個別的に着想を出掘する場となっているのである。今日の法比較では，法改革のための政策を実現するにあたっての素材提供という意味合いが大きくなっている。

　ところで，いかに理想的な民事訴訟制度が築かれたとしても，その周辺にアクセス障害が存するならば，所期の目的である正義へのアクセスは，必ずしも達成できないことになろう。そこで，この課題は，現代国家における最大の関心事の一つとなりつつある。国家の司法および公私 ADR へのアクセスを普遍的なものにするには，その範囲において広く，深度において奥行きのある，探求努力が必要であって，この場合，「社会的排除」(social exclusion) というコンセプトから出発することが必要である。これまで，各国は，経済的障害を克服するために法律扶助制度を整備し，また，費用対効果からするアクセス障害の克服のために拡散利益に適合した集合的救済手続を生み出してきた。これらは，究極の目標はなお遠くにあるものの近時大きな成果を挙げてきており，半世紀ないし一世紀前と比較すると，現代の「社会的公正度」は格段に高まってきていると断じてよいであろう。

　たしかに，アクセス障害はいまだ深刻であり，広くかつ深い新たな探求がさらに重ねられていかなければならない。現実社会には，暗数化しやすい隠れ被害が数多く存しているのであり，これらについて法的救済の道を開くためには，「社会的排除」というコンセプトをもってさまざまな障害を見出し，それに適合した手続をもってする包摂に向け学際的に取り組んでいかなければならない。われわれは，2006年4月に「日本司法支援センター」が創設されたのを契機に，学術面でのパートナーの役割を果たすべく「司法アクセス学会」を時を同じくして発足させ，継続的な研究プログラムを立ち上げようと実践の歩みを始めている。

　社会的排除の多様さと広大さを知るとき，シヴィル・ジャスティスという

言葉が深い含蓄を有していることに気付く。紛争解決において正義を達成する場は，法廷に限られるものではなく，民間の会議室でもよいし，主宰者は判事でも弁護士でも誰でもよいのであって，定義上重要なのは紛争の公正な解決という活動の実質なのである。このような意味での司法の再定義が求められる時代がいまや到達しているのである（イギリス・レポート1頁参照）。

　この課題はきわめて困難なものであるが，今後の方向としては国家に依存することのみではなく民間の力をも結集し「自律の機構」を築き上げることで，国家財政上の制約を克服しつつ，正義へのアクセスに持続的に取り組んでいくべきである。社会的公正度の上昇に向けてパブリックセクターとプライヴェイトセクターがそれぞれその役割を分担し，その強みを結集し弱みを補っていくならば，「正義への普遍的アクセス」という究極の理想の達成は可能となろう。この時において，国際訴訟法学会への期待もいよいよ大きくなっている。

　21世紀の世界は，新たなグローバルなアクセスの競い合いの舞台を演出しようとしており，この官民の間の障壁だけでなく，シヴィルローとコモンローの間の障壁も低くしていくであろう。このグローバルな大河のプロセスの中で，国際仲裁などにおける弁護士の日常的な実務体験などを基盤として，実感に即した評価基準が生まれ，紛争解決手続の改善は制度の理想に向けて歩みを速めていくであろう。とりわけ国際商事仲裁において培われた現場感覚は，訴訟とADR，シヴィルローとコモンローなどの協会を超えて浸透し，リアリスティックで自由な選択へのスプリング・ボードとなるのであろう（アメリカ・レポート27頁，28頁参照）。ウルフ（Woolf）・レポートの登場は，このような調和へ向けての動きとして重要な意味をもつことであろう。

コメント

ディーター・ライポルト〔出口雅久訳〕

　将来において，他の諸国のアイデアや経験を共有する適切な方法は，いかなるものであろうか。

　ある国がもはや単純には他の国の訴訟法を継受するであろうとは期待することはできない。内国の司法制度，実体法（とりわけシビル・ローの我々の領域において）の内容および内国の法文化と伝統は，内国の訴訟法のコンセプトを維持するための強い理由となっている。

　他方，本日，プレゼンテーションされた各報告は，世界の様々に異なった地域において驚くべき共通の発展が存在していることを示している。

　たとえば，事実を調査したり，自らのイニシアチブで証拠を探索することは，民事紛争における裁判所の中心的な課題ではあり得ないという，一般的な経験であり，確信でさえあるように思われる。反対に，当事者原則（ドイツでは，伝統的にParteimaximeと呼んでいますが，我々は，これを処分権主義（Disipositionsmaxime）と弁論主義（Verhandlungs-maxime），さらに両当事者の証明責任（onus probandi）と区別して使っている）は，民事訴訟法の妥当な諸原則である。中国における法発展に関する報告は，極めて印象的な方法で従来の実体的真実の原則から，裁判所に対して事実および証拠を提出するという両当事者の権利と義務を受け入れることへの変更を我々に如実に示している。思うに，当事者主義は裁判所が民事裁判手続における事実を了知したり，調査したりする可能性を殆ど持ち得ないか，全く持たないという実務上の理由からの適切な方法であるばかりでなく，私法，すなわち，私的自治の原則と平仄を合わせているのである。私的自治は，実体法，とりわけ債務法ばかりを支配するものではなく，事件の確定および提示に関する限り，民事訴訟法をも支配している。

それ故に，オランダでは，裁判所に対して，事実および証拠を処分しうる両当事者の権利を制限する新しい権限を与えようとする最近の考慮については一寸驚いている。この点に強調しようとするのは，かなり古い議論である。しかし，民事紛争においては，両当事者は異なった利害を有しており，最も良い結論を得るのが両当事者の目的であるので，両当事者の観点からは，両当事者間で締結された合意を無視したり，争点になっていない事実を調査する，という権限を裁判所に与える必要はない。思うに，当事者自身が提出しようとしない事実および証拠を採用する権限を裁判所に付与する，という事実および証拠に関する当事者支配の制限と，証拠へのアクセス，すなわち，両当事者が重要な情報および証拠にアクセスできる必要な手段が与えられているか，ということには，明らかに区別されるべきである。

第二の点に関しては，必要があれば，裁判所の命令という援助を受けて，相手方から重要な情報を受け取る特別な訴訟上の権限を両当事者に付与する注目すべき国際的な傾向が看取できる。これは，それ自体に問題があり，たとえば，両当事者にとってコスト高となるアメリカ合衆国のプリトライアル・ディスカバリーを導入するところまでは行く必要はない。しかし，ある程度注意深く段階的な取り組みをすれば，アメリカのディスカバリー制度のリスクと不利益を回避されうるであろう。松本教授によって報告された，日本における法発展は，一つの良い例である。ドイツにおいては，2001年改正も，職権による証拠調べを行うより多くの権限を裁判所に付与した（これは当時から「ドイツ型ディスカバリー」の導入である懸念されていた）。私が見る限りは，今日まで，新しいドイツの規定は，実務ではそれほど重要性を獲得していないが，恐らくは時間の問題であろう。

誤解を避けるために強調しておきたいのは，私のコメントは，積極的または管理者的な裁判官のコンセプトが批判されるべきであるということを意図するものではないことである。反対に，国際的な法発展，とりわけ，イギリス法の改正は，裁判官が両当事者間の訴訟上の争いの単なるオブザーバーおよびレフリーであるという従来型のコンセプトは，もはや現在では不適切であるということを示唆している。しかし，積極的な裁判官であったとしても，偏頗的であってはならない。裁判所は，その積極的な役割の一部として，訴訟の遅延を予防する十分な権限を与えられる必要がある（すなわち，これは重要な国際的な潮流である）。事実および証拠の内容に関する限り，裁判所は，たとえ一方当事者（および当事者の弁護士）がかかる観点について法的重要

性を誤解している場合でも，両当事者に質問し，かつ，必要な指摘をする権限と義務を有している。しかし，両当事者は事実および証拠が援用されるか否かを決定する権限を維持するべきである。

　民事訴訟法の国際的な場面における多くの共通の法発展が存在しているが，何が将来において辿るべき最も良い道なのであろうか。我々の忘れることのできない高名な同僚である故マウロ・カペレッティー元理事長や親愛なるマルセル・シュトルメ理事長のような，国際訴訟法学会の創始者や英雄によって促進されてきた民事訴訟の比較法的な研究は，継続し，強化しなければならない。そして，民事訴訟，もしくは，はじめは民事訴訟の特殊領域のある種の国際的なモデル法を創造するということが，現実的な目標であるように思われる。様々な諸国における伝統や慣習に応じた修正を行い得るモデル諸原則は，従来型の内国民事訴訟法の輸出および輸入に対する現代的な補完物となりうる。グリノーベル教授とワタナベ教授によって報告されたように，南アメリカの我々の同僚達は，全体として，または，とりわけ，集団訴訟の分野における現代民事訴訟法の賞賛に値する格好の事例を提供している。より広域の国際的な領域内では，モデル法またはモデル規則を創設することは恐らく時期尚早であろう。ヨーロッパ民事訴訟法を発展させようとする卓越した同僚の興味深い試みは，必ずしも成功してはいない。しかし，最近，アメリカ法律家協会とユニドロワとの協力の産物として，すでにトランスナショナルな民事訴訟原則が作られたことは，良く知られている。ピーター・マレイ教授やニール・アンドリュース教授の報告では，本件に関する詳細が展開されている。かかる諸原則が広範囲に受容されことは可能かつ望ましいことである。同じような方法で，ある領域における非トランスナショナルな民事訴訟，たとえば，管轄，証拠，反訴，第三当事者，クラス・アクションなどに関するモデル法またはモデル原則を創設する試みも可能となり得るであろう。

　最後に，もう一度，本日の報告者に衷心から感謝申し上げたい。各報告者のプレゼンテーションは，将来において強い影響力を及ぼすであろう情報とインスピレーションを与えてくれた。

第 2 部

法学教育・法曹養成

グローバル社会における
地球市民法曹のための法学教育

出口雅久

I　はじめに

　本日の法学教育に関する国際フォーラムは，明日から二日間に渡って開催される，「グローバル社会における民事訴訟法の継受と伝播――訴訟法における諸外国に対する立法及び法整備支援」と題する国際訴訟法学会のテーマと密接な関係がある。ドイツ民事訴訟法を継受したとされる，わが国最初の民事訴訟法が施行されてから今年で115年，同じくドイツ国憲法（いわゆるビスマルク憲法）を範とした，わが国最初の近代憲法が制定されてから今年で117年が経った[1]。およそ100年前の日本の司法制度の近代化は，いわゆる外国法の継受という形式で行われてきた[2]。本日の国際フォーラムで取り上げる法学教育も，多かれ少なかれ，この外国法の継受と密接な関係にあったと思われる[3]。もっとも，ドイツ法以外にも，わが国の法制度に対しては，

---

[1]　佐藤幸治「憲法第三版」青林書院（1995年）65頁，新堂幸治「新民事訴訟法第三版」（2004年）弘文堂42頁以下参照。なお，ドイツ法の継受については，鈴木正裕「近代民事訴訟法史・日本」（2004年）35頁・115頁以下，三ケ月章「司法評論Ⅱ」有斐閣（2005年）441頁以下参照。

[2]　この明治初期は，いわば各国の日本に対する法整備支援の時期であったと言える。なお，中野貞一郎「民事手続の現在問題」判例タイムス社（1989）57頁以下は，わが国における裁判実務の継受について問題点を指摘する。わが国における最近の法整備支援の状況に関しては，鯨京正訓「法整備支援活動による法制度の国際発信―名古屋大学法政国際教育協力センター（CALE）設立5周年によせて―」法律の広場2006年8月号37頁以下参照。

[3]　斉藤・鈴木・林屋・河野「逸話で語る民訴学者の面影」第一法規（1997年）4頁以下参照。

周知のごとく、フランス法、イギリス法、そして戦後はアメリカ法が圧倒的な影響力を与えてきた[4]。後で言及する日本型ロースクールと呼ばれている法科大学院の名称も、アメリカ法の影響を色濃く反映している[5]。

しかし、法学教育の歴史を遡ってみると、やはりヨーロッパにその起源がある。本日は、世界最古の法学部であります、ボローニャ大学法学部ルポイ教授にも、「イタリアにおける法曹養成の伝統とイノベーション」と題するご報告いただくことになっている[6]。

さて、現在、わが国では、社会の複雑・多様化、国際化などに適切に対応するため、政治改革、行政改革、地方分権推進、規制改革などの経済構造改革等の様々な改革等が行われている。佐々木毅教授は、政治改革から司法改革に至る一連の改革を貫く目的は、日本全体のシステム管理体制をよりバランスのとれたものに変えること、自己修正機能をビルトインしたものに変えることにあったと言えようとし、より透明性の高い国づくりを提唱している[7]。わが国の社会は、これらの様々な改革を通じて、行政等による事前規制や指導を通じて個人や企業の活動を事前に調整する「事前規制型」から、明確な法的ルールの下で国民一人ひとりが自らの責任で自由に行動することを基本とし、ルール違反に対しては、事後的にチェックし、救済するという「事後チェック・救済型」に変化しつつある。このような社会の変化に伴い、紛争解決や権利の救済を担う司法の役割は、より一層重要なものになると考えられる[8]。

日本国政府は、1999年以降、司法の機能を充実強化し、国民にとってより身近で利用しやすい司法制度を構築するという見地から、第一に、国民の期待に応える司法制度の構築、第二に、司法制度を支える法曹の在り方の改革、

---

[4] 三ケ月章「司法論評Ⅲ」有斐閣（2005年）12頁以下参照。

[5] 遠藤直哉「ロースクール教育論」信山社（2000年）12頁以下に掲げられているロースクール構想を推進した、宮沢節生教授、柳田幸男弁護士、田中成明教授、遠藤直哉教授は、いずれもアメリカ・ロースクールでの留学経験者であることは偶然の一致ではない。

[6] ボローニャ大学については、柴田光蔵「古代ローマ物語」PartⅡ日本評論社（1991年）247頁以下参照。

[7] なお、佐々木毅「政治改革と司法改革を結ぶもの―システムの改革と弁護士への期待」自由と正義57巻2号12頁。なお、同教授は、司法改革の効用に、弁護士を始めとする法曹集団を従来以上に立法の世界に引きずり込んだ点にあったと指摘する（前掲13頁）。

[8] 吉村典晁「司法制度改革におけるグロバリゼーションへの対応」法律のひろば2006年8月号4頁以下参照。

第三に,国民の司法参加等を通じた国民的基盤の確立という三本柱を基本理念として司法改革を推進してきた[9]。とりわけ,第二の柱とされている,「司法制度を支える法曹の在り方の改革」とは,高度の専門的な法的知識を有することはもとより,幅広い教養と豊かな人間性を基盤に十分な職業倫理を身に付けて,社会の様々な分野において厚い層をなして活躍する法曹の獲得を目指して人的基盤の拡充を図るものである[10]。この第二の柱の理念は,本日のテーマであります,「地球市民法曹」という立命館大学法科大学院が掲げる法曹像に相通ずるところがあると考えている。

Ⅱ 21世紀における法曹像

さて,21世紀におけるわが国においては,司法の役割の重要性が飛躍的に増大することが予想される[11]。国民自身が,容易に自らの権利・利益を確保し,かつ実現できるよう,そして,事前規制の廃止や緩和等によって,弱い立場の人が不当な不利益を被ることのないよう,われわれ国民の間で惹起する諸々の法的紛争が公正かつ透明な法的ルールに基づいて適正かつ迅速に解決される司法制度を確立することは必要不可欠である。すなわち,21世紀における司法の姿は,法的紛争の解決を通して,予測可能で透明性が高く公正なルールを定立することによって,ルールの違反者に対しては厳正に対処しつつ,権利・自由を侵害された者に対しては,適切かつ迅速な法的救済を提供することが必要となる。こうした実効的な司法制度を整備することは,グローバル化への対応力の強化にも通じることになるであろう。中でも,司法制度を支える法曹養成はその根幹である[12]。国民自身が,自律的存在として主体的に社会生活関係を形成していくためには,それぞれの置かれた具体的生活環境や要請に即応したリーガルサービスを提供することができる法曹の協力を得ることが必要となる。国民がその健康を保持する上で医師の存在が不可欠であるように,法曹はいわば「国民の社会生活上の医師」の役割を果

---

9 これらの内容は,司法制度改革審議会が平成13年6月12日に纏めた司法改革審議意見書において提言されており,本稿の叙述も同意見書に依拠している。
10 司法制度改革の詳細は,佐藤幸治・竹下守夫・井上正仁著「司法制度改革」有斐閣(2002年)1頁以下参照。
11 詳細は,日本弁護士連合会編「21世紀弁護士論」有斐閣(2002年)425頁以下参照。
12 須網隆夫「法曹人口の増加とあるべき弁護士像」法律時報増刊「シリーズ司法改革Ⅰ」日本評論社(2000年)107頁以下参照。

たすべき存在である[13]。法曹が，個人や企業等の諸活動に関連する個々の問題について，法的助言を含む適切な法的サービスを提供することによりそれらの活動が法的ルールに従って行われるよう助力し，紛争の発生を未然に防止するとともに，更に紛争が発生した場合には，これについて法的ルールの下で適正・迅速かつ実効的な 解決・救済を図ってその役割を果たすことへの期待は飛躍的に増大するであろう[14]。また，21世紀における国際社会において，わが国が通商国家，海洋国家，科学技術立国として生き延びるためには，内外の法的ルールの形成や運用における法曹の役割の重要性がより一層重要となるであろう[15]。中でも，ますます重要性の高まる知的財産権の保護をはじめ，高度な専門性を要する領域への的確な対応が要請されるとともに，国際貢献として，アジア等の発展途上国に対する法整備支援を引き続き押す進めて行くことも求められるであろう。

Ⅲ　グロバリゼーションへの対応策について

　21世紀にあっては，あらゆる意味でグローバル化が進む世界の中で，わが国が自らの進路を切り開かざるを得ない現実を国民は強く意識することとなるであろう。情報通信技術の革新ともに，膨大な情報，資金，物資が国境を越えて頻繁に移動することが可能となり，国際的な相互依存関係が飛躍的に強化されつつある[16]。このことは，一方では，私達に世界への活躍の場を提供してくれるが，好むと好まざるとに関わらず，私達は世界規模での競争を巻き込まれることになるであろう[17]。こうした中，主権国家の枠組み自体は維持されるが，各国の国境を前提とした諸制度・慣行の変質あるいはハーモナイゼイションへの要請は必然的に高まってきている[18]。と同時に，社会経

---

[13] http://www.kantei.go.jp/jp/singi/sihou/komon/dai5/5siryou1.html 参照。

[14] 遠藤直哉「ロースクール教育論」信山社（2000年）191頁以下は，規制緩和時代の行為規制運用者としての弁護士の役割について言及している。

[15] 経済同友会は，1997年1月22日に「グローバル化に対応する企業法制の整備を目指して―民間主導の市場経済に向けた法制度と立法・司法の改革―」という提言を行っている。詳細は，法律時報増刊「シリーズ司法改革Ⅰ」日本評論社（2000年）339頁参照。

[16] ペーター・ギレス著・小島武司編「民事司法システムの将来」日本比較法研究所翻訳叢書53巻96頁以下参照。

[17] 夏井高人「ネットワーク社会の文化と法」日本評論社（1997年）228頁以下は，新たな総合法学としての法情報学の必要性を説く。

済活動がいわゆる商取引の最適地を求めて国を選ぶ傾向を強めることにより，各々の国家は，より魅力的で安全な国内司法環境の整備を目指した司法制度間競争を強く意識することとなるであろう[19]。このような時代において，わが国は，世界的動向に受動的に対置するのではなく，国際社会との価値観の共有を深め，公正な法的ルールに基づいた国際社会の形成・発展に向けて主体的に貢献することが肝要となる。同時に，われわれが自らのうちに多様・異質な意見や生き方を許容する，独創性と活力に満ちた自由かつ公正な社会を法の支配の理念の下に形成・維持することが重要である。自由で公正な社会や効率的な市場システムを支える適正迅速な紛争解決手段の整備，社会の様々な場面での人権の保障，戦略的リスク管理や法遵守を含むコーポレート・ガバナンスの確立，国家戦略としての知的財産[20]や情報金融技術[21]への取組み等において，わが国の法曹が社会の要請に積極的に応えていくことが，わが国社会経済システムの国際的競争力・通用力といった見地からも一層強く求められることとなろう。

現在，司法制度改革推進計画は，具体的なグロバリゼーションへの対応としては，いろいろな観点について検討が進められているが，ここでは時間の関係上，その一部についてご紹介したいと思う[22]。

1. 民事司法の国際化

民事司法において，充実した審理と迅速な手続をもって対処することは，国際化が進む現代において一層重要かつ喫緊の課題となっている[23]。とりわけ，知的財産権関係訴訟事件の充実・迅速化については，各国とも知的財産をめぐる国際的戦略の一部として位置付け，これを推進するための各種方

---

18 その典型的な例としては，最近のEU憲法の動向が興味深い（Rupert Scholz, Vorlesung Europaeisches Verfassungsrecht I: Die Entwicklung der Euroapeischen Union und der Europaeische Verfassungsvertrag, Ritsumeikan Law Review No.23（2006）p.31以下参照）。
19 ペーター・ゴットバルト著/出口雅久・本間学共訳「国際民事訴訟法の現状について」立命館法学（2005年）299号647頁以下参照。
20 三山・松村「実務解説・知的財産権訴訟」第二版・法律文化社（2005年）1頁以下参照。
21 大垣尚司「電子債権」日本経済新聞社（2005年）189頁参照。
22 吉村典晃「司法制度改革におけるグロバリゼーションへの対応」法律のひろば2006年8月号5頁以下参照。
23 広渡清吾編「法曹の比較法社会学」東京大学出版会（2003年）393頁参照。

策を講じているところであり，わが国としても，こうした動向を踏まえ，政府全体として取り組むべき最重要課題の一つとしてこの問題を位置付ける必要がある[24]。さらに，経済活動のグローバル化や国境を越えた電子商取引の急速な拡大に伴い，国際的な民商事紛争を迅速に解決することが極めて重要となっている[25]。このため，国際連合国際商取引法委員会における検討等の国際的動向を見ながら，国際商事仲裁を含む仲裁法制を早急に整備することが検討され，現在では法制化されるに至っている[26]。ちなみに，本日の，シドニー大学のルーク・ノッテジ先生のご報告は，国際商事仲裁法の教育方法に関するものであり，本学が掲げている「地球市民法曹」の養成という観点からも興味深いものがある[27]。

2．法整備支援の推進

発展途上国が経済発展を遂げ，民主主義に基づく豊かで安定した社会制度を構築するためには，経済社会活動の基盤となる司法制度の整備が必要不可欠である。わが国は，諸外国から近代的な法制度を継受しつつ，わが国の情勢に適した法制度および運用を確立してきた経験を活かし，民商事法等の分野において，積極的にアジア等の発展途上国の研修生の受入れ，専門家の派遣，現地セミナーの実施等による法整備支援を実施してきた[28]。本日，開会式でご挨拶いただいた，法務総合研究所の松永所長からも，その最前線でのご活躍についてディスカッションの際にでもご教示頂ければ幸いである。こうした法整備支援への取組みは，わが国が国際社会の一員としての主体的な

---

[24] 三山・松村「実務解説・知的財産権訴訟」第2版・法律文化社（2005年）8頁は，法務の紛争処理機能・予防的機能から戦略的法務への発想の転換を指摘している。

[25] なお，わが国の国際取引関係法分野における立法，判例，学説等を体系化して英語によって世界に情報発信することを主たる目的とした，特定領域研究プロジェクト「法の透明化」については http://www.tomeika.jur.kyushu-u.ac.jp/index_jp.html を参照。

[26] わが国の仲裁法は，平成16年3月1日に施行されている。

[27] 立命館大学法科大学院では，法科大学院等専門職大学院形成支援プログラム「国際貢献型〈地球市民法曹〉養成プログラム」を展開しているが，ルーク・ノッテジ博士にも日本法セミナーでご協力いただいている（なお，詳細は http://www.ritsumei.ac.jp/acd/gr/hoka/keiseishien/gaiyo.html）。

[28] 三ケ月章「司法評論Ⅲ」有斐閣（2005年）5頁以下参照。なお，アジア諸国に対する法整備支援について，財団法人・国際民商事法センター（http://www.icclc.or.jp/equipment/main.html），また法務総合研究所（http://www.moj.go.jp/HOUSO/index.html）など参照。

役割を果たす上で重要であるとともに，経済社会のグローバル化が進展する中で，円滑な民間経済活動の進展にも資するものである。このため，発展途上国に対する法整備支援については，日本国政府として，あるいは，大学機関・研究機関，弁護士会としましても，適切な連携を図りつつ，引き続き積極的にこれを推進していくことは，極めて重要な外交課題であると考える[29]。また，その際，今日まであまり顧みられてこなかった，司法制度等に関するわが国の法情報を一層積極的に海外へ発信し，共有していくことが必要不可欠であろう[30]。

そのような意味で，本日は，ハルピン工科大学より Prof. Zaho Heifeng が中国の法学教育の動向，明日のセッションでは，清華大学の Prof. Wang Yaxing が中国の民事訴訟法の動向についてご報告いただく予定であるが，中国における現在のダイナミックな外国法の継受について興味深いお話を伺えることを期待してる。また，インド・ラジャスタン大学の Prof. K. B. Agrawal からは，英米法系における外国法の継受について法学教育と民事訴訟法について興味深いご報告を期待している。

3．法曹の国際化

ところで，個人の活動領域においても，また，企業の活動領域においても，将来的には，国際的な法律問題が量的に増大し，かつ，内容的にも複雑・多様化することは容易に予想される。そのため，弁護士が，国際化時代の法的需要を十分満たすことのできる質の高い法律サービスを提供できるようにすべきである[31]。このような立場から，弁護士人口の大幅増員，弁護士事務所の執務態勢の強化，弁護士の国際交流の推進，外国法事務弁護士等との提携・

---

[29] 松島洋・片山達「海外だより第10回・ベトナムにおける法曹養成制度の改革」は，民事訴訟法の法整備支援において，当事者主義による訴訟運営という観点から日本の弁護士による国際貢献の必要性を指摘する。なお，ベトナムへの民事訴訟法の法整備支援については，丸山毅・吉村徳重・井関正裕・酒井一「特集ベトナム民事訴訟法の今後の課題」ICD NEWS Law for Development No.26（2006）p.1 以下参照。

[30] 鯨京正訓「法整備支援活動による法制度の国際発信—名古屋大学法政国際教育協力センター（CALE）設立5周年によせて—」法律の広場2006年8月号37頁は，2006年5月23日（夕刊）付けの日本経済新聞の一面トップの「対アジア・中東法整備支援」という報道を取り上げて，法務，財務，外務，経済産業，文部科学の五省が，日本におけるアジア諸国等に対する法整備支援に強い関心を持ち，法整備支援のための「戦略論」を明らかにするという課題を提起した点を評価している。

協働，法曹養成段階における国際化の要請への配慮を進める等により，弁護士の国際化への対応を抜本的に強化することが提言されている[32]。とりわけ，法曹養成段階における国際化の要請への配慮については，いわゆる「地球市民法曹」を養成していく上で極めて重要な点である。

まず，第一に，弁護士の語学力，コミュニケーション力，ディベート力を向上させるため，法科大学院の役割は重要である。具体的には，例えば，法科大学院において，英語で講義する科目や依頼者とのコミュニケーション，ディベートの科目を設けるなど，そのカリキュラムの内容について，創意工夫が必要である[33]。第二に，法科大学院を国際化の方向へ導く方策として，司法試験の選択科目に国際関係法等を導入することも考えられる[34]。第三に，法曹の国際化の観点からは，日本法の観点からだけでなく外国法の観点からも多角的に法律問題を考察し得るような，複眼的な視点を持つ法曹を育てることが重要である[35]。そのためには，大学での法学教育でのカリキュラムの内容について，創意工夫が必要となる。本日のフォーラムでは，EUにおける各大学との共同した法曹養成の在り方などについて，ドイツ・ドレスデン工科大学のヴォルフガング・リュケ教授には，いわゆるボローニャ・プロセス後のヨーロッパの法学部の法曹養成の動向についてご報告していただく予定である[36]。

---

[31] 須網隆夫「グローバル社会の法律家論」現代人文社（2002年）30頁は，司法改革の背景に経済界と市民の両者の要求について指摘する。

[32] Chapter II, Part 3-4, http://www.kantei.go.jp/foreign/policy/sihou/singikai/990612_e.html

[33] 立命館大学法科大学院の国際化の取り組みについては，V立命館大学法科大学院の特色を参照。

[34] 新司法試験では，国際関係法（私法系）と（公法系）を受験することが可能となっている。

[35] 多くの法科大学院では，外国法の講義として，英米法，ヨーロッパ法，比較法などが提供されているが，27ヵ国の加盟国を擁するEUに関連するヨーロッパ法の存在は，今まで以上に重要な法学教育の対象となるであろう。

[36] ボローニャ・プロセスについては，慶応義塾大学教養研究センター編「ヨーロッパの大学改革と日本の大学」（2005年）5頁以下および Wolfgang Lüke, The Europeanization of Law and Legal Education in the Field of Civil Procedure, p.1（Report of IAPL 2006 Kyoto Congress）を参照。

IV 法曹人口問題と法科大学院の設立

　ところで，わが国の法曹人口の総数は，若干古い数字であるが，1999年の数字で20,730人となっている（国際比較をすると，法曹人口（1997）については，日本が約20,000人〈法曹1人当たりの国民の数は約6,300人〉，アメリカが約941,000人〈同約290人〉，イギリスが約83,000人〈同約710人〉，ドイツが約111,000人〈同約740人〉，フランスが約36,000人〈同約1,640人〉である[37]）。ちなみに，韓国でも，猛烈な勢いで司法改革が進行中ということで，人口は日本の3分の1であるが，年間1000人を合格させており，2000年のデータでは，法曹人口は8981人であるが，最近の情報では，2005年には弁護士だけで7000名を超えたということで，日本を越して人口比では大量法曹増員時代をすでに迎えているようである[38]。また，中国では，現在，11万人あまりの弁護士が存在し，毎年約5000人ずつ増加していると報告されている。WTO加盟後の中国における法学教育の大転換については，ハルピン工科大学のProf. Zahoのご報告が大変興味深いところである[39]。また，年間の新規法曹資格取得者数については，アメリカが約57,000人〈1996-1997〉，イギリスが約4,900人〈バリスタ1996-1997，ソリシタ1998〉，ドイツが約9,800人〈1998〉，フランスが約2,400人〈1997〉である[40]。日本では，2005年度は1464人，その他，毎年，韓国は1000人，中国は5000人ということです。ちなみに，弁護士会の有志を中心に法曹問題に関する研究会が開催されているが，ドイツでは，現在，13万6000人を超える法曹資格者が現存しているが[41]，これらの大量の法曹資格者をどうのようにドイツ社会が吸収しているかについては非常に興味深いところである[42]。ドイツ人研究者に是非伺いたいと思っている。

　すでに指摘したが，将来的には，わが国の国民生活の様々な場面におけるリーガルサービスの需要は，量的には格段に増大するとともに，質的にもま

---

[37] 広渡清吾編「法曹の比較法社会学」東京大学出版会（2003年）29頁参照。
[38] 川口和子「海外法曹だより第七回・大韓弁護士教会について」自由と正義57巻5号59頁。
[39] Zhao Haifeng, Exploration of New Legal Education Methods in China, p.4（Paper of IAPL 2006 Kyoto Congress）．
[40] Chapter III Part1. http://www.kantei.go.jp/foreign/policy/sihou/singikai/990612_e.html
[41] 矢吹公敏「海外だより第3回・ドイツ弁護士事情」自由と正義57巻1号55頁。

すます多様化，高度化することが予想される。その主な要因としては，経済・金融の国際化の進展や国際人権，国際環境問題等の地球的課題や国際犯罪等への対処，知的財産権，医療過誤，労働関係等の専門的知見を要する法的紛争の増加，「法の支配」を全国あまねく実現する前提となる弁護士人口の地域的偏在の是正の必要性，社会経済や国民意識の変化を背景とする「国民の社会生活上の医師」としての法曹の役割の増大などが考えられる[43]。現在の我が国の法曹を見ますと，いずれの面においても，社会の法的需要に十分対応できているとは言い難い状況にあり，前記の種々の制度改革を実りある形で実現する上でも，その直接の担い手となる法曹の質・量を大幅に拡充することは不可欠である。法曹人口については，2004年には現行司法試験合格者数1,500人を達成した上，新たな法曹養成制度の整備状況等を見定めながら，2010年ころには新司法試験の合格者数を年間3,000人にまで増加させることを目指しています[44]。法曹養成制度については，21世紀の司法を担うにふさわしい質の法曹を確保するため，司法試験という「点」による選抜ではなく，法学教育，司法試験，司法修習を有機的に連携させた「プロセス」としての法曹養成制度を整備することとし，その中核として，法曹養成に特化した法科大学院2004年に全国でスタートした[45]。現在，2006年度の全国の法科大学院数は，国立23校，公立2校，私立49校の計74校。入学定員は国立1,760人，公立140人，私立3,925人の総計5825人と公表されている[46]。

---

[42] 磯村保発言「座談会・法科大学院論議の到達点と今後の課題」法律時報増刊「シリーズ司法改革Ⅰ」日本評論社（2000年）93頁は合格者を5000人にしても，日本社会がこれらの法曹を銀行等で採用する現状にはないとする。

[43] 大谷美紀子「海外だより第5回・国連機関・国連代表部で働く日本の法曹」自由と正義57巻3号53頁は，国連機関・国連代表部で働く日本の法曹や，在外大使館や領事館に勤務する法曹は，出向している裁判官や検事が占めていると報告しており，グローバルな法曹養成の必要性を示唆している。

[44] 須網隆夫「グローバル社会の法律家論」現代人文社（2002年）118頁以下参照。

[45] 松永邦男「司法制度改革解説①司法制度改革推進法・裁判の迅速化に関する法律」商事法務（2004年）112頁以下参照。

[46] 法科大学院ガイド www.law-school.jp/c1_5.asp より抜粋。

V 立命館大学法科大学院の特色[47]

1. 市民的感覚を備えながら，地球的な規模で考え行動する「地球市民法曹」の養成

　立命館大学は，「私立京都法政学校」から始まる100年の法学教育の歴史と伝統をもちつつ，常に改革を進め多彩な教育・研究資産をもつ総合大学として社会の最先端の課題に取り組んできた[48]。私たちは，こうした立命館大学の伝統と実績，総合性・多様性と進取の精神を受け継ぎ，「21世紀地球市民法曹」の養成を目指して立命館大学法科大学院を設立した[49]。この「21世紀地球市民法曹」とは，グローバルな視点と鋭い人権感覚を備え，さまざまな分野・専門領域において活動する法曹を意味する。グローバライゼーションの進展によって，世界をフィールドに活躍する法曹が求められているだけでなく，地域に奉仕する法曹であっても，身近に起こる法的問題を地球規模の広がりの中でとらえ対応することが求められる。市民の立場に立って地球的視点で活動できる法曹こそ，今もっとも必要とされているのである。また，社会の法に対する需要が増大，多様化する21世紀においては，法曹は，国際取引，知的財産権，税，環境保護，人権擁護等々，なんらかの専門分野をもつ必要があるであろう。さらに，今後は，企業や官庁において活躍する法曹も増えることであろう。立命館大学法科大学院では，こうした21世紀に求められる法曹像を「地球市民法曹」ととらえ，多様なバックグラウンドをもった学生が，各人のめざす「法曹像」を中軸に据えながら豊かな人間性と，鋭い人権感覚，幅広い教養と共に，グローバルな視点と高い専門性を身につけ

---

[47] 以下の記述は，立命館大学法科大学院ホームページに基づいている。http://www.ritsumei.ac.jp/acd/gr/hoka/index.htmhttp://www.ritsumei.ac.jp/acd/gr/hoka/keiseishien/gaiyo.html

[48] 立命館の歴史は，近代日本の代表的な政治家で，国際人であった西園寺公望が，1869（明治2）年，20歳の若き日に，京都御所の邸内に私塾「立命館」を開設したことに始まる。その翌年，学生たちの高談放論を危険と見なした時の太政官留守官の差留命令により立命館は閉校を命じられるが，西園寺の秘書を務めたこともある中川小十郎が，その精神を受け継いで，1900年，勤労者のための夜学校「京都法政学校」を設立した。これが学園としての立命館の始まりである。その後，1913年，京都法政学校は，西園寺の承諾を得て，「立命館」の名称を継承し，今日に至っている。

[49] 法科大学院 REPORT 立命館大学・市川・松本・松宮・ロースクール研究 No.1 （2006年）34頁以下参照。

ることができるような教育を行っている。時代のニーズを的確に把握して，自由で競争的な環境の中，自分の持てる力を十二分に発揮しつつ，世界をリードしていく法曹を養成したいと考えている。

2. 時代が求める専門性を持った地球市民法曹の養成

　これからの法律家は，日本と世界を担う「21世紀地球市民法曹」として，グローバルな視点から問題をとらえ，解決する視点と実務能力が求められる。立命館大学法科大学院はそのための充実したメニューをそろえている。

(1) 国際法務の基礎とセンスを習得するカリキュラム

　まず，実務基礎科目に「法曹英語」を置き，渉外弁護士と渉外法律事務の経験が豊富な企業法務経験者の指導によって，これからの法曹が必ず求められる英語によるコミュニケーション能力と法律英語の習得を行う。

　次に，先端・展開科目の共通科目として，外国法や法律事情の修得のために外国法科目―「英米法」・「ヨーロッパ法」・「アジア法」・「外国法務演習」をおいている。外国法の実際を意識した授業を行うが，特に，「英米法」は，米国ワシントン・DCにあるアメリカン大学ロースクールから派遣される教授が担当する。この講義はもちろん英語で行われるが，必要な準備と努力によって，米国のロースクール授業がどんなものかを肌で感じ，アメリカ法の仕組みと法曹のあり方をじかに学ぶことができる。また，適宜，外国人教授の授業を組み込む。先端・展開科目には「国際法」，「国際私法」，「国際民事訴訟法」という個別科目に加えて，パック科目（各3科目8単位）として，「国際取引法務」，「国際人権法務」がある。関連科目のまとまった履修によって，国際取引や国際人権などの領域を得意とする専門法曹を養成するカリキュラムである。

(2) 外国法務演習は，ワシントンでの法実務を体験

　将来，渉外弁護士を目指す者には，法曹英語・英米法・国際取引法務などに加えて，「外国法務演習」を履修することが有意義である。これはアメリカン大学ロースクールとの提携により，夏期休暇期間中にワシントン・DCで約3週間の集中的な学習・実地研修を行う授業である。同ロースクールにおける講義・演習，法実務資料の検索訓練とセットで，連邦議会，裁判所，連邦行政機関，法律事務所，NGOなどを訪ね，米国における法曹実務の現

場を体験しながらの研修授業である。これからの法曹は国際法務に従事する場面を当然に予想しなければならない。このためには，法科大学院に在学中に，外国法制度や法律事情を現場で，実地に体験しておく必要がある。さらに，渉外弁護士として本格的に活躍する者には，アメリカのロースクール（特に1年間のLL. M.コース）に進み，アメリカ法曹資格を取る途がある。本学はこのためのアメリカン大学との手厚い提携を進めている。

(3) グローバルな視座からの理論と実務の架橋をめざす法曹養成教育の必要性

　法曹養成制度改革は今回の司法制度改革の大きな柱の一つである。その背景に，複雑化高度化するとともに，日増しにグローバル化する世界に対応して，多様な専門性を担い，アジアの法制度支援などの国際貢献や国際社会の様々な分野で幅広く活躍する法曹の養成が喫緊の課題となっていることがあげられる。法曹養成教育においても，単に日本の国内法を理解させるだけでは足りず，それをグローバルな視点から位置づけ，国際的な関連の中で法のあり方を認識する必要性がますます高まっている。しかも，理論と実務を架橋することを使命とする専門職大学院としての法科大学院では，こうしたグローバルな視座を理論レベルにとどまらせるのではなく，法実務のレベルでも架橋していく必要がある。立命館大学はこれまでも地球市民としての学生を育てる視点から，多様な海外提携（海外の大学・機関と本学の協定校は，世界42ヵ国・地域，142大学・機関。2003年9月1日現在）や，学部を超え，また学部を横断する国際化プログラムを積極的に推進してきた（本学全体で年間600名以上の学生が本学の海外留学制度を利用）。立命館大学法科大学院は，こうした全学の国際化推進の経験を基礎に，法曹養成の分野でも「地球市民法曹」の養成を目指している。

(4) 世界，とくにアジア太平洋圏に開かれた発信型・国際貢献型の法曹養成教育機関としての法科大学院の使命

　社会の法化は，日本固有の問題ではなく，世界の課題であり，とりわけ法整備が大きな課題となっているアジア太平洋地域への法制度整備の支援，法の運用の担い手の養成が大きな課題となっている。また，アジア太平洋諸国と日本との経済的取引や労働市場の飛躍的拡大を通じて，国際取引や国際人権分野での日本法への関心も高まっている。これらの点で，日本において理

論と実務を架橋する法科大学院が、日本法の固有の経験や特色を世界に向けて発信し、とりわけ、アジア太平洋地域の法整備を支援する日本の法曹の養成、アジア太平洋圏の法曹の養成に積極的にかかわることによって、国際貢献を行うことが求められている。

立命館学園は、2000年に学生の4割以上が留学生であるという日本でも画期的な立命館アジア太平洋大学（3757名の在学生中、43％にあたる1629名が留学生。2003年10月1日現在）を開学させたことも大きな契機として、アジアで可能な限り法的な枠組みの範囲内で国際的な相互理解を構築していく必要があるし、また、太平洋地域の留学生を多数受け入れ、有為な人材を育成してきた（全学に在籍する留学生総数は2169名。2003年10月1日現在）。とくに、アジア地域との関係では、国際協力機構（JICA）の人材育成奨学計画（JDS）に参加し、アジア諸国の研究者・若手行政官・実業家などを大学院に受け入れている。さらに、国連寄託図書館を有し、大学として世界でも珍しい世界平和ミュージアムを付属設置するなど、国際協力・国際人権の分野でも少なからぬ社会的貢献に努めてきた。立命館大学法科大学院は、こうした多様な経験を 基盤にして、「地球市民法曹」養成における国際貢献の展開を図ることにしたいと考えている。

(5) 日本法の相対化とアジア太平洋地域のグローバルな把握

一段とグローバル化する経済活動と人的移動や、インターネット等を通じたコミュニケーションの急激な発展などに伴い、アジア各国でも急速な法整備、法発展、法改正が行われている（中国での急激な法典整備や韓国での大規模な相次ぐ法改正等々）。日本にとってアジアは法整備支援の対象というだけでなく、むしろ日本の法曹がアジア法に学ぶべき側面も強まっている。立命館大学法科大学院で「アジア法」を先端・展開科目においているのもその趣旨からである。そのためには、グローバルな視座とアジア・太平洋地域の視点から、現代日本法の相対化を行う視点も必要とする。こうした日本法を相対化する視点は、「地球市民法曹」にとって不可欠であるとの基本認識に基づいて、本学の国際プログラムは提起されている。シドニー大学のノッテジ博士の報告では、日本の法科大学院に対して、手厳しい指摘が展開されているが、法学教育のグローバル化に対しては、中央大学や同志社大学とともに、本学もオーストラリアの日本法ネットワークと共同して京都セミナーなどを開催している[50]。

Ⅵ　おわりに

　報告の締め括りとして，私個人の意見として，地球市民法曹のための法学教育にとって最も強化すべき課題を三点に絞って指摘したいと思う。第一に，環境保護である。第二に，人権保護である。そして第三に，消費者保護を挙げておきたいと思う。今日，われわれ地球人類は国民国家の枠内では解決することのできない数多くの法的諸課題に遭遇している[51]。とりわけ，エネルギー問題，少子高齢化による外国人労働者問題，インターネットなどの電子取引などの国境を越えた新しい法的諸問題に対しては，公正・公平の観点から法治国家的な基盤に根ざした良質なリーガル・サービスが提供できる「地球市民法曹」を育成していくことが，21世紀のグローバル社会においては極めて重要となってくるものと思われる[52]。

　本日の私の報告は，「地球市民法曹」という若干聞き慣れないキーワードを使いながら，現在のわが国において進行している司法改革の方向性について諸外国の研究者・実務家の皆様方にご説明を試みたつもりである。報告の内容がかなり理念的なものとなりましたが，各報告者との活発な討論を期待している。

　最後に，本学の名称である「立命館」の由来についてご紹介して，私の報告を終えたいと思う。「立命」というのは中国の古典「孟子」の盡心章（じんしんしょう）の一節にある「殀寿（ようじゅ）貳（たが）わず，身を修めて以て之れを俟（ま）つは，命を立つる所以（ゆえん）なり」から採ったもので，「人間には，若死にする人もあれば，長生きする人もあるが，それはす

50　Luke, Nottage, International Arbitration and Commercial Law Education for an International World, p.2.（Paper for IAPL 2006 Kyoto Congress）.
51　原田明夫「東アジアの発展と我が国の関わり方」ICD NEWS Law for Development No.25（2006）p.2は，日本の地政学的位置関係からして，二度と悲惨な戦争を起こさず，巻き込まれないようにするためにも，わが国の国際的立場は，「対決と排他」の原理ではなく，「和解と包摂」の原理によるのでなければならないとし，とりわけ，中国と韓国との関係では，あらゆる場面での努力を傾注し，東アジアにおける平和と発展を図るために，不可避的に影響を受けるグローバル化に対しても，ヒト・モノ・情報の迅速化による利益を「非搾取・非差別」の立場で最大限に平等に享受できるように還元し，「共存・共生・協働」の原理に基づく関係を模索すべきだと指摘している。
52　高柳一男「エンロン事件とアメリカ企業法務」中央大学出版部（2005年）166頁以下は，「地球市民法曹」の必要性を端的に示している。

べて天命で決められていることである。だから生きている間はわが身の修養（勉強）に努めて天命を待つのが人間の本分を全うすることなのである」という考えである。つまり，「立命館」は，人間がその本分をまっとうするための場所を意味しているわけである。

民事訴訟の領域における法と法学教育の欧州化

ヴォルフガング・リュケ〔中野俊一郎／王欽彦共訳〕

I　はじめに

　目下進行している法の欧州化が，法学部や法科大学院の講義プログラムにますます大きな影響を及ぼすことは想像に難くない。それと同時に，欧州では，高等教育の共通構造を作ろうとする政治的動きがある。これは「ボローニヤ・プロセス」という名の下で行われるものであり，現在のところ——少なくともドイツでは——高等教育改革の重要論点の一つとなっている。この「プロセス」と呼ばれるものは，その射程範囲内で骨格をもつものにすぎず，異なるプログラムの内容を含むものではないが，遅かれ早かれ，高等教育分野におけるスケジュールやプログラムの内容に影響を及ぼすであろう。

　本報告は，まず前半部分において，高等教育の調和の展開，ならびにドイツ高等法学教育の特殊な局面で生じる諸問題を扱う。後半部分では，高等教育構造や法の欧州化が，手続法の高等教育に何らかの影響を及ぼしているか，あるいは及ぼすべきか，といった問題を取り上げる。本報告は，一人のドイツ法教員の視点から書かれたものにすぎないが，他の欧州的観点を引き出すきっかけになれば幸いである。

II　ボローニヤ・プロセス

1.　プロセスをめぐる状況

　1998年，フランス，英国，イタリアおよびドイツの高等教育担当相がパリで会合を開き，いわゆる「欧州高等教育制度の構造の調和に関するソルボン

ヌ共同宣言」に署名した[1]。この宣言において，署名4ヵ国は，学位の承認，学生の流動化のための環境，高等教育修了後の学生の職業設計ないし就職機会などに関する規整の改善について合意した。

パリのソルボンヌにおいて，その創立800周年に際して行われた会議のフォローアップのための会議は，1999年にボローニヤで開催された。このプロセスの名称はそれに由来する。パリに集った4ヵ国だけではなく，29の国々が，それぞれの高等教育制度を調和させるための様々な方策について合意した。この会議は，参加各国における政策的実行のための政策目標を具体化した。その後，プラハ（2001年），ベルリン（2003年）およびノルウェーのベルゲン（2005年）において，さらに3回の会議が開催された。次回会議は2007年にロンドンで開催予定である。参加国数は増加しており，現在では欧州45ヵ国が参加している。ロシアですら，この間に署名国となっている。

様々な方策についてより詳しく説明するに先立ち，次の2点を指摘しておきたい。

1. ボローニヤ・プロセス[2]は欧州連合によって計画されたものではない。欧州委員会はこれを支持しているが，プロセスは欧州委員会の発案に基づくものではない。
2. ボローニヤ宣言[3]は署名国に特定施策の実施を義務づける条約ではなく，むしろ特定の目標と構造を達成するための政治的な合意であって[4]，その実施は完全に署名国に委ねられている。もっとも，全署名国が合意した国内的実施の進展度について各国が報告義務を負うこと，および署名国が年2回会合を行うという事実が，国内的レベルでのこれらの問題への取り組みについて，署名国に一定の圧力となることは否定できない。

2. ボローニヤ・プロセスの主たる目標ならびに方策

ボローニヤ宣言は，社会・人類の成長のための前提条件となる知の欧州と

---

[1] http://www.hrk-bolgna.de/bologna/de/download/dateien/Sorbonne_Erklaerung.pdf.
[2] ボローニヤ・プロセスに関する詳しい説明につき *Wex*, Bachelor and Master — Grundlagen des neuen Studiensystems in Deutschland, 2005；*Hess*, 36 WissR 272 seq.（2003）を参照。
[3] その原文につき http://www.bmbf.de/pub/bologna_deu.pdf を参照。
[4] さらなる分類について v. *Wulffen/Schlegel* 25 NVwZ 890, 891（2005）；Pfeiffer, 58 NJW 2281（2005）を参照。

いう発想に基づくものであり，新世紀の課題に対峙するために不可欠なものである。各種の方策は，市民の移動や職業機会の拡大を促進するうえで重要な役割を果たす欧州高等教育圏の確立を目標としている。欧州高等教育制度をより透明で分かりよいものにすることは，欧州社会の安定や，米国・オーストラリアの高等教育制度に対する競争力強化にもつながる。

ボローニヤ宣言の政策的宣言はいずれも不明確ではあるものの，具体的方策もいくつか見出すことができる。署名国は次のような事項の促進について合意した。すなわち，
　―理解や比較が容易な学位制度の採用。
　―学部と大学院の2課程を基礎とする制度の採用。第2段階課程に進むためには第1段階課程の修了が前提となる。もっとも，第1段階の教育課程で取得された学位も，適切な水準の資格として評価される。第2段階の学位は修士ないし博士，第1段階の学位は学士とするが，ボローニヤ宣言はこれらの学位について規定をおくものではない。

署名国は次の事項についても合意した。すなわち，
　―履修単位制度（例えばECTS）の導入により，学生の流動性をサポートする施策を促進すること。
　―教育・訓練の機会や関連サービスへのアクセスといった，自由移動の効果的実施を妨げる障害を除去すること。

さらに宣言は，
　―高等教育改善策として，教育水準保証に向けた比較可能な制度の導入，カリキュラム開発に関する協力，交流計画及び統合的教育プログラムをあげている。

ボローニヤ宣言は「欧州単位互換・累積制度」（ECTS），すなわち，学生，所属大学と受入大学の間で履修協定が結ばれている場合に，ある大学で修得した単位を他の欧州の大学に移すことを認める制度，に言及している。この制度は1989年に試行されており，学生・教師の流動化促進を目的とする様々なEU奨学金や協力プログラムとの関係において理解されなければならない。その一方で，ECTSは，より効率的な履修プログラム制度を構築するのに役立つツールでもある。すべての履修科目単位（モジュール［modules］）について，ある特定の学習成果が設定される。つまりモジュールは，一定の能力・技能の習得に繋がるものでないといけない。個々のモジュールにつき，一定数の単位が付与される。単位の数は，いわゆる学習量（workload）で決

まる。単位は25-30時間の学習量を意味し，60単位で1学年となる。つまり，1学年は1500〜1800時間，あるいは週40時間で45週間の学習量を意味する。これについては後であらためて取り上げたい。後者は，ECTSがどのようにプログラム構成のための手段となるかを示す[5]。

3. ボローニャ・プロセスに対する一般的批判

プロセスの初期段階では，ドイツを含めいくつかの署名国は，ボローニャ宣言を真剣には扱っていなかったといえるかもしれない。しかし，その後の発展は，ボローニャ宣言が署名後すぐ忘れ去られるような政治的紙切れではない，ということを証明した。この2つの宣言は欧州全域での改革プロセスを始動させ，そこでは，両宣言とともにフォローアップ会合の公式声明が枠組みとなっている。

当然のことながら，この発展に対する欧州各国での評価の度合いは，各国の既存制度の状況いかんによって異なる。東欧や南東欧諸国のように大きな政治変革を経験した国々では，この枠組みは，政治変動以来，未だ完成を見ない必要な改革を遂行する機会を与えた。しかし，絶え間なく見直されてきた，成熟した教育制度をもつ国々においては，これらの改革の必要性は，今も昔も，必ずしも高等教育制度を改善する方策とは見られていない。このことは，とりわけ教育制度とその特徴に通じた人々，つまり学者についていえるのであり，教育畑の政治家たちとは好対照をなす。もちろん，宣言が目指す構造に合わせるために要請される改革がさほど大きくないのであれば，提案に対する態度も多少異なったものになるだろう。

ドイツの教育制度は，過去においても現在においても，提案された構造からかけ離れた状況にある。そのため，ドイツにおいて改革の発想や提案に対する批判が非常に強いということは，驚くに値しない。それにもかかわらず，すべての総合大学および専門大学（Fachhochschulen）は，数多くの修士および学士コースを発足させている。高等教育において重要な地位を占める諸機関——その中にはドイツ大学学長協議会（HRK）を含む——は，ボローニャ宣言が想定する構造について合意をした[6]。しかし，新しい構造に従ったコースに参加した学生数は未だ非常に少ない。2005年末には約3,000の学士

---

[5] 詳しくはHRK, European Credit Transfer and Accumulation System, http://www.hrk.de/de/service_fuer_hochschulmitglieder/154.php を参照（最終アクセスは2006年8月4日）。

コースが提供され，これは全プログラムのおよそ4分の1を占めるが，学生の10人に1人がこれらのコースに参加しているにすぎない[7]。

ここでは，ボローニヤ・プロセスとその妥当性について詳しい評価は差し控え，単に概略的コメントを付すにとどめたいが，ここで述べる意見が，現在のドイツの状況に大きく影響されていることは否定できない。

明らかに政治家たちは，いかにして外国の若者を，少なくとも一定期間，自国大学に来たいと思わせるかを，各国任せにするのではなく，欧州における人の流動性促進という観点から，この発展を推進する必要性を認めている。

一つの一般的スキームを作ることにより，制度の多元性や――その分野における――競争は阻害される。仮にその制度が不適切と判明した場合，そこから生じる損害は，一部の国の制度が現在のニーズに合わないことから生じる損害よりも，はるかに大きなものになるだろう。

ドイツでの反応を見ると，学部教育と大学院教育について，単一の制度を創設することが賢明な判断かどうか，多少の疑いが生じるはずである。この判断に際しては，EUにおける多くの共通規則にも拘わらず，欧州諸国における労働市場の資格要件は未だ若干異なっている，ということが考慮されていない。これについては，後ほど，ドイツにおける法学教育との関係で，より詳しく述べることとしたい。

最後に，ドイツ高等教育制度においては，学生が労働市場で認められる学位を取得するまでに，最低4年間の大学での学習が求められる。例えば，多くの大学の工学部は，3年間しか学習期間がないのであれば，労働市場にとって適切な教育を提供する方法はないと考えている。もしこれらの学科についてボローニヤ・モデルを採用するのであれば，4年の学士課程と1年の修士課程が必要となるだろう[8]。

ドイツの大学が，労働市場で認められる学位をもたらす3年のカリキュラムをもたないのは，労働市場の一部が，学校での訓練を伴う3年間の徒弟制度的職業教育，あるいは理論よりも職業訓練に重きをおく高等教育機関（い

6　ボローニヤ宣言に関する2001年2月19-20日のHRK決議を参照。
7　Wex (supra n. 2), p.312.
8　ボローニヤ宣言は，第1段階課程が「最低3年」に及ぶことを要求するのみであり，本文のように2つの教育段階を分ける可能性を認めている。ソルボンヌ共同宣言は，短期と長期の修士コースを明確に要求するが，両者を競合させ，相互に移動可能なものとすることを提案している。

わゆる専門大学)[9] での3年間の学習を経た若者によって占められている，という理由によるのかもしれない。これらの機関は，その研究や科学的能力に関して，総合大学より低く評価されている。3年制の大学教育を受けた学生は，これらの実務指向的教育を受けた若者を労働市場から駆逐する可能性があり，少なくともそのことが危惧されるのである。

　教育システムの違いを生むより根本的な理由は，他の欧州諸国との比較における，大学教育の理論指向に関する考え方の違いにあるのではないか，との疑問もありえよう。ドイツにおいて，大学教育は，職業技術ではなく，むしろ特定領域における科学的方法の伝授に重点を置くものと一般に理解されている。多くの職業はこのような能力を必要としておらず，そのような職業のための大学教育の必要性も認められない。

　EUにおいて非常にひんぱんに見られるように，結局のところ全ては，完全な調和を追求する必要があるか，それとも，制度間競争による改善を可能にするべく，異なる制度の存在を認めるか，という問題に帰着する。閣僚たちが，科目ごとに異なった処理をする必要性を認めず，明らかに，この制度の妥当性を全科目について認めていることもまた，驚くべきことだ。しかしながら，語学や哲学について適切なことが，科学その他の科目についても適切であるとは限らない。ある意味で，閣僚たちは，国家やひいては大学がそのカリキュラムの中で押しつぶされてしまうような青写真を作ったのである。

4. ボローニヤ宣言がドイツ法学教育に及ぼす影響

　ドイツの法学教育は，いわゆる「Einheitsjurist」，直訳すると「統一的な教育を受けた法曹」の養成を目指している。これは，このようなやり方で教育された者が，さらなる学位，訓練もしくは試験を要することなく，その者に提供されたどのような法律専門職にも就けることを意味する。この特徴は，多くの明らかな長所をもつ反面，短所をも有する。主な短所といえるのは，教育課程の修了に最低6年半，大変多くの場合には8年の期間を要するという事実である。教育課程を修了するために，学生は2回の国家司法試験を受けなければならない。司法制度の多くの部分は州（ラント）の権限に属するので，司法試験は主に州が実施する。各州は試験実施のために特別な行政機関を設けている。試験は筆記試験と口頭試験に分かれ，大学教員が試験委員

---

[9] この点は，総合大学のコースと専門大学のコースとの主な違いとして残るであろう。*Hess*, 36 WissR 272, 289 (2003) 参照。

会のメンバーとして関与する。各州で実施される2回の統一試験（これは全ての科目をカバーする）は——少なくとも州内において——教育水準を均一化する役割を果たす。各州は，州の間で試験の難易度に大きな差が出ないよう，この分野について非常に緊密に協力している。しかしながら，南北間の格差，つまり南部の州の試験は北部の州の試験よりも要求水準が高いということ，がいわれている。北ドイツの学生が一般に南ドイツの学生よりも学力が高いということは難しいから，少なくともこのことは，公表された試験結果の差異を説明しているといえよう。

　第1次司法試験は法曹資格取得の必要条件ではあるが，十分条件ではない。これは，最低4年半に及ぶ大学での理論教育の完成を意味する。その後2年間の実務修習期間中，学生は，法律事務所のほか，3ヵ月ずつ4期間にわたり異なった裁判所，行政機関および検察庁で実習を受ける。そのほか，学生は，様々な行政機関や非政府機関における，さらに3ヵ月間に及ぶインターンシップを選択することもできる。この第2段階の法学教育は，いわゆる第2次司法試験によって完結する。それによって学生は学位を取得し，弁護士，裁判官，もしくは法曹資格を要する他の職務に就くことができるようになる。

　ボローニヤ宣言の枠組中でも，4年の大学教育に1年の修士課程が続くことが想定されているが[10]，現在のドイツ法学教育の全体構造は，ボローニヤ宣言の原則に合致していないといわざるをえない。このことは，第1段階（これは通常，学士と呼ばれている）の修了に対し，労働市場で価値をもつ学位を与える必要性という点についてだけではなく，その次の段階に関しても同じくいえることである。すでに指摘したように，現在のところ，この段階は将来法曹となるための実務的訓練から成っている。これとは対照的に，ボローニヤ宣言は，第2段階の教育を，上位20パーセントの学生が特定分野の法知識を深め，修士または博士の学位を取得する機会と位置づけている。この改革モデルは，ドイツでは第2次司法試験の合格者のみが申請により法曹になりうるということを考慮していない。大部分の法律事務所ではなお何らかの実務的訓練が行われるが，それなしでも，第2次司法試験合格者は，望

---

[10] 実際には，ボローニヤ宣言自体は，修士課程の期間や修学期間に関して制限を設けていないのであるが，ドイツの教育担当閣僚会議は，修士課程は2年，「通常の修学期間は5年を超えるべきではない」と決議した。2003年6月12日のドイツ教育担当閣僚会議決議「学士と修士課程の構造に関する10点の提議」第6点を参照。Hess, 36 WissR 272, 288（2003）参照。

めば直ちに弁護士として働くことができる。いずれの場合にも，彼らは完全な法曹である。

　過去においては，実務訓練に関して改革論議があった。修習生に幾ばくかの手当てを支給する州が，その支出削減を望んだのである。弁護士会，あるいは少なくともその一部も，独立開業弁護士として働こうとする者のための実習を自ら実施できるようにするための制度改革を強く求めた。しかし，これらの提案が実行に移されることはなく，それは私の意見によれば正しかったのである。弁護士会が，実務訓練とそれに続く試験を，弁護士会の都合に合わせて行うことがないかどうかは定かでないし，競争者の参入を防ぐために，試験の合格点を非常に高く設定してしまうおそれも否定できない[11]。加えて，多くの裁判官と違って弁護士の多くは，将来の弁護士のための法曹教育に時間を費やすことができないし，またその意欲もないのである。

　これらの主要な問題のために，極めて異例なことではあるが，ドイツ弁護士会[12]，法曹協会[13]，ドイツ連邦高等裁判所所長会[14]ならびにドイツ法学部協議会[15]は，法学教育をボローニヤ宣言に従って改革することに一致して反対している。司法行政分野の有力政治家も同様である[16]。反対のもう一つのありうべき理由は，おそらく，ドイツ法学教育は常に精査されており，過去数十年にわたり，非常にひんぱんに大小様々な改革を経てきた，という事実にある。最近の大改革は2003年7月に行われた。この改革は主に大学教育の第2段階とインターンシップに関わるものであるため，内容的にボローニヤ宣言とは関係しないが，新たな改革を始める前に，まずはこの改革の結果を見てみようという傾向が窺えたのである。

　2005年秋に，州の司法大臣たちは，少なくとも現時点では，ドイツの法学

11　*Kilian*, 61 JZ 209, 215 (2003) n. 55 を参照。これによると，台湾における現在の弁護士試験合格率は12％にとどまっている。

12　2005年4月29日の *BRAK* 第104回会議の決議を参照。

13　2005年1月24日の宣言 www.jurion.de/de/right/Gesetzgebung/archv/050127_Juristenausbildung.html. を参照。

14　2005年6月20-22日の連邦裁判所所長会議。

15　11 F&L 62 ff. (2004) を参照。

16　例えばバイエルン州司法大臣［の意見として］*Merk*, 37 ZRP 264 (2004) 参照。連邦司法大臣 Zypries も，2005年9月22日に開催されたドイツ弁護士会とドイツ法学部協議会の会議における演説において，法学教育につきこのようなモデルを採用することに反対している。

教育をボローニヤ宣言に合わせることはしないと合意した。この問題は2008年まで議題にされない。ボローニヤ宣言は署名国に細部を決定する余地を認めており[17]，また，結局においてそれは法的拘束力をもつ条約ではなく，共通の目標に向けられた政治的文書にすぎないので[18]，このような2段階モデルに例外が認められるのは明らかである。あらゆるヨーロッパ化の進展にもかかわらず，法学教育は，それぞれの国内法となお深く結びついている，と論じることもできよう。これだけでは，なぜボローニヤ・モデルの枠組みの中で教えることができないのかの説明になっていないが，欧州内での流動性促進の必要性は，仮にそれがあるとしても，少なくとも主に国家による教育の第一段階においては，それぞれの国での教育内容が必ずしも相違するものでない他の諸科目の場合と比べて，はるかに重要性が低いということを示している。さらに，学生に所属大学の外国協定先大学への留学を可能にするErasmus留学奨学金制度の経験は，科目ごとに評価されるべきであろう。私の知る限りでは，これはまだ行われていない。私の印象としては，この制度を利用して外国の大学に行き，外国の法制度を学ぶのは，多くの場合，早すぎるように思われる。なぜなら，外国留学に際して，学生は自国法に関する知識を未だ十分にもたないために，外国法との違いを理解することがほとんどできないからである。したがって，法律については，このような事情を考慮した，そして概ね比較法に関連した授業でなければ，外国での外国法に関する授業に参加する意味はあまりないように思われる。

　現在，このようなボローニヤ・プロセス拒否政策が長期的にみて成果のあるものかどうかについて，議論が始められている[19]。法律家も，法学教育がボローニヤ宣言の枠組みで行われうることを認めなければならない日が来るだろう，と予測する者もある[20]。恐らくこれは現実的であろう。政治的・事実的な圧力は非常に強くなるだろうから，私も，同僚やすべての批判者たちが，彼らの意見の正当さにもかかわらず，最終的に屈服せざるをえなくなると思う。私の説明から知れるように，そのような改革は，現在の法学教育制度を突き崩すだけでなく，法学教育を受けた者の雇用市場へのアクセスに関

17　宣言自体は，「より高い互換性と比較可能性の達成」および「基本的に2つの主な課程（cycles）に立脚した制度の採用」をいう。

18　*Kilian*, 61 JZ 206, 213 (2006).

19　例えば，*Dauner-Lieb*, 56 AnwBl, 5 et seq. (2006)；*Jeep*, 61 JZ, 459 (2006)；*Kilian*, 61 JZ 209, 213 (2006)；*Kötz*, 61 JZ 397 (2006) 等を参照。

20　例えば，*Jeep*, 61 JZ 459 (2006)；*Kilian*, 61 JZ 209, 214 (2006) 参照。

する法を多くの点で改めることをも必要とするであろう。もっとも，現行制度の大部分を維持しながら，「何らかの形で」ボローニヤ図式を採用するという提案も，既になされている。例えば，4年の学士に第1次司法試験の受験を認め，その後1年の実務訓練を経たのち，専門分野の知識を深めるために1年間の修士課程を選択する可能性を認める提案がなされている[21]。

他にも，第2次司法試験まで維持する提案や[22]，いずれの司法試験をも廃止するという提案もある[23]。これらの精細微妙なドイツ的議論にはこれ以上立ち入らないが，これまで述べたところから，ボローニヤ・モデルをドイツにおいて実施することの難しさがお分かり頂けたかと思う。すべての難点にもかかわらず，この議論は，一方においては欧州的理想論の，他方においては欧州懐疑論によって特徴づけられてもいる。

III　民事訴訟法およびその教育に対する影響

大学における民事訴訟教育はどのような影響を受けるか。本報告の後半ではこの問題を扱う。まず第1に，ボローニヤ宣言は単に構造を定めるにすぎないものではあるが，民事訴訟教育にも多少の影響を及ぼすことを示したい。その後の部分では，訴訟法の欧州化がもたらす影響について取り上げよう。

1.　ドイツにおける民事訴訟法の現状

ボローニヤ宣言によってもたらされうる変化を検証するにあたっては，ドイツ法学教育における，科目としての民事訴訟法の現状を見ておく必要がある。ドイツ的な理解における「民事訴訟法」は，倒産法，民事執行法や非訟事件手続法を含む。

ドイツの大学の法学部は，その教育プログラムにつき，司法試験の要件を定める州法，および裁判官資格を定める連邦法の規定にある程度拘束されている。そのため，すべての法学部のカリキュラムは，学生全員に対する必修科目として，民事訴訟法科目を一定程度含んでいなければならない。もっとも，連邦法は，この法分野の基礎知識（Kernbereiche des Verfahrensrechts）

---

[21] *Jeep*, 61 JZ 459, 460 seq.（2006）は，重点領域（後述III 1）を廃止し，これによって代替させようとする。

[22] *Dauner-Lieb*, 56 AnwBl 5 seq.（2006）.

[23] *Kötz*, 61 JZ 397, 398（2006）.

の教授を要求するにすぎない。州法は，教授されるべき分野を列挙することで，この非常に包括的な概念を具体化しようとしている。一般的に言うと，ここに含まれるのは，次のような基礎科目のみである。
　—手続の基本原則，ドイツ法の特徴
　—様々な訴訟原因
　—訴訟要件，例えば管轄，能力，訴えの利益
　—第一審の手続規則
　—保全手続
　—執行法の一部
　——一部の州では，倒産法の一部を含む。

民事訴訟法教育に費やされる時間数に関していうと，ドイツの大型法学部のカリキュラムでは，平均週3.3時間で1学期，すなわち計46時間が狭義の民事訴訟法の講義にあてられている。判決執行と——場合によるが——倒産法は，平均週2時間，すなわち合算して計28時間講義されている。もっとも，執行法を講義科目にあげていない法学部もあるため，そこでは一般の民事訴訟法講義に含まれると推測するしかないことを，付言しなければならない[24]。

これ以外の部分は——開講されるのであれば——選択科目となる。いくつかの学部では，民事訴訟法は重点領域の一つとされているが，この用語については簡単な説明が必要であろう。過去10年から15年の間に，必修の民事訴訟科目の数は減少した。それは，大部分の若手法律家は独立開業弁護士もしくは法律事務所の一員としてスタートするにもかかわらず，従来のやり方では，法学教育が裁判官の訓練に偏重したものになる，ということに基づく。このことを考えると，法廷技術指向の教育は正当化されえないであろう。2003年には，この考え方をよりよく具体化するために，法学教育に関する法律が改正された[25]。閣僚らは，州による司法試験のシステムを原則として維持するとしたが，それと同時に，大学側には，いわゆる重点領域につき，学生に対して特定法分野に関する知識を深める機会を提供するよう義務づけた。学生は選択した法分野の試験を受けなければならず，この試験成績は，第1次司法試験のおよそ3分の1を占める。その結果，大学側は最終試験の責任

---

[24] このような例として，ベルリンのフンボルト大学は，1学期に2時間（！）しか民事訴訟の講義を要求していない。さらにブレーメン，ケルン，ザールブリュッケン，ライプチッヒおよびミュンスターなど。

[25] この改革の詳細については Gilles/Fischer 20 R.L.R. 181 seq. (2003) を参照。

を一部負担することになり，法律は，このような重点領域に関して，大学側にいくつかの要件を課している。同時に，全学生についての必修科目のカリキュラムは，いわゆる重要科目，すなわち表現技術，交渉，調停といったソフト・スキルの訓練を含むべきものとされた。

大型法学部のカリキュラムを見ると，重点領域の中で，様々な形で「民事訴訟」に関する科目が展開されていることが分かる。多くの学部は，実体権の実現といった講義を，通常は弁護士や公証人に関する規則と組み合わせた形で提供している[26]。民事訴訟法の一部を，国際私法[27]，国際商事法[28]，あるいは商法・取引法と組み合わせた形で[29]講義する学部もある。このような重点領域に含まれる科目の授業時間数は一定でなく，1学期につき1時間のものから16時間のものまである。これらの科目は，当該重点領域を選択した学生にとって，常に必修となるわけではない。

2. 民事訴訟法とヨーロッパ法

連邦法によると，あらゆる講義科目は，当該法分野における欧州法を考慮に入れて講義されなければならない（§ 5 Abs. 2 Satz 3 DRiG）。民事訴訟法についていうと，民事訴訟に関する様々な欧州法の（基礎的）情報の提供が求められる。具体的には，民商事事件における判決の承認・執行に関する規則[30]，婚姻及び親責任に関する判決の承認・執行に関する規則[31]，証拠収集に関する規則[32]，文書送達に関する規則[33]ならびに争いのない債務の執行命令に関する規則[34]などがこれに含まれる。

民事訴訟法の講義時間数が限られていることを思えば，ドイツにおいて，欧州民事訴訟法の規則や原則が，どれほど限定的な範囲でしか必修科目とし

[26] 細部において相違もあるが，例えばボン，ドレスデン，フライブルグ，ケルン，ライプチヒ，チュービンゲンがこれに属する。

[27] 例えばハンブルク，ライプチヒがこれに属する。

[28] 例えばボン，ケルン，ハンブルク，ミュンヘン，ザールブリュッケンが国際手続法を掲げている。

[29] 例えばボン，ケルン，ミュンヘン，ハンブルクが倒産法を掲げている。

[30] Council Regulation (EC) No 44/2001 of 22. December 2000 on the jurisdiction and the recognition and enforcement of judgments in civil and commercial matters OJ L 12, 1 (16.01.2001).

[31] Council Regulation (EC) No 2201/2003 of 27. November 2003 on the jurisdiction and the recognition and enforcement of judgments in matrimonial matters and in matters of parental responsibility for children of both spouses OJ L 338,1 (30.06.2000).

て講義されていないか，ご想像頂けるだろう。欧州法への言及は，多かれ少なかれ，その必要性に関してのアリバイ作り的なものに見えるのであり，それだけのことに2時間ないし4時間を費やす意味があるのかについては，疑問もありえよう。

　重点領域の中で欧州民事訴訟法が講義される時間数は，必修科目カリキュラム中のそれよりもはるかに多い。ここでは，最大5時間の授業を提供する学部もある[35]。

　以上で，ドイツ法学教育における講義科目としての民事訴訟法の現状に関する私の説明を終えたい。そこで次に，法学教育の構造的変革との関係で，この科目に及ぼされうる影響について検討することにしよう。

3. ドイツ法の視点から見たモジュール化（modularization）の問題点

　ドイツ法学教育の共通理解によれば，学生は，特定の法規の存在や構造を知るだけではなく，具体的事例にそれを適用する能力をも有していなければならない。理論的・学術的な面を強調はしているものの，この点に関してドイツの法学教育はなお非常に実務指向的である。ほぼすべての大学の筆記試験，あるいは司法試験においても，学生は記憶した知識を示すのではなく，与えられた事実関係に対して法規を適用する能力を示さなければならない。この考え方は，他のいくつかの欧州諸国における法学教育とは好対照をなす。これは，学生が様々な法分野について十分な理解をもつことを要求する。適用されるべき法に従って事件を分析することは，法学教育の最も難しい部分と考えられる。なぜならそこでは，法の内容に関する十分に豊かな知識だけではなく，法の機能に対する高度な理解が要求されるからである。

　このことを考えれば，以下のことは明らかである。すなわち，民事訴訟法

---

[32] Council Regulation (EC) No 1206/2001 of 28 May 2001 on cooperation between the courts of the Member States in the taking of evidence in civil or commercial matters OJ L 174, 1 (27.06.2001).

[33] Council regulation (EC) No 1348/2000 of 29 May 2000 on the service in the Member States of judicial and extrajudicial documents in civil or commercial matters O J L 160, 37 (30.06.2000).

[34] Council regulation (EC) No 805/2004 of 21.April.2004 on a European enforcement order for uncontested claims OJ 143, 15 (30.04.2004).

[35] 例えばフライブルグ大学は，欧州民事訴訟法・比較民事訴訟法講義2時間のほか，ドイツ・外国民事訴訟法のセミナーを3時間提供している。

の講義において，学生は，民事訴訟手続で生じうる実務的問題の十分な知識とその解決を示すのみならず，実体法と訴訟法がどのように相互補完的に機能するかについての理解をも示さなければならない。このような理解の必要性を説明するために，証明責任をめぐる問題を例として挙げよう。ドイツの理解によれば，これは実体法に属する問題なので，医療過誤事件の処理は不法行為法の授業で扱われなければならないのだが，証明責任を要求することの効果は十分な訴訟法的知識なしには理解できないために，大半の時間は民事訴訟法の講義に割り当てられている。伝統的ドイツ法学教育においては，かつては，そのような理解を示す必要のある特別な必修科目があった。これはいわゆる「Große Übung」，直訳すると「大演習」と呼ばれるもので，そこでは事例のみが取り上げられ，第１次司法試験の受験前に履修することが義務づけられていた。このような種類の科目は，恐らくは次のような理由から，現在では大幅に廃止されている。

モジュールの創設に関する欧州基準——それはすでに触れたように[36]，欧州単位互換制度（ECTS）との関係で理解されるべきものなのだが——を考慮して，講義科目を授業単元（course units）ないしはモジュールに分割するという傾向が強まっている。学術機関は，ボローニヤ宣言の２段階方式に従わない場合であっても，このような形での構造化を強く推奨されている[37]。ボローニヤ・プロセスの中ではこれは必須の条件とされているが，同プロセスの枠外でもこの方式の採用は増加している。

少なくともドイツにおいて，モジュールは，教育カリキュラム改革における一つの魔法の言葉となっている。欧州委員会教育・文化総局は，これを「自足的かつ形式的に構成された学習経験であって，獲得されるべき能力および適切な評価基準によって示された，一連の一貫した明確な学習成果をもつもの」と定義している[38]。一科目よりは大きいが大き過ぎはしない単一構成部分に構造化することが，より複雑なシステムを理解する能力に害を与えるということも考えられよう。学生は，通常，モジュールあるいは構成部分よりも大きな構造を理解することはできないであろう。訴訟法に関していうと，手続法と実体法の間の多くの関連性が理解できなくなるおそれが確かにある。個々のモジュールはモジュール試験により完結するのであり，その後

---

[36] 前述Ⅱ２．を参照。

[37] ドイツ教育担当閣僚会議が2000年９月９日に決議し，2004年10月10日に確認されたガイドラインを参照。

学生は，二度とその法分野を勉強しない。

　したがって，モジュール化の構造に基づいて学習量を示す方法という特徴をもつECTSは，より複雑な構造の理解を妨げる危険を有しており，それゆえ，訴訟法と実体法の緊密な相互関係を示すのでなければ，科目としての民事訴訟法を孤立させる危険性をはらむ。少なくともこの点において，法学教育の改革は，それが単に構造だけに関わるものであっても，教育プログラムの内容にさらなる影響を及ぼしうるであろう。

4. 欧州的側面──手続法分野における共通法（IUS COMMUNE）?

　ボローニヤ宣言に関するドイツの法学教育改革論においては，ありうべき第1段階の学士課程の部分を，「ヨーロッパ共通法」に限定するという提案がなされている[39]。もっとも，この提案は，より伝統的な教育と競合しうる，第2段階のカリキュラムのためになされたものである[40]。

　一見したところでは，これは興味深いアイデアのように見える。この考え方は，民事訴訟の分野に共通法と呼べるようなものが存在するか，学生に欧州法を十分教えるためには何が必要か，といった問題を提起する。

　すでに指摘したように，EUの様々な理事会規則によって定立された共通のルールが増加している。それらは判決の承認・執行，証拠収集の問題，文書の送達，欧州執行名義などを扱う[41]。そのほか，倒産に関するEU規則もある[42]。これまでのところ，これらの規則は，国際民事手続法上の問題を取り上げている。これらは──原則として──少なくともEU域内で拘束力をもつ法規であるが，国内法化されることによって，さらに妥当範囲を拡げる可能性もあろう。しかし，この関係においてすら，欧州司法裁判所（ECJ）は，いくつかの制度については未だ共通理解を確立できていない。

　一例をあげると，理事会規則44/2001は，不法行為事件と契約事件について異なった管轄を定めているため，両者を区別する必要がある。しかし，不法行為事件と契約事件に関しては，各国国内法の間で共通の理解はない。ここでECJは，まず，これらの用語が法廷地の法律によって解釈されるべき

38　欧州委員会教育・文化総局，ECTS User's Guide, p.42.
39　*Reich/Vanistendael*, 35 ZRP 268, 270 (2002).
40　*Reich/Vanistendael, supra* n.39, p.271.
41　前掲注31，32，33，および34を参照。
42　Council Regulation (EC) No 1346/2000 on Insolvency Proceedings of 29 May 2000, OJ L 160, 1 (30.06.2000).

か，それとも自律的解釈によって自らの理解を探求するべきかを決めなければならない。今日に至るまで，欧州司法裁判所は，自律的解釈の一般的優越性を認めていない[43]。しかし実際には，ECJは，大多数の場合，規則を自律的に解釈しようとしているのであるが，ここでいう自律的解釈の意味について少し後で述べたい。その他のルールに関しては，理事会規則自体が定義規定をおく場合もある。例えば理事会規則44/2001の5条b号は，義務の履行について規定する。これらの規則ならびに裁判所の解釈は——ECJの判決は当該事件の当事者に対してのみ拘束力をもつものであるが——手続法分野における「共通法」と呼ぶことができよう。

　これらのほか，欧州において，民事訴訟法分野における共通法の存在を語ることは，ほとんどできない。欧州共通法を講義するというアイデアは魅力的ではあるが，その提案の基礎となる民事訴訟法分野における共通ルールの数は比較的少ない。理事会規則やルールは極めて限られた問題を扱うものであり，国家法ではなく，欧州法との関係においてのみ直接的効力をもつにすぎない。さらに，規則は民事訴訟の全域をカバーするものではなく，単に国際民事手続法上の問題を扱うにすぎない。これら全てのことは，カリキュラムにおいて，これらの規則に基づいて講義されるべき民事手続法上の問題を，民事手続に関する共通法に限定できないことを示す。さもなくば，学生は民事訴訟法を体系的に理解すること，とりわけ民事手続が制度全体としてどのように機能するかを理解することができないであろう。そうすると，結局，学生は国家の手続法システムにつき正しい知識を修得することができず，したがって講義の意味も失われてしまうことになるであろう。

5. 欧州民事手続法に関するカリキュラムの必要性

　完全な体系をなす欧州民事手続法がないとすれば，欧州民事手続法について何を教えるべきか，という問題が残される。法学教育に関するドイツの規則は，連邦法レベルでも州法レベルでも，欧州民事手続法の内容に関する具体的定めを欠くことを認めざるをえない。従って問われるべきは，これについての学術的ニーズは何か，ということになる。第二に，欧州法とその将来的発展についてのニーズも問題にできよう。

---

[43] ECJ, 06.10.1976-12/76, Tessili/Dunlop 判決, ECR 1976, 1473；これは ECJ, 08.12.1987 — 144/86 Gubisch/Palumbo 判決, ECR 1987, 4861 によって確認された。両判決はともにブリュッセル条約に関するものである。

法学教育に関する様々な規則における欧州法との関連づけの弱さは，ドイツの州法・連邦法における，欧州的コンテンツについての，ある意味でどうしようもない言及の乏しさの原因になっているように思われる。このような状況を招いたより深い理由の一つは，おそらく，当初，欧州の機関についての規則以外には欧州法がなかった，という事実にある。そのため，長きにわたり，欧州法は，主に欧州連合の様々な機関に関わる公法の一部であると理解されていた。もちろん，学術に携わる者であれば皆，今日では状況が変化したことに気づいている。

　真の意味での欧州法は着実に増加し続けている。確かに，これらの規則は講義されるべきものだが，それは例示的（exemplary）な方法によるべきだ。学生は，民事訴訟法分野における欧州の規則やルールを用いて仕事をする能力をもたなければならない。しかしながら高等教育は，現行法の情報やその利用の仕方に限定されるべきではない。むしろ，欧州法一般に関する方法論や適用の仕方が教授されるべきである。その他にも，各構成国の独自性を害しないようにするためには，法統一の限界線をどこに引いたらよいか，といった問題も議論されなければならない。

　現行法を運用するためには，自国国内法の十分な知識だけではなく，比較法的手法についての知識も必要である。用語を自律的に解釈するためには，まず第1段階として，すべてのEU構成国国内法を形式に則って調査しなければならない。第2段階としては，異なる国家法を比較することによって，当該法分野を支配する共通の原則を見出さなければならない。第三に，それを基礎として，当該規則の趣旨目的に照らしつつ，独自の解釈を展開する必要がある。この方法は理論的には合理性をもつものであるが，多少理想主義的でもある。実際上，それは，欧州法を用いた業務に携わる人の能力をはるかに超えている。すべてのEU構成国の国内法を考慮に入れ，それらを比較し，しかるのち理事会規則の文脈の中で法律表現の独自解釈を展開するなどということを，そもそも真剣に要求できるだろうか？　これは，言語能力，時間，異なる法制度に対する知識といった面において，一個人の能力を超えるものである。欧州規則の法律用語の意味について疑問をもつ者は，まず欧州司法裁判所の判決を調べるであろう。そこからも他の法律文献からも助けを得られない場合，彼は，おそらくは比較法的作業をすることなく，自国法およびそれに関する自らの理解を基に，その用語を解釈しようとするであろう。しかしながら，このようなやり方は，自律的解釈の基準に合致するもの

ではない。

　欧州における法律調査のためには，上述した方法よりも実施しやすい手法を開発する必要があるように思われるが，それはなお必然的に，一国家法の主導権（hegemony）探求――それはルールを創り出す過程で時として感じられるものであるが――とは大きく異なるものになる。このような手法があれば，それはあらゆる欧州諸国で教えられうるだろう。なぜなら，そのような手法は，あらゆる法分野の透明性促進につながり，形式的に欧州法を実施するについても，実務的な面においても，明らかに助けとなるからである。

　このような手法が存在しない限りでは，手続法の基本問題や各国国内法におけるその解決についての講義を提供する必要がある。このような講義には，審理の準備，裁判所や審判廷の構成，手続原則といった問題のほか，例えば訴訟事件管理や効率的事件管理の方法，証拠収集の方法や手続，判決の拘束力や手続費用などの特殊問題が含まれるべきであろう。このような講義は，EU構成国の国内民事手続法をどう分類（categorize）するかを学生に教える機会を我々に提供するが，それは，自律的解釈の需要に応えるために必要とされるものである。以上のほか，この講義は，これまでに出された欧州民事手続法に関する様々な提案をカバーすることになろう。

Ⅳ　要　約

　本稿における考察は，以下のように要約することができよう。
1. これまでのところ，ドイツ法学教育においてボローニヤ・スキームは実施されていない。ドイツ司法閣僚らの決定により，少なくとも2008年まで実施は行われない。ドイツ法学教育が抱える特殊問題は，これまでのところ，4年間の大学教育を終えただけの段階で，労働市場で価値をもつ学位を付与する余地がないという点にある。
2. ボローニヤ宣言は高等法学教育の構造のみを扱うものであるが，それは個別の科目にも影響を及ぼす可能性があるだろう。科目はスキームの構造に合わせなければならないからである。民事訴訟法に関していうと，この改革は，実体法と手続法の複雑な相互関係をどのように教えるかという問題をはらむ。モジュール構造は，すでにこの点に関して問題を生じうる。
3. これまでのところ，欧州民事手続法の分野において，完全な手続法体

系という意味での共通法は存在していない。既存の規則は国際民事手続法上の特定問題を扱うものにすぎない。したがって，民事手続法のテーマをこれらの規則に限定する理由はない。

4. これらの規則の増加に伴い，学生は，その内容について知っていなければならないだけでなく，その規定を適用する能力を有していることを求められる。しかしながらこのことは，欧州法規を解釈するための十分な方法論的知識をも必要とする。そのためには，基本問題に関する欧州各国民事手続法の異なった解決方法について論じる講義を提供することが推奨される。これを知ることは，外国手続法システムの理解を容易にするほか，欧州規則を自律的に解釈する助けにもなるだろう。

中国における新しい法教育の方法の模索

ツァオ・ハイフェン[1]〔堀田秀吾訳〕

　中国の法教育は，中国の高等教育制度において，ますます顕在的に大きな役割を担うようになっている。法教育を受けた中国の学生が，中国の法実務と法制度の未来を形成するわけであるから，法教育は中国における法の支配を進めるための重要な舞台なのである。加えて，中国のロースクールで行われている研究は，中国の法改革に関する新しいアイディアの主要な源泉である。文化革命後（1977年以来），中国の法教育は，中国独特の性質を維持しつつも，急激な改変を遂げてきた。しかしながら，法制度の発展と構築，および法と経済のグローバル化は，中国の伝統的な法教育の方法に課題をもたらす。法教育の方法は，現在，改革の途上にあり，J.M.という学位やリーガル・クリニックによる教育などのいくつかの新しい教育方法が導入されてきたが，これまでのところ，効果は満足のいくものではない。この状況を改善するために何がなされるべきであろうか？　現在の法教育の方法をどのように変えるべきであろうか？　これらが，現在，中国で法学者達の間で議論になっている二つの問題である。

　本論は，グローバル化時代における法教育の方法の改革について考察を行うものである。第一に，現状に関してより深い理解を得るために，法教育が歴史的にどのように発展してきたかを紹介する。第二に，中国における伝統的な法教育の方法とそこに見られる欠陥，および中国の法教育が直面している諸問題について言及する。第三に，中国のロースクールや法学部がこれらの問題に対処するために講じている手段やその効果の分析を行う。最後に，中国における法教育の方法の改革に関していくつか提言を行う。

---

[1] Zhao Haifeng, professor, 中国哈尔浜工業大学法科大学院教授，学科長. Wu Xiaodan, 中国哈尔浜工業大学法科大学院助教授

中国の法教育は，世界的に見ても，最大規模，かつ非常に多様な法曹教育システムであり，さまざまな教育のレベルや学位がある[2]。時間とスペースに限りがあるため，本論では，主に，大学生に用いられている新しい法教育の方法に関して考察を行う。

I 法教育の歴史的発展，および現状

中国の法教育の起源は，およそ3000年前の古代まで遡ることができる。しかし，近代の法教育は，中国に西洋式の教育制度が導入された，すなわち諸大学が設立された，19世紀の終わりに始まった。また，20世紀の前半には，法教育における多少の発展と成果が見られた。

1949年の人民共和国設立以来，法教育は紆余曲折を経て来た。1950年代の初めには，前時代から取り残されてきたロースクールの統合と再編，多くの新しい大学や法と政治の専門大学の設立が行われた結果[3]，法教育の新しいシステムが始められたが，それはソビエト連邦に大きく影響されたものであった[4]。そして，政治的な圧力に応えていたため，法教育の発展は制限され，大きな遅れを被った。

現在の法教育のシステムは，中国の大学が再び全国的な試験で生徒を集め始めた1977年に端を発し，法教育は，同年に新しい時代へと以降した。新しい時代における法制度の構築を重視すべきという強い要請に押され，年々多くのロースクールが復旧，設立された。その端的な例として，中国には文化革命の終わりの時点ではたった二つ——すなわち，北京大学の法学部と吉林大学の法学部——しか機能しているロースクールがなかったが，現在では，665校のロースクールや法学部，そして法律の授業を開講している，あるい

---

[2] Vincent Cheng Yang, *Current Status of Professional Development and Topics of Human Rights*, A Background Paper for the United Nations Office of the High Commissioner for Human Rights, China-OHCHR Workshop for Judges and Lawyers, Beijing August 19-20, 2002.

[3] 今日，法教育で先進的ないくつかの主要な大学を含む。西南政法大学，華東政法學院，中国人民大学，北京政法职业学院（現，中華法政大学），中国東南大学（吉林大学と改称）等。

[4] Wang Weiguo, *A Brief Introduction to the Legal Education in China*, http://www.aals.org/2000international/english/chinaintro.htm, (last visited: April, 15th, 2006).

は法律の学位を与える総合大学や単科大学がある。30万人以上の学部生，そして大学院生が大学で法律を専攻しており，そのうち20万人以上が学部の学生（法学士），おおよそ2万人が法律修士（J.M.）の学生，6万人以上が大学院生（法学修士LL.M.）の学生，そして6千人が博士課程の学生である。50大学がJ.M.の学位を提供し，300以上の大学が法学修士（LL.M.）を提供し，47大学が博士号を出すことができる[5]。正式な大学での教育に加え，テレビや夜間学校，週末養成コース，インターネット，あるいは自己学習と言った，さまざまな形態や媒体を通して，職業教育，あるいは継続教育を含めて，成人（社会人）教育という形で，法教育が提供されてきている。定時制，および成人教育で学ぶ者のほとんどは，教育省によって認可された国家資格試験に合格した場合にのみ，正式な学位がもらえる[6]。このように，今日の中国の法教育は，最も人気のある学問分野であるといえるだろう。

　継続可能，かつ健全な法教育の発展のために，政府はさまざまな方策を試してきた。1997年の1月24日に，国家教育委員会（現・教育省）によって，中国の法教育を指導，監視するために法教育の運営委員会が設置された。現在の委員長は，吉林大学ロースクールの理事長，および元・学科長であるZhang Wenxian教授である。

　カリキュラムに関する限り，1980年代，中国のロースクールはそれぞれのプログラムに応じて異なる学位を提供していた。言い換えれば，大学の学部で法律を学ぶ学生は，異なる専攻，専門に分けられていた。たとえば，武漢大学のロースクールは，法科学，経済法，国際法等を専攻することができた。それぞれの学位が，専門的な授業カリキュラムを有していた。1998年には，法曹に広く総合的な教育を施すために，教育省はすべての法学士のプログラムを，全国的に，一般的な法学プログラムとして統一化することを決めた。そのプログラムでは，14科目をコア科目として設置することが義務付けられている。それらのコア科目は，(1)中国憲法，(2)司法，(3)民法，(4)刑法，(5)民事訴訟法，(6)行政法，(7)行政訴訟法，(8)中国法史，(9)経済法入門，(10)商法入門，(11)知的財産法，(12)国際法，(13)国際私法，そして(14)国際経済法である。こ

---

[5] Zeng Xianyi教授の2006年初めの会合での発言による。以下を参照。http://www.chinalawsociety.org.cn/, (last visited: April 20, 2006).

[6] 大学での法教育は，中国の法教育の根幹をなしており，法実務教育において，フランスにあるような法律家を対象とした任官前後の総合修習プログラムがないため，本論は，中国における大学法教育の方法の改革に焦点を置く。

こに挙げられたものに加え，他の科目も通常開講されている[7]。

中国では，より高度な法教育は，学位制度を適用している。法律の学位には，LL.B.（法学士），LL.M.（法学修士），およびPh.D.（法学博士）などがある。すべてのロースクール，および法学部で法学士号を，いくつかの機関で法学修士号を，そして限られた機関が博士号を与えることができる。1996年以来，J.M.（法律修士）は国務院学位委員会によって認可され，いくつかの大学や独立した単科大学において実施されていた[8]。法学以外のあらゆる学位で学士号を取得した学部生が，全国入試に受かれば法律修士（J.M.）に挑戦することができる。

また，他にも，裁判官や検察官，そして弁護士を教育する専門の大学やセンターを含めた多くの法教育の機関があるが，これらの機関では，OJT（職場内研修），あるいは非常に短期間の任官（就職）前・後の研修を行う。中国の裁判官，および弁護士の職業基準を高めるために，2002年に，中国は日本を模して，裁判官，検察官，そして弁護士の職の適正試験である統一的な国家司法試験を導入した。しかしながら，中国は，試験に前後して付随する（任官（就職）前の）修習は導入していない。たとえば，フランスでは，弁護士になるための試験，あるいは裁判官や検察官になるための試験に合格した学生は，専門的な勉強をするために，様々な司法官のセンターや国立の大学で学ばなければならない（弁護士は一年，裁判官と検察官は30ヵ月。）。そして，そこでの授業は職業上の行為や手続きに関する実践やルールに基づくスキルを含む。日本にも同様のシステムがある。このように，中国の（他国の法曹教育制度の）模倣は，完全なものではないため，間違いなく問題が生ずるだろう。大学の法律プログラムは，通常，実務的なスキルや職業的な法的な訓練を含むわけではないので，卒業生は法律の知識を得るに留まり，その知識をどのように実務に活かすかは知らない。統一国家司法試験後もなお，学生は，法廷で，あるいは弁護士や検察官として働く際，実務的なスキルを学ぶ必要がある。

---

[7] Wang Weiguo, *A Brief Introduction to the Legal Education in China,* http://www.aals.org/2000international/english/chinaintro.htm, (last visited: April, 15th, 2006).

[8] Hung Jin, *The Structure of Legal Education in China,* see www.aals.org/2000international/english/china.htm (last visited April 14, 2006).

II 伝統的な法教育の方法とその欠陥

1. 伝統的な法教育の方法

中国の法教育の一般的原理は，「理論と実践の組み合わせ」である。すなわち，学生は「何」と「どうして」だけでなく，「如何に」ということについても知らなければならない[9]。

現代の中国の法教育は，大陸法の流れによって長く影響を受けてきたし，中国法は基本的に成文法である。故に，伝統的な法教育の方法は，講義によるもので，法学を学ぶ学生は聴いてひたすらノートをとることに没頭するのみである。学生は，試験前に，しばしば概念，理論，そして様々な法や規則の条文や条項を暗記する。

もうひとつの伝統的な法教育の方法は，インターンシップである。すべての学部生は，学校生活の最終年次にインターンシップをしなければならない。学生たちは，通常は裁判所，検察院，法律事務所，あるいは政府機関や企業で（インターンとして）働く。そういったインターンシップの期間は2ヵ月から6ヵ月の範囲で行われ，通常は2，3ヵ月である。しかし，学生は普通，アシスタントとして働くか，あるいは法律に関連した機関の仕事の過程を見ているだけなので，このインターンシップの教育法は，学生が実務のために学ぶ必要のある法的知識からはかけ離れたものとなっている。

2. 中国の法教育が直面している課題

中国の法教育の二つの伝統的な方法が法システムの構築における需要，およびグローバル化によって，特に2001年の中国のWTOへの加盟後に，もたらされた課題を解決できないことは明らかである。中国の法教育制度は，3つの動的要因に直面している。

(1) 中国における法の支配の導入によってもたらされた課題。中国の総合的な法制度は，驚くべき速度で円熟を迎えつつある。中国における法の支配は，先進国の多くで受け入れられているような十分な，かつ合理的な基準に

---

[9] Wang Weiguo, *A Brief Introduction to the Legal Education in China,* http://www.aals.org/2000international/english/chinaintro.htm, (last visited: April, 15th, 2006).

は達していないが，中国は法の支配という概念を取り入れはじめた。中国は法の支配がいずれ，人による支配に取って代わる国になりつつあるということは疑いない[10]。法教育は，法の支配の最も重要な側面のひとつである。新しい法の枠組みを導入し，法の研究と法的改革を促進する新しい，創造的な考え方を育む土壌を作り出すために，法教育は，より多くの，そしてよりよい法的な教育を受けた弁護士，裁判官，検察官，教授，政府の法務に携わる役人，被雇用者，ビジネスマン，そして，あらゆる職業の一般市民を，法の支配に基づいた社会に対応できるように育てなければならない。しかし，すでに述べたように，中国の法教育は長い空白期間の後に復活を遂げたばかりで，法教育の方法に関しては，限られた，伝統的なものである。ロースクールや法学部が世界中のどこよりも速い速度で確立，発展しているものの，法律を学んだ卒業生達が社会の発展において求められるものを満たす法的な資質を備えているとは言い難い。また，任官（就職）前・後の研修がなければ，法学士を持った卒業生が，裁判官や検察官，あるいは弁護士や他の関連した専門職でしっかりと職務をこなすことは困難であろう。

(2) 学生の卒業後の職業に関する課題。中国の法教育はかなり急速な発展を遂げ，学生数も大幅に増加してきた。法教育の目的は，中国ではかなり議論を呼んで来た問題である。意見も非常に様々である。法教育の目的は，学問教育，良質な教育，あるいは職業人教育のどれであるべきかというのは常々問題になる。もしその目的が明確であれば，カリキュラム・デザイン，教授法等の設定が比較的容易に決定しうる。また，法教育の提供者として，ロースクールは，学生の就職の希望や機会を考慮しなければならない。北京大学法科大学院の研究科長の Zhu Suli（朱苏力）教授の論文によれば，ロースクールの供給と在籍者数は，巷での法曹の需要の割に多すぎるため，卒業生の多くは就職を見つけるのに苦労をしているという。しかし，それでも，地方機関の欠員を埋めるために，良質な手腕を持つ者の需要が高く，また，法曹の需要もあるため，ロースクールの卒業生には非常に多くの就職口がある。これらの雇用の機会は，中国のすべての法教育の提供者によって検討されるべきである。

---

10 John Mo and Weidong Li, *Legal Education in PRC,* History of International Law, Vol. 4. Num. 1, 2002. Http://my.opera.com/weidonglee/blog/show.dml/129015.（last visited April 14, 2006）.

(3) グローバル化によってもたらされた課題。グローバル化と言う過程は国際法や各国の法だけでなく、法律職、そして法教育に大きな重要性をもたらす。中国がWTOに加盟し、WTOの規則や原理に自国の体制を対応させ、法のサービス市場を含めた自国のサービス市場を開放して以来、グローバル化の速度は加速してきた。中国の法実務は、西洋の国々に比べると、比較的歴史も、経験も浅い[11]。中国は、多数の国際組織、条約に加盟してきたが、それらの組織で働く中国人の数は、中国の国際的地位には比例していない。ゆえに、中国のロースクールと法学部は、法律職の国際化を正しく実現するという新たな問題に直面している。つまり、海外の弁護士事務所との熾烈な競争に生き残れる法律家をどのように育てるか、そして国際化時代の様々な需要に応える法律家――すなわち、法律を知っているというだけでなく、英語やフランス語のような外国語にも強い法律家――をどのように育てるかという問題である。

3. 伝統的な法教育の方法の欠陥

中国の伝統的な法教育の方法の主たる欠陥は、次のようなものだと思われる。第一に、学部での学習の期間に、法律の専門家としての技能と職務遂行能力を育む十分なトレーニングが欠如していることである。第二に、中国の伝統的な法教育の方法は、「教授する」ことに重点を置き過ぎており、研究能力も含めた能力開発にはほとんど力が入れられていない。そして第三に、授業カリキュラムは、経済のグローバル化、および法の国際化と言った観点からは適切であるとは言えない。

Ⅲ 新しい中国の法教育の方法とその効果

伝統的な法教育の方法は、中国での法の支配の発展と世界のグローバル化、そして法学専攻の卒業生の労働市場に関する憂慮といった問題に直面し、改革の必要が生じている。新時代の要請に応えるべく、いくつかの新しい対策が講じられている。これらの新しい法教育の方法とその効果に関して、これから論じる。

---

11 Hank Tao Wang, *J.D, Internationalization of China's Legal Profession in a Globalization Era*, www.law-ck.com/Reasnews.asp？NewsID=1999.（last visited April 15, 2006）.

第2部　法学教育・法曹養成

1. 法律職の専門的技能に関する研修の強化

　法科学は高度に実践的で、法教育は現実世界から切り離して考えることはできない。伝統的な講義による教育法は知識の伝授に知識の暗記、そして学生が学んだ知識のテストに重きを置く。このアプローチは、法実務を行うための法的知識を学ぶ目的を無視しているという理由で長い間批判を浴びてきた。学生は、理論と実践を組み合わせる能力を養い、実務に必要な理論と知識をより深く理解するために、様々な状況において、様々な分野に接し、様々な法律問題を扱うことにより、専門家としての技能を学ばなければならない。中国の法教育にはインターンシップ・プログラムがあるが、インターンシップにおいて、学生は、裁判官や検察官、弁護士が事件に取り組むのに付いて、手伝いをするだけの傍観者なので、インターンシップは十分な実務的スキルを養うトレーニングではないということがわかってきた。学生は、付き添って、補助的な役割を担うことに終始し、必ずしもインターシップ中に指示や指導が仰げるわけではない。したがって、伝統的な法教育の方法は、実務的なスキルを会得し、理論的知識を深め、昇華させるプログラムを欠いているのである。さらに、法学専攻の学生数の増加に伴い、法律事務所、法廷、そして検察院でインターンシップを行う機会を得ることが難しくなって来ている。

　一方、ほとんどのロースクールと法学部には、法曹倫理を教える体系的なプログラムがない[12]。法曹倫理（の教育）の目的は、学生に「正義の追求者」となり、真実を見出すことと依頼者の利益を確保することとの間で正しい選択をし、法律実務が単なる投機的事業になりさがることを避けられるように教育することである。法曹倫理は非常に重要で、かつ大学での教育の間に指導されるべきことである。中国には、フランスの Ecole Nationale de la Magistrature（国立司法大学）ように、任官（就職）前・後の研修を行うプログラム等がないため、法曹倫理の講座が大学教育においては、さらに重要になる。教育者は、学生に知識と法律のスキルを提供するだけでなく、法の支配や司法が果たす役割を教授すべきである。

　これらの問題を解決するために、交渉術やリーガル・ライティング等の講座の提供に加え、より多くのロースクールが学生の法実務の技能のトレーニングを強化するために次の方法を試している（国もこの問題に対応する適切な対策を講じてきている）。

---

[12]　J.M. カリキュラムにおける法曹倫理のコースがあるが、これは後に議論する。

(1) ケース・メソッド
　ケース分析は，授業での指導方法として成功している。なぜなら，学生の興味を刺激し，複雑で抽象的な法規や理論的な知識を理解する助けになるからである。中国の教員の多くは，授業でこの方法を用いている。しかし，この方法は，法律を適用し，分析し，機能させ，評価するスキルを育成するわけではないし，英米法の法教育におけるケース・メソッド，特にハーバード大学で開発された法教育の方法ではない。ケース・メソッドが意味するところは，ケースの内容を説明するだけでなく，ソクラテス・メソッドも含む。教授は，事実を提示し，何らかの指示を与え，一方，学生は自分の意見，そして自分たちが事件をどのように理解しているかを述べる。このような方法が，結果的に，法律を適用し，分析し，機能させ，評価するスキルを育てる効果的な方法になるのである。

(2) クリニックによる法教育
　2000年の9月に，フォード財団の資金援助の下，アメリカのモデルを基にしたクリニックを利用した法教育プログラムがいくつかの大学で提供された。たとえば，北京大学，精華大学，中国Renmin大学，Wuhan大学，そしてFudan大学等である。2002年7月28日には，クリニックによる法教育プログラムの理論と実践研究を行い，協力して交流を実現し，中国でのクリニック法教育を推進するという使命を受けた非営利学術団体として，中国法学会が，中国クリニック法教育者委員会（CCCLE）の設立を認可した。2007年3月までのところで，65のロースクールと法学部がCCCLEの正式な会員となった[13]。
　クリニックによる法教育は，盛況で，現行の中国の法教育の改新と突破口として効果的であることが示されてきた。クリニックによる法教育は，学校によっては選択制のところと，強制のところができてきた。何千人もの学生に法律補助を行う事件を扱い，民法や刑法，環境法といった分野で法律クリニック教育を施すように訓練することによって，リーガル・クリニック教育を受けている学生は，非常に高い関心，および意欲を持って自ら率先して学んでいる。彼らの（学習）態度は，「言われて学ぶ」というものから，「自ら求めて学ぶ」ものに変わってきた。つまり，受動的な学習からから能動的な学習へと変わってきている。結果，学生は，学習を，自らのものとし，関心

---

[13] www.cliniclaw.cn,（last visited April 4, 2007）を参照。

を持って取り組むようになってきた。事件を扱い，直接人々とかかわり合うことによって，学生達は，理論と実践を組み合わせる能力を向上させてきている[14]。教育方法に関しては，教室での教育形態という観点から，教育方法は，法的サービスの実務的なスキルを養うことに重要性を置く。そのことは，中国の法教育の重要な改革であり，進んだ海外の教育モデルを中国に取り入れる試みの成功例である。しかしながら，中国のクリニックによる法教育は，その広がりと共に，様々な問題や困難に直面している。たとえば，クリニックでケースを扱う際の学生の身分（立場），そしてリーガル・クリニックにおいて学生にどうやって法曹に近い身分を与えるかと言う問題，リーガル・クリニックの経費，地域の教育環境やそれに従事する人々を組み合わせたクリニックによる法教育の地域化，クリニックによる法教育と立法，司法，そしてその他の社会集団との間の調整と協働といったものである[15]。

(3) 模擬裁判

　ロースクールや法学部の中には，学生達が，教員の指導の下に，模擬裁判を行うところもある。学生達は，裁判官，原告／検察官，被告，そして弁護士に分かれる。これは，リーガル・リサーチのやり方，証拠の集め方，論理の組み立て方，法的文書の書き方，そして法廷でのプレゼンテーションの仕方などを学ぶ良い方法である。学生達は，ただ見るだけでなく，実際の法手続に参加することによって貴重な体験を得る。近年，Jessup Moot Court Competition や Manfred Lachs Space Law Moot Court Competition と言った国際模擬裁判大会が中国にも知られるようになってきた。北京大学や厦門大学，そして武漢大学といったロースクールやその学生達の中には，そう言った国際模擬裁判大会に積極的に参加するようになった。そのようなものへの参加は，国際法や法律英語を学ぶ関心を高めるのに非常に効果的な方法であるということがわかってきている。また，中国の法律を専攻した卒業生達が国際的な舞台に踏み出し，国際的な組織や機関で働く絶好の機会である。国際的な法的機関に通用する法的資質を涵養することは，哈爾濱工業大学法科

---

[14] Zhen Zhen, *The Present Situation and Prosperous Future of China Clinical Legal Education,* see http:// www. Law_ucla.edu/dvcs/Zhen_Zhen_prosporous_future_of_Chinese_clinical_education.pdf,（last visited April, 14, 2006）.

[15] Zhen Zhen, *The Present Situation and Prosperous Future of China Clinical Legal Education,* see http:// www. Law_ucla.edu/dvcs/Zhen_Zhen_prosporous_future_of_Chinese_clinical_education.pdf,（last visited April, 14 2006）

大学院の法教育の目標でもある。このように，我々は，この目標を実現するために，国際模擬裁判大会の練習プログラムの構築を含めて，さまざまな取り組みを行ってきている。

(4) J.M. 教育

上述の具体的な方法に加え，国が実務的な法の学位を認可した。1996年には，法律修士（J.M.）プログラムが国務院学位委員会によって認可され，いくつかの総合大学や独立単科大学で実施された。この学位プログラムは，教育を受けた候補生が，立法，司法，行政，そして法的サービスを行う機関で上級専門家になることを目的としている[16]。学術的な追求を行う LL.M. の学位と異なり，J.M. プログラムは，実務に傾倒し，フランスの DESS に多少似ている。J.M. プログラムは，二つのグループに分けられる。一つは，アメリカやカナダの J.D. のように，学部で法律を専攻していない卒業生が学ぶもの，もうひとつは，裁判所や，検察所，公安機関，司法行政，そして監督省庁に勤務している者達のものである。しかし，1999年以降，J.M. プログラムは非法学専攻の卒業生にのみ開かれている。J.M. プログラムは，中国の法教育を改革し，広く深遠な法的知識だけでなく，法を通して社会問題を解決するのに長けた法律家を養成する試みとして作られた。多少の結果は残しているものの，J.M. の学位プログラムの目的は達せられていないと言う証拠がある。大学の中には，短期の LL.B. プログラムのように設計されているものもあるし，また別の大学では，LL.M. プログラムに非常に近いものがある。結果，J.M. の学位プログラムは，学部生にとって，てっとりばやく法律の学位を取得する方法になってきており，また，いくつかの法律系の大学や学校では，金儲けをするための仕事となってしまってきている。学者の意見の中には，J.M. の教育は，法教育の中心的な役割を担うべきだと言っているが，アメリカの J.D. プログラムを中国の状況に適応させる方法は，未だに悩ましい問題として残っている[17]。

どのように法実務家を育てるか，すなわち，養成コースを大学レベルの法教育で取り入れるべきか，あるいは独立した法律専門家養成機関を設けるべ

---

[16] Huang Jin, *The Structure of Legal Education in China*, www.aals.org/2000international/english/china.htm.（last visited April 14, 2006）を参照。

[17] He Weifang , *The J.M. Education should be the Main Channel of Legal Education（in Chinese）*, see Http://www. intereconomiclaw.com.（last visited April 15 2006）.

きかということについては，未だ議論されている問題である。しかし，専門的技能の養成が大学においても，また法実務家の職業を始める前の段階においても強化されるべきであるということに関しては合意に達している。我々の意見では，統一国家司法試験を通った未来の実務家達の，公式の体系的な事前・事後トレーニング制度を確立し，フランスの Ecole Nationale de la Magistrature（国立司法大学）での経験から学ぶということを考えなければならない。

2. カリキュラムの変更による学生の知識の幅の拡大

我々は，グローバル化時代に適応するために，外国法や比較法に加えて，他の社会科学や法実務能力養成コースが必要であると感じている。

(1) 関連する社会科学の授業の組み入れ

実のところ，ほとんどのロースクールのカリキュラムが法律に，しかも中国法に特化されている。第一に，経済学や政治学，国際関係や哲学，歴史学と言った関連する社会科学の授業がほとんど開講されていない。これは大きな問題である。なぜなら，こういった科目は，法を学ぶ学生たちが法をよりよく理解するため，そしてより思考力の幅を広げるのに重要だからである。我々は，社会科学の授業が法学士（LL.B.）のプログラムに取り入れられることが肝要であると考えている。

(2) 外国法・比較法の授業

通常，ロースクールのカリキュラムには，外国法や比較法の授業はない。なぜなら，外国法や比較法を学ぶ重要性が，十分に認識されていないためである。そのため，さまざまな地域のロースクールの学生が，狭い視野しか有せず，法の支配の構築，およびグローバル化の養成に対応していない。比較研究は，学生が中国法をよりよく理解できるようにするよい方法なのである。中国法と外国法の違いを知ることは，学生が中国法の不備，そしてそれをどのように改善すべきかを見出させてくれるからである。また，外国法の知識は，国際的な法問題に対処する際に，法律家にとっても役に立つのである。

継続的な中国の開放と改革政策の発展に伴い，特に，中国のWTOへの加盟，中国のICSECRへの調印と批准，およびICCPRへの調印と批準の準備に伴い，関連する国際事情に関するより綿密で体系的な研究が必要となっ

てきている[18]。さらに、経済と文化の分野における中国と他の国々との交流は、大分恒常化してきている。特にヨーロッパやアメリカのような外国で学び、外国の学位を取得して戻ってきた学者の数の増大と共に、特に北京、上海、武漢、廣州、そして哈爾濱といった大学で、比較法と外国法の授業が開講されることが増えてきている。たとえば、精華大学では、何年にもわたって、コモン・ローの授業が提供されてきている。

(3) リーガル・メソッドの授業

法律の論理力を養うことを強化する重要性が増してきている。法的思考は、社会の問題を論理的に考え、分析し、解決することを必要とする。法律や条例に関しては、法的思考能力と習慣を持った法実務家と研究者を抱えておくことが、法の支配を実現するための重要な条件であるが、伝統的な法教育は、思考能力ではなく知識を中心に展開している。したがって、法教育は貯金のようなものであり、学生が銀行となり、教員が単なる預金者である。学生は、批判したり内省したりする能力を鍛えることなく、自分に預金された（＝与えられた）知識を受動的に受け取る。法的思考力、および論理力を養う主な方法は、法教育を知識を伝えるものから考え方を教える方向に変えることを強調することであり、伝統的な預金型教育法を変革することである。リーガル・メソッドの授業がシラバス上に設けられているロースクールこそ増えてきているが、教授法を変えたり、ケース・メソッドを用いたり、法実務の実習を拡大することも重要なのである。

(4) 法倫理の授業

不正などの問題に直面しているので、法倫理の授業を設けることが、将来の裁判官、検察官、弁護士、そして、他の役人や法に関する専門職に就いている人々の教育に不可欠である。法曹倫理の授業は、多くのロースクールのJ.M.プログラムにおいてのみ残っている。哈爾濱工業大学法科大学院では、法倫理の授業を学部の学位プログラムに取り入れようとしている。

18　Vincent Cheng Yang, *Current Status of Professional Development and Topics of Human Rights,* A Background Paper for the United Nations Office of the High Commissioner for Human Rights, China-OHCHR Workshop for Judges and Lawyers, Beijing August 19-20, 2002. p23.

3. 研究能力の強化

学生の調査を行う能力は，実務を行う能力と同じくらいに重要であり，さらに，研究能力は，実務を行う能力のもっとも重要な要素のひとつである。学生の研究能力を強化するために，学部課程の間に，演習形式を用いることがよくある[19]。「研究・議論法」と呼ばれる演習形式の教育法は，教授の監督の下に学生が独自に研究を行う能力を鍛えることを目的としている。この方法は二つのステージからなる。学生は，決められた期日の前に学術的基準に沿って論文を用意した後，授業中に口頭発表を行い，教授や他の学生から挙がった質問に答えなければならない。この方法は，学生の役割をこれまでの受動的な知識の受け手から，特定の法律分野における積極的な研究者や専門家に変えるという点で非常に好ましい結果が得られている。

4. グローバル化によってもたらされる諸課題に対処する他の手段

これまで述べた新しい法教育の方法はみな，必要性のある，グローバル化時代の需要を満たす効果的な方法である。外国の教授を任用したり，他国の外国人の研究者と共同研究プログラムを作ったり，学生に海外留学の機会を与えたり，教員を外国でトレーニングすると言った他の方法も大学によっては取り入れられている。学生を，将来の努力に向けて準備させるために，ロースクールの中には，別の方策や別の教育方法を取り入れているところもある。たとえば，ロースクールの中には，学生の実務能力の育成に力点を置き，統一国家司法試験に合格する方法を学生に教えることに関心を払う。一方，他のロースクールの中には，学生の研究能力を向上させることに力を入れているところもある。法律と外国語の二つの学士号を与えるというのが，北京外国語大学の法学部で取り入れられている独自の方法である。他のロースクールの卒業生が職探しに困っていた一方で，北京外国語大学の法学士達が今年は全員就職が内定していたという事実は，これが非常に有効な方策だったことを示している。しかし，もうひとつの重要な方法は，法学教育におけるバイリンガル教育である。中国のWTOへの加盟後，教育庁は，法教育におけるバイリンガル教育の割合をすべての授業で最低5％から10％にするように求めている。その割合は，2004年から，高等教育の評価基準になっている[20]。教育庁高等教育局よって主催されたバイリンガル教育セミナーに際し，

19　Zhao Haifeng, on Seminar, paper presented in the Joint-conference of Sino-Australia Law School Deans, July 4-5, 2006, Beijing, China.

専門家達が，バイリンガル教育は次のような成果をあげることができると指摘している。すなわち，法律の知識と質を改善，法律英語の語彙と法律英語のレベルの伸長，そして外国の進んだ教育案と方法の導入と言ったことができると言っている[21]。しかしながら，教育の質，学生の英語力，教科書，教育法，そして試験といった，バイリンガル教育によってもたらされる問題もある。

Ⅳ 結語――法の支配の信念の涵養

　法教育の目的が達成できるか否かは，ある程度までは，教授方法に依拠する。ロースクールのコミュニティーの中では，法教育の目的についてはさまざまな意見が存在する。法教育を質の高い教育と見る学者もいれば，学問の教育と見る者もいる[22]。また，実務教育と見る者もいる。この意見の相違は，主に，法教育の方法の探求がなぜいろいろな方向に分かれてしまったかということに通ずる。

　伝統的な法教育の方法は，法の支配の構築，および経済のグローバル化の時間に遅れをとっている。たとえば有能な教授の不足，資金の欠如など，中国の法教育が直面する困難はあるものの，中国の法教育の歴史の浅さから見れば，発展から生じる問題は，継続的な努力を通して解決し得るものであり，これらの問題が解決された時，中国の法教育制度は大きく改善されると信じるに足る十分な根拠がある。当面は，ロースクールは新時代の需要に対応する法律家を育てるであろう。（新時代の法律家とは，）法律知識を得るだけでなく法実務の技能を取得し，法的思考を用いるだけでなく法の支配を信じ，中国法に通ずるだけでなく国際法や外国法にも通じ，法律に詳しいだけでなく外国語にも流暢な法律家である。

　優秀な卒業生，あるいは法律家は法を信じていなければならない。より性格に言えば，法の支配を信じていなければならないということが大変な重要性を持つ。もし，人々が法を信じていなければ，法は単なる飾りに過ぎなく

20　News from the China Education Newspaper, Feb. 23 2004.
21　Zhang Leping, *Research on Law Bilingual Teaching under Globalization* (*in Chinese*), Hebei Law Science, Nov. vol, 2005, pp.158.
22　Huang Jin, *The Structure of Legal Education in China*, www.aals.org/2000international/english/china.htm. (last visited: April 14, 2006).

なってしまう。ある意味，法は統治の道具であること，法律家は職業であること，法教育と法実務の関係は必要不可欠であることは否定できない。しかしながら，法教育の究極の目的は，法律知識を伝授し，実務の技能を養うことだけに設定することはできない。法を信じることを追求し，法律家に法を信じる心を涵養することもまた重要な目的である。それを通してのみ，法教育が法の支配の実現において活発な役割を演じ，法を信じることに目覚めさせるのである[23]。この目的をどうやって達成するかは，また別の論文のトピックにすることとする。

---

[23] Fang Wencui, *Research on Legal Education Value: the development trend of China's Legal Education Reforms* (*in Chinese*), Peking University Press, 2005, pp.170-172.

法学教育：民事訴訟法　継受と伝播

K. B. アグラーバル〔笠井正俊訳〕

I　はじめに

　インドは，面積も人口も大きな国である。インドは，多様なニーズと問題を抱える多元的な社会である。このため，インドで，法学教育は，長い間ずっと，難しいテーマとなってきた。法学教育の目的が何であるかを一義的に言い表すことは難しい。インドでは，時代と場所によって法学教育の目的は異なる。しかしながら，法学教育の広い意味での目的は，法律実務家のみならず行政官ないし公務員の訓練として社会における法の機能を理解させることにあるだろうし，より狭い意味では，法実務に携わる人々の訓練を目的とするということになろう。法学教育の目的，方法，内容は，国によって異なり，とりわけ，専ら法実務教育を施す専門職養成学校の有無や，学説と裁判例との相対的な重要性，大学教授と裁判官との相対的な地位によって，それらの違いが生じてくる。欧米では，法学教育は，法的能力とともに実務的な専門性をも考慮して行われてきているが，インドの大学は，若干の例外はあるが，法学の学位の授与により重きを置いている。

2.　歴　史

　2.1　インドの法学教育を理解するためには，その歴史を詳しく述べる必要がある。インドは，5000年を超える歴史があり，イギリス統治時代の前にヒンズー教徒の時代とイスラム教徒の時代とがあり，これらの3つの時代は，それぞれ独自の法制度を有していた。ここでは，実際上の理由から，イギリ

ス統治時代に絞って述べる。現在の法や裁判の制度は，イギリス人が創り出したもので，イギリス統治時代に先立つ展開とは連続性や関連性がほとんどない。

　法学教育の歴史を知るためには，現代の裁判所と民事法の制度の創設と発展について知る必要がある。

2.2　イギリス人が，17世紀の終わりには，支配下にある領土で適切な司法制度を持つことの重要性を認識していたことは疑いがない。3つのイギリス統治主要都市（Presidency Towns），すなわち，ボンベイ，カルカッタおよびマドラスにおいて，非法律家である裁判官を擁する裁判所が，行政のコントロールの下で設置された。イギリス人が自分たちの法を好んだので，これらの裁判所では，イギリス法を適用することとされた。これらの裁判所で裁判官となった者は，複雑なイギリス法について全く知識を持っておらず，彼らは，衡平とフェアプレイの概念に従って，事件について判決を下した。

2.3　このような状況が大きく転換したのは，イギリス統治開始後150年近く経ってからのことで，1774年にカルカッタに最初の最高裁判所が設置されたときである。それは，イギリス法を適用する裁判所であり，イギリスの弁護士が務める裁判官によって構成され，イギリスの弁護士層が所属した。それは，ほとんど，ウェストミンスターの裁判所の複製であった。その後，ボンベイとマドラスでも最高裁判所が設立された。

2.4　1772年，上記の裁判所と並行して，東インド会社は，ベンガル州で，diwani adalat（民事事件についての裁判所）の制度を創設した。このadalat制度は，とても原始的なものであった。diwani adalatでは，法律知識のない公務員が裁判を主宰した。その後，Cornwallis卿，Wellsley，Bentinckといった総督が，これらの裁判所について大きな改良を加えた。特に，それらを可能な限り行政官と分離することによって。初期の段階では，これらの裁判所は，イギリス人の裁判官のみで成り立っていたが，その後，インド人もどんどん裁判官として加わるようになっていった。そのため，ボンベイ，カルカッタおよびマドラスという主要都市（Presidency Towns）での最高裁判所（Supreme Courts）と，「mofussil」という名で知られる他のイギリス領土におけるdiwani adalatsという2つの裁判所制度が1862年まで並存した。

2.5 これらの主要都市（Presidency Towns）は，イギリス人によって設置されたので，そこに住む人々にはイギリス法が適用された。他方，「mofussil」では，人口のほとんどはインド人であったので，ヒンズー教徒やイスラム教徒の固有の法を適用することによって人々のニーズに合わせる簡素な司法制度を発展させることが目指された。このように2つに分かれた司法制度は，それらが，高等裁判所（High Court）の設置を通じて統合される1862年まで続いた。

2.6 もう1つの重要な司法制度の発展として，インドからの最終的な上訴裁判所としての枢密院（Privy Council）の出現がある。枢密院は，インドの法制度の発展に大変重要な役割を果たした。つまり，枢密院は，混沌とした塊であるインド法，多くは家族法について，解釈を加え，確認したし，裁判についての高い基準を設定することでインドの裁判所を刺激したし，イギリス法の原則を導入するための触媒として働いたし，基本的な法原則について，インド全国の統一性をかなりの程度実現した。

2.7 司法制度が良好なものであるためには，とりわけ，2つの基本的な要素が必要となる。1つは，うまく設計され，よく規律され，秩序立った裁判所制度が，簡潔明瞭で系統立った手続を用いるものとして存在することである。もう1つは，可能な限り，簡潔な言葉で表現され，明確で確認しやすく，統一的な，法の体系が存在することである。明確な手続法を伴う良い法システムが存在しなければ，裁判所は，どれほど丁寧に設計されていても，行き当たりばったりの裁量や，裁判長の持つ善悪の観念や，訓練された弁護士の行動に依拠して裁判を進めることになる。法に基づく原則や手続によってではなく，事件ごとに裁判官が何を正しいと考えるかによって法を施行する裁判所は，効果的で信頼のおける裁判所とはいえない。

2.8 この報告は，2つの事項，すなわち，(1)法学教育と(2)民事訴訟法，の継受と伝播に関するので，私は，ここで，インドの法学教育，特に民事訴訟法に関する教育について報告する。

3. 法学教育の展開

3.1 理学，工学，医学などと比較すると，法学教育は，インドでは，それほど技術的なものでも専門職業的なものでもないと考えられている。このことには多くの異なる理由がある。大学を卒業した者は一般に，仕事に就くのにそれほど困難を感じることはないかもしれないが，法学部の卒業者にとっては，仕事を見つけるのは大変難しいことである。裁判官（judge）や治安判事（magistrate）の数は，最も下級のものであっても，とても限定されている。法学部の卒業生が，弁護士としての法実務に目を向けたとすると，彼は，家族を養えるほど多くの収入を得られるとは思わないだろう。十分な収入を得て生活を支えるのに成功する弁護士は，一握りにすぎない。

3.2 しかしながら，法学教育の概念は，社会の初期のころから何らかの形で存在していた。ヒンズー教徒支配の時代とイスラム教徒支配の時代との両方を通じて，王が正義の源泉であった。王は，最終審の上訴裁判所であった。しかし，これらの支配者は，一人で裁判をしたのではなかった。ヒンズー教の王の裁判所には pundit（賢者）がおり，イスラム教の支配者の裁判所には maulvi（法学者）がいた。これらの pundit や maulvi は，存在する法に精通していた。彼らは，王の前に提起された事件において，法の解釈や適用に関する助言をした。これらの pundit や maulvi は，教育を受ける期間に，宗教上の典籍から法を学んでいた。彼らは，現在，大学やロースクール（law school）で授与されているのと同様の学位を授与されていた。ムガル帝国の時代には，vakil（弁護士）の制度が現れた。vakil は，王の前で依頼者が申立てについて弁論をするのを助けた。弁論の手続は，欧米の裁判制度とは異なり，大変簡素で，複雑さや技術的なところがなかった。当事者は，支配者に直接自らの申立てを述べ，裁判を求めることができた。王のほかに，イスラム教徒支配の時代には，地域本部にいる収税官吏その他の王の部下が，その前に提起された事件について判決を下した。インドの独立後までを通じて，各村の gram panchayat（村会）が民事・刑事の事件の大多数について判断をした。これらの村会のほかに，カーストに関する問題，結婚その他の家族紛争について裁判をするカースト村会（jati panchayat）が各村にあった。これらの村会は，大多数の事件について裁判をした。村会のメンバーは，法や

法実務に精通しているわけではなかった。彼らは，衡平とフェアプレイの観念に従って，事件について裁判をした。

　3.3　当初，弁護士となるには，ペルシャ語の知識が必要であったが，1826年に英語がペルシャ語に取って代わった。特に北インドやイスラム教徒の州では，独立前，裁判所ではウルドゥー語を使い続けていた。ヒンズー教徒の州のいくつかでは，裁判所の手続でヒンディー語が使われた。そのころ，大学で法の原理その他の法学的な事項について大学で教えられることはなかった。ルールや規則が教えられるだけであった。ボンベイ，カルカッタおよびマドラスの各大学で法の勉強が必修分野の1つとされたのは1857年になってからである。法学士（LL.B or B.L.）の学位がこれらの大学で授与された。学位修得者は，裁判所で法実務に携わることができた。しかし，法学を専攻して法律の学位をとることをしていない弁護士もいた。しかし，彼らは，mukhtar（ムクタール）の試験に合格することが必要であった。多くの優秀なインドの人々が，そのキャリアを mukhtar となることから開始した。1887年，ボンベイ，マドラス，カルカッタの各大学で，法学士課程（the course for the LL.B. or B.L.）が設置された。

　3.4　1917年から1958年にかけて，法学教育に関する問題点，特に，教育課程の形成に関する問題を検討するために，多数の委員会が任命された。これらの委員会は，インドの法学教育を改善するためのたくさんの方策を提言したが，特段の成果はあげられなかった。

　3.5　その結果，法学部の学生の多くは，他の学部に入学できなかった学生である。そのため，このような「落ちこぼれ」や，他にすることがなかった者が法学部に集まっている。ボンベイ法学教育委員会（Bombay Legal Education Committee）は，法学教育の再構築と学問的・職業的訓練の必要性を強調して，次のように報告した。
　「法の実務的局面と学問的局面に真の対立はない。弁護士は，法の科学を学べば，より良い弁護士やより良い裁判官になるであろう。本当の法律家の養成のためには法の原理に関する基礎を十分に身につけることが必要なのである。」

4. 発展が停滞していることの理由

Meher K. Master は，インドで法学教育の発展が遅れていることの理由として，次のようなものを挙げている。
(1) 財政的資源の不足
(2) 適切な書籍，法律雑誌，判例集の不足
(3) 教材の不足
(4) 教育標準の低下
(5) 質の高い教員の不足
(6) 法学教育の目標の不一致
(7) 一般に統一性が望ましいと考えられたことから，実体法を暗記する学習法の重要性を強調する傾向が生じたこと

そのため，インドの社会的，文化的，政治的な文脈の中で，他国と比較する方法によって，法的な問題に気付かせるといったことはあまり試みられなかった。

5. 1961年の弁護士法と法学教育

これまで述べたような評価にもかかわらず，インドでは，現在のグローバル化の傾向に向かい合うインドの国家社会的状況という観点から，法学教育は抜本的に改善されなければならないという考え方が，異論なく示されている。また漸進的な変更を加えても，法曹界への新たな加入者の質を高めるのに十分ではなく，これは，現在の，国際的な情報の流れ，貿易，労働力の移動等のトレンドを考えると顕著である。1961年，国会は，インドの法律家の規制と発展のために，弁護士法（Advocates Act）を制定した。1961年弁護士法の7条(h)と(i)は，法曹の発展に加えて，同法によって設立された法律上の組織であるインド弁護士評議会（Bar Council of India）に，法学教育を発展させ，弁護士となることを許可するための法学教育の標準を策定しなければならないという法律上の義務を課した。

法学教育の発展のために，インド弁護士評議会は，「法学教育委員会（legal education committee）」を任命し，同委員会は，大学や州弁護士評議会に意見を求めつつ，問題を深く掘り下げ，この問題について，重要な提言を

行った。インド弁護士評議会は，これらの提言の意義や利点を十分に検討した。同評議会は，また，世界の多くの国の法学教育について検討し，法に関する技術的な知識とは別に，他の学問分野の知識，特に人間科学的な事項について一般的に学ぶ一般教養教育が，社会の変化や発展に貢献できる弁護士を育成するのに重要であると認識することとなった。

インド弁護士評議会は，弁護士として認められるための要件として，次のようなものを明らかにした。

1. 法学の課程に入学するときには，政府によって承認された学校教育の課程を10年＋2年経ていなければならない。この場合，5年の法学の課程を修了しなければならない。
2. 大学を卒業して，すなわち，10年＋2年＋3年の課程を経て，入学した場合には，3年の法学の課程を修了しなければならない。
3. これらの間，66パーセント以上の出席率が必要である。
4. 法科大学（law college）は，地方裁判所のある地域に設立されなければならない。
5. 法科大学の授業時間は，少なくとも毎日5時間半はなければならない。
6. 授業は昼間に行われなければならず，夕方や夜間に行ってはならない。
7. 法科大学（law college）または大学法学部（university department of law）の図書館は，平日の少なくとも8時間は開館していなければならない。
8. 法科大学または大学法学部は，相応の広さのある建物を持たなければならない。
9. 法学課程（law course）への学生の入学は成績に基づいて決められなければならず，入学資格試験で合計45パーセント以上の成績をとらなかった者に法学士（LL.B.）課程への入学を許可してはならない。
10. 法科大学の図書館には，課程での必要性に応じるように，判例集，書籍，雑誌および参考書を備えなければならない。
11. 裁判所訪問，法文書，裁判所規則，起案練習，プリーディング，弁護士事務所での仕事および専門職倫理の授業への出席を含む法律実務教育が少なくとも6ヵ月間必要である。
12. 法学士（LL.B.）課程では，選択科目と必修科目の双方が数多く学生の学習のために提供されなければならない。
13. 講義形式に加えて，ケースメソッド，個人指導方式その他の現代的な法学教育の方法が重要である。

14. 承認は独立の法科大学（independent law college）を対象とすべきであり，多数の学部を有する大学の法学部（law department in a multi-faculty college）を対象とすべきでない。
15. 前もってインド弁護士協議会の承認を得なければ，法科大学を開設してはならない。

6. 5年の法学課程

6.1 インドでは，最近，法学教育の新しい仕組みが導入された。1964年までは，法学士（LL.B.）の学位を得るためにわずか2年の課程を履修すればよいだけであった。しかし，1961年，弁護士法が制定される前であったが，地位の高い何名かの法学の教授たち，すなわち，ジャイプルのG. S. Sharma教授，アリーガルのHafizul Rehman教授，バラナシのAnajndjee教授その他数名の教授たちは，国内の大きな反対にもかかわらず，3年制の法学課程を考案した。そこでは，1年目と2年目の法律学位課程では実体法を教え，3年目に手続法を教えるというデザインがされた。数年の間に，この3年の課程は社会のニーズを満たすものではないということが認識された。

6.2 この3年制の課程は，学際的なアプローチをもたらすものではなかった。ジャイプルのG. S. Sharma教授は，5年制の法律学位課程を考案したインドで最初の法学教授であった。このために，彼は，国立法科大学（National Law School of University）の設置を提言した。1962年，彼は，Jaipur Law Journalに論文を載せ，詳細に，10年＋2年の学校を経た後5年の法律学位課程が続くという制度について論じた。この5年制の法学教育制度の提唱は，今や専門職法学教育への一里塚となっている。5年の法律学位課程という考え方は，1962年には想起されていたが，具体化するには長い時間がかかった。バンガロールは，幸運にも，インドで最初にこの課程を開始する国立法科大学となった。N.R. Madhava Melon教授は，その最初の副学長であった。彼は，本当に，この大学を国中のモデルとなるようなものにした。バンガロールの後，7つの場所で，国立法科大学が開設された。

6.3 この新しい制度は，厳格な入学者選抜，より良い教育方法，改善されたカリキュラム，最新のシラバス，実務教育の必修プログラム，およびロー

スクールのために策定された基準の厳守によって，法学教育を発展させるためのものであった。

6.4 5年制の課程について定められた授業は，次のようなものである。
最初の2年間は，7つの必修科目をカバーする。すなわち，(1)総合英語Ⅰ・Ⅱ（大学学部生の標準科目），(2)政治学Ⅰ・Ⅱ・Ⅲ，(3)経済学，(4)歴史学，(5)社会学，(6)法文書作成を含む法律用語，(7)インドの裁判所，議会および法曹の歴史である。次の3年間では，12の必修科目と，23の科目のうちから選択する6つの選択科目を履修する。

6.5 当初，この5年制についての反応は鈍かった。それは，これでは自分のところは閉校しなければならなくなるのではないかとのおそれを抱いた法科大学があることによる。インドの法学教育は，現在，新たな局面に入ろうとしており，その目的は，質の低下を阻止し，より高度の一流の教育を実現しようとすることにある。この5年制が成功するか失敗するかは，全体的な反応と，法曹界，大学および政府の協力にかかっている。

7. 最近の展開

7.1 この5年制は，インドの法学教育の名誉を回復する1つの重要な方法であると考えられている。しかし，残念ながら，法曹界とインド政界の中には，これに反対し，これを弱体化させようという考え方がある。法律の最初の学位のための5年制の課程という制度は，法学教育を専門職養成に資するものにするための最初のステップのはずであったが，今や，見る影もなく希薄なものとなってきている。大学認可委員会（University Grants Commission）によって発行された報告書の中で，カリキュラム開発センター（Curriculum Development Center）は，独立後の法学教育は，3つの段階に分けられると述べている。すなわち，第1期はおおむね1950年から1965年の間で，主要な課題は，法学教育について，どのようにすれば最もうまく植民地的な遺物を取り除き，それをインド化できるかであった。第2期はおおむね1965年から1975年の間で，専門職養成の法学教育に向けてカリキュラムや教育法を適切に再構築することに重きが置かれた。第3期は1976年から1988年の間で，転換期の困難を抱える社会や国の問題に対応できるようにするために法

学教育のカリキュラムを「現代化」することに目的が移った。

7.2 大学認可委員会（University Grants Commission）は，インド法律家協会（Bar Council of India）とともに，セミナーや協議会やワークショップを持つことにより，法学教育の組織化や現代化に努力をした。大学認可委員会のカリキュラム開発センター（Curriculum Development Center）は，1989年に最終報告をした。この報告は，専門家集団による討論に基づくものである。この報告は，法科大学や法学教育の問題，そして，法学教育がフルタイムの学習であって学生が他の分野とのダブルコースを認められるべきでないとすることの目的などについて深く検討した。この委員会は，次のように述べる。
「もし，インドの法学教育を質の高いものに転換するためには，次の3つの対処をしなければならない。
　i．シラバスを社会に適合するように現代化する。
　ii．法学教育のカリキュラムにおいて学際的な要素を豊富にする。
　iii．それに応じて教育方法を変更する。」
「現代化」は，この委員会によると，必ずしも「脱西洋化」を意味しない。しかし，これは，まずインドの問題について研究と教育をすることを意味する。

7.3 1997年，インド弁護士評議会（Bar Council of India）は，弁護士になるのに必須の試験科目を特定し，すべてのロースクールに，これらの必修科目を履修しなければ弁護士になることはできないと通達した。同会は，科目の細部は大学自身で考案すべきであるとした。1997年から2000年の間，大学認可委員会は，法学士（LL.B.）課程のシラバスを，カリキュラム開発委員会（Curriculum Development Committee）の勧告に応じて改訂し，最新のものとする作業を開始する部会を任命した。インドの現在の法学教育制度はロースクールとともに継続している。

国境を越える世界提携に向けての
国際仲裁教育と商取引法教育*

ルーク・ノッテジ[#]〔那須仁訳^{##}〕

1. （法学）教育改革：危機と機会

　昨今，世界中で教育システムに対する改革への圧力が強まっている。その一つの要因となっているのがよく高齢化によって引き起こされる（例えば日本やオーストラリアでのような）人口構成の変化であるが，国境を越えた移動の活発化（短期滞在の学生から長期滞在の定住者まで含む）も起因している。圧力の二つ目の要因としては，強固な福祉国家観からの変遷により教育が広範囲な公共財としてよりも人間資本や戦略的とも言える公共財への私的投資

---

* 本稿は2006年9月20日に立命館大学で開催された国際手続法学会の京都会議での発表のために用意した原稿である。同年6月に突然亡くなった友人であり，紛争解決の分野で特に国境を行き来して精力的に活動し，教育者の鏡として多くの人々の記憶に残るであろうマルコム・スミス教授にこの稿を捧げたい。また，本稿の第二部は神戸大学「市場化社会の法動態学」研究センター（Center for Legal Dynamics of Advanced Market Societies : CDAMS）により2004年10月6日に開催された仲裁教育ワークショップでの報告をディスカッションペーパーとして出版，翻訳したものとそれをさらに簡略化しJCAジャーナル第52巻4号50-55ページに掲載された原稿を基にしている。同イベントの主催者である中野俊一郎教授並びにその他の報告者や参加者，そしてリチャード・ガーネット助教授，マルコム・ホルムズ勅撰弁護士，クリス・キー氏，ピーター・ロビンソン氏，那須仁氏に感謝の意を表したい。ただし，本稿に記載されている見解や情報に関する責任は全て筆者本人にある。

\# Luke Nottage, シドニー大学法学部助教授, Australian Network for Japanese Law（ANJeL, www.law.usyd.edu.au/anjel）理事, オーストラリア国際商事仲裁センター特別準会員。

\## オーストラリア国立大学法学部講師, ANJeL副理事。

315

として見られるようになった点が挙げられる。これと関連して教育提供側も，例えば，私立大学の増加，私的機関や専門団体などの準私的機関から発行される資格や認可の増加に伴い多様化してきている。教育改革を促している三つ目の要因として挙げられるのがグローバルな規模での経済自由化である。この動きに応じ越境活動に新規参入する人々に新しく訓練を提供することを国内の組織が求められるようになると同時に，自由化された教育サービス市場への海外からの参入が容易になってきている。四つ目の要因は情報技術革命である。この要因の大学教育（研究とは対照的に）への影響はおそらくそれほど大きなものではなかったが，その重要性は次第に高まっており，今後課題よりも機会を多くもたらしていく可能性がある。

　法学教育もそうした圧力から自由なわけではない[1]。しかし，各国での反応は，加速するグローバル化により特徴付けられる他の法学関連分野でも見られるように全く異なったものとなっている[2]。例えば日本で最も重要な改革と言えば2004年に開始された大学院ロースクールのプログラムの新設である。民・刑事法改革の一部は国境を越えた複雑な問題に対処することのできる新しい世代の法律家（特に裁判官，検察官，そして弁護士）を輩出することを目的と表向きはされてきたが，皮肉にもロースクールでは国内の「教科書的法律」(black-letter law) の学習におびただしいほどの重点が置かれている。その主な原因となっているのがロースクールの学生にとってまだ国家司法試験をくぐり抜ける難関が待ち受けているという実態である[3]。日本の文科省は遅ればせながら，部分的にのみこの問題を認識し，東京の中央大学や京都

---

[1] グローバル化の影響については，C Valcke 'Global Law Teaching' (2004) 54 *Journal of Legal Education* 160 を参照。IT については，L Nottage 'Cyberspace and the Future of Law, Legal Education, and Practice in Japan' (1998) *Web Journal of Current Legal Issues* http://webjcli.ncl.ac.uk/1998/issue5/nottage5.html を参照。オーストラリアにおけるロースクールの著しい企業化については，M Thornton 'Law as Business in the Corporatised University' (2000) 25 *Alternative Law Journal* 269-73 を参照。

[2] 例えば，Y Dezalay & BG Garth *Dealing in Virtue: International Commercial Arbitration and the Construction of a Transnational Legal Order* (University of Chicago Press, 1996); J Braithwaite & P Drahos *Global Business Regulation* (Cambridge University Press, 2000); L Nottage 'Who's Afraid of the Vienna Sales Convention (CISG)? A New Zealander's View from Australia and Japan' (2005) 36 *Victoria University of Wellington Law Review* 813-43 を参照。

[3] L Nottage 'Build Postgraduate Law Schools in Kyoto, and Will They Come — Sooner *and* Later?' (2006) 7 *Australian Journal of Asian Law* forthcoming を参照。

の同志社大学，立命館大学といった日本の先駆的ロースクールに「国際化」を支援するための資金提供を行った[4]。しかし，この支援も2007年4月に期限切れを迎える。

これとは対照的に，アメリカの法学教育は狭い職業訓練的な視野から離れ始めており，この動きは形式的な理由付けに基づくイギリス法の伝統を受け継いでいるオーストラリアや他の同様の国々でも顕著である。大学は法律職の新しい門番的な存在となり，専門団体から覇権を奪ってきている。法学教員は次第に研究と（より限られた程度において）教育の双方において理論的，学際間的，政策決定的役割を多く果たすようになってきている。しかしながら，アメリカでさえもこうした動きは鎮痛で冗長な「アイデンティティ危機」をもたらしてきた[5]。法学教育への広域的戦略を追求するためには，伝統的な専門区分から成り立つ独自の「市場」を見失うことなく，新しい傾向を予測し，それに順応し続けるための微妙なバランスを保つことが必要とされる。伝統的な「市場」の利点はいまだ，（特に伝統のある弁護士事務所からの職業訓練的コースに対する需要が強い）金銭的報奨や，（特にイギリスのコモン・ロー系の伝統における裁判官から由来する）社会的地位である。

本稿では，一方で特に大規模な私的法学教育サービスの提供との「競争」を仕掛けるグローバル化と経済的圧力，他方で地元の伝統的勢力からの抵抗や，新しい「市場」の傾向に見合うようにしかつその傾向の形成を助長しようとする大学による試み，そして大学の中に残存する公共任務の意識といった二つの異なる傾向から生まれる摩擦をまずは紐解くことにする。代替的紛争解決（ADR）の分野は，特定の公共関心事項と緊張関係を維持しつつも「私的正義」を代表し，かつオーストラリアや日本その他の国々で法律教育サービスの一環として行われている成長分野であるため[6]，効果的な研究対象であろう。本稿の第2部では仲裁に焦点を当て，特にオーストラリアにおける文脈で国際商事仲裁（ICA）について比較を行う。これは，ICA自体が強力な市場の力によって広められ，蘇生したと言ってもよいグローバル化の重要な一分野を形成しているためである[7]。本稿では，大学とICA教育サー

---

[4] オーストラリアの日本法ネットワーク（ANJeL）は，「グローバル時代における日本法」を比較する1週間の集中講義「京都セミナー」の共同開催（英語での講義で，日本人と留学生いずれも参加可能）など，この3校と協同して活動を行っている。

[5] S Feldman 'The Transformation of an Academic Discipline: Law Professors in the Past and Future (or Toy Story Too)' (2004) 54 *Journal of Legal Education* 471-98 を参照。

ビスの私的提供者との間の複雑な相互作用と,それにより大学が特有かつ広域なアプローチを採る余地が残されている——むしろそう要求されていると言ってもよいかもしれない——ことを明らかにする。

　この議論を基に,第3部では,そうした挑戦に立ち向かうために法学部が提供している特に国境を越えた協同活動の機会について取り扱う。この主題の焦点は学生訓練のための成功した実験例——例えば,ウィーンや最近では香港で開催された模擬裁判や東京で開催されている大学間対抗交渉・仲裁大会といった仲裁に関する実験例(3.A.),日本やオーストラリア[8],タイ[9],アメリカ[10]で学生を中心として構成された交渉に関する授業といった実験例(3.B.)——に当てられる[11]。そして,特にこうしたよく構成された交渉に

---

[6] 日本に関しては,特にJ Dierkes & M Saegusa 'Integrating Alternative Dispute Resolution into Japanese Legal Education' (2005) 20 *Journal of Japanese Law* forthcoming http://www.law.usyd.edu.au/anjel/documents/ResearchPublications/Saegusa_Dierkes_ADRinJapaneseLegalEducation.pdf を参照。また,アメリカについての研究としてP Secunda '"Arasoi wo Mizu ni Nagasu" or "Let the Dispute Flow to Water": Pedagogical Methods for Teaching Arbitration Law in American and Japanese Law Schools' (2005) *CDAMS Discussion Paper* 05/8E http://www.cdams.kobe-u.ac.jp/archive/dp05-8.pdf とより一般的な研究として 'Dispute Resolution: Raising the Bar and Enlarging the Canon' 関する*Journal of Legal Education* の特別号(54巻1号,2004年3月)を比較せよ。

[7] R Garnett 'International Arbitration Law: Progress Towards Harmonisation' (2002) 3 *Melbourne Journal of International Law* 400-13; L Nottage 'The Procedural Lex Mercatoria: The Past, Present and Future of International Commercial Arbitration' (2003) *CDAMS Discussion Paper* 03-1 http://www.cdams.kobe-u.ac.jp/archive/dp03-1.pdf,那須仁他による翻訳・更新版が斉藤編『国際契約の登場』(同文館,2006年出版予定)の中の一章として収められている。

[8] K Anderson & Y Eizumi 'Results from a Pilot Japanese-Australian Video Negotiation Project at Australian National University and Aoyama Gakuin University' (2005) 19 *Zeitschrift fuer Japanisches Recht / Journal of Japanese Law* 101。

[9] M Smith 'A Small Experiment in International Negotiations: Chuo Law School, Japan and Chulalongkorn Law Faculty, Thailand' (2005) 19 *Zeitschrift fuer Japanisches Recht / Journal of Japanese Law* 217-20。

[10] D Foote 'Information Technology Meets International Contracting: Tales from a Transpacific Seminar' (2005) 19 *Zeitschrift fuer Japanisches Recht / Journal of Japanese Law* 69-100。

[11] これらの授業に関する詳細は日本法雑誌(Journal of Japanese Law)の特別号に収録されている(http://www.law.usyd.edu.au/anjel/content/anjel_research_paper.html より入手可能)。

ついての授業からさらに築き上げることで，大学が提供する司法訓練の意義を際立たせる（べき）幅広いテーマを探求するための国境を越えた大学間の協同を促進するためにIT技術を利用する機会が，あまり気づかれていないが，多く潜んでいることを明らかにし（3.C.），本稿を閉じることにしたい。

2. オーストラリアにおける仲裁に関する法，実践，教育の比較

2.A.ではオーストラリアにおける仲裁そのものの主な特徴と傾向をまず概観する。日本と同様，オーストラリアも国際商事仲裁を本国で行うことになかなか関心を示さずに，国境をまたぐ紛争を確立した海外での裁判地で解決することを好んできた国である。しかしながら，オーストラリアは日本とは異なりイギリス法の伝統からある特定の国内紛争，特に建設関係の紛争において仲裁を活発に利用してきた[12]。2.B.で説明する通り，こうした国内仲裁と国際仲裁の分離によりオーストラリアでの仲裁教育は当初は専門機関において，そして最近は大学において発展を助長してきたのである。本稿では，専門機関と大学という二つの仲裁教育の場の存在から生じた若干の摩擦とともに，日本にも示唆を与えると思われる生産的な重複を明らかにする。しかしながら，本稿の3.C.において説明するように，大学レベルでの仲裁教育には，例えば，多岐にわたる他科目から得た知識の復習と拡充，それを利用して仲裁法とその実務（さらには法体系一般）の方向性に対する幅広い視野の養成，そして特定の時代にしか法律専門家の間で通用していない技術に限られない様々な法律家的技術の研磨といった特有な側面があるはずだと思われる。

2.A　オーストラリアにおける仲裁

オーストラリアにおける仲裁法とその実務は，形式的にも機能的にも二つの側面を持ち合わせている。一方で，オーストラリアは伝統的なイギリスのコモン・ローを継受し，1980年代中頃に諸州で（概して均一的な）商事仲裁

---

[12] L Nottage 'Special Report: Focusing on Australia and New Zealand'（2003）Presented at the 4th Symposium on International Commercial Arbitration in the Asia-Oceania Region: Conditions and Policies for the Enhancement of International Commercial Arbitration, Toshi Senta Hotel, Tokyo, 11-13 September 2003 とアジア太平洋におけるICAに関する名城大学の仲裁プロジェクトからの報告書（http://law.meiju-u.ac.jp/isd/index.html より入手可）を参照。

法を制定した際にも主にイギリスの仲裁立法を採用した。ニューサウスウェールズ州，ヴィクトリア州では現在法改正作業が行われているが，それらは主に1996年に制定されたイギリスの仲裁法を基にしている（もっとも，より広域的アプローチを好む動きによりこの作業は失速してきているが）。この伝統を維持している理由は法律家的保守主義によるところもある。しかし，これはまた国内紛争を（イギリスのように）必ずしも法学教育を受けていない仲裁官，例えば建設関係なら建築技術者により行われる仲裁による解決を支持しているものとも見られる。とは言うものの，イギリスと同様[13]，法律家の国内仲裁への影響は強まり始めている。実際この動きは1980年代中頃からの反動を引き起こし，ニューサウスウェールズ州前最高裁長官ローレンス・ストリート卿が代わって商事紛争の調停（促進的ではなく，かなり評価的な形式の調停）を強く主張するようになった[14]。

仲裁には費用と時間がかかり過ぎるという批判に対し，オーストラリアの仲裁専門家は1980年代に国境間仲裁で持ち上がった同様の問題に対処する目的で[15]，特に1990年代中頃から国際商事仲裁のために開発された新しい技術と規範の「導入」を強く主張し始めた[16]。この試みにあたり，オーストラリアは1985年の国際商事仲裁に関するUNCITRALモデル規則を利用して，特に国際仲裁に使用する目的で（連邦レベルでの）国際仲裁法を1990年に制定した。私はこの法律の改正を検討すべく司法総督府内に設置された研究会に参加しているが，その活動はUNCITRALの研究会の討議の最終結果を待っている状態である。今度は改正されるモデル規則が国際仲裁法に組み込まれることにより更なる「国際人」的改革が各州の立法レベルで生じることが期待される。しかしながら，それは長期的な話であり，短期的には国内の仲裁法とその実務はオーストラリアにおける国際仲裁とその実務からやや隔

---

[13] J Flood & A Caiger 'Lawyers and Arbitration: The Juridification of Construction Disputes' (1992) 56 *Modern Law Review* 412-40。

[14] この点についての概説書として，H Astor & C Chinkin *Dispute Resolution in Australia* (2nd ed, Butterworths, 2002) を参照。

[15] L Nottage 'The Vicissitudes of Transnational Commercial Arbitration and the Lex Mercatoria: A View from the Periphery' (2000) 16 *Arbitration International* 53-78。

[16] P Wood 'Domestic Lessons from International Arbitration — Anaconda v Fluor: A Case Study' (2004) Paper presented at the IAMA conference, 2005 (http://www.minterellison.com/public/resources/file/ebc7ec4e9e5bcd7/Website%20Fluor%20case%20 study.pdf より入手可能)。

離された形で存続するであろう。

　こうした摩擦は日本ではそれほど問題ではないかもしれない。というのも，日本の2003年の仲裁法は同じモデル規則法体系を（以前の立法と同様）国内と国際仲裁の両方に適用しており，国内の紛争解決において仲裁がそれほどの牽引力をもったことがないからである[17]。しかしながら，この摩擦は，おそらく他のアジア太平洋諸国と同様，オーストラリアにおける仲裁教育の発展を理解するにあたり重要なのである。

2. B　専門家による教育「対」大学教育

　オーストラリア仲裁・調停協会（Institute of Arbitrations and Mediators of Australia，ウェブサイト：www.iama.org.au）は，1975年の設立当初から特に国内の紛争解決を視野に入れた仲裁官の訓練と認定をするための授業を長い間提供している。また，仲裁官勅許協会（Chartered Institute of Arbitrators：CIArb，ウェブサイト：www.arbitrators.org.au）はイギリスで設立され，世界中で盛んに活動（最近では日本でも，新しく設立された日本仲裁人協会と競合しながら仲裁官を訓練している，ウェブサイト：http://arbitrators.jp/）している団体で，そのオーストラリア支部が似たような活動に焦点を合わせながらも，国際的に発展性のあるプログラムを組んでいる。オーストラリア商事紛争センター（Australian Commercial Disputes Centre：ACDC，ウェブサイト：www.acdcltd.com.au）はコーレンス・ストリート卿とテリー・シーハン氏（前ニューサウスウェールズ州司法総督）の力強い支援により ADR 全般の促進を目的として1986年に設立され，今でも訓練と認定サービスを提供し続けている。この団体は政府からの支援を受けつつも今でも非営利団体として活動しており，会員費用や調停，仲裁その他の ADR 手続きを執り行うための費用への依存度は低い。実際，他の ADR 団体や個別の提供者の育成に励んできたため，ACDC の ADR 手続（主に調停でほとんどが国内紛争）に係った件数は年間200から30くらいに減少してきている。そしてまた，ACDC は地方政府を巻き込んだ紛争などでの訓練プログラムに特化してきてもいる[18]。

---

[17]　より一般的な解説として，L Nottage 'Japan's New Arbitration Law: Domestication Reinforcing Internationalisation?' (2004) 7 *International Arbitration Law Review* 54-60; S Nakano 'International Commercial Arbitration under the New Arbitration Law of Japan' (2004) 47 *Japanese Annual of International Law* 96-118; H Oda 'Arbitration Law Reform in Japan' (2005) 18 *Zeitschrift fuer Japanisches Recht / Journal of Japanese Law* 5-22 を参照。

対照的に，1985年にオーストラリアでモデル規則法体系と国際商事仲裁を設立するための方策の採択を促進するために設立されたもう一つの非営利団体，オーストラリア国際仲裁センター（Australian Centre for International Arbitration：ACICA，ウェブサイト：www.acica.org.au）は，教育にはあまり力を入れず，会議の開催にむしろ重点を置いている[19]。その穴を埋めるかのように，新しく設立されたオーストラアジア国際仲裁フォーラム（Australasian Forum for International Arbitration：AFIA）が国際商事仲裁に焦点を当てたワークショップを年に2〜3回開催し始め，最近ではオーストラリア国外でも香港（模擬仲裁大会の引き続き）やシンガポール（シンガポール国際仲裁センターでのUNCITRALとの共催会議に引き続き）でもイベントの開催に従事している。このフォーラムはすでにこの分野に興味をもっている若手の法律実務家（海外での仲裁実務やオーストラリアでその分野に特化してきている弁護士事務所などでの経験から学びすでに熟練している人もよくいる）を対象としており，ロンドン国際仲裁裁判所（London Court of International Arbitration）や国際商事会議場（International Chamber of Commerce）で現在活発な「若手仲裁人」グループをモデルにしている。モデルとなっている諸団体と同様，会員は前もって議論のテーマを提出することを奨励されており，それらを主催者が照合しワークショップでの集中討議のためにテーマを選択する仕組みを採っている。しかしながら，このフォーラムには国際商事仲裁分野における資格認定に結びつく授業に発展させる計画はいまだない。

　こうした状況の中で大学は極めて企業家的活動に従事するようになった。例えば，仲裁官勅許協会（CIArb）の認定を得るための条件を部分的に満た

---

[18]　最高経営責任者ピーター・ロビンソン氏との2006年4月21日にシドニーで行ったインタビューの中での談話。しかしながら，取り扱い事件数の減少に伴い，ACDCは抵当仲買人に対する消費者からの苦情を扱う産業協会ベースのADR制度や信用保証オンブズマン制度の下での事件の取り扱いを補助する下請け契約も交わしてきている。

[19]　他にも，最近シドニーで開催された会議でオーストラリア国際仲裁センター（ACICA）はアジア太平洋地域仲裁グループの設立に中心的な役割を果たした。グループの仲裁協会会員は2年毎に順番に会議を主催することになっている。詳細については，D Jones & S Greenberg 'Developments — Recent Conferences and the Creation of the Asia Pacific Regional Arbitration Group (APRAG) Evidence the Growing Developments and Interest in International Arbitration in the Asia Pacific Region' (2005) 8 *International Arbitration Law Review* N10-11 とウェブサイト http://www.acica.org.au/international-arbitration-events-come-to-sydney.pdf を参照。2004年以降，ACICAは連邦政府からまた新しく資金助成を受けているが，それほど大きな補助ではない。

すことのできる仲裁の授業を仲裁官勅許協会（CIArb）と共同開催する大学が現れてきた。そうした大学としてマッコーリー大学，ノートルダム大学，アデレード大学，クイーンズランド大学などがある。類似のより広範囲な活動として有望視されるのが，私も2006年中旬から2週間に渡り教えることになっている仲裁官勅許協会（CIArb），ACICAとACDCとの共同開催となるニューサウスウェールズ大学での大学院・資格認定コースである[20]。仲裁官勅許協会（CIArb）はまた，法律家ではないが資格の取得を希望している会員に契約法や民事訴訟法などの基本的な授業を教えられる大学教員の雇用に関心を示している。

　他にも様々な協同活動が現れ始めている。例えば，シドニー大学の国際商事仲裁関連の大学院コース（法学修士LL.Mなど）では仲裁官勅許協会（CIArb）が書籍賞を後援している。さらに，クレイトン・ウッツという大手法律事務所は，2002年以来毎年大規模な仲裁講義を後援し，多くの実務家やビジネスマン，選抜された学生の注目を集め，高品質の出版物も輩出してきている[21]。

　ゆっくりと，おそらくオーストラリアにある他のあまり「伝統的」ではない法学部よりさらにゆっくりと，シドニー大学法学部はまた学部レベル（LL.B）でも仲裁をより多く取り入れようとし始めている[22]。例えば，ヒラリー・アストア教授の「紛争解決」というクラス活動を多く含んだ人気のある授業では，残念ながら履修者数が制限されているものの，国内仲裁の側面が幾つか紹介されている。国際商事仲裁は，私が教える新しい授業「国際商事取引」の紛争解決部分の目玉となっている。アメリカのロースクールの講師と同様[23]，私も他の紛争解決手続との関係において仲裁を教える順番を実

---

[20] ウェブサイト：http://www.cle.unsw.edu.au/ を参照。

[21] F Nariman 'East meets West: Tradition, Globalisation and the Future of Arbitration' (2004) 20 *Arbitration International* 123-37; W Park 'Apes, Neanderthals and Missing Links: Evolution in International Business Arbitration' (2006) 22 *Arbitration International* forthcoming; A Marriott 'Breaking the Dispute Deadlock' (2006) 22 *Arbitration International* forthcoming を参照。

[22] 残念ながらアメリカと比較すると（S Ware 'Teaching Arbitration Law' (2003) 14 *American Review of International Arbitration* 231）入門レベルの民事訴訟法のコースに仲裁法の基本的な側面を取り入れることまでは成功していないように思われる。しかしながら，2007年からシドニー大学でも「司法課程論（Processes of Justice）」という新しい必須科目を導入することになっており，この問題解決に少しは役立つはずである。その点日本は，この分野でのドイツ法の伝統を受け有利な立場にあるはずである。

験してみた。私が取ったのは最初に「交渉」を教え，そこで国際条約もしくは実体的な契約法を取り扱う手法であった。しかし，シドニー大学の学生は全員この授業を履修する前に国際私法を履修していなければならないため，紛争解決の部分を国境間訴訟の授業から開始し，続く2つの授業で国際商事仲裁を訴訟よりも有利な点を指摘しながら教え，最後に調停の授業（特に基本的な2002年UNCITRALの国際商事調停に関するモデル規則と対照させる形で）とするのが一番良いのではないかと思うようになった。

加えて，シドニー大学は（国内）仲裁に関する一連の授業を用意することも考慮している。しかし，オーストラリアで最大規模の大学院プログラム（入学を希望する学生の多くは早期あるいは中期の昇進のために評判の良い法学修士LL.Mを取得することを切望するパートタイムの実務家か政府官僚）を擁するシドニー大学でさえ，カリキュラムと教育資材には限りがある。その代わり，シドニー大学は国際商事仲裁のために長年継続している大学院コースに焦点を当ててきている。このより特化した仲裁コースを好む傾向はアメリカでも顕著であるが[24]，おそらくオーストラリアの他の大学でも共通したものである。とは言うものの，大学院プログラムが限られている大学の学部レベルであれば，国際商事仲裁の授業を幾つか教えても良いのかもしれない[25]。中にはディーキン大学のように，毎年開催される模擬仲裁大会への学生の参加と授業を関連させているところもある。ディーキン大学はそうした人気のあるイベントで大変良く活躍している大学の一つである[26]。

さらに，大規模な法学部（メルボルン大学なども含めた）で開講されている

---

[23] S Ware 'Teaching Arbitration Law' (2003) 14 *American Review of International Arbitration* 231 を参照。

[24] T Carbonneau 'Resource, Teaching Arbitration in US Law Schools' (2001) 12 *World Arbitration and Mediation Reports* 227, p.220。

[25] SpencerとScott（D Spencer & M Scott 'ADR for Undergraduates: Are We Wide of the Mark?' (2002) 13 *Australasian Dispute Resolution Journal* 22-35）が挙げている学部レベルでADRを教えることについての問題，特に倫理や法律家の役割に対する理解の欠如という問題は交渉理論と技術に特有なものと思われる。仲裁を教える際には，もちろん契約法や民事訴訟法，そして——可能であれば——国際私法のしっかりとした理解を学生が習得するまで待った方が良いとは思うが，そうした基本的科目で仲裁について触れる有用性を妨げるものではない。

[26] L Nottage 'Educating Transnational Commercial Lawyers for the 21st Century: Towards the Vis Arbitral Moot in 2000 and Beyond' (1999) 66 *Hosei Kenkyu* F1-30, F1-32。

国際商事仲裁のコースは一学期間を通して用意されているが，多くの大学では集中講座という形で開講されている。中には定期的に集中講座という形で教えている大学もあり，特に新設された大学，あるいは小規模な大学にそうした例が多い（例えばオーストラリアでは数少ない私立大学の一つであるブリスベン近郊にあるボンド大学では，第一線で活躍する実務家や前モナッシュ大学教授マイケル・プライルス教授らを招いてコースを創設した）。より最近の現象として，「サマースクール」を開催しているアメリカのロースクール用に，あるいは共同してオーストラリアの大学で集中講義が開講されている。国際商事仲裁はマークエット・ロースクールのプログラムの中で定期的に集中講座としてクイーンズランド大学で教えられている。私も一度チャペル・ヒルのプログラムの一環として国際商事仲裁をシドニー大学で教えたことがある。こうした講義には主にアメリカや他の国からの留学生が参加している。

　最後に，大規模な法学部でさえ国際商事仲裁の授業を「半集中講座」的に開講する場合がある。実際シドニー大学の主要な大学院プログラムではその傾向が強まっている。その教育的かつ実践的価値は高い。典型的な例としては，最初の2日間は講義と一般的な議論に焦点を当て，主要なテーマと概念を学ぶ。そして2週間空けて，その間に履修者は持ち帰りテストをこなし基本的な理解を深め，残りの講義資料に目を通し課題の準備をする。最後の3日間ではテストに関するコメントが与えられた上，クラス活動が多くなり，国際商事仲裁における特定の主題が議論の対象となる（これは基本的な原則やテーマの理解を深めるとともに，履修者が関心のある最終論文のテーマを見つけ出す助けとなることを企図している）。より実践的な側面として，集中講座をこのように分けることは講師陣にとっても学生にとっても身体的なゆとりを与える。

　こうした形態の授業はシドニー大学で2006年から考案されている「国際紛争解決：実践と手続き」という新しい法学修士用のコースにより更なる一歩が刻まれることになる。このコースの初日では，まず一般的な導入を説明し，現在の提案では「純粋な」商事ICA，つまり私企業団体間の仲裁と大規模な商業利益だけでなくより広範囲な公共の関心を伴ってきている投資家対国家仲裁の急成長分野を私が比較することになっている[27]。2日目にはブレット・ウィリアムズ博士が世界貿易機構（WTO）での国家間紛争を取り扱い，

---

[27] RD Bishop, WM Reisman & J Crawford (2005) *Foreign Investment Disputes: Cases, Materials and Commentary* (Kluwer International, 2005) を参照。

その中で私企業が公式には紛争に関わらずにしばしば主張の作成や防衛にあたり政府と協同する点や，その紛争解決の結果が私的部門に多大なる影響を及ぼす点などが言及される。2～3週間後，コースの3日目には国際公法分野の同僚たちが海洋法の下での紛争や国際司法裁判所での紛争など時折重要な経済的影響を伴う国際公法上での国家間紛争解決について講義する。そして最終日には他のシドニー大学の同僚たちが人権侵害の主張に基づく紛争解決を取り扱うか，もしくは我々が国際商事紛争解決の部分を補足するかもしれない。

このように全体としてオーストラリアの大学では，アメリカほどではないかもしれないが[28]，仲裁教育がとてもよく確立されてきている。実際，日本の法学教授が生み出してきた豊かな仲裁法の学識や日本の商事仲裁協会（Japan Commercial Arbitration Association：JCAA）などでの実業家への仲裁教育の活発な提供に鑑みると，仲裁教育のあらゆるレベルで期待された成果を残していない日本の大学での状況とはおそらく対照的である[29]。これはオーストラリアの法学部が比較的研究よりも教育に，そして（少なくとも国内の）仲裁がより強固に確立している法実務の世界との緊密な関係に焦点を当てているためかもしれない。

2. C　大学での仲裁教育の本質的特徴

こうした大学をも含めたオーストラリアでの仲裁教育における比較的強固な伝統にもかかわらず，その合理性や規準となる特徴が何たるか吟味される機会はほとんどなかった。大学で仲裁を教えるということは「どのように仲裁人になるかを学生に教えること」が主たる焦点になるはずがないというアメリカのスティーヴン・ウェア教授の見解に私は賛成である[30]。オーストラリアの大学では特に大学院課程で熟年層の学生が多い傾向にあるが，それでももっと多くの白髪の多い熟年者が仲裁人として必要とされている。実際の（もしくは模擬の）仲裁の進行にあたる弁論代理人や法律顧問など他の役割で

28　Carbonneau，前掲注(24); Secunda，前掲注(6)と比較せよ。
29　Nottage，前掲注(26); T Kitagawa & L Nottage 'Globalization of Japanese Corporations and the Development of Corporate Legal Departments: Problems and Prospects' in W Alford (ed) *Raising the Bar: The Emerging Legal Profession in East Asia* (Harvard University Press, 2006)（日本の企業によるかなりの程度の利用を示す統計を含む）を参照。
30　Ware，前掲注(23) p.232。

も経験は要求される。したがって，ロースクール（あるいは法学部）では学生を弁護士として訓練するために仲裁法を教えるべきなのであり，主に学生に法を教えるのではなく，「学生に法をどう使用するか」を教えるべきなのであるというウェア教授の見解は正しい[31]。特に私がウェア教授と見解を同じくするのが，1992年にアメリカ法廷弁護士会で発表され，オーストラリアの多くの法学部でも評価されるであろう（されるべきなのであるが）「マクレート報告（MacCrate Report）」において発起された以下の「基本的な法律家としての技術」を育成するのに仲裁法は最適だという点である[32]：

(1) 問題解決
(2) 法的分析と論理的説明
(3) 法学研究
(4) 事実調査
(5) 意思伝達（口頭並びに書面）
(6) カウンセリング
(7) 交渉
(8) 訴訟と代替紛争解決手続
(9) 法律事務の計画と管理
(10) 倫理的ディレンマの認識と解決

ウェア教授が指摘している通り，仲裁は裁判法や立法の「法的分析」に必要なより伝統的な技術を研磨するのに最適なのである。メルボルン大学の卓越した国際商事仲裁のコースは，特にオーストラリアの文脈における裁判法の解釈に焦点を置いている。私の授業でも同様の手法を導入しているが，二次的資料（重要な判例に関する良い論文など）や多岐にわたる主要な「立法的」教材（1999年の国際商事仲裁における証拠の取得に関するIBA規則や国際商事仲裁における利害衝突に関するIBA 2004年度ガイドライン[33]といった「ソフト・ロー」を含む）を好んで使用している。私の場合，こうすることで他の法学のコースや大学院生が実務分野で得た知識を見直し，またその上に蓄積することを狙いとしている。

31　同上，p.233。
32　他にもアメリカでの例としてSecunda，前掲注(6)，またオーストラリアでの最近の一般的な研究としてR Johnstone 'Changing Legal Education: Rhetoric, Reality, and Prospects for the Future'（2004）26 *Sydney Law Review* 537-64 を参照。
33　このガイドラインに関する中立的な分析として，M Ball 'Probity Deconstructed'（2005）21 *Arbitration International* 323-341 を参照。

しかしながら，シドニー大学の学生は「教科書的法」分析に取り組む機会を随分と与えられているように思われ，仲裁法は他の多くの技術を伸ばすのにも良い糧であるというウェア教授の意見に賛同できる。例えば，私の授業の評価方法の一つには多かれ少なかれ「病理的」な仲裁条項を分析・書き直しすることが含まれている。起草技術の実践方法として他にも，私が2005年8月に開講した半集中講義の授業では仲裁協会の新しい諸規則を比較・再起草するという作業を取り入れた。特に，私が草案に携わってきたACICAの2005年諸規則とJCAAの2004年諸規則を[34]，世界の他の主要な諸規則の比較表も利用しながら比較することもできた[35]。

私の国際商事仲裁の授業ではもう一点，特に模擬形式での口頭による意思伝達技術を強調してきた。学生が国際商事仲裁の基本的概念を習得した後に授業の早い段階で，コローン大学のクラウス・ピーター教授が編集した判例集[36]と併せて模擬仲裁の様子を扱ったとても良いDVDを利用しながら，仲裁傍聴の内側で何が起こっているかを学生にまず明かす。こうすることで主要な国際商事仲裁の概念がどのように模擬仲裁で反映され使用されるのかを強調すると同時に，コースの最後に開く模擬仲裁で期待される構成や様式について学生に準備の機会を与えることができるのである。後者の点に関して言えば，私は以前のVis模擬大会から仲裁法関連の問題を抽出し，その模擬仲裁での優勝者の陳述書を与えることによって[37]，学生がプレゼンテーション（模擬弁論として）あるいは仲裁の運営（模擬仲裁人として）に集中できる

---

[34] G McAlinn & L Nottage 'Changing the (JCAA) Rules: Improving International Commercial Arbitration in Japan' (2005) 18 *Zeitschrift fuer Japanisches Recht / Journal of Japanese Law* 23-36 を参照。

[35] 諸規則の比較表はウェブサイト：www.law.usyd.edu.au/˜luken/arbrulescompared.pdf より入手可能。新しいACICA諸規則（ウェブサイト http://www.acica.org.au/arbitration-rules.html より入手可能）はUNCITRAL作業部会における暫定措置についての討論を利用して，1976年のUNCITRAL諸規則をかなりの程度改善している。S Greenberg 'ACICA's New International Arbitration Rules' (2006) 23 *Journal of International Arbitration* 189-200 を参照。

[36] KP Berger *Arbitration Interactive: A Case Study for Students and Practitioners* (Peter Lang, 2002)。彼は現在その第2版を編集しており，それには彼のCentre for Transnational Law が開講している授業に基づく交渉や調停の教材も含まれる予定である。より詳しい情報はウェブサイト http://www.transnational-law.de より入手可能となるであろう。

[37] ウェブサイト http://www.cisg.law.pace.edu/vis.html より入手可能。

ようにしている。

　最後にこれら全てを通じて私が信じていることは，大学レベルでの，特に大学院レベルでの仲裁教育には，国際商事仲裁──昨今では法学全体──の過去，現在，将来に対する広い視野を付加する責任があると同時にそうした機会に恵まれているということである。これは私にとっては二つの主要なテーマを意味している。すなわち，㈠国際化，国内化，そして地域化の間で生じる摩擦，そして㈡法過程における非形式性と形式性の間で生じる摩擦である[38]。こうした視点は（仲裁条項を交渉・起草する際や，仲裁もしくは裁判の進行の際，あるいは仲裁機関の法律や規則の改正の際に生じる）特定の問題を解決するのに重要となる可能性のある昨今の国際商事仲裁法とその実務で中心となっている様々なテーマの関連性を見出す助けとなる。それはまた学生が彼ら自身の他の分野での学習や法実務での似たような摩擦や方向性について考える助けともなる。こうした広範囲な視野は，シドニー大学での国際商事仲裁のコースで育成できる様々な異なる技術とともに学生から高く評価されているようであり，この授業形態は「国際紛争解決：実践と手続き」という新しいコースによってさらに進歩を遂げるであろう。専門家の協会による仲裁教育ではそのような「付加価値」のある教育を提供することの難しさは避けられない。さらに付け加えるならば，かつてないほどのグローバル化と経済的圧力が増す世界の中でも──あるいはそのような世界の中でこそ──社会やバランスの取れた法体系の発展に対する広範囲な責任の一部として法学部はそうした視野を取り込むべきだとも言えるのかもしれない。

3. 国際（情報技術）時代における広範囲なADR教育

　オーストラリアは，理由は異なるが，日本と同様，仲裁とその教育への関心をさらに発展させるための見通しの明るい岐路にさしかかっている。仲裁法の次の改正への動きは，連邦政府や大手弁護士事務所の支援で関係諸機関が一新あるいは発起されるにつれ増してきている。日本と比較すると焦点はまた主に国際商事仲裁に当てられているが，それが長期的にはオーストラリア国内の仲裁環境の改善につながることが期待される。日本でも，また世界でもそうであるように，古い世代（戦後世代）の仲裁専門家は新しい世代に

---

[38] Nottage, 前掲注(7)。後者のテーマは法学修士課程（LL.M）で教えている際に発展させたものである。

バトンを渡しつつある。

　仲裁は，当事者自治に基づき，移り変わる現実と期待に見合うよう必要な柔軟性を持ち合わせながらも，両国における異なる代替的紛争解決手続，例えば（より広範囲な民法改革と関連した）裁判部調停や通常の調停，専門家による決定などを模索する動きとも関連する位置づけにある。前途有望な将来はまた仲裁を発展させるために情報技術（IT）を利用することでも開ける。「サイバー仲裁」それ自体はまだ定着していないが，仲裁の授業の中にはロンドン大学のようにオンラインで開講し，成功している例もある[39]。国際商事仲裁のような主題——国際文書や「ソフト・ロー」，大きな地域差はあるものの広く共有されている実行などに基づく——にとっては，国境を越えた組織間の協同，特に情報技術（IT）の挑戦を学生や講師にとっての新しい機会へと転換することによる協同の余地がある。多くの場合，こうした転換により，実質的な商取引法紛争の解決のための模擬交渉や仲裁に学生たちがある国の開催地へと旅行して参加する大会が著しい成功を収めてきている（3.A.）。しかしながら，最近の興味深い実験（3.B.）では，Eメールやビデオ会議を利用して商事契約（紛争解決条項を含む）の構造的交渉や（オーストラリアと日本が最近先導している）直接交渉による紛争解決に様々な国々の学生を取り組ませている。言い換えるならば，次世代のグローバルな法律家を育成するのに「グローバル化された」法や実践に比重をかけた分野に捉われる必要はないのである。本稿はこれら二つの実験の要素を組み合わせた国境を越えたコースや教育プログラムを提案することで結論付けることにする（3.C.）。こうした線での更なる実験は手続的・実体的双方における商取引法のグローバル化内部での方向性や摩擦を理解し，完全な「企業化」に抵抗しようとする大学レベルでの決定的な勢力を維持する上で最も重要な視点を提供してくれるのかもしれない[40]。

3．A　国際仲裁と交渉の模擬大会

　あらゆる形式と規模の模擬大会が国内レベルでも国際レベルでも拡散して

---

[39] ウェブサイト：http://www.ccls.edu/icltu/research/sia/index.html と T Sawai 'Arbitration Education in England: From Experiences at the School of International Arbitration, Centre for Commercial Law Studies, Queen Mary, University of London [in Japanese]'（2005）*CDAMS Discussion Paper* 05/2J http://www.cdams.kobe-u.ac.jp/archive/dp05-2j.pdf による報告を参照。

[40] Thornton，前掲注(1)を参照。

きている。ペース大学（ニューヨーク）の大学教授が UNCITRAL からの退任の後1993年にひっそりとウィーンで始めた年に一度開催される Vis 模擬大会をご存知の方も多いであろう。模擬仲裁の場では，学生が仲裁法（特にニューヨーク条約とモデル法）と実体法，特に1980年の商品の国際的販売のための契約に関する国連条約（CISG）の双方に関する問題を議論する。この模擬大会は2005年には何十もの国々から160組ものチーム（大抵は1チーム最低4人）と何百という講師と実務家を巻き込む大規模な大会にまで成長した[41]。オーストラリアの大学での関心（そして成功の度合い）は高く，特に大手法学部と競いいろいろな専門分野での業績を伸ばしたい大学にその傾向が強く反映されている。日本からも2～3チームの参加がある[42]。1990年代を通して，参加国の増加は CISG への加盟国数の増加と平行していたが，チーム数の増加はさらに急激であった[43]。より多くの国が CISG に加盟するにつれて，その1条1(a)項によりいろいろな加盟国にビジネスの拠点を置く企業に適用されることでその直接的意義は増した。しかしまた，原則的に1条1(b)項に則り，非加盟国の裁判所や仲裁人さえも，その国での国際私法上の規則により加盟国の法の適用が要求される場合には CISG を適用するよう規定されているため，その適用範囲はさらに拡大してきている。従って，CISG に関する経験は世界中で広がっており，Vis 模擬大会の成功を支えている。こうした急激な CISG の拡大により日本でもこの条約への加盟がようやく検討され始めたようである。

　またアジア地域でも，幾つかの国々が CISG に加盟しており，また他の国々も国際私法上の自国の規則により近隣諸国が採択した CISG の適用を余儀なくされているためか，Vis 模擬大会への関心が高まっている。実際，香港市立大学は2003/4年から Vis 模擬大会（東部）を主催しており，その後は他の法学部と共同開催しながらより多くの多様な参加者を募っている[44]。

41　ウェブサイト：http://www.cisg.law.pace.edu/cisg/moot/perspectives.html を参照。
42　ノッテジ・曽野裕夫「ウィーン販売条約（CISG）と法学教育：第7回 Willem C Vis 模擬国際商事仲裁大会参加記」法政研究67号（2000年）111頁を参照。
43　Nottage，前掲注(26)を参照。
44　下記の表はウェブサイト：*http://www.cisgmoot.org/previous_moot.htm* に基づいている。

第2部　法学教育・法曹養成

チームの出身国	2003/4（7ヵ国から13チーム）	2004/5（8ヵ国から18）	2005/6（9ヵ国から32）
1. オーストラリア	2	2	4
2. 中国（香港を除く）	4	2	—
3. ドイツ	1	2	5
4. 香港	1	2	2
5. インド	3	4	8
6. インドネシア	1		1
7. 日本			—
8. ポルトガル			1
9. スペイン			2
10. タイ		1	1
11. トルコ		1	—
12. アメリカ合衆国	1	4	8

　こうしたチームがこの大会への参加を毎年同じ問題を使って直後に開催されるVis模擬大会のための「練習の場」として考えているのか（私はおそらくそうだと憶測している），それともチームの中には——特にアジアからのチーム——金銭的その他の制約のためにVis模擬大会（東部）のみの参加で終わっているのか調査してみると興味深い結果が出るかもしれない。特に後者のチーム数が増加している場合には，弁論の様式や仲裁と実体法へのアプローチの仕方に，復興しつつある「アジア流」とある人の眼には映る何かと結びついているかもしれない興味深い地域的な差異がないかどうか検討してみることもできるかもしれない[45]。

　この地域でのもう一つの新しい発展として，これまたひっそりと，大学レベルで競い合い協同することにより関心のある二つの法学部の教授陣が2002年に東京で打ち上げた大学対抗交渉大会がある[46]。この大学対抗交渉大会は，確かに模擬商取引交渉を含んでいるものの，国際商取引契約に関する

---

[45] 例えば，この地域の一部の管轄権内でCISGが据え置きにされている問題に関する解答の一つとして，形式的法理論に基づく法体系と実質的法理論に基づく法体系の大きな区別を導いているとする研究がある。Nottage, 前掲注(2)を参照。

UNIDROIT 諸原則（1994年に自由参加型のソフト・ローとして打ち立てられ，その条項の多くは CISG に則っている）の下での契約法紛争の仲裁も含んでいるという点で幾分誤称である。しかしながら，Vis 模擬大会とは異なり，学生は仲裁法自体の問題について議論せず，仲裁の場は双方の法的議論を展開するための予め了承された（そして争う余地のない）枠組みを提供するだけのものとなっている。この実態は，諸チームが商取引の紛争解決（2005年の第4回大会）または最初の取引（2004年の第3回大会）を交渉しようとする際に浮き出てくるであろうと開催者側が期待している広い視野とは対照的なものである。数年に一度でも，あるいは仲裁に関する知識や技術を伸ばしたいと考える大学への新たな選択肢として，仲裁法に関する紛争が大学対抗交渉大会に加えられることを願いたい。

　大学対抗交渉大会のもう一つの特徴として，各法学部から英語と日本語両方の部門に参加チームを送り込むことができるという点が挙げられる。日本の法学部生の英語能力は Vis 模擬大会（東部）においても参加への大きな障壁であった。他方，この大会に英語部門に加えることで，英語力を使用・改善することに関心のある日本人の学生に英語で競う機会を与え，かつ留学生が競いやすい環境を整えることができた。実際，2005年の第4回大会で私はオーストラリアの日本法ネットワーク（ANJeL）が編成したチームの指導を手伝った。このチームは主にオーストラリア国立大学の学生が主体となっていたものの，以前シドニー大学の学生で当時京都大学で法学修士を学んでいた学生も参加しており，日本語部門での競技にも挑戦し，見事チームワーク賞を受賞した。今年の第5回大会では ANJeL はチームを2組送り込み，日本語と英語の両部門で競わせようと考えている[47]。また，学生が受けている法学教育・システムの違いや英語か日本語で競うかにより，特に（競技の進行を指揮する中立的な第三者の影響が少ない）交渉の場で様式や結果に大きな違いが出てくるかどうか見てみるのも面白いであろう。

3. B　国境を越えた交渉の授業

　もう一つのより最近の実験は，二校の大学しか関わっていないという点であまり野心的ではないものかもしれないが，学習経験を向上させるのに情報

46　ウェブサイト：http://www.osipp.osaka-u.ac.jp/inc/eng/index.html を参照。
47　ウェブサイト：http://www.law.usyd.edu.au/anjel/content/anjel_teaching_comp.html を参照。

技術（IT）を付加しているという点でより意欲的である。比較的簡単な形式の授業は東京の中央大学に晩年所属していたマルコム・スミス教授（それ以前には彼がメルボルン大学に在籍していた頃，バンコクにあるチュラロンコン大学での国際法学修士用に取り組み始めたアジアにおける代替的紛争解決の授業を共同で教えていた）[48]が受け持っていた。限られた国内法関連の主題に焦点を当てる日本の新しいロースクールで学生に一般的にかかる圧力にもかかわらず[49]，スミス教授の授業には中央大学の学生30人ほどが受講し，その授業の一環として学生はバンコクまで旅行し，同じ授業を平行して受講しているチュラロンコン大学の学生と紛争解決条項（仲裁，準拠法など）を交渉しながら彼らの知識や技術を活用する機会を与えられた。

しかしながら，模擬大会と同様，この授業はまだ国際感覚あふれる法律家としての良い訓練を受けさせるために学生たちに物理的に国境を越えてもらう必要のあるものであった[50]。1990年代後半から中には情報技術（IT）に解決を求める授業が現れてきた。ゲラルド・マッカリン教授は，東京の青山学院大学から慶応大学ロースクールに移動するまで，彼の学生（顧客として）にUCLAロースクールのアーサー・ロセット教授の法学部生（弁護士として）とEメールを主に利用した仮想の契約交渉を行わせた[51]。

より意欲的だったのが，ワシントン大学から東京大学に移籍したダン・フット教授とワシントン大学の同僚諸君との間で2000年に定期的に開講され始めた授業である。彼らの平行授業では，仮想顧客インタビューや，（経験豊かな実務家も参加した）共同講義，そして双方のチーム間での契約交渉を進める会合を含めたビデオ会議設備が付け加えられた。ビデオ会議による講義には電話線により連結されたPolycom ViewStation（カメラと受信機付き）が

---

[48] Smith, 前掲注(9)を参照。九州大学もこの大学のプログラムで協同しており，私が九州大学に在籍していた最後の年である2000年にとてもユニークなタイの修士課程の学生に国際販売と仲裁法の授業を楽しんで教えた。

[49] M Smith 'Can An Old Dog Learn New Tricks? An Australian in a New Japanese Law School' Co-authored update forthcoming in (2006) *Australian Journal of Asian Law*; Paper for the conference on 'Build It and They Will Come — The First Anniversary of Law Schools in Japan', University of Melbourne, 26 February 2005。

[50] 他にも1990年代後半に北海道大学とウィスコンシン・ロースクールの間で行われた共同交渉授業があるが，情報技術（IT）は利用されていなかった。Anderson & Eizumi, 前掲注(8)103項注4を参照。

[51] A Rosett & G McAlinn 'The Harmonization of International Commercial Law and Legal Education in the Information Era' (2000) 41 *Aoyama Gakuin Ronshu* 192.

使用された。ビデオ会議による交渉には当初格安のウェブカメとブロードバンドのインターネット接続が使用されていたため，費用はかからなかったが画質は悪かった。最近のビデオ会議では，Polycom ViewStation とブロードバンド・インターネットが使用され，通信自体は低予算でかつ良い画質を保つことが可能となったが，その分両方の側で最初の Polycom 設備の設置に費用がかかっている[52]。さらに，中央大学やチュラロンコン大学での授業とは異なり，彼らの交渉の授業では紛争解決条項や問題点だけに限らず，契約法やその実務，姿勢から日本とアメリカにおける職業責任の理解の差異に至るまで様々な論点が扱われた。フット教授によると[53]，マクレート報告（前出2.C）で勧められてる10項目の幅広い「基本的な法律家技術」のほとんど全てがこの授業で扱われており，また，それらの項目は日本の新しいロースクール・プログラムの設立を勧告する報告の中でも多く引用されていた。

　類似の（Eメールと高画質のビデオ会議設備）情報技術（IT）を使用したより最近の実験として，青山学院大学とオーストラリア国立大学で同時開催されている授業があるが，この授業では幾つか異なる点もある。まず，この授業は各々の大学の選択授業として構成されており，オーストラリア国立大学の場合には法学部生とアジア学部の学生両方に門戸が開かれている。次に関係する点として，オーストラリア国立大学はチームを3組編成し，それぞれ日本語，英語，それら両方で青山学院大学チームと交渉するようになっている。第3点目に，この授業では脱国家的アプローチをとること目的としており，各々のチームの中で（購入者や販売者などの）様々な役割を混合させ，契約交渉に通貨の問題も取り入れている。最後に，この授業では取引に至るまでの交渉の最初の段階（この過程で販売価格や量，期間や運搬方法などにつ

---

[52] 今年6月，私は光栄にも高橋宏司先生に招かれ同志社ロースクールで彼のイギリス法のコースを履修している学生にアングロ・コモンウェルス（私）法を「ウェビナー（Webinar）」として教える機会を与えられた。その際には最近設置された Polycom 体とシドニー大学ですでに設置されていた同種の機器を利用した。音画質は（必ずしも私の講義自体もそうであったわけではないが）驚くほど良かったが，MS パワーポイントや手書きの図を見せるための設備の調和には難点が残った。少なくとも日本とオーストラリアにおいて大部分の大学が高い広域帯の中かそのすぐ近くに位置している。Polycom のような機器は（ウェブカメでよく使用されているソフトウェアよりも断然）効率的な変圧器に適するハードウェアを使用でき，またその価格は安くなってきている。Polycom は日本で100万円ほどで購入できる。

[53] Foote，前掲注(10) pp.91-2．

いての協議がされ，またどのチームも最終的に紛争解決条項について同意に至ることが必要とされる）と，その後（不可抗力とも言える）外部的要因により紛争と契約の再交渉を余儀なくされる段階を取り込んでいる。アンダーソン教授と江泉教授はここでも重要な幅広い教育的価値を見出している。彼らはまた交渉の様式の違いや根底にある実体法の認識の違いから生じる大変興味深い徴候について述べており，例えば，オーストラリア国立大学の英語チームによる用意周到に計画された一環した契約戦略が決定的に好条件の取引と再交渉後の契約を引き出した点などを指摘している。

3. B　結論と提案

完全に，あるいは（多くの場合が）部分的に代替的紛争解決を現代的な訴訟法と実践の重要な一部として扱うこうした教育機関主導の動きの大部分は多くの場合，個人的な確信や講師陣の熱意，そして彼らの間での連携から自生的に発達してきた。内容や根底にある教育目的の共有にもかかわらず，下図に示されているようにある程度の相違が生じるのは避けられない。

実験／範囲	(a) 契約交渉（取引）	(b) 契約再交渉（紛争解決）	(c) 仲裁による契約再交渉（紛争解決）
学生による海外渡航			
1. Vis 模擬大会（ウィーン）／東部（香港）			◎
2. 大学対抗交渉大会（東京）	◎（例2004）	or ◎（例2005）	○（仲裁法に関する論点なし）
3. 中央・チュラ（バンコク）	○（紛争解決条項）		
情報技術（IT）による越境活動			
4. 東大・ワシントン大（青山・UCLA）	◎（紛争解決条項を含む）		
5. 青学・ANU	◎（紛争解決条項を含む）	◎	
6. 新しい提案	◎（紛争解決条項を含む）	◎（再起草された紛争解決・仲裁条項を含む）	◎

この視点から，私がまず結論として提案したい点は，私たち全員（特に訴訟法に携わる法律家として）相互作用と利益を最大化する新しい授業やプログラムを発達させていくべきだということである。そうした新しい授業やプログラムでは下記の点が取り上げられるべきである。
　(A)　最初の取引に向けた契約交渉（紛争解決条項に重点を置きつつ，仲裁諸規則についての基本的理解も促す）
　(B)　前提となっている関係に亀裂が入った後の契約再交渉（最終的に仲裁条項を新しく草案するか再起草する）
　(C)　他の要因により生じる更なる契約紛争の仲裁による解決（調停と組み合わせた形でも良い）
一番最後に言及した仲裁審理を扱った例はこれまでないと思われる（私が知る限り）が，それも含め全ての過程でビデオ会議設備が効力を発するであろう。

　確かにこの提案はかなり野心的に見えるかもしれない。しかし，上述した様々な先駆的研究が示すように，各過程を上手い具合に操作することは可能である。学生にとっての教育的価値がすでに示されていることで，必要な時間と資材の割り増しは正当化されると思うが，願わくば各法学部の学部長や他の運営上の責任者を説得してもらいたいところである。この広範囲な教育的アプローチはまた，大学が相対的に優位な立場を維持したい面でもあり，実際，専門協会やより視野の狭い教育サービスの商業提供者を相手に，経済を自由化するに当たっての大学の公共任務である。特に情報技術（IT）の挑戦を大学間，特に国境を越えた大学間の協同を助長する機会へと転換させることにより，我々は，21世紀に羽ばたく世界的視野をもった商務弁護士を育成する新しい時代へとより効率的に移行することができる。

伝統と改革の間で:イタリアの法曹養成

ミケーレ・ルポイ〔入稲福 智訳〕

Draft Version
(草稿)

A) はじめに

　イタリアにおいて,法曹の養成とは非常にデリケートな問題であり,まさに根本的な事項についてまで様々な議論が繰り広げられている。確かに,「法曹」(jurist)という概念は多義的であるが,基本的には,法学教育を受け,その結果,法の解釈と適用が可能な者を指す。それゆえ,法曹になるために勉強をしている段階の者と法曹とは区別されるべきである。なお,すでに法曹としての資格を取得している者であれ,法の発展に対応するため,「トレーニング」が必要になろう。

　伝統的に,「未来の法曹」(would-be jurists)とは法学部の学生であるのに対し,すでに完成された法曹(formed-jurists)とは現行法に関する知識や能力を必要とする職業や活動に従事している者を指す。例えば,イタリアでは,弁護士,裁判官,公証人,法学教授(弁護士として開業している者も多い),若干の公務員などが法曹にあたる。

　もっとも,近年は複雑化した社会的要請に応えるため,(経営学部,政治学部,情報学部など)法学部以外の学部や大学院でも法学教育が行われるようになっている。職業アドバイザー,企業内の法律アドバイザー[1],法律情報アドバイザー,旅行に関する法律アドバイザーなど,新しい職業も生まれて

1　See VINCIGUERRA, S., *La formazione dell'operatore giuridico d'impresa, in L'insegnamento del diritto oggi*, Rebuffa, Visintini eds., Giuffrè, Milan, 1996, p. 337 ff.

いるが，このような特殊な法律分野のスペシャリストは，法学部以外の学部でも十分に養成することができよう。

他方，伝統的な法律職も，その性質や機能が変わりつつあり，その養成に関し，いくつかの問題が生じている。例えば，法律全般の専門家はイタリア国内，少なくとも，大都市圏では消え失せ，ある特定の分野に特化した弁護士が増加する傾向にある（民事法，刑事法，行政法といった区分だけではなく，知的財産法，家族法，労働法などの分野を専門にする弁護士が増えつつある）。また，弁護士としての活動（訴訟弁護士や契約弁護士など）も多様化している。

このように，イタリアの法曹は，アイデンティティの危機に晒されていると言えるが[2]，改新の時機を逸している感も否めない[3]。

これらの点を踏まえるならば，以下のような結論（小括）を導き，本レポートの構想を示すことができよう。

- まず，法曹の養成という表現を用いる場合，法曹とは，単数形（jurist）ではなく，むしろ，複数形（jurists）として捉えるべきである。
- 法曹の養成と，法曹のための養成とは区別されるべきである。
- 前述したように，法学教育は，もはや法学部の特権ではなく，その他の多くの学部も法曹の養成に携わっている[4]。

広範囲にわたる（また，現在でも不明な点が残る）事項について，このレポートで包括的に考察することは不可能であるため，以下では，次の点について述べることにする。

a）伝統的な意義における法学部が実施している法曹の養成

前述したように，理論的かつ形式的な法学教育を支えているのは，現在でも法学部である[5]。

---

[2] PROCACCINI, M. M., *Evoluzione della figura del giurista nell' 'età moderna'*, in *La riforma degli studi giuridici*, Cerulli Irelli, Roselli eds, Naples, 2005, p. 91.

[3] PROCACCINI, M. M., *op. cit.*, p. 97 は "ogni trasformazione sociale (...) impone nuovi compiti al giurista che non si limiti alla mera registrazione del mutamento, di cui è invece più o meno scientemente sempre (co) artefice e compartecipe" と述べている。

[4] PROCACCINI, M. M., *La riflessione dei giuristi sulla didattica del diritto pubblico, in Per una riflessione sulla didattica del diritto (con particolare riferimento al diritto pubblico)*, Franco Angeli, Milan, 2000, p. 87 ff. より詳細について，Merloni, Atripaldi, Perez, Bianchi, Petrolata, Procaccini, Riccio, Roselli e Mannini in *Per una riflessione sulla didattica del diritto* cit., p. 375 ff.

[5] PROCACCINI, M. M., *La riflessione dei giuristi* cit., p. 89.

b) 伝統的な法曹（弁護士，裁判官，公証人）になるための大学院教育
（法学部卒業生を対象にした教育）

　この選択は恣意的であり，また，「保守的」であると批判されることもあろう。しかし，イタリアの若年法曹養成プロセスに関する近時の改革や不安定な状況を考慮すると，伝統的な役割や機能について（再）検討しなければ，新しい課題にも取り組むことはできないと解される。法学教育の構造的基盤がしっかりしていなければ，これから築き上げようとしている新しいフロア（階層）は，常にぐらつくものである。

　さらに，このレポートでは，イタリアの状況について説明するが，特に，民事訴訟法の教育に焦点を当てることにする。

B) 法学部における法曹の養成

I) 制　度

　制度上，法学部は，複数形としての法曹（jurists）を養成するが，長いこと，アイデンティティの危機に晒されていた。

　伝統的な学部課程は，新入生の70％以上がドロップ・アウトし，規定の4年間で卒業する者は10％にも満たないという，受け入れ難い状況を生み出した[6]。つまり，学生の「死亡率」は高く，また，他のヨーロッパ諸国と比べると，卒業生は高齢化していた。

　教育内容や方法にも問題がある。法学部は法曹の養成を目的しているが，イタリアの法学部生の大半は異なる目的を抱いており[7]，入学登録の日から，すでに将来は法曹以外の職に就くことを自覚している。現在でも，公務員は最も人気のある代替的な職業であるが[8]，その他の学部に比べ「容易である」という理由で法学部を志望する学生も少なくない。つまり，法学部は，進路を決定するまでに留まる駐車場として捉えられている[9]。さらに，真実かど

---

[6] See CHIARLONI, S., *Riflessioni minime sull'insegnamento del diritto processuale civile*, in *L'insegnamento del diritto oggi* cit., p. 293.

[7] COLESANTI, V., *L'insegnamento delle materie processualistiche*, in *L'insegnamento delle materie processualistiche nelle Facoltà di giurisprudenza riformate e nelLe scuole forensi. Atti dell'incontro di studio. Bologna, 1 giugno 2002*, Giuffrè, Milan, 2003, p. 14.

[8] Cfr. RESCIGNO, P., *La Facoltà di giurisprudenza come scuola di metodo*, in *L'insegnamento del diritto oggi* cit., p. 134.

[9] CHIARLONI, S., *Riflessioni minime* cit., p. 294.

うかはさておき，法学士はその他の学位よりも就職に有利であると解されている[10]。

後述するように，これらのすべての点は教育方法や学生の復学に影響を与えているが，それは，特に民事訴訟法の分野で顕著に表れている。

さらに，制度上，イタリアの大学は，その他のセクターと同様，「恒常的な建築現場」（permanently open building yard）として位置づけられている。それゆえ，法学部の詳細について論じる前に，イタリアの大学制度改革について概括しておくことが有益であろう。

まず，1859年制定のいわゆる Casati act について言及すべきであろうが，この法律によって，大学には正確な専門知識を必要とする職業の養成や学術文化の維持・発展に貢献するという機能が与えられた[11]。もっとも，その当時，大学は国家によって厳しく統制されており，自治権や法人格は与えられていなかった。

この段階において，イタリアの法学教育は，ドイツ法制度上の通念，つまり，法現象学（juridical phenomenology）を凌駕し，それを支配する meta-historical construction の影響を強く受けていた。この影響は，以下の教授法にも見て取ることができ，現在でも，その名残を感じとることができる。

a) 関連制度の「組織」と講義をベースとした理論的でドグマチックな教授法[12]

講義中，学生は受動的で，自らの見解を述べる機会は全くないしほとんど与えられていない[13]。

b) 「ハンドブック」の重要な役割

「ハンドブック」は，教授による講義と，学生の自習に不可欠な要素として機能する。

もっとも，イタリアの大学はドイツ流の法学教育に陶酔していたわけではない。また，ドイツの大学でも，具体的な事例を挙げて説明するケース・メソッドが普及している[14]。

10　V. anche TARUFFO, M., *L'insegnamento accademico del diritto processuale civile*, in *L'insegnamento del diritto oggi* cit., p. 282.

11　PICARDI, N., *La formazione di base del giurista*, in *La formazione del giurista. Atti del convegno Roma, 2 luglio 2004*, Angelici, C. ed., Milan, 2005, p. 40.

12　PICARDI, N., *La formazione di base* cit., p. 37.

13　PICARDI, N., *La formazione di base* cit., p. 41.

14　PICARDI, N., *La formazione di base* cit., p. 44.

この段階において，大学の法学教育は学術的であり，卒業生の就職を支援するといった職業養成機能は有していなかった。これもドイツ流の法学教育の影響であるが，このような状況は何十年間も継続することになる。そこでは，実務に有益な知識の習得は大学教育の対象とされていない[15]。

　1923～24年の，いわゆる"Gentile reform"によって大学制度は刷新され，リベラルな息吹と権威的な秩序が大学にもたらされた[16]。特に，大学には法人格が与えられ，新しい科目の導入も可能になった。

　もっとも，この決断力に欠けた改革は長くは続かず，いわゆる De Vecchi の反対改革 (r. d. 30-9-1938, n. 1652) によって，国の教育目録や非常に厳格なカリキュラムが導入されることになった[17]。また，大学の主たる目的は，学術発展と，公職やその他の職業の遂行に必要な学術の教授にあるとされたが，ここでも理論的な研究が技術・実務教育よりも重視されることになった[18]。

　1945年，大学は，大臣の承認の下，新教科の設置が可能になった[19]。

　また，1958年より，国の教育目録が掲げる補充科目に加え，新たに補充科目を設けることも可能になった。

　この制度は1969年まで適用されているが，同年，*legge* n. 910 によって，個々のカリキュラムは抜本的に自由化された[20]。

　教育に関する自治権は，*legge* n. 341 of November 19th 1990 によって，ようやく与えられるようになった。なお，基本的な懲罰規則は国レベルで定められるが，学業規則は大学と学部の関与の下，地方レベルで定められた[21]。しかし，この段階でも，国内におけるカリキュラムの統一という原則は維持されることになった[22]。

　大学の自治権は，*legge* n. 127 of May 15th 1997[23] によって，一段と強化さ

15　IRTI, N., *La formazione del giurista,* in *La formazione del giurista* cit., p. 4; PICARDI, N., *La formazione di base* cit., p. 33.
16　PICARDI, N., *La formazione di base* cit., p. 45.
17　GASPARRI, W., *L'autonomia didattica delle Università degli Studi e il sistema delle fonti,* in *La riforma degli studi giuridici* cit., p. 234.
18　Re. PICARDI, N., *La formazione di base* cit. p. 45
19　PICARDI, N., *La formazione di base* cit., p. 45.
20　PICARDI, N., *La formazione di base* cit., p. 47.
21　GASPARRI, W., *L'autonomia didattica* cit., p. 235.
22　GASPARRI, W., *L'autonomia didattica* cit., p. 239.

れることになったが，例えば，"annualità"の期間や最小数，各コースの最低限の内容，オリエンテーションの方式や方法，学生の移動〔転学，転部，再入学〕の支援など，最低限の共通条件については，従来どおり，大臣によって定められる。

〔法学部のカリキュラム〕
〔伝統的な4年制カリキュラム〕
法学部のカリキュラムは，伝統的に4年制であり，26の"annualità"について21の試験が実施された。そこでは理論的な教育が非常に重視されており，歴史・教養的な科目が重要な役割を果たしていた。また，卒業には，卒業論文の執筆が必要とされた。

前述した通り，このモデルは長いこと危機的状況にあった。つまり，過度の負担が学生の準備不足やモチベーションの低下と重なり，中途退学者を大量に生み出すだけではなく，前述したように，卒業生の年齢を押し上げることになった。

〔3＋2モデル〕
しかし，このような状況は1999年に一新されることになる。同年，*leggi n. 4 e 370 and d. m. n. 509* に基づき，フランスをモデルにした[24]新しいタイプの資格（学位）が導入され[25]，従来のカリキュラムは以下のように2分された。
・ 一つ目の学位（第1レベルの学位）は3年制の課程終了後に授与されるものであるが，方法論に関する適切な知識と一般的な学術，また，専門的な職業知識の習得を目的としている。この学位は，ヨーロッパの大学制度に適合させるために導入され，最小限の知識を身に着け[26]，より早く職に就ける機会を与えることができるよう配慮されている[27]。この点において，職業教育に関する大学の機能は向上し，教授法も，主とし

23　Cfr. GASPARRI, W., *L'autonomia didattica* cit., p. 240.
24　ROSELLI, O., *Il modello francese e la sua influenza nella riforma degli studi giuridici*, in *La riforma degli studi giuridici* cit., p. 320.
25　GASPARRI, W., *L'autonomia didattica* cit., p. 243.
26　CARETTI, P., *I problemi posti dall'evoluzione del sistema costituzionale nella formazione di base del giurista*, in *La riforma degli studi giuridici* cit., p. 61; GASPARRI, W., *L'autonomia didattica* cit., p. 245.

て理論的かつ教養的なものから，実務や職業をより重視するようになった[28]。
- 第2の学位（第2レベルの学位）は，当初，"specialist" と呼ばれていたが，2004年より "magistrale" と称されている。この学位は，高度な専門職を念頭においた特別な課程（2年制）を終了した者に与えられるが，参加するためには，第1の学位を取得していなければならない。

さらに，以下の学位ないしカリキュラムの導入も可能になった。
- specialization diplomas

　これは特別な職業に要求される知識や能力の習得を目的とする。
- dottorati di ricerca

　これは学術研究方法の習得を目的とするが[29]，第2の学位取得者のみを対象にしている。すでに指摘した通り，新制度の下，大学は技術的な知識の教授を重視しているため，dottorati di ricerca は，理論的な学問を擁護する，一種の「隠れ家」となり，また，大学にとっては，自らの将来を確保する手段となっている[30]。
- より高度な教育を目的とした大学院コース（いわゆる大学修士課程）

　このコースは，要求される学位の種類によって，2つのレベルに分かれる。

新制度は大学の「重量」をヨーロッパ水準に引き下げることをも目的としているが[31]，ここでは，"formative credits"〔単位修得制度〕が重要な役割を果たしている。各単位は学生の学習上の負担を量るものさしであり[32]，授業や自習の平均時間だけではなく，各試験，ゼミ，その他の活動に関するハンドブックの分量を示している。

単位制度が導入されているため，学生はいつでも入学（また復学）するこ

---

[27] CAPOROSSI BOLOGNESI, L., *Contenuti 'culturali' e contenuti 'positivi' nella formazione di base del giurista*, in *La riforma degli studi giuridici* cit., p. 75.

[28] Re. IRTI, N., *La formazione del giurista* cit., p. 5; CARAVALE, M., *Le discipline storico-giuridiche*, in *La formazione del giurista* cit., p. 17 ff.; PICARDI, N., *La formazione di base* cit., p. 33 ss.

[29] GASPARRI, W., *L'autonomia didattica* cit., p. 245 ss.

[30] IRTI, N., *La formazione del giurista* cit., p. 12.

[31] 単位の「価値」も，ヨーロッパ単位互換制度（Ects）に則し定められる。MICHELLOTTI, SCHMIDT, in *Per una riflessione sulla didattica del diritto* cit., p. 279.

[32] MICHELLOTTI, SCHMIDT, *op. cit.*, p. 277 ff.

とができる。また，大学外の学習体験が生かされるようになっている[33]。この制度の主たる目的は，学生が安心して転部ないし転科できるようにすることにあるが，（エラスムス・プログラムやソクラテス・プログラムを利用し）ヨーロッパ内の他大学に留学する際にも生かされている[34]。

伝統的な試験，ゼミ，語学テスト，その他の学習活動，最終論文によって，3年制のコースでは180単位，また，2年生のコースでは120単位取得することが要求されていた（年平均60単位である）。

科目ないし単位は，ある程度，国レベルで統一されていたが（当初は66％であったが，2004年に削減されている），各大学にも裁量権が与えられていた。

この改革により，法学部には以下の制度が導入された。

- 3年制の *Scienze giuridiche*（Juridical Sciences）と *Scienze dei servizi giuridici*（Juridical Services Sciences）（例えば，企業の法律アドバイザー）

  Scienze giuridiche（Juridical Sciences）が従来の純粋な法学教育であるのに対し，*Scienze dei servizi giuridici*（Juridical Services Sciences）は，他の学問（経済学，社会学，情報学など）と「混成」されている。

- 2年制の *Giurisprudenza* とその他の専門性の高い"magistrali"コース

  同じ学部の *Scienze giuridiche* を修了した者は，直ちに，*Giurisprudenza* に進むことができるが，他のコースないし学部の3年制課程修了者は，通常，一定の"formative debts"を取得する必要がある。

Giurisprudenza の magistral graduate のみが国家試験を受け，伝統的な法曹資格を取得することができる。つまり，*Giurisprudenza* の2年制コースは，法曹になるために必要な専門教育を行うことを目的としている[35]。

しかし，この「3＋2制度」は，法学部の特殊性や機能に完全に適合していなかった。特に，第1の課程終了者の就職状況は，当初の予想通りにはいかなかった。

第1の学位は，労働市場への迅速なアクセスを想定して設けられたが，*Scienze giuridiche*（Juridical Sciences）修了者の就職率は，0％ではないにせよ，芳しくなかった[36]。つまり，この課程の機能ないし目的は明らかに達成されていない。しかし，イタリアでは良くあることであるが，各大学は独自

---

[33] GASPARRI, W., *L'autonomia didattica* cit., p. 243.
[34] GASPARRI, W., *L'autonomia didattica* cit., p. 251.
[35] CAPOROSSI BOLOGNESI, L., *Contenuti 'culturali'* cit., p. 75.
[36] BOVE, M., in *L'insegnamento delle materie processualistiche* cit., p. 132.

の方針を貫いた。そのため，状況が完全に改善されることはなかった。特に，多くの教授陣は，労働市場への迅速なアクセスに配慮し，学生の教養・素養を高めるための指導を削減することに消極的であった[37]。また，実務・職業教育を行うという課程の趣旨に反することを承知した上で，理論・教養性の高い題材を選び，学術的な指導を好んで行った（このような指導法は適切であると解される）[38]。

また，指導者の怠慢や，いずれかの主要課程から自らの教科が削除されることを欲する者はいなかったという事情にも基づき（その他，3年制と2年制の課程を並存させるという構造的な矛盾を指摘しうる），ほとんどの授業内容が両課程で重複するといった状況も生じた[39]。共通のガイドラインが設けられていなかったため，複数の大学間だけではなく，一つの大学の中でも，このような事態が見受けられたが，ほとんどのケースが合理性に欠けるものであった。その結果，試験の数は増加したが，その意義は減少することになった。

ハンドブックを履修単位制度に適合させるため，多くの著者は限られたページ数の中で同じことを単に繰り返すようになった[40]。そのため，ハンドブックには多くの知識が盛り込まれ，学術的要素が失われるという矛盾した状況が生じた。また，別の例では，教授はその指導に対して単位を与えることはできなくなったため（または，それを欲しなかったため），学生の負担は非常にアンバラスになった。

さらに，前述したように，第1課程の終了後，直ちに就職活動を行う構えすら見せず，2年制の課程に進学する者が大多数に上った。進学には，さらに多くの単位（formative debts）の取得が必要になる場合であれ，状況は変わらなかった[41]。このように，〔2年制コースに進学する〕学生のほとんどは，

---

[37] CAPOROSSI BOLOGNESI, L., *Contenuti 'culturali'* cit., p. 76. 教育水準の低下という点に関し，このアプローチの危険性について see ROSELLI, O., *Il modello francese* cit., p. 323.

[38] CAPONI, R., *Scuole di specializzazione per le professioni legali ed insegnamento del diritto processuale civile,* in *Riv. trim. dir. proc. Civ.,* 2003, p. 137.

[39] CAPOROSSI BOLOGNESI, L., *Contenuti 'culturali'* cit., p. 76.

[40] See CARETTI, P., *I problemi posti dall'evoluzione* cit., p. 62. CAPOROSSI BOLOGNESI, L., *Contenuti 'culturali'* cit., p. 76 によれば，ハンドブックの頁数を減らすことがどうしても必要になる（"si tratta infatti di introdurre lo studente a una dimensione nuova, in una prospettiva di cui acquisire coscienza, senza peraltro poterla ulteriormente approfondire".)。

就職について明確なビジョンを持っていなかったため，職業教育という2年制のコースの機能も大きく失われることになった。

以上の点を考慮すると，法学教育改革は完全に失敗したと評価すべきであろうか。そうではなかろう。Magistral コースの第1年目が修了した現在，学生の文化的・人間的な成熟性を感じ取ることができる。また，同コースへの進学は，職業上の未来への架け橋として捉えることができる。さらに，従来に比べ，第2レベルの学生は勉学意欲が強く，法の適用・解釈に関する実務問題により強い関心を示し，また，将来の職業に関しても，より明確な態度で臨んでいる。いくつかの科目（例えばボローニャ大学法学部の民事訴訟法）では，3年制と2年制の両コースにおいて，学生の成績が向上している。少なくとも，第2次試験の成績に関しては，このように評価しうる。

不運なことに，この「3＋2制度」が従来の4年制よりも良い成果をもたらすかどうか判断することはできない。なぜなら，来年度より，法学部には新しい制度が導入されるためである。これは一種の back to the future（または過去への逆行）といった内容の制度改革である。

〔1＋4モデル〕

D. m. n. 270 of 2004 [42] に基づき，法曹教育を目的とするカリキュラムは5年制に変更された。これは，一般に「1＋4モデル」と呼ばれている。最初の1年目のカリキュラムはすべての学生に共通であるが，残りの4年間は各大学によって異なる。

（従来の「3＋2モデル」同様，）ユニークな学位が設けられることになろう。教育期間は1年間延長されているが，「3＋2モデル」に比べると試験の数は減っている。他方，各分野の最低履修単位数は，国によって，これまでより強く規制される。実際に，厳格な教科・単位リストが大臣によって作成され，学部の裁量の幅は狭められている。この改革が「3＋2モデル」の経験を踏まえたものであることは疑いを容れないが，国レベルで決定することには問題がある。なお，ある特定の教科は過度に重視されている。この傾向は，特に，歴史・文化的科目に関し顕著である。

---

[41] 第1の課程から第2の課程への進学は，例外的というより，むしろ原則的である。
PALAZZO, F., *La formazione professionale del giurista tra riforma universitaria e mutamenti dell'esperienza giuridica*, in *La riforma degli studi giuridici* cit., p. 155.

[42] Cfr. GASPARRI, W., *L'autonomia didattica* cit., p. 258 ss.

この最新の改革は，学部と学生の双方より歓迎されていると解される。新しい単一コースは，より合理的で，コンパクトな指導を目標に掲げているが，学生にとっても，余裕をもって学べる環境を整備するものである。つまり，従来，第1の課程は，往々にして，第2の課程に進学するためのステップに過ぎなかったが，今後は，このような「分断」もなくなる。新制度は，さらに，ソクラテス・プログラムやエラスムス・プログラムを利用し，留学する法学部生を増加させることも意図している。なお，*Scienze dei servizi giuridici* の3年制コースは存続することになった。その職業教育的意義や promotional appeal は強化されるべきであろう。

この新しい "magistrale" コースがどのような学生をターゲットにしているのかは定かではないが，このような状況は今後も続くことであろう。確かに，新課程の目的が職業教育にあることは明瞭であるが，異なる人生計画を持ち，法律にはほとんど関心が無い学生や，真偽はともかく，法学部は「簡単である」との理由で選択する学生が（大多数ではないにせよ）今後も出てくることは否定しえない。この点において，イタリアの法学部は，アメリカのロー・スクールとは異なる[43]。

II) 教授法（および問題点）

最新の改革によっても，イタリアの大学，ないし少なくとも法学部が抱える諸問題は解決されないであろう。つまり「3＋2モデル」の重大な欠点のいくつかは改善されるであろうが，真の問題の解決に向けた取り組みは，今後もなされないであろう。

今日のイタリア法学部（また大学一般）の明らかな欠陥は以下の点にある。
- 何よりも，大学はきわめて深刻な財政・設備環境問題に直面している。適切な投資なくして質の高い教育と学習環境の確保は不可能であり，イタリアの大学は，常に財政状況と格闘している[44]。
- 教授の採用に関しても深刻な問題が生じているが，過去数年間に実施された多くの改革は，問題を解決するどころか，より深刻にしている。特に，その役割に関し，イタリアの教授陣は教育よりも学術研究を重視する傾向が強く，教育活動は一種の「必要悪」（necessary evil）として

---

[43] See also TARUFFO, M., *L'insegnamento accademico* cit., p. 282.
[44] Cfr. MILITI, V., *Numero programmato e scuole forensi per dare un futuro al mercato legale*, in *Guida dir.*, 2006, n. 26, p. 8.

捉えられることもある。さらに，大半の教授は弁護士としても活動しており，その内の大多数は「時間の無駄」となる講義を軽視している。

- 特に法学部に関しては，学生数が極めて多く，全卒業生が職にありつけない状況にある[45]。確かに，弁護士資格の取得を目指す学生の卒業率は高くないが，それでも労働市場は過去数年間にわたり供給過剰状態にある。それゆえ，最も優秀な卒業生であれ，長年，不安定な状況に置かれたり，運よく職を得たとしても，低賃金に甘んじなければならない。なお，弁護士の数は年々増加しているため，競争が激化し，所得の低下を招いている[46]。大学レベルでは，教員一人当たりの学生数を適正化することによってのみ，構造的問題は改善されると捉えられている[47]。しかし，過去10年間，多くの法学部が新設され[48]，ほぼすべてのプロビンス（province）に存在することを特に考慮すると，事態は悪い方向に向かいつつあると言えるであろう。不運にも，学部間の競争は，指導レベルを必ずしも向上させているとは言えない[49]。さらに，この状況は，学生の移動〔転学〕を抑制し，大学は自らのアイデンティティを失いつつある。つまり，大学は怠慢で，勉学意欲に欠ける学生の super-high school と化している[50]。

- 一連の改革にもかかわらず，新しい5年制コースは，特定の科目を過度に重視しており（そのような措置を講じなければ，該当科目は削除され，大学教育の学術的要請は満たされないと懸念されていた），教育に関する学部の自由や，学生の選択の自由を犠牲にしている。特に，いわゆる受動的な法学教育（positive law teachings）の役割は，歴史・文化教育〔法制史や過去の法令に関する授業〕に比べると，非常に狭められている。確かに，法の起源や価値観を知る上で，法制史は非常に重要であり[51]，カノ

---

[45] MILITI, V., *Numero programmato* cit., p. 8.
[46] Re. MILITI, V., *Numero programmato* cit., p. 8.
[47] MILITI, V., *Numero programmato* cit., p. 8.
[48] Re. CAPOROSSI BOLOGNESI, L., *Contenuti 'culturali'* cit., p. 83, who talks about a: "scandalosa proliferazione dei nuovi centri universitari, pubblici e privati". Consolo は，法学部数の増加を "costituisce un elemento fortemente destabilizzante" と捉えている。CONSOLO, C., *Considerazioni "impolitiche" sulle Facoltà riformate e sulLe scuole forensi*, in *L'insegnamento delle materie processualistiche* cit., p. 40.
[49] See also CONSOLO, C., *Considerazioni "impolitiche"* cit., p. 40.
[50] CAPOROSSI BOLOGNESI, L., *Contenuti 'culturali'* cit., p. 85.

ン法（canon law）や教会法（ecclesiastical law）の指導教授は，今日の多宗教社会における，これらの法令の重要性を強調している[52]。しかし，現代の法律家は，歴史と伝統から解き放たれた現実の中で業務を遂行している。古来の法典制度は崩壊し，ローマ法と大陸法（civil law）の残骸が蓄積している状況下において[53]，カノン法や教会法に特別な比重を置くのは，やり過ぎであろう。過去の経験を現在の状況に置き換えて検討することなく，常に伝統を尊重するとすれば，国際競争の激化に対処しうる法曹の養成に失敗しかねない[54]。この点を考慮するならば，比較法[55]，EC法や国際法[56]，経済[57]，また，法律をテーマにした外国語教育を重視すべきであると解される[58]。

・ 過去10年間の改革は，組織面に焦点が置かれてきた。他方，現代社会の要請に応え，大学法学教育を刷新することに貢献しうるであろう，真の文化的・教育学的改革は実現していない[59]。法学部における法学教育

---

51 Re. GROSSI, P., *La formazione del giurista e l'esigenza di un odierno ripensamento epistemologico*, in *La riforma degli studi giuridici* cit., p. 50; IRTI, N., *La formazione del giurista* cit., p. 10 ff.; CARAVALE, M., *Le discipline storico-giuridiche* cit., p. 24.

52 Re. ONIDA, F., *La società multireligiosa e le conseguenze nella formazione del giurista*, in *La riforma degli studi giuridici* cit., p. 136 ss.

53 大陸法（Civil Law）とローマ法の関係について CAPOROSSI BOLOGNESI, L., *Contenuti 'culturali'* cit., p. 78.

54 ROSELLI, O., *Il modello francese* cit., p. 318 は，時代遅れの提案をし，誤った法曹養成を行う危険性に対し警鐘を鳴らしている。

55 イタリアにおける比較法の指導に関し，VARANO, V., *Il ruolo della comparazione nella formazione del giurista moderno*, in *La riforma degli studi giuridici* cit., p. 102 ss.

56 Re. TOSATO, G. L., *La prospettive internazionalista*, in *La formazione del giurista* cit., p. 111 ff.

57 Re. IMBRIANI, C., *Le relazioni tra cultura giuridica e cultura economica*, in *La formazione del giurista* cit., p. 43 ff.; STADERINI, F., *La formazione professionale del magistrato contabile, ibidem*, p. 101; RAMPA, G., *L'insegnamento della teoria economica nelle Facoltà giuridiche*, in *L'insegnamento del diritto oggi* cit., p. 181 ff.

58 これは，イタリアの大学生は外国語能力に乏しいという事実に基づいている。See MILITI, V., *Numero programmato* cit., p. 8; TOSATO, G. L., *La prospettive internazionalista* cit., p. 113, remarks that: "tra coloro che completano gli studi superiori, la familiarità con le lingue straniere è ancora oggi generalmente scarsa"; according to GRIMALDI, V., *Avvocatura: mestiere, tormento o felicità?*, in *La formazione del giurista* cit., p. 129: "ancora nel 2004, si esce dalle università italiane quasi totalmente ignoranti in materia [di lingua inglese]".

は，従来どおり講義を主体としているが，それらは，一般に抽象的で[60]，言葉で説明するといった要素が強い[61]。学生は受動的で[62]，積極的な参加が奨励されることはないため[63]，講義は学生の批判的考察力を涵養するのに役立っていない[64]。

　非常に理論的であったり，副次的ないし時流に即さない側面が過度に強調された指導と，学生の期待ないしシビアな労働市場で役に立つ知識との間には大きな開きがあるのも事実である。論証法や法解釈技法[65]，または，法的思考法や論法に関する講義やセミナーが設けられていないことも状況をさらに悪化させているが，模擬法廷や事例に関するディスカッションは，個々のイニシアチブに基づき，まれにしか実施されない。試験は，一般に口述形式で行われ，筆記試験（通常は選択問題が出題される）は予備的に実施されるに過ぎない。つまり，最終論文（final thesis）に取り組むまで，学生は論文（法律論文）指導を受ける機会に恵まれない[66]。なお，最終論文は，オンライン検索した判例法理を単に「切り貼り」したものに過ぎないことが多く，学生自身の見解が述べられることはない[67]。このような弊害は口述試験にも表れる傾向がある。つまり，学生の口述は，論理的な正確さ，説得力，論証力に欠けている[68]。

---

[59] CAPOROSSI BOLOGNESI, L., *Contenuti 'culturali'* cit., p. 84.

[60] ALPA, G., *La formazione del giurista tra tradizione e innovazione,* in *La formazione del giurista* cit., p. 149.

[61] ALPA, G., *La formazione del giurista* cit., p. 149

[62] CARPI, F., *Le scuole forensi,* in *Le scuole forensi — Incontro di studio, Napoli, 9 ottobre 1998,* Giuffrè, Milan, 1999, p. 36.

[63] See also ALPA, G., *La formazione del giurista* cit., p. 149 ss.; accordino to GROSSI, P. *La formazione del giurista* cit., p. 40 ff., this is a consequence of the Italian statalistic view of the law, which puts into greater consideration the written normative text over its application and interpretation.

[64] RESCIGNO, G. U., *L'identità del 'giurista di base e il suo apparato conoscitivo necessario,* in *Per una riflessione sulla didattica del diritto* cit., p. 31.

[65] Re. PICARDI, N., *La formazione di base* cit., p. 50; RESCIGNO, G. U. *L'identità* cit., p. 28; ALPA, G., *La formazione del giurista* cit., p. 152.

[66] See also PADOA SCHIOPPA, A., *Relazione di sintesi, in Le scuole forensi* cit., p. 97; SCOTTI, L., *La formazione professionale del magistrato,* in *La formazione del giurista* cit., p. 94; ALPA, G., *La formazione del giurista* cit., p. 150.

[67] SCOTTI, L., *La formazione professionale* cit., p. 94.

[68] ALPA, G., *La formazione del giurista* cit., p. 151.

さらに，法学部は，ビデオ・コンファレンス，ディスカッション・フォーラム，オンライン・コース，long distance teaching，応用ソフトなど，教育に有効な新しい技術の導入に非常に遅れている[69]。
・　各教授の担当分野は，水をも通さないほど厳密に分断されているため，個々の科目間の調整（例えば，歴史的な科目と「受身的な」科目〔成文法に関する科目〕間の調整）は十分になされていない[70]。また，学際的な指導は発展しておらず[71]，異なる法分野の問題を扱うセミナー（例えば，民法，手続法および国際法の観点から総合的に検討するゼミ）の開催は，個人のイニシアチブに委ねられている。この点に関し，EC法が各「受身的な」法律〔成文法〕に与える影響が特に重要であると解されるが[72]，そのような指導が常になされているわけではない[73]。
・　教授法に関しては，さらに，過去数10年間にわたる教育は，4つの法典（民法典，民事訴訟法典，刑事法典，刑事訴訟法典）を基盤としてきたが，いわゆる専門的な法令の出現とともに[74]，これらの法体系が崩れ，システマチックな指導は不可能ではないにせよ，困難になっていることを認めざるをえない[75]。

　従来，法体系（法のヒエラルヒー）は，国の「通常の」法令によって支配されてきたが，地域の法令や国際法と錯綜し，また，国際取引を独占する，いわゆるソフト・ローの出現によって，伝統的な法体系は崩壊している[76]。さらに，イタリアにおいても，裁判官による法の形成が重要になっている。先例拘束性の原則が厳格に貫かれているわけではない

69　Re. NANNUCCI, R., *La formazione giuridica nella società multimediale*, in *La riforma degli studi giuridici* cit., p. 121 ff.
70　Re. CAPOROSSI BOLOGNESI, L., *Contenuti 'culturali'* cit., p. 77.
71　PICARDI, N., *La formazione di base del giurista* cit., p. 39 は，このアプローチと「完全なる」法律家像に立脚したドイツ的アプローチの対立を強調している。また，GROSSI, P., *Il punto e la linea*, in *L'insegnamento del diritto oggi* cit., p. 256 は，教授陣の「孤立」について言及している。
72　用語上の問題について，ADINOLFI, A., *Le conseguenze dell'integrazione comunitaria sulla formazione del giurista*, in *La riforma degli studi giuridici* cit., p. 110.
73　ADINOLFI, A., *Le conseguenze dell'integrazione comunitaria* cit., p. 107 ff.
74　PROTO PISANI, A., *Le scuole di specializzazione per le professioni legali*, in *Le scuole forensi* cit., p. 22; CARAVALE, M., *Le discipline storico-giuridiche* cit., p. 23.
75　As IRTI, N., *La formazione del giurista* cit., p. 6, the law has no longer a center.
76　GROSSI, P. *La formazione del giurista* cit., p. 36.

が，法体系が複雑化し，欠陥や衝突に満ち溢れていることの影響として，成文法の役割とは対照的に[77]，裁判官の解釈（また，それゆえ法創造）がますます重要になりつつある[78]。

　裁判官が適用し，ビジネス社会で遵守されている法令ではなく，静的で「ヴァーチャル」な法令について学ぶことを回避するため[79]，現在でも理論を重んじるハンドブック[80]やコース・プログラムを根本的に見直す必要がある。

　・　上述した状況より，その他の教育上の問題も生じている。現在，イタリアの法秩序は著しく細分化ないし専門化しているが，このような現状に対処するため，従来の「受身的な」法律科目も多くの科目に分けられている（例えば，民法から家族法，運輸法，保険法，旅行法などが分離されている[81]）。情報量の重要性が強調されるあまり[82]，各分野の現行法について，くまなく授業が行われるようになっているが，そのため，各科目の情報量はさらに増加し，また，単に知識の植え付けがなされる傾向にある[83]。このような指導は学生の考察力や応用力の養成に有益ではないばかりか，学生の負担を増し[84]，また，暗記に没頭する受身的な学習を助長する傾向がある[85]。

　この点について，大学は，法律の学び方や基本原則などの基本事項の

---

[77]　Cfr. FERRARESE, M. R., *La formazione di base del giurista nell'epoca della globalizzazione, La riforma degli studi giuridici* cit., p. 70.

[78]　GROSSI, P. *La formazione del giurista* cit., p. 48.

[79]　Re. also CARETTI, P., *I problemi* cit., p. 58 ss. より悲観的な見解として，IRTI, N., *La formazione del giurista* cit., p. 7. Irti は"la scienza non può recare ordine e unità dove domina l'arbitraria casualità e non può sovrapporre concetti e categorie logiche, ricavati dal diritto di ieri, a un diritto che li rifiuta e disconosce"と述べている。

[80]　See also FERRARESE, M. R., *La formazione di base del giurista* cit., p. 71.

[81]　See also IRTI, N., *La formazione del giurista* cit., p. 7 ss.

[82]　CAPOROSSI BOLOGNESI, L., *Contenuti 'culturali'* cit., p. 81.

[83]　PROTO PISANI, A., *Le scuole di specializzazione* cit., p. 22; CAPOROSSI BOLOGNESI, L., *Contenuti 'culturali'* cit., p. 81; GAMBARO, A., *La formazione del giurista in Europa*. in *Contratto e impresa, Europa*, 2002, p. 800.

[84]　Re. CAPOROSSI BOLOGNESI, L., *Contenuti 'culturali'* cit., p. 81; GAMBARO, A., *La formazione del giurista* cit., p. 802.

[85]　See COLARULLO, E., *Esperienze recenti di "Corsi" ed altri strumenti editoriali della didattica dalla viva voce degli Autori*, in *Per una riflessione sulla didattica del diritto* cit., p. 211.

指導に専念すべきであること，また，各科目について，できるだけ多くの情報を与えるのではなく，いくつかの項目に限定すべきであると批判する者がある[86]。これに対し，大学は原則に留まらず，すぐに役に立つ知識を包括的に与えるべきであるとの見解も考えられよう[87]。しかし，そのどちらかによるのではなく，両者を折衷すべきであろう。大学の法学教育とは，あらゆる犠牲を払ってでも完全性を追求し，存在するすべての法律情報を与えるべきものではないことは明らかである。このような教育は学生を暗記に走らせ，批判的考察力を低下させることになるであろう[88]。また，イタリアの法秩序が迅速に変化していることを考慮すると，このような指導は無意味で，また，効果的ではない[89]。つまり，卒業時には，すでに古くなっているかもしれない無益な知識で学生の負担を増やす危険性がある[90]。他方，内容よりも形式を優先させることを避けるため，大学の機能は文化的背景や方法論の教授に限定されるべきではない。今日，大学とは失業問題の克服に貢献すべき存在であり[91]，単なる教養知識だけではなく，専門・技術的な項目についても指導すべきである[92]。それゆえ，大学はプログラムを切り詰めるのではなく，むしろ，各科目の基本事項に焦点を当てて指導し，より専門化した今日の問題に対処しうるような基礎学力の涵養に努めるべきである。また，実社会との関連性を強め，具体的な指導を行うべきである。この問題は，民事訴訟法の指導に関する箇所でも再び扱うこととし，ここでは，現在の移行期において，法学部は教授法と教授内容の両方を検証すべきであることを強調しておきたい[93]。また，学生の大半は伝統的な法律職に就くことを希望していないという事実や，今日の学生の実態を直視すべきである[94]。彼らは，従来の学生に比べると，文化的素養に欠けることは

---

[86] PROTO PISANI, A., *Le scuole di specializzazion* cit., p. 22 ss. は幾つかの科目の指導内容を削減すべきと提案している。

[87] 批判的な見解について，IRTI, N., *La formazione del giurista* cit., p. 8.

[88] MARINELLI, D., *La formazione legale, un ponte tra il sapere ed il saper fare*, in www.altalex.com, 19-2-06, p. 3.

[89] CAPOROSSI BOLOGNESI, L., *Contenuti 'culturali'* cit., p. 82 は，絶えず変化する海の底について分析し，情報を与えることは無意味であると述べている。

[90] See also GAMBARO, A., *La formazione del giurista* cit., p. 801.

[91] DEL PUNTA, R., La formazione del giurista nell'epoca del mercato del lavoro nella società globale, in *La riforma degli studi giuridici* cit., p. 144.

[92] DEL PUNTA, R., *La formazione del giurista* cit., p. 145.

あっても，より実利的で，より現実的であろう。他方，法曹の養成に関しては，学部と卒業後の教育の一貫性と発展性をよりよく調整すべきであろう。つまり，両者の孤立を回避し，教育の質の低下（弁護士界が提供する教育の質の検討）を防ぐために制度を整える必要がある[95]。

最後に，以下の点を指摘しておきたい。このレポートでは，法学部が成し遂げてきた多くの輝かしい業績に敬意を払うというよりも，欠点を取り上げることになったが，諸問題を明確にし，制度の限界を明らかにしなければ，政治的決断力と人的・物的資源を持って，真の挑戦に取り組むことはできない。この観点から，（前述した深刻な状況に対処するために行われた）最新の法学部改革には，さらに，教授法，戦略，また，精神面での改革が必要になると解される。そのためには，時間と投資，そして，何よりも，〔強い〕意志と能力が要求される。

C） 学部卒業後の法曹養成——伝統的な法律職への道

I） 序

前述したように，イタリアの大学法学部卒業生で伝統的な法律職（すなわち，弁護士，裁判官，公証人）を志望する者は限られている（約15～20％）[96]。

しかし，それでも毎年，数千人の卒業生が希望しており，市場の需要を上回っている。それゆえ，長く，険しい「勉学の道」の末に，法律職にありつけるチャンスは小さい[97]。実際問題として，法曹資格を取得するためには，国家試験（筆記と口述の両方）に合格することが法律上，要求されている。他方，学部卒業後のトレーニング〔法曹養成教育〕も，多様化しつつある。つまり，試験への準備環境を整えることは，受験を間接的に思い止ませたり，

---

[93] CARETTI, P., *I problemi posti* cit., p. 56; IRTI, N., *La formazione del giurista* cit., p. 3, writes: "Ci troviamo in un'età di transizione, in uno di quei periodi di mezzo, dove scopi e forme di ieri non ci sono più, e scopi e forme di domani non ci sono ancora. Vediamo istituzioni che declinano e tramontano; percepiamo appena il nuovo inizio, i contorni di istituzioni future". Accordino to PICARDI, N., *La formazione di base del giurista* cit., p. 51: "La Facoltà di giurisprudenza del XXI secolo è un personaggio in cerca di autore".

[94] CAPOROSSI BOLOGNESI, L., *Contenuti 'culturali'* cit., p. 84.

[95] Re. MILITI, V., *Numero programmato* cit., p. 8.

[96] PROTO PISANI, A., *Le scuole di specializzazione* cit., p. 19; CARPI, F., *Le scuole forensi* cit., p. 47; CHIARLONI, S., *Riflessioni minime* cit., p. 296.

[97] Cfr. CARPI, F., *Le scuole forensi* cit., p. 38.

または，その分，実社会に出る時期を遅らせることになりかねないと危惧されている。

　大学における勉学と法曹職へのアクセスとの間にも深刻な矛盾が存在する[98]。つまり，前述したように，大学での試験は通常，口述形式でなされるのに対し，司法試験は筆記による第1次試験が最も難しく，それゆえ，最も重要な試験となっている[99]。

　現在，イタリアでは，すべての法律職に共通するトレーニング（特に，弁護士または裁判官になるための教育）を法学部卒業生に受けさせるべきか，それとも，何らかの分離は避けられないかという問題について議論されている。しかし，実際には，役割や経験は異なるとはいえ，弁護士と裁判官の法律問題に対するアプローチは異ならない。つまり，論証法や根拠付けに関する技法は，基本的に同じである[100]。また，使用する言語や用具も同一である[101]。さらに，両者のアプローチは補完し合うものであり，トレーニングを合同で行うことによってのみ，それぞれの能力を高めることができる[102]。つまり，判断を下す者の養成と，判断の基礎を提供する者の養成は，組織的に分離することができないと解される。

　もっとも，その他の国とは異なり，イタリアでは，判事と弁護士が古くから敵視関係にあることや，職業間に流動性がないことに基づき[103]，トレーニングの共通化が困難になっている。また，学部卒業生を対象にした教育に関し，弁護士界と大学は一種の競争関係にあり，良い成果が挙げられないまま，労力と資源が分散されていること[104]も認めなければならないであろう[105]。

　学部卒業後のプログラムの役割についても激しく議論されている[106]。そ

---

[98] CAPONI, R., *Scuole di specializzazione* cit., p. 146.

[99] CAPONI, R., *Scuole di specializzazione* cit., p. 146.

[100] PADOA SCHIOPPA, A., *Relazione di sintesi* cit., p. 96.

[101] PALAZZO, F., *La formazione professionale* cit., p. 158.

[102] See also PROTO PISANI, A., *Le scuole di specializzazione* cit., p. 26 ff.; PALAZZO, F., *La formazione professionale* cit., p. 158.

[103] この点に関するイギリスとイタリアの比較について，CARPI, F., *Le scuole forensi* cit., p. 48 を参照されたい。

[104] Re. PROTO PISANI, A., *Le scuole di specializzazione* cit., p. 30; CARPI, F., *Le scuole forensi* cit., p. 59.

[105] V. anche CARPI, F., *Le scuole forensi* cit., p. 56; PALAZZO, F., *La formazione professionale* cit., p. 155. 弁護士の立場からのコメントとして，MARIANI MARINI, A., *La formazione dell'avvocato — il ruolo della scuola forense*, in *Prev. forense*, 2005, p. 311 を見よ。

第2部　法学教育・法曹養成

れが法曹への道を開く国家試験対策を柱とすべきであることは明らかであるが，弁護士と裁判官の双方の職務（弁護活動と司法判断）の双方を念頭におき教育しなければならない[107]。もっとも，これらの2つの職務は合致しないことが多く，両方を同時に指導することは非常に困難である[108]。

以下では，伝統的な3つの法曹資格の取得要件や，学部卒業生を対象にしたプログラムの主な内容について簡潔に説明する。

Ⅱ）　弁護士への道

イタリアでは非常に多くの弁護士が開業していることは周知の通りであろう。また，他のヨーロッパ諸国に比べ，法学部卒業生の平均年齢は高く（通常27～30歳[109]），妥当な収入が保証されているわけでもない。これらの2つの要素が重なり，家族の経済支援を長年受けている者が若い弁護士の中には非常に多く存在する。

卒業生は，まず，数年間の実務経験のある弁護士の下で，2年間の研修（いわゆる *pratica forense*）を受けなければならない。なお，研修先の弁護士が指導者としての役割を十分に果たさないことも多い[110]。また，研修生が秘書の役割を務めることもまれではなく，通常は適正な報酬を受けられないものである。もっとも，この点に関し，学部卒業生はまったく実務経験を有しておらず，文字通り，ゼロからたたき上げられなければならない点について触れておくべきであろう。それゆえ，卒業前の段階で，弁護士事務所で経験を積むことが有益であると解される[111]。

司法試験に備えるため，研修期間中，卒業生はさまざまな法律実務・活動を経験する必要があろう。しかし，実際には，弁護士業の総合性が失われているため，研修活動は非常に限定されている。つまり，民事専門の弁護士は刑事事件を担当しない。刑事専門の弁護士についても同様のことがあてはまるが，2年間の研修期間中，卒業生は同じタイプの書類を調べるだけになる可能性も否定しえない。

106　See. PADOA SCHIOPPA, A., *Relazione di sintesi* cit., p. 97.
107　PADOA SCHIOPPA, A., *Relazione di sintesi* cit., p. 98; PALAZZO, F., *La formazione professionale* cit., p. 157 ss.
108　CAPONI, R., *Scuole di specializzazione* cit., p. 146.
109　See LA CHINA, S., in *L'insegnamento delle materie processualistiche* cit., p. 131.
110　See CAPONI, R., *Scuole di specializzazione* cit., p. 4.
111　MILITI, V., *Numero programmato* cit., p. 8.

研修期間中，研修生は，さらに，何回か裁判に出席しなければならない。

研修が修了すれば，国家試験を受けることが可能になる。試験は年に1回実施され，筆記試験（第1次試験）に合格すれば，口述試験に進むことができる。

筆記試験は3つのテストからなるが，連続する3日間，受験生は民事および刑事に関する意見を述べ，裁判所の記録を作成しなければならない（民事，刑事，行政事件のいずれかによる）。

口述試験（早くても4〜5ヵ月後に実施される）では，5つの項目（受験生はリストの中から選択しうる）と法論証技術が試される。

試験そのものの難易度はさておき，試験は不確かで，偶発性が強く，また，完全に選択方式の試験ではないため，受験生の長年にわたる勉強や準備が生かされないことも少なくない[112]。

必要な教育をすべて終了し，弁護士資格を取得した者は，飽和した市場に参入することになるが，それと同時に，何年も十分な所得が得られない同業者が多数いるといった現実に直面することになる。

弁護士になった後，法改正に対処するための教育は，形式的には義務付けられていない（顧客に対する義務といった性質のものは除く）。イタリアでは，過去数年間，すべての分野の法令が大幅に改正されているため，深刻な問題が生じているが，全世代の弁護士が最新の法令を知らないといった危険性が存在する。他の職業にならい，弁護士にも最新の状況に対応するためのコースやセミナーへの参加を毎年義務付けるべきであろう[113]。

Ⅲ）裁判官への道

近時，*Ordinamento giudiziario*（裁判官の役割，地位および経歴に関する基本規則）は度々改正されている（その是非については議論されている）。ここでは，判事資格の取得に関する *decreto legislativo* n. 160 of April 5th 2006[114] について触れておくべきであろう。

フランスとは異なり，イタリアには，裁判官養成を目的とした国の教育機関が設けられていないことは前述したとおりである。つまり，ドイツ流の共

112　See PADOA SCHIOPPA, A., *Relazione di sintesi* cit., p. 100.
113　MILITI, V., *Numero programmato* cit., p. 8; CAPONI, R., *Scuole di specializzazione* cit., p. 11.
114　In *Guida dir.*, 2006, n. 23, p. 12.

通養成制度が試験的に実施されている[115]。

イタリアでは裁判官は公務員である。それゆえ，裁判官になるには，憲法第97条第3項に従い，国家試験に合格しなければならない。

試験を受ける前の段階では，理論的な教育のみが行われ，裁判官になるための実務教育は皆無ないし，ほとんど実施されない[116]。さらに，国家試験の筆記試験では理論的な問題が出題され，実務的な要素は含まれていない[117]。

国家試験を受けるには，以下の要件を満たしていなければならない。
- （少なくとも4年制課程の）法学士および（代替的に）
    - ex art. 16 d. lesigl. n. 398 of 1997（前述参照）に基づき設立された法曹専門スクールの学士
    - 法律に関する博士号
    - 法律職に従事する資格
    - 管理職として公務を少なくとも3年間勤めたこと
    - 少なくとも4年間，honorary magistrate（名誉職としての下位裁判所判事）を勤めたこと
    - ex d.p.r. n. 162 of 1982に基づき設立された専門スクールの少なくとも2年制課程終了後に取得しうる特別な法学士

受験生は21～40歳でなければならない。

試験の構成は以下の通りである。
- クイズ形式の篩い分けテスト（事前の選抜試験[118]）
- 民事，刑事および行政法に関する論文
- 10の科目からなる口述試験（外国語1つを含む）：この試験において，裁判官としての適性が審査されるが，実際には，将来，裁判官になる意思の有無が問われる。

試験後，12ヵ月間の研修が裁判所で実施されるが，担当裁判官が実習生の指導に熱心であるとは限らず，また，職務の要請に敏感であるため，このような研修制度には問題があると解されている[119]。なお，研修期間とは，新

---

115 PROTO PISANI, A., *Le scuole di specializzazione*, p. 26.
116 SCOTTI, L., *La formazione professionale* cit., p. 93.
117 CAPONI, R., *Scuole di specializzazione* cit., p. 146.
118 PALAZZO, F., *La formazione professionale* cit., p. 157はきわめて非教育的と批判している。

人裁判官が将来の職業を実体験する最初の時間でもある。

就任後，magistrates（下位裁判所判事）は任意で研修に参加することができる。現在，研修は，*Consiglio Superiore della Magistratura*[120]や，裁判官と大学教授で構成される学術委員会によって組織され[121]，国や地方のイニシアチブに基づき実施されている。

Ⅳ）公証人への道

イタリアの制度上，公証人は交渉の安全性や法律関係の確実性を保証し，（公務員としての）証明的機能と調整的機能を果たしている。また，法律行為の形成を支援している[122]。

公証人のプレステージは高く，高収入に恵まれた職業であるが，国家試験を経て資格を取得する者の数は限定されている。また，その懲戒については，*legge* n. 89 of 1913（近時，*decreto legislativo* n. 166 of April 24th 2006 によって改正された）で規定されている[123]。

このレポートでは，以下の点を指摘すべきであろう。

- 試験前の必修実習期間は24ヵ月から18ヵ月に短縮され，その内の6ヵ月は卒業前，つまり，大学在学中に済ませることができる。理論的な大学教育と職業トレーニングを組み合わせる興味深い試みと言えよう。
- 口述試験に合格した者は，公証人のオフィスで少なくとも120日間の実習を受けなければならない（必須）。
- 受験者の最長年齢は50歳に引き上げられている。
- 篩い分けテスト（事前の選抜試験）に合格した者は，筆記試験とさらに2つの試験を受けることができる。
- 受験者数は空き要員の3倍に引き上げられた。
- 科目リストが改められている。

現在，試験の構成は以下のようになっている。

- 筆記試験に進むための篩い分けてスト

---

[119] SCOTTI, L., *La formazione professionale* cit., p. 95.
[120] DI FEDERICO, G., *La formazione nelle professioni forensi*, in *L'insegnamento del diritto oggi* cit., p. 309.
[121] See SCOTTI, L., *La formazione professionale* cit., p. 83.
[122] CATAUDELLA, A., *L'attuale sistema di formazione*, in *La formazione del giurista* cit., p. 181.
[123] In *Guida dir*. 2006, n. 21, p. 14.

・理論と実務に関する筆記試験
　　遺言行為1件と生存者間における行為2件が出題される（その内の1件は商法に関する問題である）。
・口述試験

V）　学部卒業生を対象にした法曹養成コース
1)　法曹養成専門スクール（Specialization Schools for the Legal Professions）
　法曹養成専門スクール（Specialization Schools for the Legal Professions）は，法学部を擁する大学内に，つまり，大学内の協定に基づき設置されているが，その法的根拠は *legge* n. 127 of May 15th 1997 の第113条および第114条である[124,125,126]。

　この教育機関は特定の法分野に特化しておらず，むしろ，伝統的な法曹の養成に焦点を当て，大学教育を完成させる機能を持っている[127]。2年制の課程（第2レベルの卒業生の場合は1年制）を終了すると[128]，特別な学位が与えられるが，この学位は，国の司法試験受験資格として（前述参照），また，法務ないし公証人実習制度と同じような役割を果たしている[129]。

　しかし，専門スクールへの進学は必修ではなく（一部の者はこれを支持している[130]），また，法務実習を完全に補うものでもない。実際に，専門スクールの学生であれ，他の実習生と同様に，裁判に参加しなければならない。

　各大学には，一定の定員の確保（前学年度の学部卒業生の少なくとも10％）が義務付けられているが，全員が進学しうるわけではなく，選抜試験が実施される[131]。

---

[124]　See PROTO PISANI, A., *Le scuole di specializzazione* cit., p. 19 ss.
[125]　Decreto legislativo n. 328 of November 17th 1997 によって，より詳細に定められている。See CARPI, F., *Le scuole forensi* cit., p. 40, 46.
[126]　これらのスクールは，r. d. l. n. 1578 del 1933 の第18条に基づき設置されたコースを継承している。その他，例えば，ボローニャ大学の著名な研究所 Istituto di applicazione forense Enrico Redenti（1927年設置，1928年認可）によって法務実習制度も実施されており，学生はどちらかを選択することができた。
[127]　PROTO PISANI, A., *Le scuole di specializzazione* cit., p. 20.
[128]　CAPONI, R., *Scuole di specializzazione* cit., p. 136 ff.
[129]　PALAZZO, F., *La formazione professionale* cit., p. 161 は，この学位の取得によって専門スクールの課程は修了するとみている。
[130]　PROTO PISANI, A., *Le scuole di specializzazione* cit., p. 31.
[131]　See CARPI, F., *Le scuole forensi* cit., p. 51.

専門スクールの正式な目的（legis. 328\97 第16条第2項）は，法学部卒業生に対し共通のトレーニングを実施することであり[132]，ドイツをモデルにしている[133]。また，様々な経歴（大学教授，弁護士，裁判官，公証人）を持つ者が，同等の身分で教員となる[134]。この点に関し，大学は裁判官と弁護士の双方に中立で，公平な役割を果たすことができたであろう[135]。しかし，実際には，理論的な指導を行う者[136]（大学教授による独占）と実務教育を行う者[137]（裁判官，弁護士，公証人[138]）とに分けられ，養成される職業像の相違ないし対立が浮き彫りになっている[139]。

1年目は全学部卒業生を対象にした共通の教育が行われるが，2年目は弁護士と裁判官に照準を当てたカリキュラムと，公証人を対象にしたものに分かれる。

裁判所，法律事務所および公証人学校（notary school）での研修も行われるが，裁判所での研修は，黙秘事項やほとんどの審問が非公開でなされるために複雑化しており[140]，期待通りの効果が得られていない。

双方向性の指導，事例や資料の検討，論述（筆記）演習を増やすだけではなく[141]，抽象的な法論証技術を修得させるため，新たな指導法も試験的に導入すべきであったと解される[142]。

また，特殊な法律問題の解決能力を高めるため[143]，学生の積極的参加を奨励したり，講義，事例研究，裁判所記録作成のシミュレーション，手続の

---

[132] CARPI, F., *Le scuole forensi* cit., p. 47; PALAZZO, F., *La formazione professionale* cit., p. 156. 懐疑的な見解として CONSOLO, C., *Considerazioni "impolitiche"* cit. p. 34.

[133] イタリアとドイツの制度の比較について，see CAPONI, R., *Scuole di specializzazione* cit., p. 128.

[134] PADOA SCHIOPPA, A., *Relazione di sintesi* cit., p. 96; CAPONI, R., *Scuole di specializzazione* cit., p. 140.

[135] PALAZZO, F., *La formazione professionale* cit., p. 159.

[136] Re. PALAZZO, F., *La formazione professionale* cit., p. 156; CAPONI, R., *Scuole di specializzazione* cit., p. 133.

[137] CAPONI, R., *Scuole di specializzazione* cit., p. 140.

[138] CARPI, F., *Le scuole forensi* cit., p. 36 warns against the risk of practitioners turning into theoreticians.

[139] CAPONI, R., *Scuole di specializzazione* cit., p. 148.

[140] CAPONI, R., *Scuole di specializzazione* cit., p. 139.

[141] PADOA SCHIOPPA, A., *Relazione di sintesi* cit., p. 97.

[142] See CARPI, F., *Le scuole forensi* cit., p. 49.

[143] CAPONI, R., *Scuole di specializzazione* cit., p. 143.

流れに関する指導に一貫性を保つべきであったと考えられる[144]。

しかし，初年度に関し，非常に良い評価が下されているわけではなく[145]，率直に失敗を認める者[146]や，失敗を望んでいたと思われる者もいるほどである[147]。

人的・物的資源の欠缺や，大学が適切な投資を行わなかったことも否定しえない。実際に，学部より専任教員があてがわれた例もあったが，それは極めて例外的であった[148]。

学生と教員の質を保つための措置も講じられなかった[149]。すでに指摘したように，専門スクールは，過去の似たような制度に同じく，（無報酬の）ボランティアによって支えられていた[150]。スクールの「増殖」によって状況はさらに悪化しているが[151]，これは教育の質を低下させるだけではなく，地理的細分化の危険性を孕んでいる。

教授法に関しては，前述した新しいメソッドを導入するために「文化的発展」が必要である[152]。これとは対照的に，教員間の調整が極めて不十分であることや，弁護士，裁判官や公証人ですら，講義や理論的な指導法を優先しているといった現状を認識しなければならない。さらに，学生と教員間のチームワークの形成に関しても，多くの問題点が生じている[153]。

入学者数が非常に多く，ゼミの効率性を害している。他方，指導者の負担

---

[144] CAPONI, R., *Scuole di specializzazione* cit., p. 136.
[145] PALAZZO, F., *La formazione professionale* cit., p. 159.
[146] CONSOLO, C., *Considerazioni "impolitiche"* cit., p. 36; CHIARLONI, S., in *L'insegnamento delle materie processualistiche* cit., p. 126.
[147] CARPI, F., *Spunti per una conclusione*, in *L'insegnamento delle materie processualistiche* cit., p. 151, observes that: "*Le scuole forensi* (...) hanno dato fastidio a molti".
[148] Re. PROTO PISANI, A., *Le scuole di specializzazione* cit., p. 33; PALAZZO, F., *La formazione professionale* cit., p. 159.
[149] CARPI, F., *Le scuole forensi* cit., p. 36 ss. は，これらのスクールの恒常的かつ厳密な質的統制の必要性を強調している。
[150] CARPI, F., *Le scuole forensi* cit., p. 42.
[151] 地域レベルで大規模なスクールを設立すべきとする Carpi の提案は活かされていない。See CARPI, F., *Le scuole forensi* cit., p. 50. regional basis seems to have been unheeded.
[152] CAPONI, R., *Scuole di specializzazione* cit., p. 143.
[153] CARPI, F., *Le scuole forensi* cit., p. 36 は，ボローニャ大学の Istituto di applicazione forense の例を挙げながら，教授陣は必要な教材の配布に消極的であることや，実務的なゼミで学生に積極的な参加を求めることの難しさについて触れている。

が非常に大きいことも明らかになっている（年間500時間）[154]。

科目間に亀裂が生じるのは避けられないであろう[155]。全ての者を落胆させないようにするため[156]，一部の講義は職業訓練的要素のないテーマを対象としている。また，科目間には境界がひかれ，相互の調整はなされていない[157]。さらに，比較法や語学のトレーニングが存在しないことも，非常に残念である[158]。

一般的な職業訓練と，国家試験を対象にした特別なトレーニングの両方を同時に行うことは非常に困難であることが明らかになっている[159]。特に，後者については，民間機関もコースを運営している点を考慮すべきであろう[160]。

専門スクールでは理論的な指導が支配的である。これは，裁判官を目指す学生によって支持されているが[161]，他方，その他のキャリアを志望する学生と合同で教育を行うことの障害となっている。この点について，弁護士会は，公然と敵対視することはないにせよ，批判的な態度をとっており[162]，法律スクール（Forensic Schools）の方を好む研修生も少なくない。

2）法律スクール（Forensic Schools）

Forensic Schoolsとは，弁護士会によって組織・運営されている学校である[163]。法的には，*d.p.r.* n. 101 of April 10th 1990に準拠しており，弁護士養

---

[154] PALAZZO, F., *La formazione professionale* cit., p. 160.

[155] Re. CARPI, F., *Le scuole forensi* cit., p. 53.

[156] PALAZZO, F., *La formazione professionale* cit., p. 160.

[157] CAPONI, R., *Scuole di specializzazione* cit., p. 141.

[158] CARPI, F., *Le scuole forensi* cit., p. 53.

[159] PADOA SCHIOPPA, A., *Relazione di sintesi* cit., p. 98; CONSOLO, C., *Considerazioni "impolitiche"* cit., p. 36.

[160] And which: "senza formare, non manca di offrire (...) non trascurabili chances di superamento delle prove": PALAZZO, F., *La formazione professionale*, p. 160. 本文中で言及した，私的なコースは，magistratesによって運営されることが多く，国家試験対策に特化している。このようなコースを利用する学生は非常に多く，1990年代までは，学部卒業生を対象にした教育市場を独占していた。See CARPI, F., *Le scuole forensi* cit., p. 38. なお，このようなコースは，単に知識を与えるのみで，試験の合格のみを視野に入れているとして批判されている。See PICARDI, N., *La formazione di base* cit., p. 46.

[161] CAPONI, R., *cuole di specializzazione* cit., p. 148.

[162] PALAZZO, F., *La formazione professionale* cit., p. 161.

[163] Re. CARPI, F., *Le scuole forensi* cit., p. 60.

成を他から独立させるフランスの制度をモデルにしている[164]。つまり，トレーニングを共通化する，前述のモデルとは明確に異なっている[165]。

Forensic Schools は法務実習生により充実した職業訓練を行うといった明確な理念を掲げており[166]，弁護士業の要請に合致したメソッドと内容を備えている[167]。

地理的な分断がかなり進行しているが，Forensic Schools は，前述した専門スクールに次いで大きな成功を収めている[168]。

輝かしい功績を何点か挙げることができるにせよ，多くの問題も残っている。例えば，必要な職業訓練や学術的教育を実施する能力と組織運営能力（その普及状態を考慮されたい）について検証する必要がある[169]。実際に，指導者，教授法や構造面で適正な水準に達しているのは，非常にわずかである[170]。

さらに，専門スクールの場合と同様に，弁護士，判事，大学教授が指導にあたる必要があろう[171]。そうすれば，貴重なエネルギーの分散が回避されうる[172]。

法務研修を補うため（しかし，法務研修に代わるものではない），1～2年制のコースが設けられているが[173]，地方の弁護士会は参加を義務付けるかどうか決定しうる[174]。

164　PADOA SCHIOPPA, A., *Relazione di sintesi* cit., p. 102.
165　PALAZZO, F., *La formazione professionale* cit., p. 162.
166　Re. RUGGIERI, P., *Scuole forensi — obbligatorietà dei corsi*, in *Prev. forense*, 2005, n. 4, p. 307.
167　MARIANI MARINI, A., *La formazione dell'avvocato — il ruolo della scuola forense*, in *Prev. forense*, 2005, n. 4, p. 312 ff. によれば，Forensic Schools は，法論証学とその技法，法律用語，法律の調査・解釈方法，法心理学，調停，交渉，deontology，書面および口述での弁護技法などの特別な科目に力を入れるべきとされる。
168　PALAZZO, F., *La formazione professionale* cit., p. 157. なお，RUGGIERI, P., *Scuole forensi* cit., p. 309 によれば，管理・運営や統制がやりやすいという点において，小規模なスクールの方が優れている。
169　PALAZZO, F., *La formazione professionale* cit., p. 157.
170　MILITI, V., *Numero programmato* cit., p. 8.
171　Re. MARIANI MARINI, A., *La formazione dell'avvocato* cit., p. 313.
172　CAPONI, R., *Scuole di specializzazione* cit., p. 151.
173　Re. CAPONI, R., *Scuole di specializzazione* cit., p. 5.
174　Re. RUGGIERI, P., *Scuole forensi* cit., p. 307 ff.

D） 法学部と学部卒業生を対象にしたコースにおける民事訴訟法の教育

　古くから，手続法（特に民事訴訟法）は，数ある科目の中でも特に退屈な科目として捉えられている。つまり，手続法は暗記事項が多く，困難かつ抽象的であると考える学生が少なくないが，このような誤った見方は，多くのハンドブック，非常に理論的で，面白みに欠ける教授法，不適切な試験テクニックに起因している。

　手続上の制度や構造が持ち合わせている複雑さはさておき，学生が抱える主な問題は，教わる内容と自らの具体的な経験との間に，ある種の距離が存在すること，また，学生と指導者の間に用語・概念的な溝があることに基づいていよう。往々にして，大学教授は概念や理論の伝達能力に欠けているものである。前述した問題は，民事訴訟法の授業がカリキュラムの早い段階で行われると，さらに深刻にならざるをえないが，近時，多くの法学部は，3年制の課程の2年目以降に民事訴訟法の試験を実施している。

　この科目の難しさや抽象性を考慮すると，イタリアの大学における厳格な「縦割り」（それゆえ，訴訟の実体法的側面と手続法的側面を統合して指導することは，ほぼ不可能である）についても再検討すべきである。

　学生の論証能力が低いことも（前述参照），民事訴訟法の用語を理解する上で，非常に大きな障害となっている。この科目では，用語の正確な理解はさることながら，しっかりとした論理的考察力や，抽象的な概念の意味や含意を理解し，自らの言葉で語る能力が必要とされている。

　実際に，民事訴訟法の指導で最も困難なのは，指導者と学生の間に共通の言語や概念を設定することである。

　かつての4年制コースでは，民事訴訟法の履修が義務付けられており，試験では，民事訴訟法典に関する問題が出題されていた。さらに，発展科目として，その他の手続法（例えば，EC手続法，手続法制度，倒産手続法）をカリキュラムに取り入れることも可能であった。

　「3＋2モデル」のカリキュラムは，その性格や機能が明確ではなく，争いがあったことから（前述参照），より複雑になった。この点に関し，カリキュラムの第1段階では，実体法や公法に関連する事項（例えば，人権の司

法救済手続の概観，紛争解決法，憲法上の保護，法律家の規律，証拠，司法救済の形式と内容など）についてのみ指導すべきであるとの主張がなされていた。つまり，この立場によれば，手続的な技術を詳細に教えるのではなく，民事手続法のガイドラインを説明することになる[175]。実際に，第1段階の目的を考慮すると，終了後，直ちに労働市場へ足を踏み入れる学生により有益で，教育ないし教養的性質の濃い指導を行うことが望ましいと言えよう。

このような観点から，2年制の課程〔「3＋2モデル」の第2段階〕では，法曹の養成に主眼を置いて指導すべきであったと解される[176]。つまり，ここでは，学生が法律職に就くことを想定し，事実審手続（cognition proceeding）や特別な問題，また，判決の執行について，詳細な授業を行うべきである。このような考えに従えば，第2段階の負担が第1段階より重くなるが（これは学習事項が増えるためである），常にそうであったわけではない[177]。

さらに，カリキュラムの内容や指導法の見直しも必要とされたが[178]，第1段階の役割が疑われていたこともあり，徹底した取り組みはなされなかった。各大学は独自の方針を採用し，試験の内容や修得単位数が調整されることはなかった。そのため，学生が他大学に移ること，特に，第1段階の終了後の転学に関し，深刻な問題が発生した。

民事訴訟法の教育に新しい息吹を吹き込む手段や時間（また，やる気）に欠けていたことも事実である。頻繁に指摘されていることであるが，新制度が発足した最初の年は，刷新的なアプローチを示すハンドブックすら存在しなかった[179]。また，書籍の「分量」は明らかに少なくなったが，題材（また，

---

[175] CAPONI, R., *Scuole di specializzazione* cit., p. 138; COLESANTI, V., *L'insegnamento delle materie processualistiche* cit., p. 16; COSTANTINO, G., *L'insegnamento dell'esecuzione forzata*, in *L'insegnamento delle materie processualistiche* cit., p. 49. CONSOLO, C., *Considerazioni "impolitiche"* cit., p. 28 は，救済（第1段階）と手続（第2段階）とに分けることを提唱している。「3＋2モデル」における一般手続法講座の役割について，RICCI, G. F., *Il ruolo del "diritto processuale generale" nel nuovo ordinamento didattico*, in *L'insegnamento delle materie processualistiche* cit., p. 103 ff を参照されたい。

[176] CAPONI, R., *Scuole di specializzazione* cit., p. 138.

[177] Re. CONSOLO, C., *Considerazioni "impolitiche"* cit., p. 24; COSTANTINO, G., *L'insegnamento dell'esecuzione forzata* cit., p. 46.

[178] CONSOLO, C., *Considerazioni "impolitiche"* cit., p. 24.

[179] Re. COLESANTI, V., *L'insegnamento delle materie processualistiche* cit., p. 17; CONSOLO, C., *Considerazioni "impolitiche"* cit., p. 31.

[180]) Re. CHIARLONI, S., in *L'insegnamento delle materie processualistiche* cit., p. 125.

その点に関する記述法）は変わらなかった[180]。

　私の個人的経験について説明すると，ボローニャ大学法学部は，より伝統的なアプローチを採用したが，現在は，より具体化されている。その主な内容は，民事訴訟法の授業を2つのクラスに分けることであったが，第1段階の *Diritto Processuale Civile I* では，一般原則や通常の事実審手続（cognition proceeding）（控訴を含む）について説明し，第2段階の *Diritto Processuale Civile II* は，特別な手続問題や執行を扱うことになった。なお，このような区分は，第1段階の卒業生の大多数は第2段階に進学するという事実に合致していた。

　しかしながら，「3＋2モデル」は完成年度を迎える前に中止された。そのため，前述したように，今となっては，中間的な評価すらなしえないが，2年制コースの指導は賞賛に値する。もっとも，第1段階のコースを規定通りに修了したエリート学生のみが参加していたということも考慮しなければならないであろう。

　これから始まる新年度より，5年制の magisterial 課程が開始される。（ボローニャを含む）多くの大学は，2つのベーシックな民事訴訟法科目を再び統合し，2学期制の単一科目としている。より応用性が増し，また，相互の関連性も高められているので，学生には有利であろう。

　しかし，かつての4年制課程への逆戻りは（この10年間，大学の内と外は全く変わっていない）阻止しなければならない。

　他方，学生は，理論的な授業よりも，実務を考慮した指導を強く求めるようになっているが，指導者はこのような要請に応えるべきである。多くの重要規定について無味乾燥な説明をするのではなく，抽象化や過度の概念の使用を止め，制度や組織の機能と趣旨（本来の意義）を強調すべきである。

　他方，学生は非常に多様化しており，職業像も統一されているわけではないことを特に考慮すると，大学では，民事訴訟法の実務のみを指導することはできないし，また，そうであってはならない。もっとも，一部のクラス（または特殊演習）では，弁護士や裁判官と協力しながら，裁判所記録（judicial act）の作成技術，法修辞学，論証技術，模擬裁判などを扱うことも可能であろう。このような活動は非常に人気があり，学生の理解度や科目への取り組みを高めるのに大きく貢献しうる。

　他方，法令は複雑化する一方であり，時として，錯綜した状態にあることを考慮しなければならない。そのため，システマティックな見直しが困難に

なっているが，民事手続法の分野においても，伝統が失われ，いくつかの「特別な」法令が制定されている（例えば，*decreto legislativo* 5 of 2003 on company proceedings）。民事訴訟法典に関しても，新しい手続や準手続（sub-proceedings）に関する規定が盛り込まれるなど，救済や組織に関する規定が増えている。それゆえ，指導者は百科事典的アプローチではないにせよ，法典や主要法令が定める全ての手続について検証する「完全主義者」となるべきか，それとも，包括的な指導を犠牲にし，体系や個々の論点を重視する方法論的なアプローチによるべきか決定しなければならない。

しかし，その選択の必要性は，実際には，あまり強く意識されていない。確かに，大学で教わらなければ，学問的に検討する機会が奪われるといった危険性が存在する。しかし，今日，正気に欠ける立法者の行為を学者ぶって分析していく必要も無いであろう。また，大学卒業後であれ，大学が設置する専門スクールに進学すれば，手続法上の特別な問題について，理論的および実務的な観点から徹底して考察する機会に恵まれることを忘れてはならない。

新課程が完成年度を迎えた後には，ユニークな制度や手続も導入されるであろう。例えば，第1セメスターでは，基本原則，利用可能な救済の分類，通常の第1審手続について指導し，第2セメスターでは，特別な第1審手続（例えば，労働，会社または婚姻事件手続など）や，略式手続，保全手続，判決の執行に焦点を当てることができよう。さらに，学生は事例研究や手続問題の解決に積極的に参加すべきであろう。

講義や試験では，理論や知識が重視されるべきではない。また，非常に抽象的な民事訴訟法の指導は，学生がどのような進路を選択するにせよ，現代の教育的要請に合致していない[181]。ほとんど（または全く）適用されることのない制度や，弁護士または裁判官の観点からのみ重要な事項について詳細に指導するのではなく[182]，制度や救済の機能・適用方法を理解させ，将来，役に立つと考えられる技法を紹介すべきであろう[183]。

さらに，手続法は権利保護や紛争解決の手段であり，それ自体が重要であるわけではないことを常に学生に認識させる必要がある[184]。

---

[181] Re. also CHIARLONI, S., *Riflessioni minime* cit., p. 298 ff.
[182] CAPOROSSI BOLOGNESI, L., *Contenuti 'culturali'* cit., p. 82.
[183] See also TARUFFO, M., *L'insegnamento accademico* cit., p. 286.
[184] Re. TARUFFO, M., *L'insegnamento accademico* cit., p. 284 ff.

仲裁，国際手続法や判決の執行など，特殊な手続問題に特化した（副次的な）コースでは，より詳細なアプローチが採用されてもよいであろう[185]。

現段階では，学部と学部卒業後の民事手続法の指導に一貫性を持たせることが重要である。専門スクールでの教育は，学部で終了した箇所から開始され，より専門的で実務的な項目について深く指導すべきである。それゆえ，専門スクールの役割や機能を再検討する必要があろう。

専門スクールでは，（実際の裁判や模擬法廷を通し）現行法や事例の検討が行われ，理論的な講義も自然に融合されているため，民事手続法の教育に適している[186]。

さらに，民事手続法の特徴である対審的性格は，専門スクールでの指導法に最もよく適合していると解される。つまり，そのゼミや講義では，実体法と手続法の両方にからむ問題（例えば，別居や離婚）について検討することができよう[187]。

調停や交渉のトレーニングも有意義であろう。そうすれば，イタリアの大学（大学院）ではADRに関する教育が普及していない状況を補いうる[188]。

イタリアの法学教育には，このような欠陥と限界があるが，専門スクールは新しい教育を開拓する可能性を秘めている。その実現が我々のやる気と能力にかかっていることは言うまでもない。

E） まとめ

イタリアの法曹養成制度は，現在，移行期にあることを繰り返しておきたい。

従来の改革期と同様，現在にも可能性と潜在能力が満ち溢れている。そのため，資源や労力は限られているとはいえ，少なくとも，このレポートで述べた提案のいくつかは実現しうるであろう。また，それ以上の改革も可能であろう。

他方，イタリアでは，全てのものは変わるだけではなく，現状に留まる可

---

[185] Re. COSTANTINO, G., *L'insegnamento dell'esecuzione forzata* cit., p. 51 ff.
[186] CAPONI, R., *Scuole di specializzazione* cit., p. 139.
[187] COSTANTINO, G., *L'insegnamento dell'esecuzione forzata* cit., p. 55.
[188] LOMBARDI VALLARI, L., *Riforma: per quale giurista*, in *La riforma degli studi giuridici* cit., p. 354.

能性を持ち合わせているといった表現が良く用いられる。これには矛盾するが，少なくとも，これ以上，悪くなることはないであろう。実際に，これ以上，悪くなるといった可能性は小さい。

　私は楽観的な皮肉屋であるが，さらなる失敗が許される状況にはないため，改善も可能であると考えたい。

　また，今日，真の大変革は個人の努力や犠牲より生まれると確信している。そして，制度の欠陥を批判するならば，我々もその一員であることを忘れてはならない。

中国の大学における民事訴訟法学教育

劉栄軍*

一　法学教育一般

　20世紀1978年以降，中国経済改革と共に，法制度の整備も大規模的に行われてきた。二十数年にわたる整備の結果として，中国社会を規律する法律体制は基本的に整っているといえよう。さらに，社会の隅々まで浸透している法を尊重する理念や，憲法における人権の重視などは，中国が法治国家へ邁進するそのものを反映しているといえる。もちろん，法治国家を建てるには法律人材の養成は不可欠とされ，しかも，この法律人材の養成重任を担うのは当然大学の法学教育であろう。このため，20世紀の80年代から，中国政府は大学における法学教育に力を入れ，特に90年代では，法学部学生より高いレベルと言われている法学大学院生の養成を規模化して，社会人法学教育[1]などと組み合わせて，中国の法学教育体制は多層化にしている。

　2005年現在，中国の有している1300ぐらいの大学では，法学院（アメリカのロースクール，あるいは日本の法科大学相当），法学専門を持っているのは約650に達している。2006年現在，在学法学大学生の数も驚くべきの30万人まで上っている[2]。

　莫大数の法学の在学生に対して，如何に法学教育を高めることによって高い質を持っている法律人材を養成できるかはまさに中国現代法学教育にとっ

---

* 中国北京師範大学法学院教授。
1　中国では成人教育と称している。
2　中国教育部法学教育指導委員会主任，中国吉林大学張文顕教授が2006年4月のある会議での話による。http://www.blogsn.com/user1/faxue/2221.html

て重大な課題になっている。20世紀90年代から，中国教育部は法学教育指導委員会を設け，法学教育の指導に当たっている。当指導委員会の指導では，法学部の大学生は，民法，刑法，刑事訴訟法，民事訴訟法，行政法，経済法など14に及ぶ科目を核心的な必修科目とされている。

二　民事訴訟法学教育の概観

（一）　民事訴訟を履修する学生層

前述のように，中国の法学教育は多層化の様子を呈している。基本的には，まず，法律教育を中心とする専科法律学院，専科法律大学（たとえば各行政地域に設置されている省レベルの政法学院），次に総合大学において設けられている法学部（法学院），さらに，社会人法学教育や通信法学教育やネット法学教育というルートで法学教育も展開している。このうち，総合大学における法学教育は，法学部生，大学院生，法律実務家の養成を専門とする法律修士（J.M）などの養成が行われる。このような養成制度の下では勉強する学生たちをすべて法学学生と称してもよいと思われる。

これらの法学学生は，法学部学生，法律修士，社会人法学学生はいずれも民事訴訟を必修科目としなければならない。大学院生には，専門によって異なり，訴訟法学を専攻とする院生限り民事訴訟法を必修科目とする必要がある。

（二）　民事訴訟関連科目の履修

一応民事訴訟法学を勉強するといっても，実際には仲裁法，証拠法，民事執行法，比較民事訴訟法，国際民事訴訟法，司法制度などの科目が選択科目として用意されている。学生たちは，自分の都合で中に好みの科目を選択できる。

（三）　単位と時間数

伝統的に，学部生の場合，民法や刑法などの実体法に比べて，訴訟法（民事訴訟や刑事訴訟法を含む）の講義単位はやや少なく，3－4単位とされ，平均で週に授業時間数は3－4時間しかない。

大学院で民事訴訟法学専攻とする大学院生の場合は，民事訴訟法，証拠法，比較民事訴訟法などの科目実際に必修科目とし，民事訴訟法が普段4単位，

証拠法と比較民事訴訟法がそれぞれ2単位と設定されている。

(四) 講義内容

民事訴訟法の講義内容は，学部生段階では，基本的に法律条文に沿って解釈を行い，中には適当に判例や学説が紹介されている。法律修士の場合は，養成目標の限定もあり，大体法律実務向けの内容は基本である。大学院生の場合は，特殊性があって，教官の都合で，自己の最新研究成果を生徒たちに教えるのは一般である。特に比較民事訴訟法の講義では，大量に諸外国の民事訴訟に関連する制度，判例および学説を紹介しながら，分析を行うのは普通である。大学院生たちはこれらの講義を通じてよく外国の民事訴訟制度を把握しようという希望が強い。

(五) 受講学生数

大学によって違っても，総合大学では，毎年新入生は大体80人から200人までであるが，聴講生や科目履修生などを含むと，人数はさらに増える場合もありうる。また，専科法学大学や学院では，その数がさらに多く，毎年新入生は2000人に達している大学もあり，たとえば，中国政法大学は毎年2000人以上，中南財経政法大学は2500人以上の新入生が大学に入学する。これらの学生は，専門が異なっても，うちの大部分は民事訴訟法学を履修しなければならない。

この数年間，大学の学生募集数が急激に膨張するのを受け，殆どの総合大学の法学院はその膨張の学生の受け皿になっている。現在，大学院生（修士と博士を含む），法律修士および他の社会人院生の数はすでに法学部学部生を大きく超えている。かような現象は，中国が法治国家を建てようとする政策を反映する一方，法学学位を取得しやいことをも物語っている。これは決して法学は人気があるとはいえない。

その他，民事訴訟を講義する教官は，各大学では，民事訴訟法を講義する教官を1名から5名まで不等である。全国から見れば，年齢が50歳以下の教官はほぼであり，50歳以上の教官は極稀といえよう。喜ぶべきことは，大部分の教官は博士の学位を持っている。うち，外国の大学で博士学位を有している教官は，全国では5人を超えていなく，全部日本で法学学位を取っている。

(六) 学　会

中国の民事訴訟法学界では，今まで刑事訴訟法と一緒になってきたが，刑事訴訟に付随する民事訴訟とも言われてきた。幸いにも，今年の9月に，民事訴訟法学会は独立の民事訴訟法学術団体として出発しようとする。現在のところではまたははっきりではないが，民事訴訟法学会に入会する民事訴訟法学者や法律実務家の数は数百人に上るでしょう。

三　今後の展望

中国の民事訴訟法教育は，先進国家に比べれば，また発展途中にあるといえる。そのゆえ，民事訴訟法学教育には数多くの問題点は存在している。まとめて見ると，以下の問題点が特に指摘する必要があると思われる。

まず，中国の民事訴訟法の整備は十分といえない。民事訴訟法は1991年に始めて正式に施行されたが，理念から制度設置までさまざまな問題が現れている。特に，訴訟制度を規律する基本法律の一つとして，証拠制度は長期にわたって不存在のように見え，法律実務，特に紛争の解決と当事者権利の保護に支障になっている。しかも法律規定と法律実務の隔たりは大きく，民事訴訟法の存在価値は低くと言われている。

次に，民事訴訟法教育の目標設定は不明確である。民事訴訟法立法上の問題点があるだけではなく，訴訟制度ないし司法制度全体には問題をたくさん存在している。このため，日本のように，中国では，20世紀90年代初めから，訴訟制度および司法制度の改革を推進してきた。しかし，このような改革の中では，民事訴訟法教育を如何に目標設定すべきかについては，いまだに議論を頻繁に行いながらも，具体的な目標は見出せないままである。これは，今後の課題となるだろう。

さらに，国際化社会において，民事訴訟法教育が国際へアクセスする条件は不十分である。歴史や社会制度の原因で，中国の民事訴訟法学者は各国の民事訴訟法学者との交流はあるにもかかわらず，各国の民事訴訟制度の内容を十分に了解しているとはいえない。したがって，現在の中国民事訴訟法教育の内容には，外国制度に関する内容などは修正すべき点も多くあると思われる。

いずれにせよ，問題を重視し，改正し，先進国の民事訴訟制度を学び，各国の学者との学術交流を深め，さらに中国の事情を勘案するうえ，よりよく

中国の民事訴訟法の改正に努めながら，民事訴訟法教育を質よく高めることによって，中国法制度全体の改善に貢献できると考えられる。

おわりに

マルセル・シュトルメ〔出口雅久訳〕

　紳士・淑女の皆様方。
　2日半にわたる集中的な報告と議論の後，今，我々は京都大会を終えようとしています。この良き2日半の中で出口雅久教授は素晴らしい学術的な奴隷ドライバーだったと思われます。事実，早朝7時に開始し，夜9時に終了する，ということは日本の牢獄での14時間を意味しています（笑い）。
　日本において民事訴訟法を議論することが今回の会議の目的でありました。民事訴訟法と日本について幾つか言及してみましょう。
　我々のボローニャからの若き同僚であるProf.Michele Lupoiは，民事訴訟は退屈であると認識されている，と報告していたが，これはどうも受け入れがたいアプローチであります。訴訟法以上に躍動的で，感激させるような法分野はありません。Prof. Mauro Cappellettiが1976年のハンブルクの会議で「民事訴訟は，私見によれば，最も重要な法分野である」と言及したことを引用しておきましょう。
　すでに言及した1992年8月の東京における国際シンポジュウムにおいて，新堂幸司教授は，いわゆる「日本の問題」，すなわち，合理的な分析による国際的な領域において変革をアプローチすることに対する日本の無力という普及した懸念がある，という風評について言及しました。
　我々は，本大会においては，正にその正反対を経験しました。すなわち，訴訟法の国際的な領域において少なくとも難しい諸問題を合理的な方法で分析する日本人の能力が存在するということを。そして，私がヨーロッパ訴訟法の接近に関する議長を務めていた委員会は，また東京海上保険会社の要請で作成された報告書にも当てはまりますが，欧州委員会の中では産業プラントの立地が訴訟上の相違（訴訟遅延，訴訟費用，時間やの計算，成功報酬制など）が未だに大きすぎると説明していたことを，個人的な例として付け加え

おわりに

ておきます。

メイン・テーマである「民事訴訟法の輸出と輸入」のプリセッションとして開催された国際フォーラムでは，法学教育のヨーロッパ化において民事訴訟法の講義は法学部のカリキュラムの中では必須とされるべきであるという事実を認識しました。

我々は，法の支配を啓発する法学教育を必要とします。そして，我々は，問題解決者として，そして最終的には平和的な変更のエージェントとしての法律家を必要とします。それが，5年間という相当な法学カリキュラムを設けるというインドの闘争を我々が良く理解できる理由であります。

かかる言説は，私の質問に対する理由でもありました。すなわち，我々は法律を教えるのか，それとも法律家を教育するのでしょうか。

そして，この質問は，訴訟法の領域においてはなおさらより重要になっています。すなわち，我々は新しい訴訟法，言い換えれば，新しい法典を必要としているのか，それとも，我々は法律家および実務家（バリスター・裁判官）のための行為規範を必要としているのでしょうか。

かかる点において，1806年フランス民事訴訟法典の草案者の一人であったProf. Treilhardがかなり初期に言った言葉を思い出していただきたい。すなわち，要約すれば，「本法典の成功は実務家の日々の法実務の行動にかかっている」と。

訴訟が良く機能するお陰で，我々は法の支配を保護することができ，我々は「法治国家」を維持することができます。

司法裁判制度は平和維持のための武力の役割を果たしています。オランダでは，最高裁判所の入口ホールの上に以下のような碑文が刻印されています。すなわち，「権利を主張するところでは，戦争は終結する」と。

我々は，裁判官による判決は立法よりもより一層民主的であることを忘れてはなりません。両当事者には正義への平等なアクセスが存在しています。両当事者は，テーゼとアンチテーゼを主張し合い，裁判官はジンテーゼを草案することになります。防御の権利と武器平等が保護されている場合には，判決は公正な結果を齎すでありましょう。

そして，これは，コモンローであろうが，シビルローであろうが，どの制度であっても，訴訟法が民主化の道具であり得ることを意味しています。しかし，勿論，これは，正確に機能する訴訟制度においてのみ当てはまるものであります。「正確に」とは，最も簡潔であるが，基本的な表現（ヨーロッ

パ人権条約6条）を意味します。すなわち，公正な審理，合理的な期間，そして独立し，かつ，公平な裁判官の面前における手続であります。

さて，次に，素晴らしい京都会議の主な特徴を幾つかくしてみたいと思います。以下の6つのキーワードで要約させてください。
1. 伝播と継受
2. 解釈の問題
3. 伝播の方法
4. 相互豊穣
5. 共通原則
6. 正義

1. 伝播と継受

2日間の間，我々は14ヵ国以上の民事訴訟法の継受と伝播に関する第一級の情報，素晴らしい歴史的かつ批判的な分析を得ることができました。しかしながら，著名な報告者によって描かれた絵画は余りにも広大でありました。とりわけ Prof.Laukkanen の美しいスライドのように，日本・ドイツ・オーストリア・イタリア・スペイン・ラテン・アメリカ，そしてコモンロー諸国を関連付けているグローバル社会における主要な訴訟制度を包含しているものと思われます。Prof.Murray が「世界はより小さくなった」と言ったように。

我々は，植民地化，占領化あるいは圧制による民事訴訟法の輸入について学びました。しかしまた，我々は，Herman Techow 氏（日本明治政府のドイツ人法律顧問）の「外国法は常に不当である」という意見はもはや正しくはないことを意味しています，国際協力の形式での任意的な輸出をも学びました。

最も際立った例は，私の意見では，ベネルックス三国の裁判所に対する予備的な質問として，その統一解釈が守られている1980年のベネルックス三国統一法におけるオランダアストラントであります。

2. 解釈の問題

終わりのないストーリーとして，輸入された訴訟法規の解釈の困難さが指

おわりに

摘されています。しかし，これは，すべての新しい法規が——輸入されたにしろ，されなかったにしろ——実務によって継受の問題を引き起こしていくのであり，誤った言説であります。我々は，1967年にベルギーにおいて全く新しい訴訟法が導入され，古いフランス訴訟法典に取って代わられた際に，それを経験しています。

しかし，私が付け加えなければならないのは——私はこれは面白いアイデアであると思うのですが——同法典が施行される前までは，パイロット・プロジェクトとして書面による手続（口頭によるプリーディングではない）が，2年間にわたって二つの裁判所で試行されており，その結果は良好であったことであります。

そして，1980年代には，欧州連合は，イギリスのDundee，ベルギーのGentとLouvainにおいて「消費者の司法へのアクセス」に関するパイロット・プロジェクトを組織しました。

3. 伝播の方法

勿論，伝播の王道は立法である。私は，個人的には行政府による方法は好みません（フランスおよびオランダなどの政府による政令，英国やウェールズにおけるような規則制定委員会など）。訴訟が政治的かつイデオロギー的な制度として利用されうるので，訴訟法規の採用は行政権力の手に委ねるべきではありません。

私は，法制定の過程は遅いという論拠には納得がいきません。ベルギーでは，我々は，9年間（1958-1967）以内に全く新しい訴訟法典を草案したことがあり，これは同時期に議会（上院と下院）で投票されたものであります。

我々はまた，伝播は裁判官や教授陣によっても惹起されるという事実も再認識しました。始まったばかりの潮流としてのヨーロッパ法を語ったのはLord Denningでありました。ここでは，我々は，世界中に広まった始まったばかりの潮流としての比較法について語ることができましょう。そして，これは，司法裁判所ばかりではなく，たとえばProf.Loic Cadietが強調したように，アカデミックな文献を通しても行われ得るのであります。

我々の著名な学会員の一人を引用しておきましょう。それは，Prof.Reinhard Zimmermannであります。すなわち「それにもかかわらず，ヨーロッパレベルにおける私法のハーモナイゼーションと統一化の過程は，より大き

な勢いを得たような，逆行できないトレンドであるように思われます。したがって，我々は，法律学に対する考慮は純粋に国内法の関心事から離さなければならないでありましょう。我々は，1814年のサヴィーニーの言説に順応できるかも知れません。すなわち，我々は，科学者がひとつの同じ目的に焦点を当てるヨーロッパ共同体が必要であります。我々は，立法よりも，組織的に進歩的な法律学を信頼すべきであります」。

この訴訟法の分野での進歩的な法律学とは，貴方々，国際訴訟法学会のメンバーおよび支持者であります。

紳士・淑女の皆様方，我々は旅する訴訟法学者を必要としています。そして，これまでにもすでに素晴らしい先駆者がおりました。すなわち，本会議においても，たとえば，Franz Klein, Werde, Henry Motulsky, Plosz, Ekelöf，そして，イベロ・アメリカの訴訟法典の草案者達であります。

我々は，ブラジルの多肢選択について学びました。そこで，Prof.Ada Pellegrini Grinover と Prof.Kazuo Watanabe を引用したいと思います。すなわち，「ブラジルの制度によれば，現代社会においては，幾つかの訴訟制度間の交流は，同じルーツを持つ諸国間ばかりではなく，異なった法系に属する諸国間においても，より一層均質化していく傾向がある」と。

4. 相互豊穣

民事訴訟が政治的，社会的，経済的，イデオロギー的，文化的，かつ，倫理的なコンテクストにおいて深く根付いていることは，夙に強調されてきました。Nel ciore della Citta. 訴訟は我々の社会の中心に位置しています。

これは基本的に正しい。そして，法的手続は，社会を最も正確に反映するイメージであり，そうあり続けることを，私は常に確信してきました。情熱，権力関係および財政的な見通は，訴訟においてその最も意義深い表現となって表れます。法的手続は，人類および社会の鏡であります。

しかし，そのような種類の相互豊穣も存在します。民事訴訟は，また人類および社会にも影響を与えます。

世界銀行は，様々な国における司法改革のための専門家を任命しました。すなわち，「基本的な確信としては，そのような信頼でき，良く機能する司法制度は確かに経済の前提条件である」と。

おわりに

5. 共通原則

　私も，また Prof.Kojima も，我々は益々世界中が同じ基本原理原則に向かっている，という事実に衝撃を受けました。二つの例を挙げてみましょう。

(a) 手続の集中化

　私の旧友である Prof.Yasuhei Taniguchi は，従来の日本の訴訟における五月雨式または歯科医師的な訴訟制度の問題点を教示してくれました。すなわち，中間的な判決から暫定的な判決へ等々。手続の集中化の原則により，日本の訴訟制度は改善が行われたのであります。

(b) オブザーバーから積極的な裁判官へ

　紛争は当事者に支配化にあります。訴訟は裁判官に支配されています。私は，Prof.Hanns Pruetting による修正に賛成であります。すなわち，「裁判官は公正，効率，かつ，社会的に十分にバランスのとれた審理を行う責任がある，という今日支配的な見解である」。

　これは，我々が Prof.Doeter Leipold の夢からさほど遠くはないことを意味しています。すなわち，民事訴訟法の国際的なモデルがこれであります。

　これは，同時に，私は，Prof.Neil Andrews の挑発的な報告書において提示された考えには同調しないことを意味しています。すなわち，これは，私見では，ユートピアではありません。

　我々が1987年に訴訟法におけるヨーロッパの近接化のプロジェクトをスタートした際には，民事訴訟は専ら国民国家の主権に属するものであるという理由から，それを考えることすらもタブーでありました。

6. 正　義

　最終的な訴訟の目的は正義にあります。そして，正義は，現代国家の崇高な責務に属します。それは，最も重要な公務であります。

　Prof.Remco van Rhee は，民事訴訟が十分に迅速に，そしてそれは費用をかけずに機能していれば，調停の必要もますます少なくなる，ということを示すイギリスの調査について報告しました。

おわりに

　我々は，一般的な「正義の民営化」に本来備わっている種々の危険に関する警告に注意しなければなりません。最も率直に言うと，私は，裁判所の玄関に入る際に，玄関ドアの頭上に「本日の判決はコカコーラの協賛による本裁判所によって言い渡されます」と書かれているのを見るのを恐れます（Arcelor-Mittal）。

　親愛なる同僚の皆様および国際訴訟法学会の会員の皆様。依然としてまだするべきことが山ほどあります。つまり，訴訟法学者に休息はないのです。

　これは，わが学会活動において民事訴訟法の分野における最もオリジナルかつ学術的なアプローチの一つでありました。

　私がオープニング・スピーチで言及したように，かなり国民国家的な法分野の古い思想が依然として今日でも存在しているので，このトピックは本当にチャレンジングなものでありました。

　我々は，本会議において「訴訟の輸入と輸出」という驚くべき世界について我々に語ってくれた素晴しい一連の報告を享受しました。これは，本当にドイツ人が言うように「基礎研究」であります！

　そして，我々は，卓越した報告者およびわが国際訴訟法学会の会員の援助およびその友人の参加を得てこれを成し遂げることができました。私は，過去11年間，本学会の理事長であることをとても誇りに思っており，1977年以来，20回に及ぶ本学会の会議，コロキュウム，シンポジュウムに参加する機会を得たことを皆様に申し上げたい。そして，皆様方がここ立命館大学において経験されたように，我々の会議は観光目的のものではなく，民事訴訟法の最新の発展状況を提供するものであります。我々は一つの大きな，しかも，規律正しい家族であると申し上げたい。

　わが学会には二つの基本的な特徴があります。すなわち，学術的な卓越，そしてとても重要な訴訟法学者の間での友情であります。謙遜は決してわが学会の特性ではなかった！

　そして，我々は，ここ京都・立命館大学の素晴らしい環境に恵まれたキャンパスにおいてそれを成し遂げたのであります。

　我々は，立命館，すなわち，「自らの運命を創り上げる場所」について話を聞きました。私は，これに「用心深いことが不滅の細道である」という仏陀の知恵を付け加えておきましょう。

　我々が国際および比較民事訴訟法のウォッチャーとなりました。すべては，それはとりもなおさず Prof.Masahisa Deguchi の努力の賜物であります。

おわりに

　ご案内の通り，国が小さければ小さいほど，我々が育てる英雄はより大きくなります。スイスではWillem Tell，ベルギーではTintinであります。

　そして，Prof.Masahisa Deguchiは，我々の国際的なTintinであります。すなわち，勇気があり，多言語に通じ，世界中を飛び回る旅行者（Tintinは中国にも渡っていた）であり，そして，額の上に撫上げた巻き毛であります。我々はProf.Masahisa Deguchiに対して衷心より謝意を表したい。「ありがとう」。

　そして，同時に，我々は，この京都会議をサポートしていただいたすべての方に感謝の意を表する次第であります。とりわけ，Prof.Hiroyuki Matsumoto（当時理事長）をはじめとする日本民事訴訟法学会，さらには，多くを可能としてくれたのは，わが学会の副理事長であるProf.Yasuhei Taniguchiである。Prof.Taniguchiは，当初から京都・立命館大学での国際学会というアイデア，我々のトピックに熱心であり，最終的には我々のスポンサーにもなった頂いた。Yasuhei　ありがとう！

　我々は，優れた報告者のおかげで素晴らしいワーキング・セッションを組めました。我々は，各セッションの司会のおかげで議論に十分な時間が取れました。我々は，通訳者のおかげで日本語・英語の議論をフォローすることができました。そして，大会事務局の運営はパーフェクトでした。

　我々は，この美しい古都・京都を一種の郷愁をもって後にするであろう。あるいは，ブラジル人が言うように，ポルトガル語で"Saudade"と。

　しかし，我々は，ブラジルでまたお会いしましょう。"A Dios"とは言わずに，すべての皆様に申し上げたい，「2007年9月はSalvador de Bahiaで！」

あ と が き

　私がはじめて国際訴訟法学会に参加したのは，1998年にニューオリンズのチューレーン大学ロースクールにおいて開催された大会であった。谷口安平教授に恐る恐る参加方法についてお聞きしたことを今でも良く覚えている。国際訴訟法学会は，主としてヨーロッパを中心に学会を開催してきたが，確か，はじめてアメリカ合衆国で開催された会議であったと聞いている。実は，私にとっても，これがはじめてのアメリカ訪問でもあり，このニューオリンズの国際訴訟法学会への参加が私の国際学術交流を質的に変化させた。
　それまでドイツ語圏の研究者を中心に学術交流を展開してきたが，このアメリカでの国際訴訟法学会の参加を契機に他の諸外国の研究者との学術交流がはじまった。その後，1999年にウィーン世界訴訟法会議，2001年にゲント大会，2003年にメキシコ世界訴訟法会議，2004年にパリ・ディジョン大会，そして，2005年に再びウィーン・ブタペスト大会に参加し，このたび，2006年には自ら京都大会を開催する運びとなった。
　実は，本大会の件については，谷口安平先生より京都大会の可能性について以前より打診があり，2004年パリ・ディジョン大会で開催された国際訴訟法学会理事会にオブザーバーとして参加させていただいた際に，シュトルメ理事長（当時）以下，錚々たる国際訴訟法学会の理事の前で，京都大会の構想についてドイツ語訛りの下手な英語でプレゼンテーションをした。その時の国際訴訟法学会理事の先生方の顔は真剣そのものであり，私のスピーチを一言も聞き漏らさまいと集中していた様子を今でも鮮明に覚えている。私は，「民事訴訟法の継受と伝播」について京都大会では議論したい旨を何回も繰り返し説明した。すると，シュトルメ理事長が「要するに，民事訴訟法の輸入と輸出だね」と仰って，理事会に2008年に京都大会を開催する件を諮り，その場で仮承認された。
　ところが，その年の年末に，シュトルメ先生からメールがあり，2006年に南アフリカで予定されていた大会は資金繰りが付かずに頓挫したとの連絡が入った。何かいやな予感がした。そして，その予感はまさに的中した。シュトルメ先生のメールを読み進むと，是非，2006年は京都で開催して欲しいと

あとがき

の緊急要請であった。その後，立命館大学をはじめ，日本国中のありとあらゆる基金財団等を探し回る私の「ファンド・レイジング」という苦難の道は始まった。

しかし幸運にも，2005年4月に「グローバル社会における民事手続法制度の継受と伝播－比較立法学の観点から」と題する科学研究費（B）課題番号（17330021）が採択され，早速，準備作業に取り掛かった。まずは2005年の秋の九州大学で開催された私法学会の際に行なわれた，民事訴訟法学会・国際交流委員会の席で京都大会の構想を開陳し，諸先生方の大会テーマや開催時期および報告者についてご意見を伺った。その頃，谷口安平先生が個人的に日本民事訴訟法学会にご寄付されたことを耳にし，2006年春の岡山大学で開催された理事会において正式に本京都大会に通訳・翻訳等を含めた大会経費として補助をいただいた。この場を借りて，今回の国際訴訟法学会・京都大会の開催に対して多大のご援助を戴いた谷口安平先生および民事訴訟法学会の会員の皆様に心より感謝申し上げる次第である。

とりわけ，谷口安平先生には，立命館大学に奉職して以来，公私ともに大変お世話になり，京都大会が成功裏に開催できたのも，谷口安平先生が国際訴訟法学会副理事長としてこれまで国際的なネットワークを構築されてこられた賜物であると理解している。また，今回，国際訴訟法学会を京都・立命館大学において開催するに当たっては，立命館大学をはじめ，社会科学国際交流江草基金，民事紛争処理研究基金，学術振興野村基金，法務省法務総合研究所，日本弁護士連合会，京都弁護士会，日本司法書士連合会，京都司法書士会，クレオテック，ローム，日清食品，雄松堂，京セラ，ジャパン・ビバレッジ，民事法研究会，レクシスネクシス・ジャパン（敬称略）などの各関係団体・企業より多大のご寄付等のご援助を戴いた。ここに記して感謝申し上げる次第である。

さて，2007年9月にブラジル・サルバトールにおいて，国際訴訟法学会が四年に一度開催する世界訴訟法会議が開かれた。今回の国際訴訟法学会・総会では，大幅な理事会の改選があり，マルセル・シュトルメ理事長（ゲント大学）の後任としてフェデリコ・カルピ新理事長（ボローニャ大学）が選出された。また，今回限りで副理事長を退任される谷口安平教授の後任として若輩の私が副理事長に選任された。国際訴訟法学会の新常任理事会のメンバーをご紹介すると，フェデリコ・カルピ理事長（イタリア），アダ・ペレグリーニ・グリノーベル副理事長（ブラジル），オスカー・チェイス副理事

あとがき

長（アメリカ），出口雅久副理事長（日本），ペーター・ゴットバルト事務局長（ドイツ），ミケーレ・タルフォ事務局長（イタリア），ロイック・カディエ事務局総長（フランス）という構成である。国際訴訟法学会会員の皆様方の新しい理事会執行部への信任に対して心より感謝申し上げる。

　なお，本書は，科学研究費（B）課題番号（17330021：研究代表者：出口雅久）「グローバル社会における民事手続法制度の継受と伝播－比較立法学の観点から」の研究成果の一部である。本プロジェクトは，今後も継続し，将来的には日本民事訴訟法学会と国際訴訟法学会との大型の国際共同研究プロジェクトに発展させていきたいと考えている。また，本書の出版に対しては，平成19年度科学研究費（研究成果公開促進費：課題番号：195098）による学術図書補助金を受けていることを付記する。

　　　平成19年10月22日　京都・衣笠にて

　　　　　　　　　　　　　　　　　　　　立命館大学法学部教授
　　　　　　　　　　　　　　　　　　　　国際訴訟法学会副理事長
　　　　　　　　　　　　　　　　　　　　出　口　雅　久

〈編者紹介〉

松本博之（まつもと・ひろゆき）
    1946年生まれ
    1968年　大阪市立大学法学部卒業
    現　在　大阪市立大学大学院法学研究科教授・法学博士

出口雅久（でぐち・まさひさ）
    1959年生まれ
    1983年　中央大学法学部法律学科卒業
    現　在　立命館大学法学部教授・法学博士（フライブルク大学）

民事訴訟法の継受と伝播

2008（平成20）年2月5日　初版第1刷発行

編　者	松　本　博　之
	出　口　雅　久
発行者	今　井　　　貴
	渡　辺　左　近
発行所	信山社出版株式会社

〒113-0033　東京都文京区本郷6-2-9-102
TEL 03（3818）1019
FAX 03（3818）0344

Printed in Japan.　　印刷・亜細亜印刷／製本・大三製本

©松本博之・出口雅久，2008．
ISBN 978-4-7972-2498-6 C3332